普通高等教育应用型本科创新教材

Jianshe Gongcheng
Falü Fagui
建设工程法律法规
（第2版）

黄显贵　张宝玉　黄显园　陶　艳　主　编

人民交通出版社股份有限公司

北　京

内 容 提 要

建设工程法律法规是建设工程领域健康有序发展的基础,是社会经济持续发展的保障。本书内容主要包括建设工程法律制度概论、招标投标法、民法典、质量、安全生产、竣工验收、环境保护、信用评价等方面内容,包含了公路水运建设工程各阶段实施中主要的法律条款规定。本书内容全面,根据工程建设的主要目标编写而成,改变了单纯摘录、编写条款的方法,使教材内容更加具有逻辑性、层次性,使读者便于理解和记忆。同时,书中辅以部分较新的案例进行解析,增加二维码拓展资源,加深读者对法律法规条款的认识与理解。

本书可作为高等院校工程建设和管理类本、专科学生的学习教材。同时,本书也可作为工程建设领域各方管理人员、技术人员的学习、培训、工作参考用书。

图书在版编目(CIP)数据

建设工程法律法规 / 黄显贵等主编. — 2 版. — 北京:人民交通出版社股份有限公司,2021.8
ISBN 978-7-114-17333-2

Ⅰ.①建… Ⅱ.①黄… Ⅲ.①建筑法—中国—资格考试—自学参考资料 Ⅳ.①D922.297

中国版本图书馆 CIP 数据核字(2021)第 097702 号

普通高等教育应用型本科创新教材

书　　名:建设工程法律法规(第 2 版)
著 作 者:黄显贵　张宝玉　黄显园　陶　艳
责任编辑:谢海龙
责任校对:赵媛媛
责任印制:刘高彤
出版发行:人民交通出版社股份有限公司
地　　址:(100011)北京市朝阳区安定门外外馆斜街 3 号
网　　址:http://www.ccpcl.com.cn
销售电话:(010)59757973
总 经 销:人民交通出版社股份有限公司发行部
经　　销:各地新华书店
印　　刷:北京武英文博科技有限公司
开　　本:787×1092　1/16
印　　张:17.5
字　　数:398 千
版　　次:2014 年 8 月　第 1 版
　　　　　2021 年 8 月　第 2 版
印　　次:2022 年 12 月　第 2 版　第 2 次印刷　累计第 6 次印刷
书　　号:ISBN 978-7-114-17333-2
定　　价:42.00 元

(有印刷、装订质量问题的图书由本公司负责调换)

前言

社会主义市场经济的本质是法治经济,市场经济下的工程建设其实质就是一种特殊的商品交易活动,工程建设活动要健康有序的发展,离不开规范有效的法律环境。工程项目建设的组织实施过程,实际是在一定的法律环境下,围绕着如何履行建设工程合同(以施工合同为主)的一系列行为的总和。从事工程项目管理的高级人员,必须具备较高水平的合同管理能力,熟悉建设领域的法律法规,这是确保工程项目管理目标依法、依约实现的必然要求,也是承包商保护其合法权益的客观需要。国家提出"一带一路"倡议,很多工程企业将走出国内,面向国际,中国承包商不仅要继续面对国内的激烈竞争,还将面临来自跨国承包商在更高层面上的竞争,而前者与后者的差距更多地体现在合同管理水平和法律意识方面,如果不能及时有效地缩小这种差距,那么中国承包商无疑将在激烈的竞争中处于下风,甚至被淘汰出局。为此,国家在一系列工程领域的执业资格考试中都将工程建设法律法规作为重要的必考科目,希望以此提高工程建设人员的法律意识,从而提升我们的工程管理水平。

本书结合近年来新颁布的法律法规与各类文件,突出交通行业特点,对当前我国工程建设中涉及的主要法律法规做了介绍。为增加本书的适用性,在每章内容后附注了习题,供读者练习与思考。针对有关法律法规的修改,特别是《中华人民共和国民法典》(2021年1月1日起施行)和《中华人民共和国刑法修正案(十一)》(2021年3月1日起施行)以及《中华人民共和国安全生产法》(将于2021年9月1日起施行),本书在第1版的基础上针对有关内容进行了修改和调整。本书第1章、第2章、第3章由重庆交通大学黄显贵编写,第4章由重庆交通大学张宝玉、重庆市交通规划和技术发展中心陶艳编写,第5章由四川省亚通工程咨询有限公司黄显园编写。

本书可以作为高等院校工程建设相关专业的教材和教学参考书,也可以作为有关执业资格的考前复习参考书籍。

由于编者水平所限,在编写过程中虽经推敲,难免有不足之处,恳请读者提出宝贵意见。

编 者
2021年6月

目录

第1章 建设工程法律制度概论 /// 1
- 1.1 法律制度概述 ·· 1
- 1.2 建设工程法律制度的概念和调整对象 ·················· 4
- 1.3 建设工程法律关系 ··· 10
- 1.4 建设工程有关制度 ··· 16
- 本章习题 ·· 48

第2章 建设工程合同管理制度 /// 51
- 2.1 建设工程合同管理概述 ···································· 51
- 2.2 《中华人民共和国民法典》 ······························· 52
- 2.3 《中华人民共和国劳动法》 ······························· 77
- 2.4 《中华人民共和国劳动合同法》 ························ 81
- 2.5 工程建设中涉及的有关合同 ····························· 87
- 2.6 建设工程纠纷的处理 ······································ 87
- 本章习题 ·· 99

第3章 建设工程质量法律制度 /// 104
- 3.1 建设工程建设程序管理 ··································· 105
- 3.2 建设工程施工许可 ··· 108
- 3.3 工程建设标准 ··· 116
- 3.4 建设工程发包与承包制度 ································ 119
- 3.5 建设工程参建单位质量责任和义务 ···················· 152
- 3.6 建筑工程的竣工验收制度 ································ 156
- 3.7 公路水运建设工程质量事故等级划分和报告制度 ··· 162
- 3.8 建筑工程质量保修制度 ··································· 164
- 3.9 我国国家级工程建设奖项 ································ 165
- 本章习题 ·· 166

第4章 建设工程安全生产与环境保护法律法规　　/// 170

　　4.1　安全生产相关法律　·· 170
　　4.2　安全生产相关行政法规　·· 183
　　4.3　安全生产相关部门规章　·· 208
　　4.4　交通行业安全标准化建设　·· 218
　　4.5　环境保护相关法规　·· 232
　　4.6　工程建设典型案例　·· 245
　　本章习题　·· 245

第5章 建设工程市场信用体系　　/// 252

　　5.1　概述　·· 252
　　5.2　建设工程市场信用体系建设　·· 254
　　5.3　其他建设行业诚信综合评价体系建设　·· 269
　　5.4　《注册建造师信用档案管理办法》有关规定　····································· 269
　　5.5　我国信用体系建设管理　·· 270
　　本章习题　·· 273

参考文献　　/// 274

第1章 建设工程法律制度概论

1.1 法律制度概述

1.1.1 法的概念和本质

1. 法的概念

关于法的概念和本质,在法学研究史上曾有过多种不同的观点。如古罗马的赛尔苏斯(Celsus)认为法是"善良公正之术",英国法理学家边沁(Jeremy Bentham)认为法是"主权者的命令"等。马克思主义法学家则认为:法是由一定的国家机关制定或认可,并由国家强制力保障实施的行为规则的总和。后一界定为我国法学界普遍接受。

广义的"法律"一词是与"法"通用的。但狭义的"法律"则仅仅是指有立法权的国家机构颁布的规范性文件。在这种情况下,它与"法"的概念存在着以下的区别:①法律是具体的行为规范,而法仍是抽象的概念;②法律的范围较小,如国务院颁布的条例是法的表现形式,但不是此含义下的法律。

2. 法的本质

(1) 法是统治阶级意志的体现

法是统治阶级意志的体现,是法的阶级本质和根本属性。统治阶级只有借助法的力量,以法的形式确认自己的政治、经济地位,才能巩固其统治。但是,作为法的本质的统治阶级的意志,并不是个别统治者的个人意志,即使是统治阶级中的领导人的个人意志也不能取代统治阶级的整体意志。

(2) 法必须上升为国家意志

统治阶级的意志如果不上升为国家意志则不能成为法律。统治阶级把本阶级的意志用法律的形式固定下来后,就上升为国家意志,此时的统治阶级的意志是以国家的强制力保障其实施的,就是国家的法了。

(3)法所反映的统治阶级的意志是由其物质生活条件决定的

虽然法是统治阶级意志的体现,但法的内容并不是统治阶级任意决定的,它取决于统治阶级的物质生活条件。所谓物质生活条件包括社会生产方式、地理环境、人口等因素。社会生产方式中,生产关系和生产力是最主要的因素。因此,法要随着生产关系和生产力水平的变化而不断更新内容。

1.1.2 法律规范

1. 法律规范的概念

法律规范是统治阶级按照自己的意志,由国家机关制定或认可,并由国家强制力保障其实施的具体行为规范。"法律规范"这一概念与"法"的区别在于,法是由一定的国家机关制定或认可,并由国家强制力保障实施的行为规则的总和,而法律规范则强调的是行为规则中的某一个方面的具体的规则。当然,法律规范作为法的基本构成单位,更多的是与法的相同与联系。

2. 法律规范的结构

法律规范在逻辑上是由假定、处理、制裁三部分构成的。

(1)假定

假定是指在法律规范中,确定适用该规范的条件和环境的部分。它指明了法律规范在什么时间、地点或者条件下可以适用。例如,《中华人民共和国建筑法》(以下简称《建筑法》)第二十条规定:"建筑工程实行公开招标的,发包单位应当依照法定程序和方式发布招标公告"。这里的"建筑工程实行公开招标的"就是法律规范中的假定部分。

(2)处理

处理是指行为规则的本身,是法律规范确定的允许做什么,禁止做什么,要求做什么的部分。如上述条文中的"发包单位应当依照法定程序和方式,发布招标公告"就是法律规范的处理部分。

(3)制裁

制裁是法律规范的后果部分。它说明的是违反法律规范时,国家将给予怎样的处置。在很多情况下,法律规范的假定、处理与制裁部分不在同一个法条中。如《建筑法》对公开招标进行规范的法律规范,其制裁部分包含在《建筑法》第六十五条中。但是,只有制裁与假定、处理合在一起才能组成一个完整的法律规范。

3. 法律规范的种类

按照不同的标准,法律规范可以分成不同种类。从法律规范所确定的行为规范性质的角度讲,可以把法律规范分为禁止性规范、义务性规范和授权性规范三类。

(1)禁止性规范

禁止性规范是指规定人们不得作出某种行为的法律规范。如果有人做了这些行为,就构成了犯罪或者违法,应当承担相应的法律责任。

(2)义务性规范

义务性规范是指人们必须作出某种行为的法律规范。在具备一定条件后,这些行为是义务人必须作出的行为,否则也应承担相应的法律责任。

(3)授权性规范

授权性规范是指规定人们有权作出某种行为的规范。它既不禁止人们作出这种行为,也不要求人们必须作出这种行为,而是赋予了某种权利,做与不做都不违反法律,一切由当事人自己决定。这种规范的目的只是为了防止他人干涉当事人的行为自由。

1.1.3 我国法的形式

法的形式是指法的存在和表现形式,即国家制定和认可的法律规范的各种表现形式,也被称为法的渊源。

1. 宪法

《中华人民共和国宪法》(以下简称《宪法》)是我国的最高法律形式,是国家的根本大法。它所规定的是关于国家生活中最根本的问题。宪法具有最高的法律效力,是一般法律的立法基础。宪法的制定和修改要经过特定的程序,宪法的制定和修改只能由全国人民代表大会进行,且须经全国人民代表大会全体代表的三分之二以上的多数通过。

2. 法律

法律的制定机关是全国人民代表大会及其常务委员会。按照法律制定的机关及调整的对象和范围不同,法律可分为基本法律和一般法律。

基本法律是由全国人民代表大会制定和修改、规定和调整国家和社会生活中某一方面带有基本性和全面性的社会关系的法律,如《中华人民共和国刑法》(以下简称《刑法》)《刑事诉讼法》《民事诉讼法》和《行政诉讼法》等。

一般法律是由全国人民代表大会常务委员会制定或修改、规定和调整除由基本法律调整以外的,涉及国家和社会生活某一方面的关系的法律,如《商标法》《产品质量法》《国家赔偿法》《建筑法》等。

法律是依据宪法的原则和规定制定的,其地位低于宪法,但高于其他的法律渊源。

3. 行政法规

行政法规是最高国家行政机关国务院制定的有关国家行政管理方面的规范性文件。如《建设工程质量管理条例》《建设工程安全生产管理条例》等。

其地位和效力低于宪法和法律。

4. 地方法规

是指省、自治区、直辖市以及省、自治区人民政府所在地的市和经国务院批准的较大的市的人民代表大会及其常委会,在其法定权限内制定的法律规范性文件。地方性法规具有地方性,只在本辖区内有效,其地位和效力低于宪法、法律和行政法规,不得与宪法、法律和行政法规相抵触。

5. 自治条例和单行条例

自治条例和单行条例是民族自治地方的人民代表大会依照法定的自治权,在其职权范围内制定的带有民族区域自治特点的法律规范性文件。

6. 行政规章

行政规章是指国务院各部、委和省、自治区、直辖市以及省、自治区人民政府所在地的市和国务院批准的较大的市的人民政府为了管理国家行政事务所制定的法律规范性文件,其名称可以是"规定""办法""实施细则"等。如《公路水运工程安全生产监督管理办法》《公路建设市场信用信息管理办法》《重庆市公路建设市场信用信息管理实施细则》等。

行政规章的效力低于前面五种法的形式。

7. 特别行政区的法

香港、澳门特别行政区实施的法律包括与基本法不相抵触的原有法律,是我国法的一部分,是我国法的一种特殊形式。

8. 国际条约

国际条约是两个或者两个以上国家之间规定相互之间权利和义务关系所达成的书面形式的各种协议,是我国法的一种形式,对所有国家机关、社会组织和公民都具有法律效力。

1.2 建设工程法律制度的概念和调整对象

1.2.1 建设工程法律制度的概念和特征

1. 建设工程法律制度的概念

建设工程法律制度是我国法律体系的重要组成部分,它直接体现国家组织、管理、协调各项建设活动的方针政策和基本原则。

建设工程法律制度在我国是一个新兴的法律体系,其概念很难统一。按照通常的法律规范逻辑结构给建设工程法律制度定义为:建设工程法律制度是调整国家管理机关、法人、有关组织以及公民在建设工程活动中所发生的社会关系的法律规范的总称。

2. 建设工程法律制度的特征

建设工程法律制度作为调整建设业管理和建设协作所发生的社会关系的法律规范,除具备一般法律基本特征外,还具有不同于其他法律的特征。

(1) 经济性

经济性是建设工程法律制度的重要特征。建筑业是国民经济的支柱产业之一,建设业的活动直接为社会创造财富,为国家增加积累。建设法律制度的经济性既包含财产性,也包括其与生产、分配、交换、消费的联系性。如房地产开发、建设工程勘察设计与施工安装等都直接为社会创造财富。随着建设业的发展,其在国民经济中的地位日益突出。建筑业是可以为国家增加积累的一个重要产业,作为调整建筑等行业的建设法律制度的经济性是显而易见的。

(2) 技术性

技术性是建设工程法律制度一个十分重要的特征。工程建设由于其工程量大、类型繁多、结构复杂等特点,与一般工业产品相比,技术特征更加显著。建设行业的发展与人类的生存、进步息息相关,建设产品的质量与人民的生命财产紧紧连在一起。为保证建设产品的质量和人民生命财产的安全,大量的建设工程法律制度是以技术规范形式出现的,直接、具体、严密、系统,便于广大工程技术人员及管理机构遵守和执行,如各种设计规范、施工规范、验收规范、产品质量监测规范等。有些非技术规范的建设法律规范中也带有技术性的规定,如《中华人民共和国城乡规划法》就含有计量、质量、规划技术、规划编制内容等技术性规范。

(3)行政性

这是建设工程法律制度区别于其他法律的主要特征。这一特征决定了建设必然要采用直接体现行政权力活动的调整方法,即以行政指令为主的方法调整建设业法律关系。调整方式包括:①授权。即授予国家建设管理机关某种管理权限,或具体的权力,对建设业进行监督管理。②命令。即赋予建设法律关系主体某种作为的义务。③禁止。即赋予建设法律关系主体某种不作为的义务,即禁止主体某种行为。④许可。即允许特别的主体在法律允许范围内有某种作为的权利。⑤免除。即对主体依法应履行的义务在特定情况予以免除。⑥确认。即授权建设管理机关依法对争议的法律事实和法律关系进行认定,并确定其是否存在、是否有效。⑦计划。即对建设业进行计划调节。⑧撤销。即授予建设行政管理机关运用行政权力对某些权利能力或法律资格予以撤销或消灭。以上方式均是国家通过建设法律制度规范的。

(4)综合性

建设活动联系面多,涉及面广,内容复杂。影响建设活动的因素既包括建设活动的前期规划、勘测设计,又包括工程的施工、验收以及交付使用;既要考虑工程技术、投资效益,又要强调建设质量和安全;既要注意现行的政策法规及管理运行机制、社会的政治经济状况,又要考虑各地发展的不平衡,包括劳动力素质、交通条件、生活状况、各种风险等具体问题。因此,建设法律制度要涉及经济、金融、保险、工商、劳动、物质、环境、安全等各个领域。另一方面,建设法律制度主要调整三种社会关系,即建设活动中的行政管理关系、建设活动中的经济协作关系和建设活动中的民事关系。对于行政管理关系调整采取的是行政手段的方式;对于经济协作关系调整采取的是行政的、经济的、民事的诸手段相结合的方式;对于民事关系调整主要是采取民事手段的方式。这表明,建设法律制度是运用综合的手段对行政的、经济的、民事的社会关系加以规范调整。

1.2.2 建设工程立法的进展

随着改革开放的不断深入,经济建设规模的扩大、投资的增加,程序不规范、做法不统一、合同纠纷多、地方和部门保护等问题也逐渐凸显出来。1999年3月第九届全国人大常委会审议通过《中华人民共和国合同法》(以下简称《合同法》),1999年10月1日起施行,该法对于及时解决经济纠纷,保护当事人的合法权益,维护社会经济秩序,促进经济建设起到了推动作用。2020年5月28日,第十三届全国人民代表大会审议通过《中华人民共和国民法典》,并于2021年1月1日起施行,《合同法》同时废止。1999年8月第九届全国人大常委会审议通过《中华人民共和国招标投标法》(以下简称《招标投标法》),2000年1月1日起实施。《招标投标法》的颁布实施,是我国招标投标制度建设的一个重要里程碑。这部法律明确了招标投标活动的管理体制、基本程序,为依法开展招投标监督管理提供了法律保障,有效地保证了项目投资、建设的质量。为了加强对建设工程质量的管理,保证建设工程质量,2000年1月国务院根据《建筑法》颁布了《建设工程质量管理条例》,对建设单位、勘察单位、设计单位、施工单位、工程监理单位的质量负责进行了明确规定。同年9月,国务院颁布了《建设工程勘察设计管理条例》,加强了建设工程勘察、设计活动的管理,为保证建设工程的勘察、设计质量奠定了法律基础。为了实施可持续发展战略,预防因规划和建设项目实施后对环境造成不良影响,促进经济、社会和环境的协调发展,2002年10月第九届全国人民代表大会常务委员会通过了《中华人民共和国环境影响评价法》。

在经济建设过程中,安全问题日益凸显,我国亿元GDP死亡率指标较高,是国外发达国家的十几倍甚至几十倍,为了加强安全生产监督管理,防止和减少生产安全事故,2002年6月第九届全国人民代表大会常务委员会通过了《中华人民共和国安全生产法》,它是我国第一部全面规范安全生产的专门法律,是我国安全生产法律体系的主体法,是安全生产法制建设的里程碑,它标志着我国安全生产法制建设由适应社会主义市场经济体制阶段进入了创新发展的新阶段。根据该法的规定,2003年11月国务院颁布了《建设工程安全生产管理条例》,2004年1月颁布了《安全生产许可证条例》,在2007年3月又颁布了《生产安全事故报告和调查处理条例》。这些行政法规对安全生产领域的相关规定和责任作了进一步的细化和延伸。同时期,原建设部发布和修订了勘察、设计、监理、施工、造价咨询等企业的资质管理规定,规范了各工程参建单位的资质申报、升级等方面的管理,提升了企业的管理和建设水平。

《招标投标法》实施后,我国招投标事业取得了长足发展,行政监督管理体制逐步完善,对规范招标投标活动,提高采购质量效益,发挥了积极的作用。随着实践的不断发展,招投标领域出现了许多新情况、新问题。工程建设和其他公共采购领域成为腐败现象易发、多发的重灾区,一些招标投标活动当事人进行围标、串标,严重扰乱了招标投标活动的正常秩序。另外,《招标投标法》中的一些规定显得较为原则,难以满足实践需要。针对这些情况,2011年12月国务院发布了《中华人民共和国招标投标法实施条例》,对招标投标法的相关规定进行了细化,统一了招投标的具体操作规范,进一步增强了招投标制度的可操作性。为了建立企业安全生产投入长效机制,加强安全生产费用管理,保障安全生产资金的投入,2012年2月,财政部、国家安全生产监督管理总局联合制定了《企业安全生产费用提取和使用管理办法》,提高了建设领域内企业的安全费用比例,明确了安全费用的使用范围等。

目前,我国建设工程法律法规体系已经基本形成,但是社会在发展、形势在变化,各种新情况、新问题也不断出现,建设工程法律法规体系也需要持续的完善和发展。

1.2.3 建设工程法律制度的调整对象

建设工程法律制度的调整范围主要体现在三个方面:一是建设管理关系,即国家机关正式授权的有关机构对建设业的组织、监督、协调等职能活动;二是建设协作关系,即从事建设活动的平等主体之间发生的往来、协作关系,如订立工程建设合同等;三是从事建设活动中的民事关系。

1. 建设管理关系

建设活动是社会经济发展中的重大活动,同社会发展息息相关。国家对此类活动必然要实行严格的管理,包括对建设工程的立项、计划、资金筹集、设计、施工、验收等均进行严格监督管理。由于它体现了国家对建设活动的领导、组织和调控的职能,进而形成建设活动中的行政管理关系。

建设活动中的行政管理关系,是国家及其建设行政主管部门同建设单位、设计单位、施工单位及有关单位(如中介服务机构)之间在建设活动中产生的管理与被管理关系,具有行政隶属的性质。它包括两个相互关联的方面:一方面是规划、指导、协调与服务;另一方面是检查、监督、控制与调节。这其中不但要明确各种建设行政管理部门相互间及内部各方面的责权利关系,而且还要科学地建立建设行政管理部门同各类建设活动主体及中介服务机构之间规范的管理关系。这些都必须纳入法律调整范围,由有关的建设法律制度来承担。

2. 建设协作关系

在各项建设活动中,各种经济主体为了自身的生产和生活需要,或为了实现一定的经济利益或目的,必然寻求协作伙伴,随即发生相互间的建设协作经济关系,如投资主体(建设单位)同勘察设计单位、建筑安装施工单位、建设监理单位等发生的勘察设计、施工以及监理关系。

建设活动中的经济协作关系是一种平等、自愿、公平的横向协作关系。所谓经济协作关系是指法人、其他组织、自然人相互之间在经济往来中产生的经济关系。由于法人、其他组织及公民在协作与竞争中地位平等,遵循平等、自愿、公平、诚实信用等原则,也称之为横向经济关系。这种协作关系一般应以合同的形式确定。合同是以确定权利、义务为内容的协议。与一般合同不同的是,建设活动的合同关系大多具有较强的计划性。这是由建设活动和建设关系自身的特点所决定的。

3. 建设活动中的民事关系

是指因从事建设活动而产生的国家,单位法人,公民之间的民事权利、义务关系。其主要包括:在建设活动中发生的有关自然人和法人的损害、侵权、赔偿关系;建设领域从业人员的人身和经济权利保护关系;房地产交易中买卖、租赁、产权关系;土地征用、房屋拆迁导致的拆迁安置关系等。

建设活动中的民事关系既涉及国家社会利益,又关系着个人的权益和自由,因此必须按照民法和建设法规中的民事法律规范予以调整。

应当指出的是,建设工程法律制度的三种具体调整对象,既彼此互相关联,又各具自身属性。它们都是因从事建设活动所形成的社会关系,都必须以建设工程法律制度来加以规范和调整。不能或不应当撇开建设工程法律制度来处理建设活动中所发生的各种关系。这是其共同点或相关联之处。同时这三种调整对象又不尽相同:它们各自的形成条件不同;处理关系的原则或调整手段不同;适用的范围不同;适用规范的法律后果也不完全相同。从这个意义上说,它们又是三种并行不悖的社会关系,既不能混同,也不能相互取代。在承认建设工程法规统一调整的前提下,应当侧重适用它们各自所属的调整规范。

1.2.4　建设法律制度的立法原则

1. 遵循市场经济规律原则

市场经济,是指市场对资源配置起基础性作用的经济体制。社会主义市场经济,是指与社会主义基本制度相结合的、市场在国家宏观调控下对资源配置起基础性作用的经济体制。我国《宪法》规定"国家实行社会主义市场经济"。这不仅是宪法的基本原则,也是建设法律制度的立法基本原则。这项原则主要体现在:一是要建立健全市场主体体系,规定各种建设市场主体的法律地位,对他们在建设活动中的权利和义务作出明确的规定;二是要确立建设市场体系具有统一性和开放性,建设立法应当确立规划与设计市场、建设监理市场、工程承包的招投标市场、施工管理市场、房地产市场、市政公用事业市场、建设资金市场等多元化的建设活动大市场;三是要确立以间接手段为主的宏观调控体系,建设法律制度主要运用行政手段实现对建设行为的调整,但这种调整不应当是直接干预性的,国家对其行为实施的调控只是间接性的;四是要求建设立法本身具有完备性,建设法律制度自身完备,才能有效地规范建设市场主体行为,维护建设市场活动秩序。

2. 法制统一原则

所有法律有其内在统一联系,并在此基础上构成国家的法律体系。建设法律制度体系是我国法律体系中的一个组成部分。组成该体系的每一个法律都必须符合宪法的精神与要求,且与其他体系法律也不应冲突。建设行政法规和部门规章以及地方性建设法规、规章,不得与宪法、法律以及上一层次的法规相抵触;与地位同等的法规所确立的有关内容应相互协调。建设法律制度系统内部高层次的法律、法规对低层次的法规、规章具有制约性和指导性。地位相等的建设法规和规章在内容规定上不应互为矛盾。由于建设事业行业多,又具有很强的社会性、综合性,决定了建设立法不仅为数相当可观,而且应当十分健全。因此,坚持法制统一原则,协调配套原则,则能保证我国建设法规体系科学化、系统化。另外,建设立法应能覆盖建设事业的各个行业、各个领域以及建设行政管理的全过程,使建设活动的各个方面都有法可依、有章可循,使建设行政管理的每一个环节都纳入法制轨道。

3. 责权利相一致原则

责权利相一致是对建设行为主体的权利和义务或责任在建设立法上提出的一项基本要求。建设法律关系不是单一的,而是带有明显的综合性,包括行政管理关系、建设协作关系以及民事关系等多个方面。但无论是哪一种关系,作为建设行为的主体都必须在权利与义务或责任上对等。建设立法的责权利相一致具体表现为:一是建设法律主体享有的权利和履行的义务是统一的,任何一个主体享有建设法律制度规定的权利,同时必须履行建设法律制度规定的义务或者承担建设法律制度规定的责任;二是建设行政主管部门行使行政管理权既是其权利,也是其责任或义务,权利和责任或义务彼此对等。责权利相一致的原则可以防止当事人滥用权力,有利于保护当事人的合法权益,维护和平衡当事人之间的利益。

1.2.5 建设工程法律制度的作用与实施

1. 建设工程法律制度的作用

在国民经济中,建筑业是一个重要的物质生产部门,建筑业要最大限度地满足各行各业最基本的环境,为人们创造良好的工作环境、生活环境、生产环境,推动社会主义各项事业的发展。建设工程法律制度的作用就是保护、巩固和发展社会主义的经济基础,最大限度地满足人们日益增长的物质和文化生活的需要。具体体现在以下三个方面。

(1) 规范指导建设行为

从事各种具体的建设活动所应遵循的行为规范,即建设法律规范。建设法律制度对人们建设行为的规范性表现为以下两点。

① 必须为一定的建设行为。比如关于建设工程实行施工许可证制度,《建筑法》第七条规定:"建设工程开工前,建设单位应当按照国家有关规定向工程所在地县级以上地方人民政府建设行政主管部门申请领取施工许可证。"此即为义务性的建设行为之规定。

② 禁止所为的建设行为。如《招标投标法》第十八条规定:"招标人不得以不合理的条件限制或者排斥潜在投标人,不得对潜在投标人实行歧视待遇。"第三十二条规定:"禁止投标人以向招标人或者评标委员会成员行贿的手段谋取中标。"

正是由于有了上述法律的规定,建设行为主体才明确了自己可以为、不得为和必须为的一定的建设行为,并以此指导制约自己的行为,体现出建设法律制度对具体建设行为的规范和指导作用。

(2) 保护合法建设行为

建设工程法律制度的作用不仅在于对建设主体的行为加以规范和指导,还应对一切符合本法规的建设行为给予确认和保护。这种确认和保护性规定一般是通过建设法律制度的原则规定反映的。如《建筑法》第四条规定:"国家扶持建筑业的发展,支持建筑科学技术研究,提高房屋建筑设计水平,鼓励节约能源和保护环境,提倡采用先进技术、先进设备、先进工艺、新型建筑材料和现代管理方式。"《环境保护法》第五条规定:"国家鼓励环境保护科学教育事业的发展,加强环境保护科学技术的研究和开发,提高环境保护科学技术水平,普及环境保护的科学知识。"同时在第八条规定:"对保护和改善环境有显著成绩的单位和个人,由人民政府给予奖励。"

(3) 处罚违法建设行为

建设工程法规要实现对建设行为的规范和指导作用,必须对违法建设行为给予应有的处罚。否则,建设法规的制度由于得不到实施过程中强制制裁手段的法律保障,即变成无实际意义的规范。一般地讲,建设工程法规都有对违法建设行为的处罚规定。如《城市规划法》第四十条规定:"在城市规划区内,未取得建设工程规划许可证件或者违反建设工程规划许可证件的规定进行建设,严重影响城市规划的,由县级以下地方人民政府城市规划行政主管部门责令停止建设,限期拆除或者没收违法建筑物、构筑物或者其他设施;影响城市规划,尚可采取改正措施的,由县级以下地方人民政府城市规划行政主管部门责令限期改正,并处罚款。"

2. 建设工程法律制度的实施

建设工程法律制度的实施，指国家机关及其公务员、社会团体、公民实现建设法律规范的活动，包括建设法律制度的执法、司法和守法三个方面。

（1）建设行政执法

建设行政执法，指建设行政主管部门和被授权或被委托的单位，依法对各项建设活动和建设行为进行检查监督，并对违法行为执行行政处罚的行为，具体包括：①建设行政决定，指执法者依法对相对人的权利和义务作出单方面的处理，包括行政许可、行政命令和行政奖励；②建设行政检查，指建设行政执法者依法对相对人是否守法的事实，进行单方面的强制性了解，主要包括实地检查和书面检查两种；③建设行政处罚，指建设行政主管部门或其他权力机关对相对人实行惩戒或制裁的行为，主要包括财产处罚、行为处罚和申诫处罚三种；④建设行政强制执行，指在相对人不履行行政机关所规定的义务时，特定的行政机关依法对其采取强制手段，迫使其履行义务。

（2）建设行政司法和专门机关司法

建设行政司法，指建设行政机关依据法定的权限和法定的程序进行行政调解、行政复议和行政仲裁，以解决相应争议的行政行为。具体包括：①行政调解，指在行政机关的主持下，以法律为依据，以自愿为原则，通过说服教育等方法，促使双方当事人通过协商互谅达成协议；②行政复议，指在相对人不服行政执法决定时，依法向指定的部门提出重新处理的申请；③行政仲裁，指国家行政机关以第三者身份对特定的民事、经济的劳动争议居中调解作出判断和裁决。

专门机关司法是指国家司法机关，主要指人民法院依照诉讼程序对建设活动中的争议与违法建设行为作出的审理判决活动。

（3）建设工程法律制度的遵守

指从事建设活动的所有单位与个人，必须按照建设法律、法规等规范的要求，实施建设行为，不得违反。具体包括：①遵守宪法及法律规定；②遵守行政法规及部门规章的规定；③遵守地方性法规及规章的规定。

1.3 建设工程法律关系

1.3.1 建设工程法律关系的概念及特征

1. 建设工程法律关系的概念

法律关系是指由法律规范所确认的人与人之间以权利和义务为内容的社会关系。建设工程法律关系是指由建设法律规范所确认的，在建设活动管理和建设协作过程中所产生的权利、义务关系。

2. 建设工程法律关系的特征

不同的法律关系有着不同的特征，构成其特征的条件是不同的法律关系的主体及其所

依据的法律规范。建筑活动涉及面广,内容复杂,法律关系主体广泛,所依据的法律规范多样,由此决定建设法律关系具有如下特征:

(1)建设工程法律关系不是单一的,建设法律制度涉及行政的、民事的以及技术等方面的法律法规,因而带有明显的综合性。

(2)建筑业的活动关系到国民经济和人民生活的方方面面,建设法律关系是一种涉及面广、内容复杂的权利义务关系。

(3)建设工程法律关系是以受国家计划制约的,在建设管理、建设协作过程中形成的以权利和义务为内容的法律关系。

(4)建设行业的法律调整是以行政管理法律法规为主的,建设行政关系决定、制约、影响着有计划因素的建设协作关系。

1.3.2 建设工程法律关系的构成要素

建设工程法律关系的构成要素是指建设法律关系不可缺少的组成部分。任何法律关系都是由法律关系主体、法律关系客体和法律关系内容三个要素构成,缺少其中一个要素就不能构成法律关系;变更其中一个要素就不再是原来的法律关系。

建设工程法律关系是由建设工程法律关系主体、建设工程法律关系客体和建设工程法律关系内容构成的。主体是建设法律关系的参与者,是建设活动中享有权利和承担义务的当事人,是建设法律关系产生的先决条件。因此没有主体,就谈不上客体,更谈不上权利义务。客体是建设法律关系的重要因素,没有客体,享有权利履行义务的主体便失去了目标。内容是主体所享有的权利和承担的义务,是建设法律关系的实质。建设法律关系的三要素是密切联系、不可分割的有机组成部分。

1. 建设工程法律关系主体

建设法律关系主体,是指建设法律关系的参加者或当事人。即参加建设行业活动,受建设法律规范调整,在法律上享有权利、承担义务的当事人。

(1)自然人

自然人是基于出生而有生命的个体。《中华人民共和国民法典》(以下简称《民法典》)规定,十八周岁以上的自然人为成年人,不满十八周岁的自然人为未成年人。并将自然人的民事行为分为三类:

①完全民事行为能力。《民法典》规定十八周岁以上的自然人具有完全民事行为能力;十六周岁以上不满十八周岁的自然人,以自己的劳动收入为主要生活来源的,也视为完全行为能力人。

②限制民事行为能力。八周岁以上但不满十八周岁的自然人和不能完全辨认自己行为的精神病人是限制民事行为能力人。

限制民事行为能力人实施民事法律行为由其法定代理人代理或者经其法定代理人同意、追认;但是,可以独立实施纯获利益的民事法律行为或者与其年龄、智力相适应的民事法律行为。

③无民事行为能力。不满八周岁的未成年人,不能辨认自己行为的精神病人是无民事

行为能力人。

无民事行为能力人由其法定代理人代理实施民事法律行为。

涉及遗产继承、接受赠与等胎儿利益保护的,胎儿视为具有民事权利能力。但是,胎儿分娩出生时为死体的,其民事权利能力自始不存在。

(2) 法人

法人是具有民事权利能力和民事行为能力,依法独立享有民事权利和承担民事义务的组织。依据《民法典》第三章关于法人的规定如下。

第五十八条　法人应当依法成立。法人应当有自己的名称、组织机构、住所、财产或者经费。法人成立的具体条件和程序,依照法律、行政法规的规定。设立法人,法律、行政法规规定须经有关机关批准的,依照其规定。

第六十一条　依照法律或者法人章程的规定,代表法人从事民事活动的负责人,为法人的法定代表人。法定代表人以法人名义从事的民事活动,其法律后果由法人承受。法人章程或者法人权力机构对法定代表人代表权的限制,不得对抗善意相对人。

第六十二条　法定代表人因执行职务造成他人损害的,由法人承担民事责任。法人承担民事责任后,依照法律或者法人章程的规定,可以向有过错的法定代表人追偿。

第六十三条　法人以其主要办事机构所在地为住所。依法需要办理法人登记的,应当将主要办事机构所在地登记为住所。

第六十四条　法人存续期间登记事项发生变化的,应当依法向登记机关申请变更登记。

第六十五条　法人的实际情况与登记的事项不一致的,不得对抗善意相对人。

第六十七条　法人合并的,其权利和义务由合并后的法人享有和承担。法人分立的,其权利和义务由分立后的法人享有连带债权,承担连带债务,但是债权人和债务人另有约定的除外。

第六十八条　有下列原因之一并依法完成清算、注销登记的,法人终止：

(一) 法人解散；

(二) 法人被宣告破产；

(三) 法律规定的其他原因。

法人终止,法律、行政法规规定须经有关机关批准的,依照其规定。

第六十九条　有下列情形之一的,法人解散：

(一) 法人章程规定的存续期间届满或者法人章程规定的其他解散事由出现；

(二) 法人的权力机构决议解散；

(三) 因法人合并或者分立需要解散；

(四) 法人依法被吊销营业执照、登记证书,被责令关闭或者被撤销；

(五) 法律规定的其他情形。

第七十四条　法人可以依法设立分支机构。法律、行政法规规定分支机构应当登记的,依照其规定。分支机构以自己的名义从事民事活动,产生的民事责任由法人承担；也可以先以该分支机构管理的财产承担,不足以承担的,由法人承担。

第七十五条　设立人为设立法人从事的民事活动,其法律后果由法人承受；法人未成立的,其法律后果由设立人承受,设立人为二人以上的,享有连带债权,承担连带债务。设立人为设立法人以自己的名义从事民事活动产生的民事责任,第三人有权选择请求法人或者设立人承担。

法人分为营利法人、非营利法人和特别法人。

①营利法人。《民法典》的相关条款如下。

第七十六条 以取得利润并分配给股东等出资人为目的成立的法人,为营利法人。营利法人包括有限责任公司、股份有限公司和其他企业法人等。

第七十八条 依法设立的营利法人,由登记机关发给营利法人营业执照。营业执照签发日期为营利法人的成立日期。

第七十九条 设立营利法人应当依法制定法人章程。

第八十条 营利法人应当设立权力机构。权力机构行使修改法人章程,选举或者更换执行机构、监督机构成员,以及法人章程规定的其他职权。

第八十一条 营利法人应当设执行机构。执行机构行使召集权力机构会议,决定法人的经营计划和投资方案,决定法人内部管理机构的设置,以及法人章程规定的其他职权。

执行机构为董事会或者执行董事的,董事长、执行董事或者经理按照法人章程的规定担任法定代表人;未设董事会或者执行董事的,法人章程规定的主要负责人为其执行机构和法定代表人。

第八十六条 营利法人从事经营活动,应当遵守商业道德,维护交易安全,接受政府和社会的监督,承担社会责任。

②非营利法人。《民法典》的相关条款如下。

第八十七条 为公益目的或者其他非营利目的成立,不向出资人、设立人或者会员分配所取得利润的法人,为非营利法人。非营利法人包括事业单位、社会团体、基金会、社会服务机构等。

第八十八条 具备法人条件,为适应经济社会发展需要,提供公益服务设立的事业单位,经依法登记成立,取得事业单位法人资格;依法不需要办理法人登记的,从成立之日起,具有事业单位法人资格。

第八十九条 事业单位法人设理事会的,除法律另有规定外,理事会为其决策机构。事业单位法人的法定代表人依照法律、行政法规或者法人章程的规定产生。

第九十条 具备法人条件,基于会员共同意愿,为公益目的或者会员共同利益等非营利目的设立的社会团体,经依法登记成立,取得社会团体法人资格;依法不需要办理法人登记的,从成立之日起,具有社会团体法人资格。

第九十一条 设立社会团体法人应当依法制定法人章程。社会团体法人应当设会员大会或者会员代表大会等权力机构。社会团体法人应当设理事会等执行机构。理事长或者会长等负责人按照法人章程的规定担任法定代表人。

第九十二条 具备法人条件,为公益目的以捐助财产设立的基金会、社会服务机构等,经依法登记成立,取得捐助法人资格。

第九十三条 设立捐助法人应当依法制定法人章程。捐助法人应当设理事会、民主管理组织等决策机构,并设执行机构。理事长等负责人按照法人章程的规定担任法定代表人捐助法人应当设监事会等监督机构。

第九十四条　捐助人有权向捐助法人查询捐助财产的使用、管理情况,并提出意见和建议,捐助法人应当及时、如实答复。捐助法人的决策机构、执行机构或者法定代表人作出决定的程序违反法律、行政法规、法人章程,或者决定内容违反法人章程的,捐助人等利害关系人或者主管机关可以请求人民法院撤销该决定。但是,捐助法人依据该决定与善意相对人形成的民事法律关系不受影响。

第九十五条　为公益目的成立的非营利法人终止时,不得向出资人、设立人或者会员分配剩余财产。剩余财产应当按照法人章程的规定或者权力机构的决议用于公益目的;无法按照法人章程的规定或者权力机构的决议处理的,由主管机关主持转给宗旨相同或者相近的法人,并向社会公告。

③特别法人。《民法典》的相关条款如下。

第九十六条　本节规定的机关法人、农村集体经济组织法人、城镇农村的合作经济组织法人、基层群众性自治组织法人,为特别法人。

第九十七条　有独立经费的机关和承担行政职能的法定机构从成立之日起,具有机关法人资格,可以从事为履行职能所需要的民事活动。

第九十八条　机关法人被撤销的,法人终止,其民事权利和义务由继任的机关法人享有和承担;没有继任的机关法人的,由作出撤销决定的机关法人享有和承担。

第九十九条　农村集体经济组织依法取得法人资格。法律、行政法规对农村集体经济组织有规定的,依照其规定。

第一百条　城镇农村的合作经济组织依法取得法人资格。法律、行政法规对城镇农村的合作经济组织有规定的,依照其规定。

第一百零一条　居民委员会、村民委员会具有基层群众性自治组织法人资格,可以从事为履行职能所需要的民事活动。未设立村集体经济组织的,村民委员会可以依法代行村集体经济组织的职能。

(3)非法人组织

《民法典》相关条款如下。

第一百零二条　非法人组织是不具有法人资格,但是能够依法以自己的名义从事民事活动的组织。非法人组织包括个人独资企业、合伙企业、不具有法人资格的专业服务机构等。

第一百零三条　非法人组织应当依照法律的规定登记。设立非法人组织,法律、行政法规规定须经有关机关批准的,依照其规定。

第一百零四条　非法人组织的财产不足以清偿债务的,其出资人或者设立人承担无限责任。法律另有规定的,依照其规定。

第一百零五条　非法人组织可以确定一人或者数人代表该组织从事民事活动。

第一百零六条　有下列情形之一的,非法人组织解散:

(一)章程规定的存续期间届满或者章程规定的其他解散事由出现;

(二)出资人或者设立人决定解散;

(三)法律规定的其他情形。

第一百零七条　非法人组织解散的,应当依法进行清算。

2. 建设工程法律关系客体

建设工程法律关系客体，是指建设法律关系主体享有的权利和承担的义务所共同指向的对象。在通常情况下，建设主体都是为了某一客体，彼此才设立一定的权利、义务，从而产生建设法律关系，这里的权利、义务所指向的事物，便是建设法律关系的客体。建设法律关系客体一般分为财、物、行为和智力成果。

（1）财

财一般是指货币资金，也包括各种有价证券。它是指在生产和流通过程中停留在货币形态上的那部分资金。在建设法律关系中表现为财的客体主要是建设资金，如基本建设贷款合同的标的，即一定数量的货币。

（2）物

物是由人们所控制和支配的具有经济价值的物质财富。其中包括天然存在的实物和人类劳动制造的产品。物是最广泛的建设法律关系的客体。在建设法律关系中表现为物的客体主要是建筑材料，如钢材、木材、水泥等，及其构成的建筑物，还有建筑机械等设备。某个具体基本建设项目即是建设法律关系中的客体。

（3）行为

行为是建设法律关系主体为达到一定的目的所进行的活动。具体而言，作为建设法律关系的客体的行为主要是：建设管理行为、完成一定的工作和提供一定劳务的行为、生产经营行为。在建设法律关系中，行为多表现为完成一定的工作，如勘察设计、施工安装、检查验收、加工承揽等活动。

（4）智力成果

智力成果是属于人们脑力劳动创造的非物质财富。它可以适用于生产，转化为生产力，主要包括商标、专利、非专利技术等。它们虽不是物质形态，但具有重要的经济价值和社会价值，一旦与社会生产相结合，便可以创造出巨大的物质财富。智力成果可进行有偿转让。在建设法律关系中，如设计单位提供的具有创造性的设计图纸，该设计单位依法可以享有专有权，使用单位未经允许不能无偿使用。

3. 建设工程法律关系的内容

建设工程法律关系的内容，是指建设工程法律关系主体享有的权利和承担的义务。

（1）权利

权利是指建设法律关系主体在一定条件下实现其意志或利益的资格。它主要包括以下三方面的含义：建设法律关系的主体，可在法律规定的范围内，根据自己的意思表示为一定的行为；可要求负有义务的主体为一定的行为，包括作为和不作为，以实现自己的权利；因其他主体的行为而使自己的权利不能得到正确行使时，有要求司法机关保护的权利。

（2）义务

义务是指建设法律关系主体根据法律规定，为满足其他权利主体的要求，在建设活动中履行的行为。它主要包括以下含义：负有义务的主体，必须进行或不进行一定的建设活动，以不影响对方行使权利或使对方的权利得以实现；只在法定范围内进行或不进行一定的活动，而不是无限度的；经济义务具有强制性，受国家强制力的监督和保障。

1.4 建设工程有关制度

1.4.1 代理制度

1. 代理的概念

代理是指代理人以被代理人的名义,并在其授权范围内向第三人作出意思表示或接受第三人的意思表示,所产生的权利和义务直接由被代理人享有和承担的法律行为。

自然人和法人均可成为代理人,单法律对代理人资格有特别规定的除外。例如,《招标投标法》中规定,招标投标活动中的招标代理机构应当依法设立,并具备法律规定的条件。

2. 代理的法律特征

(1) 代理活动本身是一种法律行为,是代理人为被代理人从事民事法律行为。

(2) 代理行为是代理人以被代理人的名义实施的民事法律行为。

(3) 代理人在被代理人的授权范围内独立地做出意思表示。

(4) 代理人的代理行为所产生的法律后果直接归属于被代理人。例如监理工程师在履行监理职责时工作失误,给施工单位造成损失,施工单位应当要求建设单位赔偿损失,而不是由监理工程师或者监理单位赔偿损失。

3. 代理的种类

代理包括委托代理和法定代理。委托代理人按照被代理人的委托行使代理权。法定代理人依照法律的规定行使代理权。

依照法律规定、当事人约定或者民事法律行为的性质,应当由本人亲自实施的民事法律行为,不得代理。

(1) 委托代理

委托代理,是指根据被代理人的委托而产生的代理。如公民委托律师代理诉讼即属于委托代理。委托代理可采用口头形式委托,也可采用书面形式委托。《民法典》第一百六十五条规定:"委托代理授权采用书面形式的,授权委托书应当载明代理人的姓名或者名称、代理事项、权限和期限,并由被代理人签名或者盖章"。如果法律明确规定必须采用书面形式委托的,则必须采用书面形式,如代签工程建设合同就必须采用书面形式。招标单位委托招标公司代为招标,业主与监理工程师签订委托监理合同委托监理工程师代为管理施工承包合同等都属于委托代理行为。《民法典》相关条款如下。

第一百六十六条 数人为同一代理事项的代理人的,应当共同行使代理权,但是当事人另有约定的除外。

第一百六十九条 代理人需要转委托第三人代理的,应当取得被代理人的同意或者追认。转委托代理经被代理人同意或者追认的,被代理人可以就代理事务直接指示转委托的第三人,代理人仅就第三人的选任以及对第三人的指示承担责任。转委托代理未经被代理人同意或者追认的,代理人应当对转委托的第三人的行为承担责任;但是,在紧急情况下代理人为了维护被代理人的利益需要转委托第三人代理的除外。

第一百七十条 执行法人或者非法人组织工作任务的人员,就其职权范围内的事项,以法人或者非法人组织的名义实施的民事法律行为,对法人或者非法人组织发生效力。法人或者非法人组织对执行其工作任务的人员职权范围的限制,不得对抗善意相对人。

委托代理必须满足以下三个要件后才能成立,代理人才可以代表被代理人进行生产经营活动;同样,这种代理人代表被代理人进行的生产经营活动也受到法律的保护。

第一,必须事先取得委托证明;

第二,必须在授权的范围内设立权利和义务;

第三,必须以被代理人的名义设立权利和义务。

在实际生活中,委托代理应注意下列问题。

①被代理人应慎重选择代理人。因为代理活动要由代理人来实施,且实施结果要由被代理人承受,因此,如果代理人不能胜任工作,将会给被代理人带来不利的后果,甚至还会损害被代理人的利益。

②委托授权的范围要明确。由于委托代理是基于被代理人的委托授权而产生的,所以,被代理人的授权范围一定要明确。如果由于授权不明确而给第三人造成损失的,则被代理人要向第三人承担责任,代理人承担连带责任。

③委托代理的事项必须合法,被代理人自己不能亲自进行违法活动,也不能委托他人进行违法活动;同时,代理人也不能接受此类的委托,否则,被代理人、代理人要承担连带责任。

(2)法定代理

法定代理是根据法律直接规定而发生的代理关系。法定代理人是全权代理人,其法律地位相当于当事人,其代理权不受限制。

法定代理主要是为无民事行为能力人和限制民事行为能力人而专门设立的代理制度和代理方式。无民事行为能力人和限制民事行为能力人没有行为能力或没有完全的行为能力,他们不能自行委托代理,只能由法律规定。法定代理人所享有的代理权是由法律规定的,与被代理人的意志无关,只是基于代理人与被代理人之间有血缘关系或监护关系。《民法典》第二十三条规定:"无民事行为能力人、限制民事行为能力人的监护人是其法定代理人。"

4.代理人在代理活动中应注意的几个问题

(1)代理人应在代理权限范围内进行代理活动

如果代理人没有代理权、超越代理权限范围或代理权终止后进行活动,即属于无权代理,倘若被代理人不予以追认的话,则由行为人承担法律责任。

(2)代理人应亲自进行代理活动

代理关系中,被代理人的委托授权,是基于对代理人的信任,委托代理就是建立在这种人身信任的基础上的。因此,代理人必须亲自进行代理活动,完成代理任务。

(3)代理人应认真履行职责

代理人接受了委托,就有义务尽职尽责地完成代理工作。如果不履行或不认真履行代理职责而给被代理人造成损害的,代理人应承担赔偿责任。

5. 滥用代理权的表现形式

（1）代理人不得以被代理人的名义与自己同时代理的其他人实施民事法律行为，但是被代理的双方同意或者追认的除外。

（2）代理双方当事人实施同一个法律行为。例如，在同一诉讼中，律师既代理原告，又代理被告，这就很可能损害一方或双方当事人的利益，因此，此种情形为法律所禁止。

（3）代理人与第三人恶意串通损害被代理人的利益，例如，代理人与第三人相互勾结，在订立合同时给第三人以种种优惠，而损害了被代理人的利益，对此，代理人、第三人要承担连带责任。

6. 代理的终止

《民法典》相关条款如下。

第一百七十三条　有下列情形之一的，委托代理终止：

（一）代理期限届满或者代理事务完成；

（二）被代理人取消委托或者代理人辞去委托；

（三）代理人丧失民事行为能力；

（四）代理人或者被代理人死亡；

（五）作为代理人或者被代理人的法人、非法人组织终止。

第一百七十四条　被代理人死亡后，有下列情形之一的，委托代理人实施的代理行为有效：

（一）代理人不知道且不应当知道被代理人死亡；

（二）被代理人的继承人予以承认；

（三）授权中明确代理权在代理事务完成时终止；

（四）被代理人死亡前已经实施，为了被代理人的继承人的利益继续代理。

作为被代理人的法人、非法人组织终止的，参照适用前款规定。

第一百七十五条　有下列情形之一的，法定代理终止：

（一）被代理人取得或者恢复完全民事行为能力；

（二）代理人丧失民事行为能力；

（三）代理人或者被代理人死亡；

（四）法律规定的其他情形。

7. 企业法人与项目经理部的法律关系

项目经理部是施工企业为了完成某项建设工程施工任务而设立的临时组织。项目经理部是由一个项目经理与技术、生产、材料、成本等管理人员组成的项目管理班子，是一次性的具有弹性的现场生产组织机构。对于大中型施工项目，施工企业应当在施工现场设立项目经理部；小型施工项目，可以由施工企业根据实际情况选择适当的管理方式。施工企业应当明确项目经理部的职责、任务和组织形式。项目经理部不具备法人资格，而是施工企业根据建设工程施工项目而组建的非常设的下属机构。

由于施工企业同时会有数个、数十个甚至更多的建设工程施工项目在组织实施，导致企业法定代表人不可能成为所有施工项目的直接负责人。因此，在每个施工项目上必须有一个经企业法人授权的项目经理。项目经理根据企业法人的授权，组织和领导本项目经理部的全面工作,是一种施工企业内部的岗位职务,其职务行为可以代表企业法人。由于项目经理部不具备独立的法人资格,无法独立承担民事责任。所以,项目经理部行为的法律后果将由企业法人承担。例如:项目经理部没有按照合同约定完成施工任务,则应由施工企业承担违约责任;项目经理签字的材料款,如果不按时支付,材料供应商应当以施工企业为被告提起诉讼。

建设工程项目上的生产经营活动,必须在企业制度的制约下运行;其质量、安全、技术等活动,须接受企业相关职能部门的指导和监督。推行项目经理责任制,绝不意味着可以搞"以包代管"。过分强调建设工程项目承包的自主权,过度下放管理权限,将会削弱施工企业的整体管理能力,给施工企业带来诸多经营风险。

案例

委托代理的授权委托书是否明确

甲施工企业在某条公路的施工过程中,需要购买一批水泥。甲施工企业的采购员张某持介绍信到乙建材公司要求购买一批 P.O 42.5R 的水泥。由于双方有长期的业务关系,未签订书面的水泥买卖合同,乙建材公司很快就发货了。但乙建材公司发货后,甲施工企业拒绝支付货款。甲施工企业提出的理由是,公司让张某购买的水泥是 P.O 42.5R 而非 P.O 42.5 水泥。双方由此发生纠纷。试分析如下问题:

(1)水泥买卖合同是否有效?
(2)合同纠纷应当如何处理?

评析

(1)本案中的纠纷处理,首先要判明水泥买卖合同是否有效,而对于合同效力判断的重要依据是甲施工企业的介绍信是如何写的。《中华人民共和国民法典》第一百六十五条规定:"委托代理授权采用书面形式的,授权委托书应当载明代理人的姓名或者名称、代理事项、权限和期限,并由被代理人签名或者盖章。"据此,甲施工企业的介绍信可以视为授权委托书,张某则是甲施工企业的代理人。如果甲施工企业开出的介绍信是"介绍张某购买水泥",则张某的行为是合法代理行为,其购买 P.O 42.5 水泥的行为在代理权限范围内;双方的口头合同也是有效的,应当继续履行,即甲施工企业应当付款。如果甲施工企业开出的介绍信是"介绍张某购买 P.O 42.5R 级水泥",则张某买 P.O 42.5 水泥的行为就超越了代理权限,双方的口头合同是无效的。

(2)如果合同被确认无效后,其首要的法律后果是返还财产,即甲施工企业可以退货、拒付货款。乙建材公司的损失,按照《民法典》第一百七十一条"行为人没有代理权、超越代理权或者代理权终止后,仍然实施代理行为,未经被代理人追认的,对被代理人不发生效力"的规定,应当向张某主张。

1.4.2 债权制度

1.债的概念

债是按照合同约定或依照法律规定,在当事人之间产生的特定的权利和义务关系。债权是因合同、侵权行为、无因管理、不当得利以及法律的其他规定,权利人请求特定义务人为或者不为一定行为的权利。享有权利的人是债权人,负有义务的人是债务人。

2.债的发生根据

根据《民法典》的相关规定,能够引起债的发生的法律事实,即债的发生根据,主要有以下几种。

(1)合同

合同是民事主体之间设立、变更、终止民事法律关系的协议。《民法典》第一百一十九条规定:"依法成立的合同,对当事人具有法律约束力。"

合同是债发生的最重要最普遍的根据。

(2)侵权行为

侵权行为是指民事主体非法侵害公民或法人的财产所有权、人身权利或知识产权的行为。《民法典》第一百二十条规定:"民事权益受到侵害的,被侵权人有权请求侵权人承担侵权责任。"以下列举了《民法典》在不同的法条中规定的不同的侵权责任。

第一千一百九十一条　用人单位的工作人员因执行工作任务造成他人损害的,由用人单位承担侵权责任。用人单位承担侵权责任后,可以向有故意或者重大过失的工作人员追偿。

劳务派遣期间,被派遣的工作人员因执行工作任务造成他人损害的,由接受劳务派遣的用工单位承担侵权责任;劳务派遣单位有过错的,承担相应的责任。

第一千一百九十二条　个人之间形成劳务关系,提供劳务一方因劳务造成他人损害的,由接受劳务一方承担侵权责任。接受劳务一方承担侵权责任后,可以向有故意或者重大过失的提供劳务一方追偿。提供劳务一方因劳务受到损害的,根据双方各自的过错承担相应的责任。

提供劳务期间,因第三人的行为造成提供劳务一方损害的,提供劳务一方有权请求第三人承担侵权责任,也有权请求接受劳务一方给予补偿。接受劳务一方补偿后,可以向第三人追偿。

第一千一百九十四条　网络用户、网络服务提供者利用网络侵害他人民事权益的,应当承担侵权责任。法律另有规定的,依照其规定。

第一千一百九十八条　宾馆、商场、银行、车站、机场、体育场馆、娱乐场所等经营场所、公共场所的经营者、管理者或者群众性活动的组织者,未尽到安全保障义务,造成他人损害的,应当承担侵权责任。

因第三人的行为造成他人损害的,由第三人承担侵权责任;经营者、管理者或者组织者未尽到安全保障义务的,承担相应的补充责任。经营者、管理者或者组织者承担补充责任后,可以向第三人追偿。

第一千一百九十九条　无民事行为能力人在幼儿园、学校或者其他教育机构学习、生活期间受到人身损害的,幼儿园、学校或者其他教育机构应当承担侵权责任;但是,能够证明尽到教育、管理职责的,不承担侵权责任。

第一千二百二十九条　因污染环境、破坏生态造成他人损害的,侵权人应当承担侵权责任。

第一千二百四十五条　饲养的动物造成他人损害的,动物饲养人或者管理人应当承担侵权责任;但是,能够证明损害是因被侵权人故意或者重大过失造成的,可以不承担或者减轻责任。

第一千二百五十二条　建筑物、构筑物或者其他设施倒塌、塌陷造成他人损害的,由建设单位与施工单位承担连带责任,但是建设单位与施工单位能够证明不存在质量缺陷的除外。建设单位、施工单位赔偿后,有其他责任人的,有权向其他责任人追偿。

因所有人、管理人、使用人或者第三人的原因,建筑物、构筑物或者其他设施倒塌、塌陷造成他人损害的,由所有人、管理人、使用人或者第三人承担侵权责任。

第一千二百五十三条　建筑物、构筑物或者其他设施及其搁置物、悬挂物发生脱落、坠落造成他人损害,所有人、管理人或者使用人不能证明自己没有过错的,应当承担侵权责任。所有人、管理人或者使用人赔偿后,有其他责任人的,有权向其他责任人追偿。

第一千二百五十四条　禁止从建筑物中抛掷物品。从建筑物中抛掷物品或者从建筑物上坠落的物品造成他人损害的,由侵权人依法承担侵权责任;经调查难以确定具体侵权人的,除能够证明自己不是侵权人的外,由可能加害的建筑物使用人给予补偿。可能加害的建筑物使用人补偿后,有权向侵权人追偿。

物业服务企业等建筑物管理人应当采取必要的安全保障措施防止前款规定情形的发生;未采取必要的安全保障措施的,应当依法承担未履行安全保障义务的侵权责任。

发生本条第一款规定的情形的,公安等机关应当依法及时调查,查清责任人。

第一千二百五十六条　在公共道路上堆放、倾倒、遗撒妨碍通行的物品造成他人损害的,由行为人承担侵权责任。公共道路管理人不能证明已经尽到清理、防护、警示等义务的,应当承担相应的责任。

第一千二百五十八条　在公共场所或者道路上挖掘、修缮安装地下设施等造成他人损害,施工人不能证明已经设置明显标志和采取安全措施的,应当承担侵权责任。

窨井等地下设施造成他人损害,管理人不能证明尽到管理职责的,应当承担侵权责任。

(3)不当得利

不当得利是指没有法律或合同根据,有损于他人而取得的利益。它可能表现为得利人财产的增加,致使他人不应减少的财产减少了;也可能表现为得利人应支付的费用没有支付,致使他人应当增加的财产没有增加。《民法典》第一百二十二条规定:"因他人没有法律根据,取得不当利益,受损失的人有权请求其返还不当利益。"

(4)无因管理

无因管理是指没有法定的或者约定的义务,为避免他人利益遭受损失,自愿为他人管理事务或财物的行为。无因管理行为一经发生,便会在管理人和其事务被管理人之间产生债权债务关系,其事务被管理者负有赔偿管理者在管理过程中所支付的合理的费用及直接损失的义务。《民法典》第一百二十一条规定:"没有法定的或者约定的义务,为避免他人利益受损失而进行管理的人,有权请求受益人偿还由此支出的必要费用。"

(5)债的其他发生根据

债的发生根据除前述几种外,遗赠、扶养、发现埋藏物,单方民事法律行(如设定幸运奖),缔约过失等,也是债的发生根据。

3. 债的消灭

(1) 债因履行而消灭。

债务人履行了债务,债权人的利益得到了实现,当事人间设立债的目的已达到,债的关系也就自然消灭了。

(2) 债因抵销而消灭。

抵销是指当事人双方相互负有相同种类的给付,将两项债务相互冲抵,使其相互在对等额内消灭。抵销可分为法定抵销与合意抵销。法定抵销,是指具备法律所规定的条件时,依当事人一方的意思表示所为的抵销。其依当事人一方的意思表示,使双方的债权按同等数额消灭的权利,称为抵销权。通常所说的抵销即是指法定抵销。合意抵销又称为契约上抵销,是指依当事人双方的合意所为的抵销。合意抵销是由当事人自由约定的,其效力也决定于当事人的约定。

《民法典》相关条款如下。

第五百六十八条 当事人互负债务,该债务的标的物种类、品质相同的,任何一方可以将自己的债务与对方的到期债务抵销;但是,根据债务性质、按照当事人约定或者依照法律规定不得抵销的除外。当事人主张抵销的,应当通知对方。通知自到达对方时生效。抵销不得附条件或者附期限。

第五百六十九条 当事人互负债务,标的物种类、品质不相同的,经协商一致,也可以抵销。

(3) 债因提存而消灭。

提存是指债权人无正当理由拒绝接受履行或其下落不明,或数人就同一债权主张权利,债权人一时无法确定,致使债务人一时难以履行债务,经公证机关证明或人民法院的裁决,债务人可以将履行的标的物提交有关部门保存的行为。

《民法典》对提存有如下规定。

第五百七十条 有下列情形之一,难以履行债务的,债务人可以将标的物提存:

(一) 债权人无正当理由拒绝受领;

(二) 债权人下落不明;

(三) 债权人死亡未确定继承人、遗产管理人,或者丧失民事行为能力未确定监护人;

(四) 法律规定的其他情形。

标的物不适于提存或者提存费用过高的,债务人依法可以拍卖或者变卖标的物,提存所得的价款。

第五百七十一条 债务人将标的物或者将标的物依法拍卖、变卖所得价款交付提存部门时,提存成立。提存成立的,视为债务人在其提存范围内已经交付标的物。

第五百七十二条 标的物提存后,债务人应当及时通知债权人或者债权人的继承人、遗产管理人、监护人、财产代管人。

第五百七十三条 标的物提存后,毁损、灭失的风险由债权人承担。提存期间,标的物的孳息归债权人所有。提存费用由债权人负担。

第五百七十四条 债权人可以随时领取提存物。但是,债权人对债务人负有到期债务的,在债权人未履行债务或者提供担保之前,提存部门根据债务人的要求应当拒绝其领取提存物。

债权人领取提存物的权利,自提存之日起五年内不行使而消灭,提存物扣除提存费用后归国家所有。但是,债权人未履行对债务人的到期债务,或者债权人向提存部门书面表示放弃领取提存物权利的,债务人负担提存费用后有权取回提存物。

(4) 债因免除而消灭。

免除是指债权人放弃债权,从而免除债务人所承担的义务。债务人的债务一经债权人解除,债的关系自行解除。《民法典》第五百七十五条规定:"债权人免除债务人部分或者全部债务的,债权债务部分或者全部终止,但是债务人在合理期限内拒绝的除外。"

(5) 债权债务同归于一人。

《民法典》第五百七十六条规定:"债权和债务同归于一人的,债权债务终止,但是损害第三人利益的除外。"

(6) 法律规定或者当事人约定终止的其他情形。

合同解除的,该合同的权利义务关系终止。

如:债因当事人死亡而解除,仅指具有人身性质的合同之债,因为人身关系是不可继承和转让的,所以,凡属委托合同的受托人、出版合同的约稿人等死亡时,其所签订的合同也随之终止。

1.4.3 担保制度

担保是指当事人双方根据法律、行政法规的规定或者双方约定,为促使债务人履行债务实现债权人的权利的法律制度。

《民法典》不仅规定了典型的担保方式(保证、抵押、质押、留置),还给出了一些非典型的担保方式。

《民法典》在第二编规定了留置权,在第三编规定了定金和保证合同。担保合同包括抵押合同、质押合同和其他具有担保功能的合同。其他具有担保功能的合同包括所有权保留合同、融资租赁合同和保理合同等。

在建设工程活动中,保证是最为常用的一种担保方式。保证是指保证人和债权人约定,当债务人不履行债务时,保证人按照约定履行债务或承担责任的法律行为。具有代为清偿债务能力的人,既可以是法人,也可以是其他组织或公民。在工程建设活动中,由于担保的标的额往往较大,保证人往往是银行,也有信用较高的其他担保人,如担保公司。银行出具的保证通常称为保函,其他保证人出具的书面保证一般称为保证书。

1. 保证的有关法律规定

(1) 保证人的规定

《民法典》第六百八十三条规定:"机关法人不得为保证人,但是经国务院批准为使用外国政府或者国际经济组织贷款进行转贷的除外。以公益为目的的非营利法人、非法人组织不得为保证人。"

特别法人原则上可以作为保证人,但是,如居委会、村委会仅履行公益职能,不代行集体经济组织职能、不管理村集体财产,则可能被法院认定为不具备保证人的主体资格,相应保证合同无效。

根据《民法典》第七十四条规定,法律意义上的法人分支机构,可以自己的名义从事民事活动,当然包括对外担保。但是根据《民法典》第一百四十三条有关"民事法律行为有效"的条件要求,《中华人民共和国公司法》,以及《最高人民法院关于审理经济合同纠纷案件有关保证的若干问题的规定》等,法人分支机构未经法人同意,为他人提供保证的,保证合同无效,保证人不承担保证责任,但应当根据其过错大小,承担相应的赔偿责任。法人的分支机构管理的财产不足以承担赔偿责任的,由法人承担。因此,接受企业法人分支机构担保的,还应要求分支机构取得法人同意其对外担保的书面授权。

（2）保证合同

《民法典》相关条款如下。

第六百八十一条　保证合同是为保障债权的实现,保证人和债权人约定,当债务人不履行到期债务或者发生当事人约定的情形时,保证人履行债务或者承担责任的合同。

第六百八十二条　保证合同是主债权债务合同的从合同。主债权债务合同无效的,保证合同无效,但是法律另有规定的除外。保证合同被确认无效后,债务人、保证人、债权人有过错的,应当根据其过错各自承担相应的民事责任。

第六百八十五条　保证合同可以是单独订立的书面合同,也可以是主债权债务合同中的保证条款。第三人单方以书面形式向债权人作出保证,债权人接收且未提出异议的,保证合同成立。

保证合同应包括:①被保证的主债权种类、数额;②债务人履行债务的期限;③保证的方式;④保证的范围;⑤保证的期间;⑥双方认为需要约定的其他事项。

（3）保证方式

《民法典》相关条款如下。

第六百八十六条　保证的方式包括一般保证和连带责任保证。当事人在保证合同中对保证方式没有约定或者约定不明确的,按照一般保证承担保证责任。

第六百八十七条　当事人在保证合同中约定,债务人不能履行债务时,由保证人承担保证责任的,为一般保证。

一般保证的保证人在主合同纠纷未经审判或者仲裁,并就债务人财产依法强制执行仍不能履行债务前,有权拒绝向债权人承担保证责任,但是有下列情形之一的除外:

（一）债务人下落不明,且无财产可供执行;

（二）人民法院已经受理债务人破产案件;

（三）债权人有证据证明债务人的财产不足以履行全部债务或者丧失履行债务能力;

（四）保证人书面表示放弃本款规定的权利。

第六百八十八条　当事人在保证合同中约定保证人和债务人对债务承担连带责任的,为连带责任保证。连带责任保证的债务人不履行到期债务或者发生当事人约定的情形时,债权人可以请求债务人履行债务,也可以请求保证人在其保证范围内承担保证责任。

（4）保证责任范围及保证期间

《民法典》相关条款如下。

第六百九十一条　保证的范围包括主债权及其利息、违约金、损害赔偿金和实现债权的费用。当事人另有约定的,按照其约定。

第六百九十二条　保证期间是确定保证人承担保证责任的期间,不发生中止、中断和延长。

债权人与保证人可以约定保证期间,但是约定的保证期间早于主债务履行期限或者与主债务履行期限同时届满的,视为没有约定;没有约定或者约定不明确的,保证期间为主债务履行期限届满之日起六个月。

债权人与债务人对主债务履行期限没有约定或者约定不明确的,保证期间自债权人请求债务人履行债务的宽限期届满之日起计算。

第六百九十三条　一般保证的债权人未在保证期间对债务人提起诉讼或者申请仲裁的,保证人不再承担保证责任。连带责任保证的债权人未在保证期间请求保证人承担保证责任的,保证人不再承担保证责任。

第六百九十四条　一般保证的债权人在保证期间届满前对债务人提起诉讼或者申请仲裁的,从保证人拒绝承担保证责任的权利消灭之日起,开始计算保证债务的诉讼时效。连带责任保证的债权人在保证期间届满前请求保证人承担保证责任的,从债权人请求保证人承担保证责任之日起,开始计算保证债务的诉讼时效。

(5) 其他有关规定

《民法典》相关条款如下。

第六百九十五条　债权人和债务人未经保证人书面同意,协商变更主债权债务合同内容,减轻债务的,保证人仍对变更后的债务承担保证责任;加重债务的,保证人对加重的部分不承担保证责任。债权人和债务人变更主债权债务合同的履行期限,未经保证人书面同意的,保证期间不受影响。

第六百九十六条　债权人转让全部或者部分债权,未通知保证人的,该转让对保证人不发生效力。保证人与债权人约定禁止债权转让,债权人未经保证人书面同意转让债权的,保证人对受让人不再承担保证责任。

第六百九十七条　债权人未经保证人书面同意,允许债务人转移全部或者部分债务,保证人对未经其同意转移的债务不再承担保证责任,但是债权人和保证人另有约定的除外。第三人加入债务的,保证人的保证责任不受影响。

第六百九十八条　一般保证的保证人在主债务履行期限届满后,向债权人提供债务人可供执行财产的真实情况,债权人放弃或者怠于行使权利致使该财产不能被执行的,保证人在其提供可供执行财产的价值范围内不再承担保证责任。

第六百九十九条　同一债务有两个以上保证人的,保证人应当按照保证合同约定的保证份额,承担保证责任;没有约定保证份额的,债权人可以请求任何一个保证人在其保证范围内承担保证责任。

第七百条　保证人承担保证责任后,除当事人另有约定外,有权在其承担保证责任的范围内向债务人追偿,享有债权人对债务人的权利,但是不得损害债权人的利益。

第七百零一条　保证人可以主张债务人对债权人的抗辩。债务人放弃抗辩的,保证人仍有权向债权人主张抗辩。

第七百零二条　债务人对债权人享有抵销权或者撤销权的,保证人可以在相应范围内拒绝承担保证责任。

2. 抵押的有关法律规定

(1) 抵押的定义

《民法典》的相关条款如下。

第三百九十四条　为担保债务的履行,债务人或者第三人不转移财产的占有,将该财产抵押给债权人的,债务人不履行到期债务或者发生当事人约定的实现抵押权的情形,债权人有权就该财产优先受偿的法律行为。

前款规定的债务人或者第三人为抵押人,债权人为抵押权人,提供担保的财产为抵押财产。

第三百九十九条　下列财产不得抵押:

(一) 土地所有权;

(二) 宅基地、自留地、自留山等集体所有土地的使用权,但是法律规定可以抵押的除外;

(三) 学校、幼儿园、医疗机构等为公益目的成立的非营利法人的教育设施、医疗卫生设施和其他公益设施;

(四) 所有权、使用权不明确或有争议的财产;

(五) 依法被查封、扣押、监管的财产;

(六) 法律、行政法规规定不得抵押的其他财产。

第三百九十五条　债务人或者第三人有权处分的下列财产可以抵押:

(一) 建筑物和其他土地附着物。

(二) 建设用地使用权。

(三) 海域使用权。

(四) 生产设备、原材料、半成品、产品。

(五) 正在建造的建筑物、船舶、航空器。

(六) 交通运输工具。

(七) 法律、行政法规未禁止抵押的其他财产。

抵押人可以将前款所列财产一并抵押。

第三百九十六条　企业、个体工商户、农业生产经营者可以将现有的以及将有的生产设备、原材料、半成品、产品抵押,债务人不履行到期债务或者发生当事人约定的实现抵押权的情形,债权人有权就抵押财产确定时的动产优先受偿。

第三百九十七条　以建筑物抵押的,该建筑物占用范围内的建设用地使用权一并抵押。以建设用地使用权抵押的,该土地上的建筑物一并抵押。

抵押人未依据前款规定一并抵押的,未抵押的财产视为一并抵押。

第三百九十八条　乡镇、村企业的建设用地使用权不得单独抵押。以乡镇、村企业的厂房等建筑物抵押的,其占用范围内的建设用地使用权一并抵押。

(2) 抵押合同

《民法典》相关条款如下。

第四百条　设立抵押权,当事人应当采用书面形式订立抵押合同。抵押合同一般包括下列条款:

(一)被担保债权的种类和数额。
(二)债务人履行债务的期限。
(三)抵押财产的名称、数量等情况。
(四)担保的范围。

(3)抵押的效力

《民法典》相关条款如下。

第四百零三条　以动产抵押的,抵押权自抵押合同生效时设立;未经登记,不得对抗善意第三人。

第四百零四条　以动产抵押的,不得对抗正常经营活动中已经支付合理价款并取得抵押财产的买受人。

第四百零五条　抵押权设立前,抵押财产已经出租并转移占有的,原租赁关系不受该抵押权的影响。

第四百零六条　抵押期间,抵押人可以转让抵押财产。当事人另有约定的,按照其约定。抵押财产转让的,抵押权不受影响。抵押人转让抵押财产的,应当及时通知抵押权人。抵押权人能够证明抵押财产转让可能损害抵押权的,可以请求抵押人将转让所得的价款向抵押权人提前清偿债务或者提存。转让的价款超过债权数额的部分归抵押人所有,不足部分由债务人清偿。

第四百零八条　抵押人的行为足以使抵押财产价值减少的,抵押权人有权请求抵押人停止其行为;抵押财产价值减少的,抵押权人有权请求恢复抵押财产的价值,或者提供与减少的价值相应的担保。抵押人不恢复抵押财产的价值,也不提供担保的,抵押权人有权请求债务人提前清偿债务。

(4)抵押权的实现

《民法典》相关条款如下。

第四百一十条　债务人不履行到期债务或者发生当事人约定的实现抵押权的情形,抵押权人可以与抵押人协议以抵押财产折价或者以拍卖、变卖该抵押财产所得的价款优先受偿。协议损害其他债权人利益的,其他债权人可以请求人民法院撤销该协议。抵押权人与抵押人未就抵押权实现方式达成协议的,抵押权人可以请求人民法院拍卖、变卖抵押财产。抵押财产折价或者变卖的,应当参照市场价格。

第四百一十二条　债务人不履行到期债务或者发生当事人约定的实现抵押权的情形,致使抵押财产被人民法院依法扣押的,自扣押之日起,抵押权人有权收取该抵押财产的天然孳息或者法定孳息,但是抵押权人未通知应当清偿法定孳息义务人的除外。前款规定的孳息应当先充抵收取孳息的费用。

第四百一十三条　抵押财产折价或者拍卖、变卖后,其价款超过债权数额的部分归抵押人所有,不足部分由债务人清偿。

第四百一十四条　同一财产向两个以上债权人抵押的,拍卖、变卖抵押财产所得的价款依照下列规定清偿:

(一)抵押权已经登记的,按照登记的时间先后确定清偿顺序;
(二)抵押权已经登记的先于未登记的受偿;

(三)抵押权未登记的,按照债权比例清偿。

其他可以登记的担保物权,清偿顺序参照适用前款规定。

第四百一十五条 同一财产既设立抵押权又设立质权的,拍卖、变卖该财产所得的价款按照登记、交付的时间先后确定清偿顺序。

第四百一十七条 建设用地使用权抵押后,该土地上新增的建筑物不属于抵押财产。该建设用地使用权实现抵押权时,应当将该土地上新增的建筑物与建设用地使用权一并处分。但是,新增建筑物所得的价款,抵押权人无权优先受偿。

第四百一十八条 以集体所有土地的使用权依法抵押的,实现抵押权后,未经法定程序,不得改变土地所有权的性质和土地用途。

第四百一十九条 抵押权人应当在主债权诉讼时效期间行使抵押权;未行使的,人民法院不予保护。

3. 质押的有关法律规定

质押是指债务人或第三人将其动产或权利转移债权人占有,用以担保债权的实现,当债务人不能履行债务时,债权人依法有权就该动产或权利优先得到清偿的担保法律行为。质押包括动产质押和权利质押两种。

(1)动产质押

《民法典》相关条款如下。

第四百二十五条 为担保债务的履行,债务人或者第三人将其动产出质给债权人占有的,债务人不履行到期债务或者发生当事人约定的实现质权的情形,债权人有权就该动产优先受偿。

前款规定的债务人或者第三人为出质人,债权人为质权人,交付的动产为质押财产。

第四百三十一条 质权人在质权存续期间,未经出质人同意,擅自使用、处分质押财产,造成出质人损害的,应当承担赔偿责任。

第四百三十二条 质权人负有妥善保管质押财产的义务;因保管不善致使质押财产毁损、灭失的,应当承担赔偿责任。质权人的行为可能使质押财产毁损、灭失的,出质人可以请求质权人将质押财产提存,或者请求提前清偿债务并返还质押财产。

第四百三十三条 因不可归责于质权人的事由可能使质押财产毁损或者价值明显减少,足以危害质权人权利的,质权人有权请求出质人提供相应的担保;出质人不提供的,质权人可以拍卖、变卖质押财产,并与出质人协议将拍卖、变卖所得的价款提前清偿债务或者提存。

第四百三十六条 债务人履行债务或者出质人提前清偿所担保的债权的,质权人应当返还质押财产。

债务人不履行到期债务或者发生当事人约定的实现质权的情形,质权人可以与出质人协议以质押财产折价,也可以就拍卖、变卖质押财产所得的价款优先受偿。质押财产折价或者变卖的,应当参照市场价格。

第四百三十七条 出质人可以请求质权人在债务履行期限届满后及时行使质权;质权人不行使的,出质人可以请求人民法院拍卖、变卖质押财产。出质人请求质权人及时行使质权,因质权人怠于行使权利造成出质人损害的,由质权人承担赔偿责任。

第四百三十八条　质押财产折价或者拍卖、变卖后,其价款超过债权数额的部分归出质人所有,不足部分由债务人清偿。

第四百三十九条　出质人与质权人可以协议设立最高额质权。

(2)权利质押

权利质押是指出质人将其法定的可以质押的权利凭证交付质权人,以担保质权人的债权得以实现的法律行为。

《民法典》相关条款如下。

第四百四十条　债务人或者第三人有权处分的下列权利可以出质:

(一)汇票、本票、支票;

(二)债券、存款单;

(三)仓单、提单;

(四)可以转让的基金份额、股权;

(五)可以转让的注册商标专用权、专利权、著作权等知识产权中的财产权;

(六)现有的以及将有的应收账款;

(七)法律、行政法规规定可以出质的其他财产权利。

第四百四十一条　以汇票、本票、支票、债券、存款单、仓单、提单出质的,质权自权利凭证交付质权人时设立;没有权利凭证的,质权自办理出质登记时设立。法律另有规定的,依照其规定。

第四百四十二条　汇票、本票、支票、债券、存款单、仓单、提单的兑现日期或者提货日期先于主债权到期的,质权人可以兑现或者提货,并与出质人协议将兑现的价款或者提取的货物提前清偿债务或者提存。

第四百四十三条　以基金份额、股权出质的,质权自办理出质登记时设立。基金份额、股权出质后,不得转让,但是出质人与质权人协商同意的除外。出质人转让基金份额、股权所得的价款,应当向质权人提前清偿债务或者提存。

第四百四十四条　以注册商标专用权、专利权、著作权等知识产权中的财产权出质的,质权自办理出质登记时设立。知识产权中的财产权出质后,出质人不得转让或者许可他人使用,但是出质人与质权人协商同意的除外。出质人转让或者许可他人使用出质的知识产权中的财产权所得的价款,应当向质权人提前清偿债务或者提存。

第四百四十五条　以应收账款出质的,质权自办理出质登记时设立。应收账款出质后,不得转让,但是出质人与质权人协商同意的除外。出质人转让应收账款所得的价款,应当向质权人提前清偿债务或者提存。

(3)质押合同

《民法典》相关条款如下。

第四百二十七条　设立质权,当事人应当采用书面形式订立质押合同。质押合同一般包括下列条款:

(一)被担保债权的种类和数额;

(二)债务人履行债务的期限;

(三)质押财产的名称、数量等情况;

(四)担保的范围;

(五)质押财产交付的时间、方式。

4.留置的有关法律规定

《民法典》的相关条款如下。

第四百四十七条　债务人不履行到期债务,债权人可以留置已经合法占有的债务人的动产,并有权就该动产优先受偿。前款规定的债权人为留置权人,占有的动产为留置财产。

留置是指合同当事人一方依据法律规定或合同约定,占有合同中对方的财产,有权留置以保护自身合法利益的法律行为。因保管合同、运输合同,加工承揽合同发生的债权,债务人不履行债务的,债权人有留置权。

第四百五十一条　留置权人负有妥善保管留置财产的义务;因保管不善致使留置财产毁损、灭失的,应当承担赔偿责任。

第四百五十二条　留置权人与债务人应当约定留置财产后的债务履行期限;没有约定或者约定不明确的,留置权人应当给债务人六十日以上履行债务的期限,但是鲜活易腐等不易保管的动产除外。债务人逾期未履行的,留置权人可以与债务人协议以留置财产折价,也可以就拍卖、变卖留置财产所得的价款优先受偿。留置财产折价或者变卖的,应当参照市场价格。

第四百五十四条　债务人可以请求留置权人在债务履行期限届满后行使留置权;留置权人不行使的,债务人可以请求人民法院拍卖、变卖留置财产。

第四百五十五条　留置财产折价或者拍卖、变卖后,其价款超过债权数额的部分归债务人所有,不足部分由债务人清偿。

第四百五十六条　同一动产上已经设立抵押权或者质权,该动产又被留置的,留置权人优先受偿。

第四百五十七条　留置权人对留置财产丧失占有或者留置权人接受债务人另行提供担保的,留置权消灭。

5.定金的有关法律规定

《民法典》的相关条款如下。

第五百八十六条　当事人可以约定一方向对方给付定金作为债权的担保。定金合同自实际交付定金时成立。定金的数额由当事人约定;但是,不得超过主合同标的额的百分之二十,超过部分不产生定金的效力。实际交付的定金数额多于或者少于约定数额的,视为变更约定的定金数额。

第五百八十七条　债务人履行债务的,定金应当抵作价款或者收回。给付定金的一方不履行债务或者履行债务不符合约定,致使不能实现合同目的的,无权请求返还定金;收受定金的一方不履行债务或者履行债务不符合约定,致使不能实现合同目的的,应当双倍返还定金。

第五百八十八条　当事人既约定违约金,又约定定金的,一方违约时,对方可以选择适用违约金或者定金条款。定金不足以弥补一方违约造成的损失的,对方可以请求赔偿超过定金数额的损失。

1.4.4 保险制度

保险是一种受法律保护的分散危险、消化损失的经济制度。危险可分为财产危险、人身危险和法律责任危险三种。财产危险是指财产因意外事故或自然灾害而遭受毁损或灭失的危险;人身危险是指人们因生老病死和失业等原因而遭致财产损失的危险;法律责任危险是指对他人的财产、人身实施不法侵害,依法应负赔偿责任的危险。

1995年6月30日第八届全国人民代表大会常务委员会第十四次会议通过了《中华人民共和国保险法》(简称《保险法》),并于1995年10月1日开始实施。该法第二条规定:"本法所称保险,是指投保人根据合同约定,向保险人支付保险费,保险人对于合同约定的可能发生的事故因其发生所造成的财产损失承担赔偿保险金责任,或者当被保险人死亡、伤残、疾病或者达到合同约定的年龄、期限时承担给付保险金责任的商业保险行为。"

《保险法》是调整保险活动中,保险人与投保人、被保险人以及受益人之间法律关系的专门法律。该法分别于2009年、2014年、2015年三次修订,目前共八章一百八十五条。

我国工程保险制度的起步较晚,虽然中国人民保险公司在1979年就拟定了建筑工程一切险和安装工程一切险的条款及保单,但当时主要是在一些利用外资或中外合资的工程项目上实行,国内建设项目的投保率极低。从事危险作业人员人身意外伤害保险被1997年11月3日实行的《建筑法》列为法定保险,才得以被广泛采用。

1. 实行工程保险制度的必要性

(1) 工程保险是市场经济发展的需要

在计划经济体制下,项目是国家的,项目资金来源于国家投资。建设单位是政府或其下属,施工单位也是政府有关行政部门所属的施工企业。因此在施工过程中,工程遭受不可抗力的破坏时,双方都不会承担损失,而是由国家最终负责,风险无损自己的利益,工程保险就显得无关紧要。但是,随着我国经济体制改革的深化,不同经济成分及多种经营方式同时存在于建设市场中。在这种新的形势下,如果发生损失,发包方和承包方都是直接的受害者。因此发包方和承包方为了保证自身的利益,就要想方设法地转移或降低风险带来的损失,工程保险则是一种行之有效的方法。

(2) 工程保险可以减少风险的不确定性

风险具有不确定性,这包含了风险事件的发生与否不确定,发生于何时不确定,发生的原因不确定和损失的结果不确定。但投保可将这些具有不确定因素的风险转移给保险人。保险公司根据大数定律对期望损失作出比较准确的判断,从而采取各种防范和应急措施来降低不确定性的影响。如向投保人提供有关安全、防灾的教育和培训,提供关于现场检查和其他方面的有益帮助等,从而减低风险发生的概率。另外,业主或承包商只要付出少量的保险费,便可获得保险范围内风险发生所造成的重大损失赔偿,从而可以最大限度地降低风险导致的损失。

(3) 工程保险有利于增强竞争力

我国大部分建筑企业的市场主要局限在该地区或该部门,难以有所突破。原因虽然很多,但风险管理水平比较低,风险防范意识比较薄弱是其中不可忽视的一条重要原因。这体现在事前未能预测可能发生的风险并采取有效的预防措施,或在风险发生之后又难以采取合理的措施来减少风险带来的损失。而建设工程是一项高风险事业,这就导致承包商容易产生害怕心理,惧怕风险损失,严重阻碍了他们在激烈的市场经济中参与竞争。而工程保险就是着眼于可能发生的不利情况和意外不测,从若干方面消除或补偿遭遇风险造成损失的一种特殊措施。尽管这种对于风险后果的补偿只能弥补整个工程项目损失的一部分,但在特定情况下却能保证承包商不致破产而获得生机。通过保险,可以解除应保险范围风险发生所承受的经济损失,增强承包商抵御风险的能力,使其大胆地参与竞争。

(4)工程保险有利于加快与国际接轨的进程

在国际工程承包中,工程保险作为承包商的一项义务是强制性的。随着我国市场的进一步开放和改革的不断深入,国外的承包商会不断地涌入我国的建筑市场。同样,我国的建筑承包企业也要参与国际竞争。在国际建筑市场上,我们必须按照国际惯例运作。而在建设工程中推行工程保险制度,是我们与国际惯例接轨的一项重要措施,它对于提高我们的项目管理水平起着非常积极的作用。

2. 保险和保险合同

保险是指投保人根据合同约定,向保险人支付保险费,保险人对于合同约定的可能发生的事故,因其发生所造成的财产损失承担赔偿保险金责任,或者当被保险人死亡、伤残、疾病,或者达到合同约定的年龄、期限时承担给付保险金责任的商业的保险行为。

保险合同是指投保人与保险人约定保险权利义务关系的协议。保险合同在履行中还涉及保险人和收益人。

被保险人是指财产或者人身受保险合同保障,享有保险金请求权的人,投保人可以为保险人。受益人是指人身保险合同中由被保险人或者投保人指定的享有保险金请求权的人,投保人、被保险人可以为受益人。

保险合同一般是以保险单的形式订立的。保险合同分为财产保险合同、人身保险合同。

3. 建设工程保险的主要种类

(1)建筑工程一切险

建筑工程一切险承保各类民用、工业和公用事业建筑工程项目,包括道路、水坝、桥梁、港埠等,在建造过程中因自然灾害或意外事故而引起的一切损失。

建筑工程一切险的投保人是与保险人订立保险合同,并按照保险合同负有支付保险费义务的人。建设工程施工中一般是承包商和业主联合投保。

建筑工程一切险的被保险人是指其财产或者人身受保险合同保障;享有保险金请求权的人,投保人可以为被保险人。建筑工程一切险的被保险人可以包括:业主、总承包商、分包商、业主聘用的监理工程师、与工程有密切关系的单位或个人,如贷款银行或投资人等。

建筑工程一切险适用于所有房屋工程和公共工程,尤其是:

①住宅、商业用房、医院、学校、剧院。

②工业厂房、电站。

③公路、铁路、飞机场。

④桥梁、船闸、大坝、隧道、排灌工程、水渠及港埠等。

建筑工程一切险承保的内容一般包括：

①工程本身是指由总承包商和分包商为履行合同而实施的全部工程。包括：预备工程，如土方、水准测量；临时工程，如引水、保护堤；全部存放于工地，为施工所必需的材料。

②施工用设施和设备，包括活动房、存料库、配料棚、搅拌站、脚手架，水电供应及其他类似设施。

③施工机具，包括大型陆上运输和施工机械、吊车及不能在公路上行驶的工地用车辆，不管这些机具属承包商所有还是其租赁物资。

④场地清理费，是指在发生灾害事故后场地上产生了大量的残砾，为清理工地现场而必须支付的一笔费用。

⑤第三者责任，系指在保险期内，对因工程意外事故造成的、依法应由被保险人负责的工地上及邻近地区的第三者人身伤亡、疾病或财产损失，以及被保险人因此而支付的诉讼费用和事先经保险公司书面同意支付的其他费用等赔偿责任。但是，被保险人的职工的人身伤亡和财产损失应予除外（属于意外伤害保险）。

⑥工地内现有的建筑物，是指不在承保的工程范围内的、所有人或承包人所有的工地内已有的建筑物或财产。

⑦由被保险人看管或监护的停放于工地的财产。

建筑工程一切险承保的危险与损害涉及面很广，凡保险单中列举的除外情况之外的一切事故损失全在保险范围内，尤其是下述原因造成的损失：

①火灾、爆炸、雷击、飞机坠毁及灭火或其他救助所造成的损失。

②海啸、洪水、潮水、水灾、地震、暴雨、风暴、雪崩、地崩、山崩、冻灾、冰雹及其他自然灾害。

③一般性盗窃和抢劫。

④由于工人、技术人员缺乏经验、疏忽、过失、恶意行为或无能力等导致的施工拙劣而造成的损失。

⑤其他意外事件。

建筑材料在工地范围内的运输过程中遭受的损失和破坏，以及施工设备和机具在装卸时发生的损失等亦可纳入工程险的承保范围。

按照国际惯例，建筑工程一切险的除外责任通常有以下七种：

①由于军事行动、战争或其他类似事件，以及罢工、骚动、民众运动或当局命令停工等情况造成的损失（有些国家规定投保罢工骚乱险）。

②因被保险人的严重失职或蓄意破坏而造成的损失。

③因原子核裂变而造成的损失。

④由于合同罚款及其他非实质性损失。

⑤因施工机具本身原因即无外界原因情况下造成的损失（但因这些损失而导致的建筑事故则不属除外情况）。

⑥因设计错误（结构缺陷）而造成的损失。

⑦因纠正或修复工程差错（例如因使用有缺陷或非标准材料而导致的差错）而增加的支出。

建筑工程一切险自工程开工之日或在开工之前工程用料卸放于工地之日开始生效,两者以先发生者为准,开工日包括打地基在内(如果地基亦在保险范围内)。施工机具保险自其卸放于工地之日起生效。保险终止日应为工程竣工验收之日或者保险单上列出的终止日。

保险金额是指保险人承担赔偿或者给付保险金责任的最高限额。保险金额不得超过保险标的的保险价值,超过保险价值的,超过的部分无效。建筑工程一切险的保险金额按照不同的保险标的确定。保险公司会要求投保人根据其不同的损失,自负一定的责任,即由被保险人承担的损失额称为免赔额。工程本身的免赔额为保险金额的0.5%~3%;施工机具设备等的免赔额为保险金额的5%;第三者责任险中财产损失的免赔额为每次事故赔偿限额的1%~2%,但人身伤害没有免赔额。保险人向被保险人支付为修复保险标的遭受损失所需的费用时,必须扣除免赔额。支付的赔偿额极限相当于保险总额,但不超过保险合同中规定的每次事故的保险极限之和或整个保险期内发生的全部事故的总保险极限。

(2)安装工程一切险

安装工程一切险属于技术险种,其目的在于为各种机器的安装及钢结构工程的实施提供尽可能全面的专门保险。

安装工程一切险承保安装各种机器、设备、储油罐、钢结构、起重机、吊车以及包含机械工程因素的各种工程建设一切损失。

安装工程一切险的风险较大,保险费率也要高于建筑工程一切险。其有关规定大体同建筑工程一切险的规定,但安装工程一切险的保险期内,一般应包括一个试车考核期。考核期的长短应根据工程合同上的规定来决定。对考核期的保险责任一般不超过3个月,若超过3个月,应另行加收费用。安装工程一切险对于旧机器设备不负考核期的保险责任,也不承担其维修期的保险责任。如果同一张保险单同时还承保其他新的项目,则保险单仅对新设备的保险责任有效。

(3)其他险种

"建设工程施工人员团体意外伤害保险"等。

1.4.5 公路桥梁和隧道工程安全风险评估制度

1. 设计阶段公路桥梁和隧道工程安全风险评估制度

为加强公路桥梁和隧道工程安全管理,增强安全风险意识,优化工程建设方案,提高工程建设和运营安全性,交通运输部于2010年4月8日颁布《关于在初步设计阶段实行公路桥梁和隧道工程安全风险评估制度的通知》,文件规定初步设计阶段公路桥梁和隧道工程安全风险评估制度及《公路桥梁和隧道工程设计安全风险评估指南(试行)》(以下简称《指南》),自2010年9月1日起施行。

1)重要意义与适用范围

(1)公路桥梁和隧道工程安全,与地质、水文等自然条件,工程设计、施工组织方案,建设管理经验及交通、通航等使用环境有关,安全风险在设计、建设、运营等各阶段、各环节都不同程度存在。初步设计阶段是确定工程建设方案的阶段,是工程安全管控的重要环节。在初步设计阶段对公路桥梁和隧道工程方案实行安全风险评估制度,增加安全风险评估工作环节,是强化安全风险意识,保证工程建设方案安全,降低事故概率,减少经济损失的新措施。

(2)交通运输部审批初步设计的国家重点公路工程项目,尤其是建设条件复杂、技术难度大的桥梁和隧道工程,在初步设计阶段,应按本通知要求,对工程方案进行安全风险评估;其他公路工程项目,可参照执行。

2)评估范围

公路桥梁和隧道工程安全风险评估的范围,各地可根据项目工程建设条件、技术复杂程度、施工管理要求、运行使用环境等因素,结合当地工程建设经验确定。建设条件相似、技术方案相同的桥梁或隧道工程,可一并进行安全风险评估。其主要范围如下:

(1)桥梁工程

①多跨或跨径大于等于40m的石拱桥,跨径大于等于250m的钢筋混凝土拱桥,跨径大于等于350m的钢箱拱桥,钢桁架、钢管混凝土拱桥。

②跨径大于等于200m的梁式桥,跨径大于400m的斜拉桥,跨径大于1000m的悬索桥。

③墩高或桥高大于100m的桥梁。

④桥址处地震烈度大于7°且跨径大于150m的桥梁。

⑤其他建设环境复杂、施工技术要求特殊的桥梁。

(2)隧道工程

①穿越高地应力区、区域地质构造、煤系地层、采空区、水体等地质条件、水文地质复杂的隧道。

②偏压、大断面、变化断面等结构受力复杂的隧道。

③长度大于3000m或通风、照明、救援等要求特殊的隧道。

④其他建设环境复杂、施工技术要求特殊的隧道。

3)评估内容

(1)桥梁工程

①建设条件,包括工程地质、水文地质及勘察分析深度及方法可靠性,气象变化、突发船撞、车撞等不利施工环境等。

②结构方案,包括结构受力复杂程度、结构设计技术成熟程度等。

③施工,包括施工方案、主要施工技术和设备等。

④运营管理,包括交通量,可能发生的船撞、车撞等。

(2)隧道工程

①建设条件,包括工程地质、水文地质及特殊地下环境调查、分析深度及方法可靠性等。

②结构方案,包括结构受力复杂程度等。

③施工,包括施工方案、主要施工技术和设备等。

④运营管理,包括通风、救援等。

4)评估方法与步骤

(1)通过对类似结构工程的安全风险发生情况的调查,以及专家的现场或书面调查,在研究分析设计、施工、运营阶段可能发生安全风险诱因的基础上,确定关键风险源及次要风险源。

(2)采用定性与定量相结合的方法,对风险源的风险发生概率及损失进行分析和评估,确定其发生的可能性及严重程度。

(3)根据已确定的风险发生概率等级和风险损失等级,按照《指南》中风险等级确定的相关要求,确定安全风险等级。

(4)针对不同的安全风险等级,研究提出相应的应对措施。具体的评估方法、内容等,按照《指南》执行。

5)实施要求

(1)初步设计阶段公路桥梁和隧道工程安全风险评估作为设计内容,由承担初步设计任务的设计单位负责,并组织专门人员开展评估工作,按要求提交风险评估报告。设计单位也可委托其他具有公路行业设计甲级资质的单位承担风险评估工作。

(2)项目法人(业主)应组织有关专家对评估报告进行评审。根据评审结论,由设计单位对初步设计方案进行修改和完善;当评估结论为极高风险时,应对初步设计方案重新论证。

(3)省级交通运输主管部门在组织初步设计文件预审时,应同时对安全风险评估报告进行评审。在批复预审意见中,应包括对安全风险评估报告的评审意见。

(4)设计单位应根据批复的预审意见,进一步完善初步设计文件。

(5)省级交通运输主管部门在报部审批初步设计文件时,应同时附安全风险评估报告及预审意见采纳情况说明。代部咨询审查单位在对初步设计文件审查时,应同时对安全风险评估报告进行审查,并提出咨询审查意见。

2. 施工阶段公路桥梁和隧道工程安全风险评估制度

为加强公路桥梁和隧道工程施工安全管理,优化施工组织方案,提高施工现场安全预控有效性,交通运输部于2011年5月5日颁布《关于开展公路桥梁和隧道工程施工安全风险评估试行工作的通知》,文件规定施工阶段公路桥梁和隧道工程安全风险评估制度及《公路桥梁和隧道工程施工安全风险评估指南(试行)》,自2011年8月1日起施行。

1)目的与适用范围

(1)公路桥梁和隧道工程施工环境条件复杂,施工组织实施困难,作业安全风险居高不下,一直以来是行业安全监管的重点环节。在施工阶段建立安全风险评估制度符合国际通行做法。在工程实施前,开展定性或定量的施工安全风险估测,能够增强安全风险意识,改进施工措施,规范预案预警预控管理,有效降低施工风险,严防重特大事故发生。这项工作也是公路桥梁和隧道工程设计风险评估结果在施工阶段的落实和深化。

(2)列入国家和地方基本建设计划的新建、改建、扩建以及拆除、加固等高等级公路桥梁和隧道工程项目,在施工阶段,应按本通知要求,进行施工安全风险评估。其他公路工程项目,可参照执行。

2)评估范围

公路桥梁和隧道工程施工安全风险评估范围,可由各地根据工程建设条件、技术复杂程度和施工管理模式,以及当地工程建设经验,并参考以下标准确定。

(1) 桥梁工程

①多跨或跨径大于 40m 的石拱桥,跨径大于或等于 150m 的钢筋混凝土拱桥,跨径大于或等于 350m 的钢箱拱桥、钢桁架、钢管混凝土拱桥。

②跨径大于或等于 140m 的梁式桥,跨径大于 400m 的斜拉桥,跨径大于 1000m 的悬索桥。

③墩高或净空大于 100m 的桥梁工程。

④采用新材料、新结构、新工艺、新技术的特大桥、大桥工程。

⑤特殊桥型或特殊结构桥梁的拆除或加固工程。

⑥施工环境复杂、施工工艺复杂的其他桥梁工程。

(2) 隧道工程

①穿越高地应力区、岩溶发育区、区域地质构造、煤系地层、采空区等工程地质或水文地质条件复杂的隧道,黄土地区、水下或海底隧道工程。

②浅埋、偏压、大跨度、变化断面等结构受力复杂的隧道工程。

③长度 3000m 及以上的隧道工程,Ⅵ、Ⅴ级围岩连续长度超过 50m 或合计长度占隧道全长的 30% 及以上的隧道工程。

④连拱隧道和小净距隧道工程。

⑤采用新技术、新材料、新设备、新工艺的隧道工程。

⑥隧道改扩建工程。

⑦施工环境复杂、施工工艺复杂的其他隧道工程。

3) 评估方法

(1) 总体风险评估。桥梁或隧道工程开工前,根据桥梁或隧道工程的地质环境条件、建设规模、结构特点等孕险环境与致险因子,估测桥梁或隧道工程施工期间的整体安全风险大小,确定其静态条件下的安全风险等级。

(2) 专项风险评估。当桥梁或隧道工程总体风险评估等级达到Ⅲ级(高度风险)及以上时,将其中高风险的施工作业活动(或施工区段)作为评估对象,根据其作业风险特点以及类似工程事故情况,进行风险源普查,并针对其中的重大风险源进行量化估测,提出相应的风险控制措施。

评估方法应根据被评估项目的工程特点,选择相应的定性或定量的风险评估方法。具体评估方法的选择,可参照《公路桥梁和隧道工程施工安全风险评估指南(试行)》。

4) 评估步骤

公路桥梁和隧道工程施工安全风险评估工作包括制定评估计划、选择评估方法、开展风险分析、进行风险估测、确定风险等级、提出措施建议、编制评估报告等方面。评估步骤一般为:

(1) 开展总体风险评估

根据设计阶段风险评估结果(若有),以及类似结构工程安全事故情况,用定性与定量相结合的方法初步分析本项目孕险环境与致险因子,估测施工中发生重大事故的可能性,确定项目总体风险等级。

(2) 确定专项风险评估范围

总体风险评估等级达到Ⅲ级(高度风险)及以上的桥梁或隧道工程,应进行专项风险评估。其他风险等级的桥梁或隧道工程可视情况开展专项风险评估。

（3）开展专项风险评估

通过对施工作业活动（施工区段）中的风险源普查，在分析物的不安全状态、人的不安全行为的基础上，确定重大风险源和一般风险源。宜采用指标体系法等定量评估方法，对重大风险源发生事故的概率及损失进行分析，评估其发生重大事故的可能性与严重程度，对照相关风险等级标准，确定专项风险等级。

（4）确定风险控制措施

根据风险接受准则的相关规定，对专项风险等级在Ⅲ级（高度风险）及以上的施工作业活动（施工区段），应明确重大风险源的监测、控制、预警措施以及应急预案。其他风险等级的桥梁、隧道工程可根据工程实际情况，按照成本效益原则确定相应的风险控制措施。

5）评估组织与评估报告

（1）公路桥梁和隧道工程施工安全风险评估工作原则上由项目施工单位具体负责。当被评估项目含多个合同段时，总体风险评估应由建设单位牵头组织，专项风险评估工作仍由合同施工单位具体实施。当施工单位的施工经验或能力不足时，可委托行业内安全评估机构承担相关风险评估工作。

（2）评估工作负责人应当具有5年以上的工程管理经验，并有参与类似工程施工的经历。

（3）风险评估工作应形成评估报告。评估报告应反映风险评估过程的主要工作。报告内容应包括评估依据、工程概况、评估方法、评估步骤、评估内容、评估结论及对策建议等。评估结论应当明确风险等级、可能发生事故的关键部位、区域或节点、事故可能性等级、规避或者降低风险的建议措施等内容。

6）实施要求

（1）施工单位应根据风险评估结论，完善施工组织设计和危险性较大工程专项施工方案，制定相应的专项应急预案，对项目施工过程实施预警预控。专项风险等级在Ⅲ级（高度风险）及以上的施工作业活动（施工区段）的风险控制，还应符合下列规定：

①重大风险源的监控与防治措施、应急预案经施工企业技术负责人和项目总监理工程师审批后，由建设单位组织论证或复评估。

②施工单位应建立重大风险源的监测及验收、日常巡查、定期报告等工作制度，并组织实施。

③施工项目经理或技术负责人在工程施工前应对施工人员进行安全技术教育与交底；施工现场应设立相应的危险告知牌。

④适时组织对典型重大风险源的应急救援演练。

⑤当专项风险等级为Ⅳ级（极高风险）且无法降低时，必须提高现场防护标准，落实应急处置措施，视情况开展第三方施工监测；未采取有效措施的，不得施工。

（2）监理单位在审查工程施工组织设计文件、危险性较大工程专项施工方案、应急预案时，应同时审查施工安全风险评估报告；无风险评估报告，不得签发开工令。

工程开工后，监理单位应督查施工单位安全风险控制措施的落实情况，并予以记录。对施工中存在的重大隐患应及时指出并督促整改,对施工单位拒不整改的,应及时向建设单位及公路工程安全生产监督管理部门报告。

(3)风险评估报告经监理单位审核后应向建设单位报备。建设单位应对极高风险(Ⅳ级)的施工作业,组织专家或安全评估机构进行论证或复评估,提出降低风险的措施建议;当风险无法降低时,应及时调整设计、施工方案,并向公路工程安全生产监督管理部门备案。

(4)各级交通运输主管部门在履行施工安全监督检查职责时,应将施工安全风险评估实施情况纳入检查范围。对极高风险(Ⅳ级)的施工作业应切实加强重点督查。

(5)公路桥梁和隧道工程施工安全风险评估应遵循动态管理的原则,当工程设计方案、施工方案、工程地质、水文地质、施工队伍等发生重大变化时,应重新进行风险评估。

(6)施工安全风险评估工作费用应在项目安全生产费用中列支。

3. 高速公路路堑高边坡工程施工安全风险评估指南

为完善高速公路施工安全风险体系,加强路堑高边坡工程施工安全风险管理,完善专项施工方案,加强施工现场安全风险预控,交通运输部组织编制了《高速公路路堑高边坡工程施工安全风险评估指南(试行)》,自2015年3月1日起实施。列入国家和地方基本建设计划的新建、改建、扩建的高速公路,在工程实施阶段应进行路堑高边坡施工安全风险评估。

路堑高边坡是指为修建公路,由人工开挖形成的低于原地面的挖方高边坡,一般指高于20m的土质边坡、高于30m的岩质边坡。

(1)高速公路路堑高边坡工程施工安全风险评估划分为总体风险评估和专项风险评估两个阶段。

①总体风险评估。以高速公路全线的路堑工程整体为评估对象,根据工程建设规模、地质条件、工程特点、施工环境、诱发因素、资料完整性等,评估全线路堑边坡施工安全风险,确定风险等级并提出控制措施建议。总体风险评估结论应作为编制路堑边坡工程施工组织设计的依据。

②专项风险评估。在总体风险评估基础上,将风险等级达到高度风险(Ⅲ级)及以上的路堑段作为评估单元,以施工作业活动为评估对象,根据其施工安全风险特点及类似工程事故情况,进行风险辨识、分析、估测;并针对其中的重大风险源进行量化评估,提出具体的风险控制措施。专项风险评估可分为施工前专项评估和施工过程专项评估。专项风险评估结论应作为编制或完善专项施工方案的依据。

(2)应结合被评估项目的工程特点,采用相应的定性或定量的风险分析和评估方法。具体评估方法可参照《高速公路路堑高边坡工程施工安全风险评估指南(试行)》选用。

(3)总体风险评估应在项目开工前实施。专项风险评估应在路堑边坡分项工程开工前完成。施工中,经论证出现新的重大风险源,或发生生产安全事故(险情)等情况,应补充开展施工过程专项评估。

(4)评估组织与评估报告。

①总体风险评估工作由建设单位负责组织,专项风险评估工作由施工单位负责组织。组织单位按照"谁组织谁负责"的原则对评估工作质量负责。

②总体风险评估和施工前专项风险评估应分别形成评估报告,施工过程专项风险评估

可简化形成评估报表。评估报告应反映风险评估过程的全部工作,报告内容应包括编制依据、工程概况、评估方法、评估步骤、评估内容、评估结论及对策建议等。

1.4.6 建设工程法律责任制度

1. 法律责任的含义与分类

法律责任是指因违反了法定义务或契约义务,或不当行使法律权利所产生的,由行为人承担的不利后果。就其性质而言,法律关系可以分为法律上的功利关系和法律上的道义关系,与此相适应,法律责任方式也可以分为补偿性方式和制裁性方式。

法律责任的特点在于以下几点:

①法律责任首先表示一种因违反法律上的义务(包括违约等)关系而形成的责任关系,它是以法律义务的存在为前提的。

②法律责任还表示为一种责任方式,即承担不利后果。

③法律责任具有内在逻辑性,即存在前因与后果的逻辑关系。

④法律责任的追究是由国家强制力实施或者潜在保证的。

根据违法行为所违反的法律的性质,可以把法律责任分为民事责任、刑事责任、行政责任与违宪责任和国家赔偿责任。

(1)民事责任是指由于违反民事法律、违约或者由于民法规定所应承担的一种法律责任。民事责任具有以下特征:

①民事责任主要是一种人身财产责任。民事法律主要调整平等主体间的人身关系和财产关系。民法调整的社会关系大都以一定的财产权益为内容。违反民事义务的行为往往与财产的损害有关,行为人需要以自己的财产来为自己的行为造成的后果负责。如不履行合同造成对方损失或者侵害他人财产权、人身权造成他人财产损失的,都要承担相应的财产责任。民事责任就是通过要求违法行为人补偿受害人财产上的损失来达到制裁违法行为的目的。这一特征使民事责任同以人身罚为主的刑事责任和兼有行政处分、行政处罚内容的行政责任区别开来。

②民事责任产生的前提是平等。当事人之间存在着一定的权利义务关系。它主要是解决作为平等的民事法律关系的主体的公民、法人进行平等的民事法律行为时发生的纠纷。这一特征使民事责任同产生于上下级隶属关系以及体现国家行使行政管理职能而对违法行为进行追究的行政责任区别开来。

③民事责任是一种以国家强制力作为后盾的法律制裁,但是它的法律强制程度低于行政责任和刑事责任。当行为人不履行民事义务时,权利人有权向法院起诉或者向仲裁机构申请仲裁,强制义务人承担民事责任。但民事责任的强制程度不及刑事责任和行政责任。刑事责任只能由司法机关追究,行政责任只能由有关行政主管部门追究,而且刑事责任、行政责任一经作出生效,就必须执行。而民事责任则可由双方当事人平等地在法律规定的范围内协商决定,不借助于国家强制力。即使借助于国家强制力,由人民法院做出追究民事责任的裁决,受害人(权利人)也可以放弃权利,免除对方的责任。民事责任的这一特征也说明了民事责任是独立的法律责任,不能把民事责任同其他法律责任相混淆或者相代替。对承

担民事责任的主体,需要追究其他法律责任的,应当同时追究其他法律责任。

《民法典》的相关规定如下。

第一百七十七条 二人以上依法承担按份责任,能够确定责任大小的,各自承担相应的责任;难以确定责任大小的,平均承担责任。

第一百七十八条 二人以上依法承担连带责任的,权利人有权请求部分或者全部连带责任人承担责任。连带责任人的责任份额根据各自责任大小确定;难以确定责任大小的,平均承担责任。实际承担责任超过自己责任份额的连带责任人,有权向其他连带责任人追偿。

第一百七十九条 承担民事责任的方式主要有:

(一)停止侵害;

(二)排除妨碍;

(三)消除危险;

(四)返还财产;

(五)恢复原状;

(六)修理、重作、更换;

(七)继续履行;

(八)赔偿损失;

(九)支付违约金;

(十)消除影响、恢复名誉;

(十一)赔礼道歉。

法律规定惩罚性赔偿的,依照其规定。

本条规定的承担民事责任的方式,可以单独适用,也可以合并适用。

第一百八十条 因不可抗力不能履行民事义务的,不承担民事责任。法律另有规定的,依照其规定。不可抗力是不能预见、不能避免且不能克服的客观情况。

第一百八十一条 因正当防卫造成损害的,不承担民事责任。正当防卫超过必要的限度,造成不应有的损害的,正当防卫人应当承担适当的民事责任。

第一百八十二条 因紧急避险造成损害的,由引起险情发生的人承担民事责任。危险由自然原因引起的,紧急避险人不承担民事责任,可以给予适当补偿。紧急避险采取措施不当或者超过必要的限度,造成不应有的损害的,紧急避险人应当承担适当的民事责任。

第一百八十三条 因保护他人民事权益使自己受到损害的,由侵权人承担民事责任,受益人可以给予适当补偿。没有侵权人、侵权人逃逸或者无力承担民事责任,受害人请求补偿的,受益人应当给予适当补偿。

第一百八十四条 因自愿实施紧急救助行为造成受助人损害的,救助人不承担民事责任。

第一百八十五条 侵害英雄烈士等的姓名、肖像、名誉、荣誉,损害社会公共利益的,应当承担民事责任。

第一百八十六条 因当事人一方的违约行为,损害对方人身权益、财产权益的,受损害方有权选择请求其承担违约责任或者侵权责任。

第一百八十七条 民事主体因同一行为应当承担民事责任、行政责任和刑事责任的,承担行政责任或者刑事责任不影响承担民事责任;民事主体的财产不足以支付的,优先用于承担民事责任。

(2)刑事责任是指行为人因其犯罪行为所必须承受的,由司法机关代表国家所确定的否定性法律后果。刑事责任是一种最严厉的法律责任,它具有以下特征:

①刑事责任只能由司法机关追究,行为人是否承担刑事责任、承担何种刑事责任只能由司法机关依照刑事诉讼程序决定。

②刑事责任具有极强的强制性。刑事裁决一经生效,就由司法机关强制执行。

③刑事责任是最严厉的一种法律责任。应当追究刑事责任的行为比应当追究其他法律责任的行为的社会危害性要大,已达到了犯罪的程度。对于这种危害性极强的违法行为要给予刑罚制裁。因此,刑事责任是比其他法律责任形式更为严厉、更具有惩罚性的法律责任。

④刑事责任的内容主要是人身制裁,即限制或者剥夺犯罪者的人身自由甚至生命,而财产刑只是附加刑。

一般来说,只有实施犯罪行为者本人才能承担刑事责任。当然,刑事责任也包括集体责任,有些国家称为"法人犯罪"的刑事责任,在我国称为"单位犯罪"的刑事责任。不管是惩处个人,还是惩处单位,都是为了惩罚犯罪者,救济被侵害的权利,预防犯罪的再发生。

包括主刑和附加刑。其中,主刑包括管制、拘役、有期徒刑、无期徒刑、死刑。附加刑包括罚金、剥夺政治权利、没收财产、驱逐出境。

(3)行政责任是指因违反行政法规定或因行政法规定而应承担的法律责任。行政责任的特点是:

①承担行政责任的主体是行政主体和行政相对人。

②产生行政责任的原因是行为人的行政违法行为和法律规定的特定情况。

③通常情况下,实行过错推定的方法。在法律规定的一些场合,实行严格责任。

④行政责任的承担方式多样化。

包括:行政处分(内部制裁措施)、行政处罚两种。其中行政处分包括警告、记过、记大过、降级、撤职、开除。行政处罚包括警告、罚款、没收违法所得、没收非法财物、责令停产停业、暂扣或吊销许可证、暂扣或者吊销执照、行政拘留;法律、行政法规规定的其他行政处罚。

(4)违宪责任是指由于有关国家机关制定的某种法律和法规、规章,或有关国家机关、社会组织或公民从事了与宪法规定相抵触的活动而产生的法律责任。虽然广而言之,所有违法行为都是违宪行为,但是,构成违宪责任的违宪行为与一般违法行为还是有所区别的。因为宪法规范不仅为普通法律提供了立法依据,而且它还有自己特定的调整对象,即国家机关之间的相互关系以及它们与广大公民之间的相互关系。对违反这类宪法规范的行为,是不能通过追究刑事责任、民事责任或行政责任来预防和制止的。在我国,监督宪法实施的权力属于全国人民代表大会及其常务委员会。

(5)国家赔偿责任是指在国家机关行使公权力时由于国家机关及其工作人员违法行使职权所引起的由国家作为承担主体的赔偿责任。

2.法律责任的构成要件

法律责任的构成要件是指构成法律责任必须具备的各种条件或必须符合的标准,它是国家机关要求行为人承担法律责任时进行分析、判断的标准。根据违法行为的一般特点,我们把法律责任的构成要件概括为:主体、过错、违法行为、损害事实和因果关系五个方面。

(1)法律责任主体,是指违法主体或者承担法律责任的主体。责任主体不完全等同于违法主体。

(2)过错即承担法律责任的主观故意或者过失。

(3)违法行为是指违反法律所规定的义务、超越权利的界限行使权利以及侵权行为的总称,一般认为违法行为包括犯罪行为和一般违法行为。

(4)损害事实即受到的损失和伤害的事实,包括对人身、对财产、对精神(或者三方面兼有的)的损失和伤害。

(5)因果关系即行为与损害之间的因果关系,它是存在于自然界和人类社会中的各种因果关系的特殊形式。

3. 归责与免责

法律责任的认定和归结简称"归责",它是指对违法行为所引起的法律责任进行判断、确认、归结、缓减以及免除的活动。

(1)归责原则

归责原则体现了立法者的价值取向,是责任立法的指导方针,也是指导法律适用的基本准则。归责一般必须遵循以下法律原则:

①责任法定原则。其含义包括:a.违法行为发生后应当按照法律事先规定的性质、范围、程度、期限、方式追究违法者的责任;作为一种否定性法律后果,它应当由法律规范预先规定。b.排除无法律依据的责任,即责任擅断和"非法责罚"。c.在一般情况下要排除对行为人有害的既往追溯。

②因果联系原则。其含义包括:a.在认定行为人违法责任之前,应当首先确认行为与危害或损害结果之间的因果联系,这是认定法律责任的重要事实依据。b.在认定行为人违法责任之前,应当首先确认意志、思想等主观方面因素与外部行为之间的因果联系,有时这也是区分有责任与无责任的重要因素。c.在认定行为人违法责任之前,应当区分这种因果联系是必然的还是偶然的,直接的还是间接的。

③责任相称原则。其含义包括:a.法律责任的性质与违法行为性质相适应。b.法律责任的轻重和种类应当与违法行为的危害或者损害相适应。c.法律责任的轻重和种类还应当与行为人主观恶性相适应。

④责任自负原则。其含义包括:a.违法行为人应当对自己的违法行为负责;b.不能让没有违法行为的人承担法律责任,即反对株连或变相株连;c.要保证责任人受到法律追究,也要保证无责任者不受法律追究,做到不枉不纵。

(2)免责

免责是指行为人实施了违法行为,应当承担法律责任,但由于法律的特别规定,可以部分或全部免除其法律责任,即不实际承担法律责任。免责的条件和方式可以分为:

①时效免责。

②不诉免责。

③自首、立功免责。

④有效补救免责。即对于那些实施违法行为,造成一定损害,但在国家机关归责之前采取及时补救措施的人,免除其部分或全部责任。

⑤协议免责或意定免责。这是指双方当事人在法律允许的范围内通过协商所达成的免责,即所谓"私了"。

⑥自助免责。自助免责是对自助行为所引起的法律责任的减轻或免除。所谓自助行为是指权利人为保护自己的权利,在情势紧迫而又不能及时请求国家机关予以救助的情况下,对他人的财产或自由施加扣押、拘束或其他相应措施,而为法律或公共道德所认可的行为。

⑦人道主义免责。在权利相对人没有能力履行责任或全部责任的情况下,有关的国家机关或权利主体可以出于人道主义考虑,免除或部分免除有责主体的法律责任。

4. 建设工程常见法律责任

建设工程法律责任主要包括民事责任、行政责任和刑事责任。不适当的工程建设行为的后果可能或涉及这三种责任中的一种或几种。常见的可能承担的责任如下:

(1)民事责任

根据民事责任的承担原因将民事责任主要划分为两类,即违约责任和侵权责任。

侵权行为是指民事主体违反民事义务,侵害他人合法的民事权益,依法应承担民事法律责任的行为。侵权责任是指由于侵权行为而应承担的民事责任。侵权行为可分为一般侵权行为与特殊侵权行为。

一般侵权行为,是指行为人基于主观过错实施的,应适用侵权责任一般构成要件和一般责任条款的致人损害的行为。例如故意侵占、毁损他人财物、诽谤他人名誉等诸如此类的行为。特殊侵权行为,是指由法律直接规定,在侵权责任的主体、主观构成要件、举证责任的分配等方面不同于一般侵权行为,应适用民法上特别责任条款的致人损害的行为。《民法典》第一千一百八十八条至第一千二百五十八条规定了特殊侵权行为。其中,与工程建设密切相关的规定如下。

第一千二百三十四条 违反国家规定造成生态环境损害,生态环境能够修复的,国家规定的机关或者法律规定的组织有权请求侵权人在合理期限内承担修复责任。侵权人在期限内未修复的,国家规定的机关或者法律规定的组织可以自行或者委托他人进行修复,所需费用由侵权人负担。

第一千二百五十六条 在公共道路上堆放、倾倒、遗撒妨碍通行的物品造成他人损害的,由行为人承担侵权责任。公共道路管理人不能证明已经尽到清理、防护、警示等义务的,应当承担相应的责任。

第一千二百五十八条 在公共场所或者道路上挖掘、修缮安装地下设施等造成他人损害,施工人不能证明已经设置明显标志和采取安全措施的,应当承担侵权责任。窨井等地下设施造成他人损害,管理人不能证明尽到管理职责的,应当承担侵权责任。

第一千二百五十二条 建筑物、构筑物或者其他设施倒塌、塌陷造成他人损害的,由建设单位与施工单位承担连带责任,但是建设单位与施工单位能够证明不存在质量缺陷的除外。建设单位、施工单位赔偿后,有其他责任人的,有权向其他责任人追偿。

因所有人、管理人、使用人或者第三人的原因,建筑物、构筑物或者其他设施倒塌、塌陷造成他人损害的,由所有人、管理人、使用人或者第三人承担侵权责任。

第一千二百五十三条　建筑物、构筑物或者其他设施及其搁置物、悬挂物发生脱落、坠落造成他人损害,所有人、管理人或者使用人不能证明自己没有过错的,应当承担侵权责任。所有人、管理人或者使用人赔偿后,有其他责任人的,有权向其他责任人追偿。

(2)行政责任

行政责任主要包括行政处罚和行政处分。

行政处罚是指国家行政机关及其他依法可以实施行政处罚权的组织,对违反经济、行政管理法律、法规、规章,尚不构成犯罪的公民、法人及其他组织实施的一种法律制裁。

在我国工程建设领域,对于建设单位、勘察、设计单位、施工单位、工程监理单位等参建单位而言,行政处罚是更为常见的行政责任形式。《中华人民共和国行政处罚法》(以下简称《行政处罚法》)是规范和调整行政处罚的设定和实施的法律依据。

根据《行政处罚法》第8条的规定,行政处罚的种类包括:

①警告;②罚款;③没收违法所得、没收非法财物;④责令停产停业;⑤暂扣或者吊销许可证、暂扣或者吊销执照;⑥行政拘留;⑦法律、行政法规规定的其他行政处罚。

行政处分是国家行政机关依照行政隶属关系对违法失职的公务员给予的惩戒。国家公务员有《公务员法》所列违纪行为,尚未构成犯罪的,或者虽然构成犯罪但是依法不追究刑事责任的,应当给予行政处分;违纪行为情节轻微,经过批评教育后改正的,也可以免予行政处分。

依据《公务员法》,行政处分分为警告、记过、记大过、降级、撤职、开除。

(3)刑事责任

①工程重大安全事故罪。

工程重大安全事故罪,是指建设单位、设计单位、施工单位、工程监理单位违反国家规定,降低工程质量标准,造成重大安全事故的行为。

本罪侵犯的客体是人民的财产和生命安全以及国家的建筑管理制度。

本罪在客观方面表现为违反国家规定,降低工程质量标准,造成重大安全事故的行为。违反国家规定而造成严重后果,是这种犯罪行为的本质特征。所谓违反国家规定,是指国家有关建筑工程质量监督管理方面的法律、法规。建设单位的违规行为主要有两种情况:一是要求建筑设计单位或者施工企业压缩工程造价或增加建房的层数,从而降低工程质量;二是提供不合格的建筑材料、构配件和设备,强迫施工单位使用,从而造成工程质量下降。设计单位的违规行为主要是不按质量标准进行设计。施工单位的违规行为主要有三种情况:一是在施工中偷工减料,故意使用不合格的建筑材料、构配件和设备;二是不按设计图纸施工;三是不按施工技术标准施工。上述违规行为,是造成建筑工程重大安全事故的根本原因。违反国家规定与严重后果之间存在因果关系。即严重后果是由于违反国家规定的行为引起的。违反国家规定的行为与严重后果之间没有因果联系,则不构成本罪。但是,并不是任何违反与安全生产有关的国家规定的行为都构成犯罪,只有引起重大安全事故,造成严重后果,害公共安全的行为,才构成犯罪。所谓重大安全事故是指因工程质量下降导致建筑工程坍塌,致人重伤、死亡或重大经济损失的情况。这是构成本罪的重要条件。根据司法实践经验和有关规定,所谓重大伤亡事故,一般是指死亡1人以上,或者重伤3人以上。所谓严重后果,既包括重大人身伤亡,也包括重大的直接经济损失。直接经济损失的数额,一般掌握在5万元以上。直接经济损失虽不足上述规定的数额,但情节严重。使生产、工作受到重大损失的,也应追究直接责任人员的刑事责任。

本罪的主体为特殊主体,即为单位犯罪。主体只能是建设单位、设计单位或者是施工单位及工程监理单位。

本罪在主观方面表现为过失。可以是出于疏忽大意的过失,也可以是过于自信的过失。这里所说的过失,是指行为人对其所造成的危害结果的心理状态而言。但是,对行为人违反国家规定来说,有时却是明知故犯的。行为人明知是违反了国家规定,应当预见到可能发生严重后果,但因疏忽大意而没有预见,或者已经预见到会发生某种严重后果,但轻信能够避免,以致发生了严重后果。

根据刑法规定,构成犯罪的,对直接责任人员,处5年以下有期徒刑或者拘役,并处罚金;对后果特别严重的,即造成多人伤亡或者使公私财产遭受特别重大损失等,处5年以上十年以下有期徒刑,并处罚金。

②重大责任事故罪。

在生产、作业中违反有关安全管理的规定,因而发生重大伤亡事故或者造成其他严重后果的,处3年以下有期徒刑或者拘役;情节特别恶劣的,处3年以上7年以下有期徒刑。重大责任事故罪的对象是人身和财产(安全生产)。

这里的违反有关安全管理规定,是指违反有关生产安全的法律、法规、规章制度。因此,这种有关安全生产规定包括以下三种情形:

第一,国家颁布的各种有关安全生产的法律、法规等规范性文件。

第二,企业、事业单位及其上级管理机关制定的反映安全生产客观规律的各种规章制度,包括工艺技术、生产操作、技术监督、劳动保护、安全管理等方面的规程、规则、章程、条例、办法和制度。

第三,虽无明文规定,但反映生产、科研、设计、施工的安全操作客观规律和要求,在实践中为职工所公认的行之有效的操作习惯和惯例等。

重大责任事故罪的结果是发生重大伤亡事故或者造成其他严重后果。根据2007年2月颁布的《最高人民法院、最高人民检察院关于办理危害矿山生产安全刑事案件具体应用法律若干问题的解释》,具有下列情形之一的,属于重大伤亡事故或者其他严重后果:造成死亡1人以上的或者重伤3人以上的;造成直接经济损失100万元以上的;造成其他严重后果的情形。

重大责任事故罪的罪过形式是过失。这里的过失,是指应当预见到自己的行为可能发生重大伤亡事故或者造成其他严重后果,因为疏忽大意而没有预见或者已经预见而轻信能够避免,以致发生这种结果的主观心理状态。

③重大劳动安全事故罪。

《刑法修正案(六)》第一百三十五条规定,安全生产设施或者安全生产条件不符合国家规定,因而发生重大伤亡事故或者造成其他严重后果的,对直接负责的主管人员和其他直接责任人员,处3年以下有期徒刑或者拘役;情节特别恶劣的,处3年以上7年以下有期徒刑。

本罪侵犯的客体是工厂、矿山、林场、建筑企业或者其他企业、事业单位的劳动安全,即劳动者的生命、健康和重大公私财产的安全。

本罪在客观方面表现为厂矿等企业、事业单位的劳动安全设施不符合国家规定,经有关部门或单位职工提出后,仍不采取措施,因而发生重大伤亡事故或者造成其他严重后果的行为。构成本罪,在客观方面必须具备以下三个相互关联的要件:

a. 厂矿等企业、事业单位的劳动安全设施不符合国家规定,存在事故隐患。所谓劳动安全设施,是指为了防止和消除在生产过程中的伤亡事故,防止生产设备遭到破坏,用以保障劳动者安全的技术设备、设施和各种用品。

b. 经有关部门或者单位职工提出后,对事故隐患仍不采取措施。这里的有关部门是指上级主管部门或者对劳动安全具有行政管理责任的其他部门。

c. 发生了重大伤亡事故或者造成了其他严重后果。所谓重大伤亡事故,根据司法解释,是指死亡1人以上或者重伤3人以上的事故。其他严重后果,是指造成了重大经济损失;或者造成了重大政治影响;或者引起单位职工强烈不满,导致罢工、停产的等。

本罪的主体为特殊主体,即单位中对排除事故隐患,防止事故发生负有职责义务的主管人员和其他直接责任人员。

本罪在主观方面表现为过失,有关直接责任人员在主观心态上只能表现为过失。所谓过失,是指有关直接责任人员在主观意志上并不希望发生事故。对于单位存在事故隐患,有关直接责任人则是明知或者应该知道的,有的甚至是经劳动行政部门或者其他有关部门多次责令改正而未改正。造成这种情况的原因,有的是片面追求经济效益,不肯在劳动安全和劳动卫生方面进行投入;有的是工作不负责任,疏忽怠惰;有的是心存侥幸心理。无论属于哪种情况,都不影响构成本罪,但在具体量刑时可以作为酌定情节予以考虑。

④串通投标罪。

《刑法》第二百二十三条规定,投标人相互串通投标报价,损害招标人或者其他投标人利益,情节严重的,处3年以下有期徒刑或者拘役,并处或者单处罚金。

投标人与招标人串通投标,损害国家、集体、公民的合法利益的,依照前款的规定处罚。

本罪侵犯客体的复杂,既侵犯其他投标人或国家、集体的合法权益,又侵犯社会主义市场经济的自由贸易和公平竞争的秩序。

本罪在客观方面表现为串通投标的行为。

本罪的主体就招标人而言,是特殊主体,就投标人而言,是一般主体,凡达到刑事责任年龄且具备刑事责任能力的自然人均能构成本罪。

本罪在主观方面必须出于故意,即明知自己串通投标的行为会损害招标人或其他投标人的利益,但仍决意为之,并希望或放任这种危害后果的发生。

⑤强令违章冒险作业罪。

《刑法》第一百三十四条第二款规定,强令他人违章冒险作业,或者明知存在重大事故隐患而不排除,仍冒险组织作业,因而发生重大伤亡事故或者造成其他严重后果的,处5年以下有期徒刑或者拘役;情节特别恶劣的,处5年以上有期徒刑。

⑥拒不整改重大事故隐患罪。

《刑法》第一百三十四条规定,在生产、作业中违反有关安全管理的规定,因存在重大事故隐患被依法责令停产停业、停止施工、停止使用有关设备、设施、场所或者立即采取排除危险的整改措施,而拒不执行的。处 1 年以下有期徒刑、拘役或者管制。

本章习题

一、单项选择题

1. ( )是引起债权债务关系发生的最主要最普遍的根据。
   A. 侵权行为   B. 无因管理
   C. 合同   D. 不当得利

2. 下列委托代理行为中,根据法律规定必须要由被代理人和代理人订立书面合同的是( )。
   A. 由代理人代签工程建设合同   B. 由代理人代缴电话费
   C. 由代理人代为交付货物   D. 由代理人代为交付货款

3. 下列与工程建设有关的规范性文件中,由国务院制定的是( )。
   A. 安全生产法   B. 建筑业企业资质管理规定
   C. 工程建设项目施工招标投标办法 D. 安全生产许可证条例

4. 定金是当事人双方为了保证债务的履行,按照合同规定向对方预付一定数额的货币,定金的数额由当事人约定,但是不得超过主合同标的额的( )。
   A. 5%   B. 10%
   C. 20%   D. 30%

5. 法律关系主体之间的权利义务不复存在,彼此丧失了约束力即为法律关系的( )。
   A. 终止   B. 中止
   C. 中断   D. 暂停

6. 设立法人需要具备的条件不包括( )。
   A. 依法成立,有必要的财产或者经费   B. 有自己的名称、组织机构和场所
   C. 有独立产权的经营场所   D. 能够独立承担民事责任

7. 下列法律责任中,属于刑事处罚的是( )。
   A. 处分   B. 暂扣执照
   C. 恢复原状   D. 罚金

8. 某项目施工中,建设单位将对建设单位代表的授权范围以书面形式通知了施工单位。项目经理在建设单位代表权限范围外提出了一项认可要求,建设单位代表给予了签字认可。这一认可的法律后果应由( )承担。
   A. 建设单位与施工单位   B. 建设单位与项目经理
   C. 建设单位代表与施工单位   D. 施工单位与项目经理

9. 根据《中华人民共和国保险法》,投保人参保建筑工程一切险的建筑工程项目,保险人须负责赔偿因( )造成的损失和费用。
   A. 设计错误   B. 原材料缺陷
   C. 不可预料的意外事故   D. 工艺不完善

10. 被代理人因为向代理人授权不明确而给第三人造成的损失,应( )。
   A. 由被代理人向第三人承担责任,代理人承担连带责任
   B. 由被代理人独自向第三人承担责任
   C. 由第三人自己承担损失
   D. 由代理人独自向第三人承担责任

11. 甲仓库为乙单位保管 500t 水泥,双方约定保管费用为 1000 元,后乙未能按约定支付保管费用,则甲可以( )。
   A. 行使质押权变卖全部水泥　　　　B. 行使质押权变卖部分水泥
   C. 行使留置权变卖全部水泥　　　　D. 行使留置权变卖部分水泥

12. 根据法的效力等级,《建设工程质量管理条例》属于( )。
   A. 法律　　　　B. 部门规章　　　　C. 行政法规　　　　D. 单行条例

13. 下列不适合用于质押财产的是( )。
   A. 汇票　　　　B. 仓单　　　　C. 建设用地　　　　D. 应收账款

14. 在保险合同中,负有支付保险费义务的当事人是( )。
   A. 受益人　　　　B. 投保人　　　　C. 被保险人　　　　D. 保险人

15. 下列工程保险中,属于强制保险的是( )。
   A. 安装工程一切险　　　　B. 职业责任险
   C. 建筑工程一切险　　　　D. 意外伤害险

16. 下列属于行政处罚的是( )。
   A. 没收财产　　　　B. 罚金　　　　C. 撤职　　　　D. 责令停产停业

17. 下列法律责任中,属于民事责任承担方式的是( )。
   A. 警告　　　　B. 罚款
   C. 支付违约金　　　　D. 没收财产

二、多项选择题

1. 法人应当具备的条件有( )。
   A. 依法成立　　　　B. 有自己的设备
   C. 有必要的财产或者经费　　　　D. 有自己的名称、组织机构和场所
   E. 能够独立承担无限民事责任

2. 下列属于委托代理终止情形的是( )。
   A. 代理期间届满或者代理事务完成
   B. 被代理人死亡
   C. 代理人死亡
   D. 代理人丧失民事行为能力
   E. 被代理人取消委托代理或者代理人辞去委托

3. 担保方式中,既可以是债务人也可以是第三人提供担保的是( )。
   A. 保证　　　　B. 抵押　　　　C. 质押　　　　D. 留置
   E. 定金

4.《中华人民共和国民法典》将法人分为(　　)。
　　A. 企业法人　　　　B. 非营利法人　　　C. 特别法人　　　　D. 机关法人
　　E. 营利法人

5. 根据《中华人民共和国民法典》,代理的种类有(　　)。
　　A. 委托代理　　　　B. 任意代理　　　　C. 法定代理　　　　D. 合伙代理
　　E. 指定代理

6. 下列选项中,(　　)属于违约责任承担方式。
　　A. 罚款　　　　　　B. 拘役　　　　　　C. 继续实际履行　　D. 采取补救措施
　　E. 赔偿损失

三、分析题

红旗路桥集团公司与某高速公路发展公司(建设单位)签订了一个施工承包合同,由红旗路桥集团公司承建南泉大桥。合同约定开工日期为2014年9月1日,竣工日期为2016年7月1日。施工承包合同约定,每月25日,按照当月所完成的工程量,该高速公路发展公司向红旗路桥集团公司支付当月工程进度款,试分析本案例的法律关系构成。

第2章 建设工程合同管理制度

2.1 建设工程合同管理概述

随着我国经济建设的飞速发展和经济法规的逐步完善,建筑业的管理也纳入到了法制的轨道上。工程建设是一个极为复杂的社会生产过程,它分别经历可行性研究、勘察设计、工程施工和运行等阶段,有建筑、土建、水电、机械设备、通信等专业设计和施工活动;需要各种材料、设备、资金和劳动力的供应。市场经济下的工程建设其实质就是一种特殊的商品交易活动,当事人的权利和义务怎么来规范,只有通过合同!工程项目建设的组织实施过程,实际是在一定的法律环境下,围绕着如何履行建设工程合同(以施工合同为主)的一系列行为的总和。

建设工程合同是承包方和发包方之间确立承包方完成约定的工程项目,发包方支付价款与酬金的协议。

我国自从1979年国家建委发布《关于试行基本建设合同制的通知》《建筑安装工程合同试行条例》等调整工程建设合同的法规以来,特别是《建筑法》《合同法》及《招投标法》等法律的颁布,标志着我国工程建设合同法治建设和科学管理已进入一个崭新的阶段。

在建设工程合同管理相关法律体系中,与建设工程合同有直接关系的如下:

(1)《民法典》被称为"社会生活的百科全书",是新中国第一部以法典命名的法律,在法律体系中居于基础性地位,也是市场经济的基本法。

(2)《招标投标法》是规范建筑市场竞争的主要规律,能够有效地实现建筑市场的公开、公平、公正的竞争。

(3)《建筑法》是规范建筑活动的基本法律,建设工程合同的订立和履行也是一种建筑活动,合同的内容也必须遵守《建筑法》的规定。

另外与建设工程合同管理相关的法律还有《中华人民共和国保险法》《中华人民共和国劳动法》《中华人民共和国劳动合同法》《中华人民共和国仲裁法》以及《中华人民共和国民事诉讼法》等。

有关建设工程施工、勘察、设计、监理合同等示范文本不属于法律法规,它是推荐使用的文本。

2.2 《中华人民共和国民法典》

2.2.1 《民法典》概述

2020年5月28日,十三届全国人大三次会议表决通过了《中华人民共和国民法典》,自2021年1月1日起施行。婚姻法、继承法、民法通则、收养法、担保法、合同法、物权法、侵权责任法、民法总则同时废止。

《民法典》共七编、一千二百六十条,各编依次为总则、物权、合同、人格权、婚姻家庭、继承、侵权责任,以及附则。

《民法典》大纲如下。

第一编　总则
第一章　基本规定
第二章　自然人
第三章　法人
第四章　非法人组织
第五章　民事权利
第六章　民事法律行为
第七章　代理
第八章　民事责任
第九章　诉讼时效
第十章　期间计算
第二编　物权
第一分编　通则
第一章　一般规定
第二章　物权的设立、变更、转让和消灭
第三章　物权的保护
第二分编　所有权
第四章　一般规定
第五章　国家所有权和集体所有权、私人所有权
第六章　业主的建筑物区分所有权
第七章　相邻关系
第八章　共有
第九章　所有权取得的特别规定

第三分编　用益物权

第十章　一般规定

第十一章　土地承包经营权

第十二章　建设用地使用权

第十三章　宅基地使用权

第十四章　居住权

第十五章　地役权

第四分编　担保物权

第十六章　一般规定

第十七章　抵押权

第十八章　质权

第十九章　留置权

第五分编　占有

第二十章　占有

第三编　合同

第一分编　通则

第一章　一般规定

第二章　合同的订立

第三章　合同的效力

第四章　合同的履行

第五章　合同的保全

第六章　合同的变更和转让

第七章　合同的权利义务终止

第八章　违约责任

第二分编　典型合同

第九章　买卖合同

第十章　供用电、水、气、热力合同

第十一章　赠与合同

第十二章　借款合同

第十三章　保证合同

第十四章　租赁合同

第十五章　融资租赁合同

第十六章　保理合同

第十七章　承揽合同

第十八章　建设工程合同

第十九章　运输合同

第二十章　技术合同

第二十一章　保管合同

第二十二章　仓储合同
第二十三章　委托合同
第二十四章　物业服务合同
第二十五章　行纪合同
第二十六章　中介合同
第二十七章　合伙合同
　第三分编　准合同
第二十八章　无因管理
第二十九章　不当得利
第四编　人格权
第一章　一般规定
第二章　生命权、身体权和健康权
第三章　姓名权和名称权
第四章　肖像权
第五章　名誉权和荣誉权
第六章　隐私权和个人信息保护
第五编　婚姻家庭
第一章　一般规定
第二章　结婚
第三章　家庭关系
第四章　离婚
第五章　收养
第六编　继承
第一章　一般规定
第二章　法定继承
第三章　遗嘱继承和遗赠
第四章　遗产的处理
第七编　侵权责任
第一章　一般规定
第二章　损害赔偿
第三章　责任主体的特殊规定
第四章　产品责任
第五章　机动车交通事故责任
第六章　医疗损害责任
第七章　环境污染和生态破坏责任
第八章　高度危险责任
第九章　饲养动物损害责任
第十章　建筑物和物件损害责任
附则

2.2.2 《民法典》"合同编"概述

《民法典》第三编为合同编,该编在1999年10月1日起施行的《合同法》基础上进行修编而成,合同编共526条,比《合同法》的428条多了98条,《民法典》其他章节涉及合同的条款约121条,合计647条,占据了《民法典》总条款1260的51.3%。合同编在《民法典》里的占有重要地位。《民法典》合同编对《合同法》有实质性修改的条款多达一百多条,具体如下。

(1)体例安排有变化。《合同法》由总则、分则及附则共23章428条组成,《民法典》合同编由通则、典型合同、准合同共29章526条组成。

(2)典型合同有变化。《民法典》由《合同法》的15种增加到19种,增加了保证合同、保理合同、物业服务合同、合伙合同,同时把《合同法》的"居间合同"修改为"中介合同"。

(3)合同编新增第三分编准合同。分为两类:无因管理及不当得利,把原来属于《民法通则》规定的这两类情形放在了合同篇当中,赋予了在这两类法定情形下的双方当事人之间,具有了相当于合同的权利义务关系。

(4)保证方式推定颠覆性改变。根据《民法典》第六百八十六条规定,合同对保证方式约定不明或未约定的,推定为一般保证。

(5)明确身份关系可参照适用合同编。婚姻、收养、监护等有关身份关系的协议,没有明确规定的,可依其性质适用合同编规定。

(6)悬赏广告性质明确。悬赏广告属于以其他方式订立的合同,而非单方允诺行为,也非要约行为。

(7)新增预约合同。《民法典》第四百九十五条规定,当事人约定在将来一定期限内订立合同的认购书、订购书、预订书等,构成预约合同。当事人一方不履行预约合同约定的订立合同义务的,对方可以请求其承担预约合同的违约责任。

(8)格式条款"可撤销"变为"可主张不成为合同内容"。在《民法典》之前,格式条款没有合理提示说明的,适用可撤销的规定,而撤销本身应通过诉讼行使,且行使有期限限制。《民法典》将格式条款的可撤销变为"可主张不成为合同的内容",降低了抗辩成本。

2.2.3 合同的形式

合同的形式是指合同当事人双方对合同的内容、条款经过协商,作出共同的意思表示的具体形式。《民法典》相关条款如下。

第四百六十九条 当事人订立合同,可以采用书面形式、口头形式或者其他形式。

书面形式是合同书、信件、电报、电传、传真等可以有形地表现所载内容的形式。

以电子数据交换、电子邮件等方式能够有形地表现所载内容,并可以随时调取查用的数据电文,视为书面形式。

第七百八十九条 建设工程合同应当采用书面形式。

第四百九十条 当事人采用合同书形式订立合同的,自当事人均签名、盖章或者按指印时合同成立。在签名、盖章或者按指印之前,当事人一方已经履行主要义务,对方接受时,该合同成立。

法律、行政法规规定或者当事人约定合同应当采用书面形式订立,当事人未采用书面形式但是一方已经履行主要义务,对方接受时,该合同成立。

合同书是指记载合同内容的文书,合同书有标准合同书和非标准合同书之分。标准合同书指合同条款由当事人一方预先拟定,对方只能表示全部同意或者不同意的合同书;非标准合同书指合同条款完全由当事人双方协商一致所签订的合同书。信件是指当事人就要约与承诺所作的意思表示的普通文字信函。数据电文是指与现代通信技术相联系,包括电报、电传、传真、电子数据交换和电子邮件等。

2.2.4　订立合同的基本原则

1. 平等、自愿原则

《民法典》第四条规定:"民事主体在民事活动中的法律地位一律平等。"此项规定明确指出,当事人无论是有什么身份,其在合同关系中相互之间的法律地位是平等的,都是独立的,享有平等主体资格的合法当事人。法律地位平等是自愿原则的前提。

《民法典》第五条规定:"民事主体从事民事活动,应当遵循自愿原则,按照自己的意思设立、变更、终止民事法律关系。"

2. 公平、诚实信用原则

《民法典》第六条规定:"民事主体从事民事活动,应当遵循公平原则,合理确定各方的权利和义务。"《民法典》第七条规定:"民事主体从事民事活动,应当遵循诚信原则,秉持诚实,恪守承诺。"公平、诚实信用是民事活动的最重要的基本原则。公平、诚实信用原则,要求当事人在订立和履行合同,以及合同终止后的全过程中,都要讲诚实,重信用,相互协作,不得滥用权力。

3. 遵守法律、维护社会公共利益的原则

《民法典》第八条规定:"民事主体从事民事活动,不得违反法律,不得违背公序良俗。"遵守法律和不得损害社会公共利益,是合同法的重要基本原则。

4. 绿色持续发展原则

《民法典》第九条规定:"民事主体从事民事活动,应当有利于节约资源、保护生态环境。"

2.2.5　合同的种类

《民法典》合同编第二分编典型合同中列出了19种有名合同的典型合同:买卖合同,供用电、水、气、热力合同,赠与合同,借款合同,保证合同,租赁合同,融资租赁合同,保理合同,承揽合同,建设工程合同,运输合同,技术合同,保管合同,仓储合同,委托合同,物业服务合同,行纪合同,中介合同,合伙合同。

2.2.6　合同的订立

《民法典》第四百七十一条规定:"当事人订立合同,可以采取要约、承诺方式或者其他方式。"

"其他方式"主要是指格式条款和悬赏广告、交叉要约、合同书、招拍挂等。

格式条款订立时,要约、承诺的外在形态不够明显,而悬赏广告更是缺少典型的要约、承诺的过程。

交叉要约是指当事人一方向对方要约,而适值对方也为同一内容要约,且双方当事人彼此不知有要约的现象。证券交易中的交叉交易,证券买卖双方的交易指令在时间上往往不分先后,交易指令发出后就价格匹配的部分瞬间成交,双方对彼此的身份并不知情,并不影响交易的完成。

合同书是双方或多方经过反复、多轮的磋商、谈判,最终形成合同文本,而其中的商议、拟定条款等一系列行为,无法逐一或简单归类为要约和承诺的方式。

"招拍挂"系针对同一交易需要反复进行数轮的法律行为,在定标后还需要另行签订交易合同,本质上是对同一合同关系的反复确认(为了交易安全以及行政管理之便)。此种缔约方式需以缔约的整个过程为观察对象,而单就某轮缔结的合同仍符合传统"要约—承诺"的方式。

1. 要约

(1)要约的概念

《民法典》第四百七十二条规定:"要约是希望和他人订立合同的意思表示,该意思表示应当符合下列规定:①内容具体确定;②表明经受要约人承诺,要约人即受该意思表示约束。"

要约是一种法律行为。它表现在规定的有效期限内,要约人要受到要约的约束。受要约人若按时和完全接受要约条款时,要约人负有与受要约人签订合同的义务。否则,要约人对由此造成受要约人的损失应承担法律责任。

(2)要约邀请

《民法典》第四百七十三条规定:"要约邀请是希望他人向自己发出要约的意思表示。拍卖公告、招标公告、招股说明书、债券募集办法、基金招募说明书、商业广告和宣传、寄送的价目表等为要约邀请。商业广告和宣传的内容符合要约条件的,构成要约。"

(3)要约生效

《民法典》第一百三十七条规定:"以对话方式作出的意思表示,相对人知道其内容时生效。以非对话方式作出的意思表示,到达相对人时生效。以非对话方式作出的采用数据电文形式的意思表示,相对人指定特定系统接收数据电文的,该数据电文进入该特定系统时生效;未指定特定系统的,相对人知道或者应当知道该数据电文进入其系统时生效。当事人对采用数据电文形式的意思表示的生效时间另有约定的,按照其约定。"

(4)要约撤回与要约撤销

要约撤回,是指要约在发生法律效力之前,要约人欲使其不发生法律效力而取消要约的意思表示。要约的约束力一般是在要约生效之后才发生,要约未生效之前,要约人是可以撤回要约的。《民法典》第一百四十一条规定:"行为人可以撤回意思表示。撤回意思表示的通知应当在意思表示到达相对人前或者与意思表示同时到达相对人。"

要约撤销,是指要约在发生法律效力之后,要约人欲使其丧失法律效力而取消该项要约的意思表示。要约虽然生效后对要约人有约束力,但是,在特殊情况下,考虑要约人的利益,在不损害受要约人的前提下,要约是应该被允许撤销的。《民法典》相关条款如下。

第四百七十七条　撤销要约的意思表示以对话方式作出的,该意思表示的内容应当在受要约人作出承诺之前为受要约人所知道;撤销要约的意思表示以非对话方式作出的,应当在受要约人作出承诺之前到达受要约人。

第四百七十六条　要约可以撤销,但是有下列情形之一的除外:

(一)要约人以确定承诺期限或者其他形式明示要约不可撤销;

(二)受要约人有理由认为要约是不可撤销的,并已经为履行合同做了合理准备工作。

(5)要约失效

《民法典》第478条规定:"有下列情形之一的,要约失效:(一)要约被拒绝;(二)要约被依法撤销;(三)承诺期限届满,受要约人未作出承诺;(四)受要约人对要约的内容作出实质性变更。"

2. 承诺

(1)承诺的概念

承诺是指合同当事人一方对另一方发来的要约,在要约有效期限内,作出完全同意要约条款的意思表示。《民法典》第四百七十九条规定:"承诺是受要约人同意要约的意思表示。"

承诺也是一种法律行为。承诺必须是要约的相对人在要约有效期限内以明示的方式作出,并送达要约人;承诺必须是承诺人作出完全同意要约的条款,方为有效。如果受要约人对要约中的某些条款提出修改、补充、部分同意,附有条件或者另行提出新的条件,以及迟到送达的承诺,都不被视为有效的承诺,而被称为新要约。

(2)承诺具有法律约束力的条件

承诺须由受要约人向要约人作出。非受要约人向要约人作出的意思表示不属于承诺,而是一种要约。

承诺的内容应当与要约的内容完全一致。承诺是受要约人愿意接受要约的全部内容与要约人订立合同的意思表示。因此,承诺是对要约的完全同意,也即对要约的无条件地接受。

承诺人必须在要约有效期限内作出承诺。《民法典》相关条款如下。

第四百八十六条　受要约人超过承诺期限发出承诺,或者在承诺期限内发出承诺,按照通常情形不能及时到达要约人的,为新要约;但是,要约人及时通知受要约人该承诺有效的除外。

第四百八十七条　受要约人在承诺期限内发出承诺,按照通常情形能够及时到达要约人,但是因其他原因致使承诺到达要约人时超过承诺期限的,除要约人及时通知受要约人因承诺超过期限不接受该承诺外,该承诺有效。

(3)承诺的方式、期限和生效

①承诺的方式。《民法典》第四百八十条规定:"承诺应当以通知的方式作出,但根据交

易习惯或者要约表明可以通过行为作出承诺的除外。"

"通知"的方式,是指承诺人以口头形式或书面形式明确告知要约人完全接受要约内容作出的意思表示。"行为"的方式,是指承诺人依照交易习惯或者要约的条款能够为要约人确认承诺人接受要约内容作出的意思表示。

②承诺的期限。《民法典》第四百八十一条规定:"承诺应当在要约确定的期限内到达要约人。要约没有确定承诺期限的,承诺应当依照下列规定到达:(一)要约以对话方式作出的,应当即时作出承诺;(二)要约以非对话方式作出的,承诺应当在合理期限到达。"《民法典》第四百八十二条规定:"要约以信件或者电报作出的,承诺期限自信件载明的日期或者电报交发之日开始计算。信件未载明日期的,自投寄该信件的邮戳日期开始计算。要约以电话、传真、电子邮件等快速通讯方式作出的,承诺期限自要约到达受要约人时开始计算。"

③承诺的生效。《民法典》第四百八十三条规定:"承诺生效时合同成立,但是法律另有规定或者当事人另有约定的除外。"

以通知方式作出的承诺,生效的时间适用《民法典》第一百三十七条规定:"以对话方式作出的意思表示,相对人知道其内容时生效。以非对话方式作出的意思表示,到达相对人时生效。以非对话方式作出的采用数据电文形式的意思表示,相对人指定特定系统接收数据电文的,该数据电文进入该特定系统时生效;未指定特定系统的,相对人知道或者应当知道该数据电文进入其系统时生效。当事人对采用数据电文形式的意思表示的生效时间另有约定的,按照其约定。"

承诺不需要通知的,根据交易习惯或者要约的要求作出承诺的行为时生效。

(4)承诺的撤回

承诺的撤回是指承诺人主观上欲阻止或者消灭承诺发生法律效力的意思表示。承诺可以撤回,但不能因承诺的撤回而损害要约人的利益,因此,承诺的撤回是有条件的,即撤回承诺的通知应当在承诺生效之前或者与承诺通知同时到达要约人。《民法典》第一百四十一条规定:"行为人可以撤回意思表示。撤回意思表示的通知应当在意思表示到达相对人前或者与意思表示同时到达相对人。"

(5)受要约人对要约内容的实质性变更和承诺对要约内容的非实质性变更

《民法典》第四百八十八条规定:"承诺的内容应当与要约的内容一致。受要约人对要约的内容作出实质性变更的,为新要约。有关合同标的、数量、质量、价款或者报酬、履行期限、履行地点和方式、违约责任和解决争议方法等的变更,是对要约内容的实质性变更。"

承诺对要约的内容作出非实质性变更,是指受要约人在有关合同的标的、数量、质量、价款或报酬、履行期限、履行地点和方式、违约责任和解决争议方法等方面以外,对原要约内容作出某些补充、限制和修改。如承诺中增加有建议性条款、说明性条款,以及在要约人的授权范围内对要约内容的非实质性变更。

承诺对要约的内容作出非实质性变更的,除要约人及时表示反对或者要约表明承诺不得对要约的内容作出任何变更的以外,该承诺有效,合同的内容以承诺的内容为准。

3.合同的一般条款

《民法典》相关条款如下。

第四百七十条　合同的内容由当事人约定,一般包括以下条款:

(一)当事人的名称或者姓名和住所;

(二)标的;

(三)数量;

(四)质量;

(五)价款或者报酬;

(六)履行期限、地点和方式;

(七)违约责任;

(八)解决争议的方法。

当事人可以参照各类合同的示范文本订立合同。

第七百八十八条　建设工程合同是承包人进行工程建设,发包人支付价款的合同。建设工程合同包括工程勘察、设计、施工合同。

第七百九十五条　施工合同的内容一般包括工程范围、建设工期、中间交工工程的开工和竣工时间、工程质量、工程造价、技术资料交付时间、材料和设备供应责任、拨款和结算、竣工验收、质量保修范围和质量保证期、相互协作等条款。

第七百九十六条　建设工程实行监理的,发包人应当与监理人采用书面形式订立委托监理合同。发包人与监理人的权利和义务以及法律责任,应当依照本编委托合同以及其他有关法律、行政法规的规定。

第八百零八条　本章没有规定的,适用承揽合同的有关规定。

注:本章指《民法典》第十八章建设工程合同。

4.缔约过失责任

缔约过失责任是指当事人在订立合同过程中,因一方或者双方的过失行为,致使预期的合同不成立、被确认无效或者被撤销,从而导致另一方当事人信赖其合同能够有效成立而受到损失时,有权要求相对人承担相应民事责任,赔偿基于此项信赖而发生的实际损失,所应承担的民事责任。缔约过失责任不同于违约责任。

(1)缔约过失责任发生在合同订立过程中

缔约过失行为的出现,是发生在当事人之间洽商合同订立的过程中,也即双方作出订立合同的意思表示,但是合同尚未成立。

(2)缔约人一方主观上有过错行为

当事人的过错行为,包括主观上的故意行为、过失行为而引发合同不成立。

(3)缔约人另一方受到实际损失

实际损失是构成缔约过失责任的前提条件,也即缔约人一方基于对另一方的信赖,能够订立有效的合同,却因对方的过错行为,致使合同不能成立,而造成损失,有权依法得到保护,而追究对方的缔约过失责任。

(4)缔约当事人一方有过错行为与另一方当事人的损失之间存在因果关系

缔约过程中,当事人一方的过错行为与当事人另一方的损失之间在客观上有因果关系,是承担法律责任的前提条件之一。缔约过失责任人承担其行为造成相对人实际损失的法律责任,不属于合同中的违约责任,而是因其订约中的过错行为违反了法定的合同义务形成的因果关系。

《民法典》相关条款如下。

第五百条 当事人在订立合同过程中有下列情形之一,造成对方损失的,应当承担赔偿责任:

(一)假借订立合同,恶意进行磋商;

(二)故意隐瞒与订立合同有关的重要事实或者提供虚假情况;

(三)有其他违背诚实信用原则的行为。

第五百零一条 当事人在订立合同过程中知悉的商业秘密或者其他应当保密的信息,无论合同是否成立,不得泄露或者不正当地使用;泄露、不正当地使用该商业秘密或者信息,造成对方损失的,应当承担赔偿责任。

2.2.7 有效合同的成立要件及无效合同的认定与处理

《民法典》合同编将合同的效力状态区分为四种基本类型:一是未生效的合同,其主要包括两种情形,一种是附生效条件或期限的合同,在所附生效条件未成就或者所附生效期限未届至时的合同效力状态;另一种是需要批准生效而未履行报批手续的合同。二是效力待定的合同,主要是指限制民事行为能力人以及无权代理订立的合同,在法定代理人或者被代理人追认之前,合同的效力处于待定状态。三是可撤销的合同,主要是指意思表示不真实的合同,比如欺诈、胁迫以及重大误解等情形下签订的合同。四是无效合同,主要是指违反法律行政法规的强制规范以及违背公序良俗的合同。

1. 有效合同的成立要件

合同成立后,能否产生法律效力,能否产生当事人所预期的法律后果,要视合同是否具备生效要件。根据《民法典》第一百四十三条相关内容,具备下列条件的民事法律行为有效。

(1)行为人具有相应的民事行为能力。

合同当事人必须具有相应的民事权利能力和民事行为能力以及缔约能力,才能成为合格的合同主体。若主体不合格,合同不能产生法律效力。

(2)意思表示真实。

当事人意思表示真实,是指行为人的意思表示应当真实反映其内心的意思。合同成立后,当事人的意思表示是否真实往往难以从其外部判断,法律对此一般不主动干预。缺乏意思表示真实这一要件即意思表示不真实,并不绝对导致合同一律无效。

(3)不违反法律、行政法规的强制性规定,不违背公序良俗。

合同不违反法律和社会公共利益,主要包括两层含义:一是合同的内容合法,即合同条款中约定的权利、义务及其指向的对象即标的等,应符合法律的规定和社会公共利益的要求。二是合同的目的合法,即当事人缔约的原因合法,并且是直接的内心原因合法,不存在以合法的方式达到非法目的等规避法律的事实。

(4)具备法律、行政法规规定的合同生效必须具备的形式要件。

所谓形式要件,是指法律、行政法规对合同形式上的要求,形式要件通常不是合同生效的要件,但如果法律、行政法规规定将其作为合同生效的条件时,便成为合同生效的要件之一,不具备这些形式要件,合同不能生效。当然法律另有规定的除外。

2. 无效合同的认定与处理

合同无效是指虽经合同当事人协商订立,但因其不具备或违反了法定条件,法律规定不承认其效力的合同。无效合同具有如下特征:

(1)无效合同具有违法性

无效合同因违反法律、行政法规的强制规定以及公序良俗而遭受否定性评价。违反法律、行政法规的强制性规定,主要包括两层含义:一是认定合同无效依据的是法律与行政法规,行政规章及地方性法规一般不能作为评价合同效力的依据;二是合同违反的是法律、行政法规的效力性强制规定,对于管理性规定,通常不影响合同效力。

(2)无效合同自始无效

无效合同因其违法性的特质,一旦合同被认定无效,该否定评价将产生溯及力,即从合同订立之时该合同即无法律效力,当事人订立合同的行为全部清零,未履行的合同不再履行,已经履行的合同应当恢复至合同未订立时的状态。

(3)法院或者仲裁机构主动确认合同无效

与合同的撤销不同,无效合同因其天然的违法性属性,法院或者仲裁机构无须当事人的申请,可以主动审查合同是否具有违法性因素,进而确认合同无效。同时国家有关机关在特定情况下可以追究无效合同当事人的行政责任甚至刑事责任,比如根据《商业银行法》第81条规定,未经国务院银行业监督管理机构批准,擅自设立商业银行,或者非法吸收公众存款、变相吸收公众存款,构成犯罪的,依法追究刑事责任;并由国务院银行业监督管理机构予以取缔。故未经国务院银行业监督管理机构批准非法订立吸收公众存款的合同,当事人不仅要承担合同无效的民事后果,违法的一方还要承担行政责任和刑事责任。

此外,由于无效合同是法律对已经成立的合同的否定性评价,当事人自己无权确定合同无效,故此,当事人在合同中关于无效情形的约定,应当没有效力,其实质是合同不发生效力的约定。

(4)合同无效的确认不受诉讼时效的限制

鉴于无效合同本质上的违法属性,从维护合法交易秩序的角度出发,当事人有权在任何时点请求法院或者仲裁机构确认合同无效,法院或者仲裁机构不应当考虑诉讼时效的限制应主动认定合同无效,否则如果允许无效合同的确认受诉讼时效限制,其产生的直接法律后果是,原本因违法而无效的合同,在诉讼时效期间经过后,摇身一变成为合法行为,从根本上与立法目的相悖。

根据《民法典》第一百四十四条、第一百四十六条、第一百五十三条、第一百五十四条规定,有下列情形之一的,合同无效:

①无民事行为能力人实施的民事法律行为无效。

②行为人与相对人以虚假的意思表示实施的民事法律行为无效。以虚假的意思表示隐藏的民事法律行为的效力,依照有关法律规定处理。

③行为人与相对人恶意串通,损害他人合法权益的民事法律行为无效。

④违反法律、行政法规的强制性规定的民事法律行为无效。但是,该强制性规定不导致该民事法律行为无效的除外。违背公序良俗的民事法律行为无效。

为了防止不当扩大无效合同的适用范围,对于"法律、行政法规强制性规定"中"法律与行政法规"的范围,《合同法司法解释(一)》第四条明确界定为"全国人大及其常委会制定的法律和国务院制定的行政法规",地方性法规与行政规章不能作为认定合同无效的依据,进而对合同无效的范围进行合理限制,促进交易效率。强制性规定是指效力性强制性规定,不包括管理性强制性规定。下列强制性规定,应当认定为"效力性强制性规定":强制性规定涉及金融安全、市场秩序、国家宏观政策等公序良俗的;交易标的禁止买卖的,如禁止人体器官、毒品、枪支等买卖;违反特许经营规定的,如场外配资合同;交易方式严重违法的,如违反招投标等竞争性缔约方式订立的合同;交易场所违法的,如在批准的交易场所之外进行期货交易。关于经营范围、交易时间、交易数量等行政管理性质的强制性规定,一般应当认定为"管理性强制性规定"。

公序良俗是公共秩序与善良风俗的简称,体现了国家对当事人意思自治的限制。在合同效力认定中,基于社会公共利益的维护,"背俗无效"规则是将法律原则甚至道德规范纳入合同效力的判断规则之中。根据法工委释义的观点,"背俗无效"的类型包括但不限于以下几种情形:
①危害国家政治、经济、财政、税收、金融、治安等秩序类型;
②危害家庭关系行为类型;
③违反性道德行为类型;
④违反人权和人格尊重行为类型;
⑤限制经济自由行为类型;
⑥违反公平竞争行为类型;
⑦违反消费者权益保护行为类型;
⑧违反劳动者保护行为类型。

3. 合同中免责条款无效的法律规定

合同中免责条款是指当事人在合同中约定免除或者限制其未来责任的合同条款。免责条款无效,是指没有法律约束力的免责条款。

《民法典》第五百零六条规定:"合同中的下列免责条款无效:(一)造成对方人身伤害的;(二)因故意或者重大过失造成对方财产损失的。"

2.2.8 合同的履行及履行中的抗辩权、代位权和撤销权的规定

1. 合同履行的一般规定

合同履行是指合同当事人双方依据合同条款的规定,实现各自享有的权利,并承担各自负有的义务。合同的履行,就其实质来说,是合同当事人在合同生效后,全面地、适当地完成合同义务的行为。

1)合同履行的原则

《民法典》第五百零九条规定:"当事人应当按照约定全面履行自己的义务。当事人应

当遵循诚信原则,根据合同的性质、目的和交易习惯履行通知、协助、保密等义务。当事人在履行合同过程中,应当避免浪费资源、污染环境和破坏生态。"

(1)全面履行的原则。

全面履行是指合同当事人按照合同约定全面履行自己的义务,包括履行义务的主体、标的、数量、质量、价款或者报酬以及履行的方式、地点、期限等,都应当按照合同的约定全面履行。

(2)遵循诚实信用的原则。

(3)公平合理,促进合同履行的原则。

合同当事人双方自订立合同时起,直到合同的履行、变更、转让以及发生争议时对纠纷的解决,都应当依据公平合理的原则,根据合同的性质、目的和交易习惯善意地履行通知、协助和保密等附随义务。

(4)避免浪费资源、污染环境和破坏生态。

2)合同履行中出现条款空缺的法律规定

当事人订立合同时,对合同条款的约定应当明确、具体,以便于合同履行。然而,由于某些当事人因合同法律知识的欠缺,对事物认识上的错误以及疏忽大意等原因,而出现欠缺某些条款或者条款约定不明确,致使合同难以履行,为了维护合同当事人的正当权益,法律规定允许当事人之间可以约定,采取措施,补救合同条款空缺的问题。

(1)协议补充、按照有关规定或者交易习惯

《民法典》第五百一十条规定:"合同生效后,当事人就质量、价款或者报酬、履行地点等内容没有约定或者约定不明确的,可以协议补充;不能达成补充协议的,按照合同有关条款或者交易习惯确定。"

协议补充是指合同当事人对没能约定或者约定不明确的合同内容通过协商的办法订立补充协议,该协议是对原合同内容的补充,因而成为原合同的组成部分。

合同当事人不能达成补充协议,按照合同有关条款或者交易习惯确定,是指在合同当事人就没有约定或者约定不明确的合同内容不能达成补充协议的情况下,可以依据合同的其他方面的内容确定;或者按照人们在同样的合同交易中通常或者采用的合同内容(即交易习惯)予以补充或者加以确定。

(2)合同内容不明确,又不能达成补充协议时的法律适用

《民法典》相关条款约定如下。

第五百一十一条 当事人就有关合同内容约定不明确,依照前条规定仍不能确定的,适用下列规定:

(一)质量要求不明确的,按照强制性国家标准履行;没有强制性国家标准的,按照推荐性国家标准履行;没有推荐性国家标准的,按照行业标准履行;没有国家标准、行业标准的,按照通常标准或者符合合同目的的特定标准履行。

(二)价款或者报酬不明确的,按照订立合同时履行地的市场价格履行;依法应当执行政府定价或者政府指导价的,依照规定履行。

(三)履行地点不明确,给付货币的,在接受货币一方所在地履行;交付不动产的,在不动产所在地履行;其他标的,在履行义务一方所在地履行。

（四）履行期限不明确的，债务人可以随时履行，债权人也可以随时请求履行，但是应当给对方必要的准备时间。

（五）履行方式不明确的，按照有利于实现合同目的的方式履行。

（六）履行费用的负担不明确的，由履行义务一方负担；因债权人原因增加的履行费用，由债权人负担。

3）电子合同标的交付时间确定

《民法典》相关条款约定如下。

第五百一十二条　通过互联网等信息网络订立的电子合同的标的为交付商品并采用快递物流方式交付的，收货人的签收时间为交付时间。电子合同的标的为提供服务的，生成的电子凭证或者实物凭证中载明的时间为提供服务时间；前述凭证没有载明时间或者载明时间与实际提供服务时间不一致的，以实际提供服务的时间为准。

电子合同的标的物为采用在线传输方式交付的，合同标的物进入对方当事人指定的特定系统且能够检索识别的时间为交付时间。

电子合同当事人对交付商品或者提供服务的方式、时间另有约定的，按照其约定。

4）合同中规定执行政府定价或政府指导价的法律规定

《民法典》相关条款约定如下。

第五百一十三条　执行政府定价或者政府指导价的，在合同约定的交付期限内政府价格调整时，按照交付时的价格计价。逾期交付标的物的，遇价格上涨时，按照原价格执行，价格下降时，按照新价格执行。逾期提取标的物或者逾期付款的，遇价格上涨时，按照新价格执行，价格下降时，按照原价格执行。

2. 抗辩权的规定

1）抗辩权的概念

抗辩权是指在双务合同中，当事人一方有依法对抗对方要求或否认对方权利主张的权利。

2）同时履行抗辩权

《民法典》第五百二十五条规定："当事人互负债务，没有先后履行顺序的，应当同时履行。一方在对方履行之前有权拒绝其履行要求。一方在对方履行债务不符合约定时，有权拒绝其相应的履行要求。"

3）先履行抗辩权

《民法典》第五百二十六条规定："当事人互负债务，有先后履行顺序，应当先履行债务一方未履行的，后履行一方有权拒绝其履行请求。先履行一方履行债务不符合约定的，后履行一方有权拒绝其相应的履行请求。"

4）不安抗辩权

不安抗辩权是指在双务合同中，当事人互负债务，合同约定有先后履行顺序的，先履行债务的当事人一方应当先履行其债务。但是，在应当履行债务的当事人一方，有确切证据证明对方有丧失或者可能丧失履行债务能力的情况下可以中止履行其债务。

《民法典》第五百二十七条规定："应当先履行债务的当事人，有确切证据证明对方有下列情形之一的，可以中止履行：（一）经营状况严重恶化；（二）转移财产、抽逃资金，以逃避债务;(三)丧失商业信誉;(四)有丧失或者可能丧失履行债务能力的其他情形。当事人没有确切证据中止履行的,应当承担违约责任。"

当事人行使不安抗辩权的法律结果是中止履行。中止履行,是指行使不安抗辩权当事人一方,有权暂时停止合同的履行或者延期履行合同;一旦中止履行的原因排除后,应当恢复履行合同,从而达到实现合同当事人权利的目的。

5)行使不安抗辩权的当事人中止履行的义务和权利

《民法典》第五百二十八条规定:"当事人依据前条规定中止履行的,应当及时通知对方。对方提供适当担保的,应当恢复履行。中止履行后,对方在合理期限内未恢复履行能力且未提供适当担保的,视为以自己的行为表明不履行主要债务,中止履行的一方可以解除合同并可以请求对方承担违约责任。"

3.代位权的规定

1)债权人代位权的概念

债权人代位权是指债权人为了保障其债权不受损害,而以自己的名义代替债务人行使债权的权利。

关于债权,债权人只能向债务人请求履行,原则上是不涉及第三人的。但是,当债务人与第三人的行为危害到债权人的利益时,法律规定允许债权人对债务人与第三人的行为行使一定权利,以排除对其债权的危害。

2)债权人行使代位权的法律规定

《民法典》第五百三十五条规定:"因债务人怠于行使其债权或者与该债权有关的从权利,影响债权人的到期债权实现的,债权人可以向人民法院请求以自己的名义代位行使债务人对相对人的权利,但是该权利专属于债务人自身的除外。代位权的行使范围以债权人的到期债权为限。债权人行使代位权的必要费用,由债务人负担。相对人对债务人的抗辩,可以向债权人主张。"

法律规定代位权的成立应具备的法定要件:一是债务人怠于行使其债权;二是债务人怠于行使权利的行为对债权人造成危害;三是债权人有保全债权的必要。

3)债权人行使代位权的效力

代位权的行使对债权人和债务人都会产生一定的法律效力。对于债权人的代位权的效力表现在以下两个方面:

(1)代位权行使所产生的费用。债权人行使代位权的必要费用,有权要求债务人予以返还,也即该项费用应由债务人负担。

(2)原债务人拒绝受领。在债务链中,如果原债务人的债务人向原债务人履行债务,原债务人拒绝受领时,则债权人有权代原债务人受领。但在接受之后,应当将该财产交给原债务人,而不能直接独占财产。然后,再由原债务人向债权人履行其债务。如原债务人不主动履行债务时,债权人可请求强制履行受偿。

4.撤销权的规定

1)债权人撤销权的概念

债权人撤销权是指债权人对于债务人危害其债权实现的不当行为,有请求人民法院予以撤销的权利。

在合同履行过程中,当债权人发现债务人的行为将会危害自身的债权实现时,可以行使法定的撤销权,以保障合同中约定的合法权益。

2)债权人行使撤销权的法律规定

《民法典》相关条款约定如下。

第五百三十八条　债务人以放弃其债权、放弃债权担保、无偿转让财产等方式无偿处分财产权益,或者恶意延长其到期债权的履行期限,影响债权人的债权实现的,债权人可以请求人民法院撤销债务人的行为。

第五百三十九条　债务人以明显不合理的低价转让财产、以明显不合理的高价受让他人财产或者为他人的债务提供担保,影响债权人的债权实现,债务人的相对人知道或者应当知道该情形的,债权人可以请求人民法院撤销债务人的行为。

第五百四十条　撤销权的行使范围以债权人的债权为限。债权人行使撤销权的必要费用,由债务人负担。

3)债权人撤销权的行使

债权人撤销权的行使必须由享有撤销权的人以自己的名义,向人民法院提出诉讼,请求法院撤销债务人危害其债权的行为。因行使撤销权而取得的财产价值应与债权人的债权价值相当。债权人行使撤销权发生的必要费用由债务人承担。

4)债权人行使撤销权的期限

《民法典》第五百四十一条规定:"撤销权自债权人知道或者应当知道撤销事由之日起一年内行使。自债务人的行为发生之日起五年内没有行使撤销权的,该撤销权消灭。"

2.2.9　违约责任的构成要件、违约责任的形式及免责的规定

1.违约责任的构成要件

1)违约责任的概念

违约责任就是合同当事人违反合同的责任,是指合同当事人因违反合同约定所应承担的责任。也就是合同当事人对其违约行为所应承担的责任。违约行为是指合同当事人不履行合同义务或者履行合同义务不符合约定条件的行为。

2)违约责任的构成要件

违约责任的构成要件是指合同当事人因违约必须承担法律责任的法定要素。一般来说,构成法律责任或违约责任的要件包括两个方面,即主观要件和客观要件。合同中的违约责任的构成要件,与侵权的民事责任以及刑事法律责任或行政法律责任的构成要件有所不同。

①主观要件是指作为合同当事人,在履行合同中不论其主观上是否有过错,即主观上有无故意或过失,只要造成违约的事实,均应承担违约法律责任。只有不可抗力方可免责。

②客观要件是指合同依法成立、生效后,合同当事人一方或者双方未按照法定或约定全面地履行应尽的义务,也即出现了客观的违约事实,即承担违约的法律责任。

此外,《民法典》第五百七十八条规定:"当事人一方明确表示或者以自己的行为表明不履行合同义务的,对方可以在履行期限届满之前,请求其承担违约责任。"

先期违约的构成要件:

①违约的时间必须在合同有效成立后至合同履行期限截止前。

②违约必须是对根本性合同义务的违反,即导致合同目的落空。

2. 违约责任的归责原则

为了妥当地平衡行为人的行为自由和受害人的法益保护这两个价值,避免由违约方绝对承担违约责任所导致的风险不合理分配,《民法典》规定了一些相关的规则。

1) 违约责任的免除和减轻

《民法典》第五百九十条第1款规定:"当事人一方因不可抗力不能履行合同的,根据不可抗力的影响,部分或者全部免除责任,但是法律另有规定的除外。"

第五百九十二条规定:"当事人都违反合同的,应当各自承担相应的责任。当事人一方违约造成对方损失,对方对损失的发生有过错的,可以减少相应的损失赔偿额。"

同时,《民法典》在具体的典型合同中也规定了免责或者减责事由。如第八百二十三条第1款规定:"承运人应当对运输过程中旅客的伤亡承担赔偿责任;但是,伤亡是旅客自身健康原因造成的或者承运人证明伤亡是旅客故意、重大过失造成的除外。"

2) 具体合同类型中的特殊归责和免责事由

《民法典》在一些具体的典型合同中规定了特殊的归责事由。如第六百六十条第2款规定:"依据前款规定应当交付的赠与财产因赠与人故意或者重大过失致使毁损、灭失的,赠与人应当承担赔偿责任。"

《民法典》在一些具体的典型合同中也规定了特殊的免责事由。如第八百三十二条规定:"承运人对运输过程中货物的毁损、灭失承担赔偿责任。但是,承运人证明货物的毁损、灭失是因不可抗力、货物本身的自然性质或者合理损耗以及托运人、收货人的过错造成的,不承担赔偿责任。"

3) 允许当事人约定免责或限制责任

根据自愿原则,《民法典》承认当事人之间自愿协商一致的免责或者限责条款的效力,仅在特殊情况下限制这些条款的效力。

3. 承担违约责任的形式

根据《民法典》第五百七十七条规定:"当事人一方不履行合同义务或者履行合同义务不符合约定的,应当承担继续履行、采取补救措施或者赔偿损失等违约责任。"

1) 继续实际履行

继续实际履行是指违约当事人不论是否已经承担赔偿损失或者违约金的责任,都必须根据对方的要求,并在自己能够履行的条件下,对原合同未履行部分继续按照要求履行。

《民法典》相关条款约定如下。

第五百七十九条 当事人一方未支付价款、报酬、租金、利息,或者不履行其他金钱债务的,对方可以请求其支付。

第五百八十条 当事人一方不履行非金钱债务或者履行非金钱债务不符合约定的,对

方可以请求履行,但是有下列情形之一的除外:

(一)法律上或者事实上不能履行;

(二)债务的标的不适于强制履行或者履行费用过高;

(三)债权人在合理期限内未请求履行。

有前款规定的除外情形之一,致使不能实现合同目的的,人民法院或者仲裁机构可以根据当事人的请求终止合同权利义务关系,但是不影响违约责任的承担。

2)采取补救措施

《民法典》第五百八十二条规定:"履行不符合约定的,应当按照当事人的约定承担违约责任。对违约责任没有约定或者约定不明确,依据本法第五百一十条的规定仍不能确定的,受损害方根据标的的性质以及损失的大小,可以合理选择请求对方承担修理、重作、更换、退货、减少价款或者报酬等违约责任。"

3)赔偿损失

《民法典》相关条款约定如下。

第五百八十三条　当事人一方不履行合同义务或者履行合同义务不符合约定的,在履行义务或者采取补救措施后,对方还有其他损失的,应当赔偿损失。

第五百八十四条　当事人一方不履行合同义务或者履行合同义务不符合约定,造成对方损失的,损失赔偿额应当相当于因违约所造成的损失,包括合同履行后可以获得的利益;但是,不得超过违约一方订立合同时预见到或者应当预见到的因违约可能造成的损失。

第五百八十八条　当事人既约定违约金,又约定定金的,一方违约时,对方可以选择适用违约金或者定金条款。定金不足以弥补一方违约造成的损失的,对方可以请求赔偿超过定金数额的损失。

违约金是指当事人在合同中或合同订立后约定因一方违约而应向另一方支付一定数额的金钱。

第五百九十一条　当事人一方违约后,对方应当采取适当措施防止损失的扩大;没有采取适当措施致使损失扩大的,不得就扩大的损失请求赔偿。

当事人因防止损失扩大而支出的合理费用,由违约方负担。

4. 免责规定

违约责任的免除是指合同生效后,当事人之间因不可抗力事件的发生,造成合同不能履行时,依法可以免除责任。关于免责的规定,主要涉及不可抗力、责任免除和发生不可抗力时,造成合同不能履行的一方当事人的义务。

《民法典》第五百九十条规定:"当事人一方因不可抗力不能履行合同的,根据不可抗力的影响,部分或者全部免除责任,但是法律另有规定的除外。因不可抗力不能履行合同的,应当及时通知对方,以减轻可能给对方造成的损失,并应当在合理期限内提供证明。当事人迟延履行后发生不可抗力的,不免除其违约责任。"

1)不可抗力及其构成

不可抗力是指当事人在订立合同时不能预见、对其发生和后果不能避免并不能克服的客观情况。

不可抗力的构成要件：

(1)不可抗力事件是发生在合同订立生效之后。

(2)该事件是当事人双方订立合同时均不能预见的。而依据人们的常识或经验，在订立合同时应当预见到的事件，则不构成不可抗力事件。

(3)不可抗力事件的发生是不可避免，不能克服的，如果当事人能够避免事件对合同履行的影响，则当事人就不能以此时减为由要求以不可抗力而免责。

(4)不可抗力事件是非由任何一方的过失行为引起的客观事件。

不可抗力的事件范围一般包括以下两大类：一类是自然事件，如火灾、水灾、地震、瘟疫等；另一类是社会事件，如战争、动乱、暴乱、武装冲突、罢工等，以及政府法律、行政行为等。

2)不可抗力与免责

对于因不可抗力导致的合同不能履行，应当根据不可抗力的影响程度，部分或全部免除责任。也就是说，要根据不可抗力对合同履行造成影响的程度确定免责的范围。对于造成部分义务不能履行的，免除部分责任。对于造成全部不能履行的，免除全部责任。

但是，对于不可抗力发生在延迟履行期间造成的合同不能履行，则不能免除责任。因为，当事人应当在合同约定的期限内履行完合同义务，如果不是延迟履行，就不会受到不可抗力的影响。

3)因不可抗力不能履行合同一方当事人的义务

《民法典》相关条款规定，不可抗力发生后，当事人一方应当及时通知对方，以减轻可能给对方造成的损失，并且应当那个在合理的前线内提供证明，及时通知对方，这是当事人的首要义务，目的在于避免给对方造成更大的损失，如果由于当事人通知不及时，而给对方造成损失的扩大，则对扩大的损失不应当免除责任。

2.2.10 可撤销合同、效力待定合同和附条件、附期限合同的效力的法律规定的约定

1. 可撤销合同

1)当事人依法请求变更或撤销的合同的概念

当事人依法请求变更或撤销的合同，是指合同当事人订立的合同欠缺生效条件时，一方当事人可以依照自己的意思，请求人民法院或仲裁机构作出裁定，从而使合同的内容变更或者使合同的效力归于消灭的合同。

《民法典》相关条款规定，可撤销合同包括基于重大误解、以欺诈手段实施、受第三人欺诈、胁迫等手段签下的合同。

2)可变更或可撤销的合同的法律规定

《民法典》第一百四十七至一百五十一条相关规定，下列合同，当事人一方有权请人民法院或者仲裁机构变更或者撤销：

(1)因重大误解订立的合同。

(2)一方以欺诈、胁迫的手段或者乘人之危，使对方在违背真实意思的情况下订立的合同；受损害方有权请求人民法院或者仲裁机构变更或者撤销。

(3)一方利用对方处于危困状态、缺乏判断能力等情形,致使合同显失公平的。

3)撤销权消灭

(1)撤销权消灭的概念

撤销权消灭是指依照法律的规定,当事人原享有的撤销权因一定的法定事由的出现,而使其撤销权丧失的法律事实。

(2)撤销权消灭的法律规定

《民法典》第一百五十二条规定:"有下列情形之一的,撤销权消灭:(一)当事人自知道或者应当知道撤销事由之日起一年内、重大误解的当事人自知道或者应当知道撤销事由之日起九十日内没有行使撤销权;(二)具当事人受胁迫,自胁迫行为终止之日起一年内没有行使撤销权;(三)当事人知道撤销事由后明确表示或者以自己的行为表明放弃撤销权。当事人自民事法律行为发生之日起五年内没有行使撤销权的,撤销权消灭。"

4)无效的合同或被撤销的合同的法律效力

(1)合同自始无效和部分无效

《民法典》相关条款规定,无效的合同或者被撤销的合同自始没有法律约束力。合同部分无效,不影响其他部分效力的,其他部分仍然有效。

①自始无效是指合同一旦被确认为无效或者被撤销,即将产生溯及力,使合同从订立时起即不具有法律约束力。

②合同部分无效是指合同的部分内容无效,即无效或者被撤销而宣告无效的只涉及合同的部分内容,那么,合同的其他部分仍然有效。

(2)合同无效、被撤销或者终止时,有关解决争议的条款的效力

《民法典》相关条款规定,合同无效、被撤销或者终止时,不影响合同中独立存在的有关解决争议方法的条款的效力。

2. 效力待定合同

1)效力待定合同的概念

效力待定合同是指合同一方当事人签订的合同,已经成立,但因其不完全符合有关合同生效要件的规定,其法律效力能否发生,尚未确定,一般须经有权人表示承认方能生效的合同。

2)效力待定合同的法律规定

(1)《民法典》第一百四十五条规定:"限制民事行为能力人订立的合同,限制民事行为能力人订立的合同,经法定代理人追认后,该合同有效,但纯获利益的合同或者与其年龄、智力、精神健康状况相适应而订立的合同,不必经法定代理人追认。相对人可以催告法定代理人在1个月内予以追认。法定代理人未作表示的,视为拒绝追认。合同被追认之前,善意相对人有撤销的权利。撤销应当以通知的方式作出。"

根据法律规定,限制民事行为能力人订立的合同在以下三种情况下是有效的:

①经过法定代理人追认。

②纯获利益的合同,如赠与合同。

③与其年龄、智力、精神健康状况相适应而订立的合同。

此外,还应当注意相对人依法行使催告权和撤销权的规定。

(2)无权代理的行为人代订合同的效力待定。

《民法典》相关条款约定如下。

第一百七十一条　行为人没有代理权、超越代理权或者代理权终止后,仍然实施代理行为,未经被代理人追认的,对被代理人不发生效力。

相对人可以催告被代理人自收到通知之日起三十日内予以追认。被代理人未作表示的,视为拒绝追认。行为人实施的行为被追认前,善意相对人有撤销的权利。撤销应当以通知的方式作出。

行为人实施的行为未被追认的,善意相对人有权请求行为人履行债务或者就其受到的损害请求行为人赔偿。但是,赔偿的范围不得超过被代理人追认时相对人所能获得的利益。

相对人知道或者应当知道行为人无权代理的,相对人和行为人按照各自的过错承担责任。

第一百七十二条　行为人没有代理权、超越代理权或者代理权终止后,仍然实施代理行为,相对人有理由相信行为人有代理权的,代理行为有效。

(3)法人或者其他组织的法定代表人、负责人越权订立合同的效力待定。

《民法典》第五百零四条规定,法人的法定代表人或者非法人组织的负责人超越权限订立的合同,除相对人知道或者应当知道其超越权限外,该代表行为有效,订立的合同对法人或者非法人组织发生效力。

3. 附条件、附期限合同的效力

《民法典》相关条款约定如下。

第一百五十八条　民事法律行为可以附条件,但是根据其性质不得附条件的除外。附生效条件的民事法律行为,自条件成就时生效。附解除条件的民事法律行为,自条件成就时失效。

第一百五十九条　附条件的民事法律行为,当事人为自己的利益不正当地阻止条件成就的,视为条件已经成就;不正当地促成条件成就的,视为条件不成就。

第一百六十条　民事法律行为可以附期限,但是根据其性质不得附期限的除外。附生效期限的民事法律行为,自期限届至时生效。附终止期限的民事法律行为,自期限届满时失效。

2.2.11　合同的变更、转让和终止的规定

1. 合同的变更的规定

1)合同变更的概念

合同变更,是指合同依法成立后,在尚未履行或尚未完全履行时,当事人依法经过协商,对合同的内容进行修订或调整所达成的协议。

2)合同变更的法律规定

《民法典》第五百四十三条规定:"当事人协商一致,可以变更合同。"

法律、行政法规规定变更合同应当办理批准、登记手续的,依照其规定。

法律还规定当事人因重大误解、显失公平、欺诈、胁迫或乘人之危而订立的合同,受损害

一方有权请求人民法院或者仲裁机构变更或撤销。

3）合同变更内容约定不明确的法律规定

《民法典》第五百四十四条规定："当事人对合同变更的内容约定不明确的，推定为未变更。"此项规定，是指当事人对合同变更的内容约定含义不清，令人难以判断约定的新内容与原合同的内容的本质区别。

有效的合同变更，必须有明确的合同内容的变更，合同的变更，是指合同内容局部的、非实质性的变更，也即合同内容的变更并不会导致原合同关系的消灭和新的合同关系的产生。合同内容的变更，是在保持原合同效力的基础上，所形成的新的合同关系。此种新的合同关系应当包括原合同的实质性条款的内容。

2. 合同转让的规定

1）合同转让的概念

合同转让是指合同成立后，当事人依法可以将合同中的全部权利、部分权利或者合同中的全部义务、部分义务转让或转移给第三人的法律行为。

《民法典》相关条款约定如下。

第五百四十五条　债权人可以将债权的全部或者部分转让给第三人，但是有下列情形之一的除外：

（一）根据债权性质不得转让；

（二）按照当事人约定不得转让；

（三）依照法律规定不得转让。

当事人约定非金钱债权不得转让的，不得对抗善意第三人。当事人约定金钱债权不得转让的，不得对抗第三人。

2）债权人转让权利。

（1）债权转让的概念。债权转让，是指合同债权人通过协议将其债权全部或者部分转让给第三人的行为。债权转让又称债权让与或合同权利的转让。

（2）债权转让的法律规定。

《民法典》相关条款约定如下。

第五百四十六条　债权人转让债权，未通知债务人的，该转让对债务人不发生效力。

债权转让的通知不得撤销，但是经受让人同意的除外。

第五百四十七条　债权人转让债权的，受让人取得与债权有关的从权利，但是该从权利专属于债权人自身的除外。

受让人取得从权利不因该从权利未办理转移登记手续或者未转移占有而受到影响。

第五百四十八条　债务人接到债权转让通知后，债务人对让与人的抗辩，可以向受让人主张。

第五百四十九条　有下列情形之一的，债务人可以向受让人主张抵销：

（一）债务人接到债权转让通知时，债务人对让与人享有债权，且债务人的债权先于转让的债权到期或者同时到期；

（二）债务人的债权与转让的债权是基于同一合同产生。

第五百五十条　因债权转让增加的履行费用,由让与人负担。

3)债务人转移义务

(1)债务转移的概念

债务转移是指合同债务人与第三人之间达成协议,并经债权人同意,将其义务全部或部分转移给第三人的法律行为。债务转移又称债务承担或合同义务转让。

(2)债务转移的法律规定

《民法典》相关条款约定如下。

第五百五十一条　债务人将债务的全部或者部分转移给第三人的,应当经债权人同意。

债务人或者第三人可以催告债权人在合理期限内予以同意,债权人未作表示的,视为不同意。

第五百五十二条　第三人与债务人约定加入债务并通知债权人,或者第三人向债权人表示愿意加入债务,债权人未在合理期限内明确拒绝的,债权人可以请求第三人在其愿意承担的债务范围内和债务人承担连带债务。

第五百五十三条　债务人转移债务的,新债务人可以主张原债务人对债权人的抗辩;原债务人对债权人享有债权的,新债务人不得向债权人主张抵销。

第五百五十四条　债务人转移债务的,新债务人应当承担与主债务有关的从债务,但是该从债务专属于原债务人自身的除外。

4)合同当事人对合同中权利和义务的概括转让

(1)债权、债务概括转让的概念。

债权、债务概括转让是指合同当事人一方将其债权债务一并转移给第三人,由第三人概括地接受原当事人的债权和债务的法律行为。

(2)概括转让的法律规定《民法典》相关条款约定如下。

第五百五十五条　当事人一方经对方同意,可以将自己在合同中的权利和义务一并转让给第三人。

第五百五十六条　合同的权利和义务一并转让的,适用债权转让、债务转移的有关规定。

法人、其他组织合并引起的债权债务概括转让,是指两个以上的法人、其他组织合并以后,其债权债务也随之合并;法人、其他组织分立引起的债权债务概括转让,是指一个法人、其他组织分立以后,其债权债务由分立以后的法人或其他组织承担。合同当事人分立后的债权债务承担包括:约定承担和法定承担。《民法典》第六十七条规定:"法人合并的,其权利和义务由合并后的法人享有和承担。法人分立的,其权利和义务由分立后的法人享有连带债权,承担连带债务,但是债权人和债务人另有约定的除外。"

3.合同终止的规定

1)合同终止的概念

合同终止是指因某种原因而引起的合同权利义务客观上不复存在。

2)合同终止的原因

《民法典》相关条款约定如下。

第五百五十七条　有下列情形之一的,债权债务终止:
(一)债务已经履行;
(二)债务相互抵销;
(三)债务人依法将标的物提存;
(四)债权人免除债务;
(五)债权债务同归于一人;
(六)法律规定或者当事人约定终止的其他情形。
合同解除的,该合同的权利义务关系终止。

3)债务抵销

《民法典》相关条款约定如下。

第五百六十八条　当事人互负债务,该债务的标的物种类、品质相同的,任何一方可以将自己的债务与对方的到期债务抵销;但是,根据债务性质、按照当事人约定或者依照法律规定不得抵销的除外。

当事人主张抵销的,应当通知对方。通知自到达对方时生效。抵销不得附条件或者附期限。

第五百六十九条　当事人互负债务,标的物种类、品质不相同的,经协商一致,也可以抵销。

4)提存有关法律规定

《民法典》相关条款约定如下。

第五百七十条　有下列情形之一,难以履行债务的,债务人可以将标的物提存:
(一)债权人无正当理由拒绝受领;
(二)债权人下落不明;
(三)债权人死亡未确定继承人、遗产管理人,或者丧失民事行为能力未确定监护人;
(四)法律规定的其他情形。

标的物不适于提存或者提存费用过高的,债务人依法可以拍卖或者变卖标的物,提存所得的价款。

第五百七十一条　债务人将标的物或者将标的物依法拍卖、变卖所得价款交付提存部门时,提存成立。

提存成立的,视为债务人在其提存范围内已经交付标的物。

第五百七十二条　标的物提存后,债务人应当及时通知债权人或者债权人的继承人、遗产管理人、监护人、财产代管人。

第五百七十三条　标的物提存后,毁损、灭失的风险由债权人承担。提存期间,标的物的孳息归债权人所有。提存费用由债权人负担。

第五百七十四条　债权人可以随时领取提存物。但是,债权人对债务人负有到期债务的,在债权人未履行债务或者提供担保之前,提存部门根据债务人的要求应当拒绝其领取提存物。

债权人领取提存物的权利,自提存之日起五年内不行使而消灭,提存物扣除提存费用后归国家所有。但是,债权人未履行对债务人的到期债务,或者债权人向提存部门书面表示放弃领取提存物权利的,债务人负担提存费用后有权取回提存物。

5)合同终止有关法律规定

《民法典》相关条款约定如下。

第五百五十八条　债权债务终止后,当事人应当遵循诚信等原则,根据交易习惯履行通知、协助、保密、旧物回收等义务。

第五百五十九条　债权债务终止时,债权的从权利同时消灭,但是法律另有规定或者当事人另有约定的除外。

第五百六十条　债务人对同一债权人负担的数项债务种类相同,债务人的给付不足以清偿全部债务的,除当事人另有约定外,由债务人在清偿时指定其履行的债务。

债务人未作指定的,应当优先履行已经到期的债务;数项债务均到期的,优先履行对债权人缺乏担保或者担保最少的债务;均无担保或者担保相等的,优先履行债务人负担较重的债务;负担相同的,按照债务到期的先后顺序履行;到期时间相同的,按照债务比例履行。

第五百六十一条　债务人在履行主债务外还应当支付利息和实现债权的有关费用,其给付不足以清偿全部债务的,除当事人另有约定外,应当按照下列顺序履行:

(一)实现债权的有关费用;

(二)利息;

(三)主债务。

6)合同解除

(1)合同解除的概念

合同解除是指合同当事人依法行使解除权或者双方协商决定,提前解除合同效力的行为,合同解除包括约定解除、法定解除。

(2)合同解除的法律规定

①约定解除合同。

《民法典》第五百六十二条规定:"当事人协商一致,可以解除合同。当事人可以约定一方解除合同的事由。解除合同的事由发生时,解除权人可以解除合同。"

②法定解除合同。

《民法典》第五百六十三条规定:"有下列情形之一的,当事人可以解除合同:(一)因不可抗力致使不能实现合同目的;(二)在履行期限届满之前,当事人一方明确表示或者以自己的行为表明不履行主要债务;(三)当事人一方迟延履行主要债务,经催告后在合理期限内仍未履行;(四)当事人一方迟延履行债务或者有其他违约行为致使不能实现合同目的;(五)法律规定的其他情形。以持续履行的债务为内容的不定期合同,当事人可以随时解除合同,但是应当在合理期限之前通知对方。"

③解除权行使的期限。

《民法典》第五百六十四条规定:"法律规定或者当事人约定解除权行使期限,期限届满当事人不行使的,该权利消灭。法律没有规定或者当事人没有约定解除权行使期限,自解除权人知道或者应当知道解除事由之日起一年内不行使,或者经对方催告后在合理期限内不行使的,该权利消灭。"

④解除权行使的方式。

《民法典》第五百六十五条规定:"当事人一方依法主张解除合同的,应当通知对方。合同自通知到达对方时解除;通知载明债务人在一定期限内不履行债务则合同自动解除,债务人在该期限内未履行债务的,合同自通知载明的期限届满时解除。对方对解除合同有异议的,任何一方当事人均可以请求人民法院或者仲裁机构确认解除行为的效力。当事人一方未通知对方,直接以提起诉讼或者申请仲裁的方式依法主张解除合同,人民法院或者仲裁机构确认该主张的,合同自起诉状副本或者仲裁申请书副本送达对方时解除。"

⑤合同解除的法律后果。

《民法典》第五百六十六条规定:"合同解除后,尚未履行的,终止履行;已经履行的,根据履行情况和合同性质,当事人可以请求恢复原状或者采取其他补救措施,并有权请求赔偿损失。合同因违约解除的,解除权人可以请求违约方承担违约责任,但是当事人另有约定的除外。主合同解除后,担保人对债务人应当承担的民事责任仍应当承担担保责任,但是担保合同另有约定的除外。"

《民法典》第五百六十七条规定:"合同的权利义务关系终止,不影响合同中结算和清理条款的效力。"

《中华人民共和国劳动法》

2.3.1 《中华人民共和国劳动法》简述

《中华人民共和国劳动法》(以下简称《劳动法》)是国家为了保护劳动者的合法权益,调整劳动关系,建立和维护适应社会主义市场经济的劳动制度,促进经济发展和社会进步,根据宪法而制定颁布的法律。从狭义上讲,我国《劳动法》是指1994年7月5日八届人大通过,1995年1月1日起施行的《中华人民共和国劳动法》;从广义上讲,《劳动法》是调整劳动关系的法律法规,以及调整与劳动关系密切相关的其他社会关系的法律规范的总称。

《劳动法》作为维护人权、体现人本关怀的一项基本法律,在西方甚至被称为第二宪法。其内容主要包括:劳动者的主要权利和义务;劳动就业方针政策及录用职工的规定;劳动合同的订立、变更与解除程序的规定;集体合同的签订与执行办法;工作时间与休息时间制度;劳动报酬制度;劳动卫生和安全技术规程等。

以上内容,在有些国家是以各种单行法规的形式出现的,在有些国家是以劳动法典的形式颁布的。劳动法是整个法律体系中一个重要的、独立的法律部门。

《劳动法》由十三章共一百零七条组成:

第一章 总则
第二章 促进就业
第三章 劳动合同和集体合同
第四章 工作时间和休息休假
第五章 工资

第六章　劳动安全卫生

第七章　女职工和未成年工特殊保护

第八章　职业培训

第九章　社会保险和福利

第十章　劳动争议

第十一章　监督检查

第十二章　法律责任

第十三章　附则

2.3.2 《劳动法》有关内容

1. 劳动者和用人单位各自的权利

(1) 劳动者的权利

①平等就业的权利。《劳动法》规定，凡具有劳动能力的公民，都有平等就业的权利，即劳动者拥有劳动就业权。劳动就业权是有劳动能力的公民获得参加社会劳动的切实保证按劳取酬的权利。公民的劳动就业权是公民享有其他各项权利的基础。如果公民的劳动就业权不能实现，其他一切权利也就推动了基础。

②选择职业的权利。《劳动法》规定，劳动者有权根据自己的意愿、自身的素质、能力、志趣和爱好，以及市场信息等选择适合自己才能、爱好的职业，即劳动者拥有自由选择职业的权利。选择职业的权利有利于劳动者充分发挥自己的特长，促进社会生产力的发展。这既是劳动者劳动权利的体现，也是社会进步的一个标志。

③取得劳动薪酬的权利。《劳动法》规定，劳动者有权依照劳动合同及国家有关法律取得劳动薪酬。获取劳动薪酬的权利是劳动者持续行使劳动权不可少的物质保证。

④获得劳动安全卫生保护的权利。《劳动法》规定，劳动者有获得劳动安全卫生保护的权利。这是对劳动者在劳动中的生命安全和身体健康，以及享受劳动权利的最直接的保护。

⑤享有休息的权利。我国宪法规定，劳动者有休息的权利。为此，国家规定了职工的工作时间和休假制度，并发展劳动者休息和休养的设施。

⑥享有社会保险的福利的权利。为了给劳动者患疾病时和年老时提供保障，我国《劳动法》规定，劳动者享有社会保险和福利的权利，即劳动者享有包括养老保险、医疗保险、工伤保险、失业保险、生育保险等在内的劳动保险和福利。社会保险和福利是劳动力再生产的一种客观需要。

⑦接受职业技能培训的权利。我国宪法规定，公民有教育的权利和义务。所谓受教育既包括受普通教育，也包括受职业教育。接受职业技能培训的权利是劳动者实现劳动权的基础条件，因为劳动者要实现自己的劳动权，必须拥有一定的职业技能，而要获得这些职业技能，就必须获得专门的职业培训。

⑧提请劳动争议处理的权利。《劳动法》规定，当劳动者与用人单位发生劳动争议时，劳动者享有提请劳动争议处理的权利，即劳动者享有依法向劳动争议调解委员会、劳动仲裁委员会和法院申请调解、仲裁、提起诉讼的权利。其中，劳动争议调解委员会由用人单位、工会

和职工代表组成,劳动仲裁委员会由劳动行政部门的代表、同级工会、用人单位代表组成。

⑨法律规定的其他权利。包括:依法参加和组织工会的权利,依法享有参与民主管理的权利,劳动者依法享有参加社会义务劳动的权利,从事科学研究、技术革新、发明创造的权利,依法解除劳动合同的权利,对用人单位管理人员违章指挥、强令冒险作业有拒绝执行的权利,对危害生命安全和身体健康的行为有权提出批评、举报和控告的权利,对违反劳动法的行为进行监督的权利等。

(2)用人单位的权利

①依法建立和完善规章制度的权利。依法建立和完善规章制度的权利源于用人单位享有的生产指挥权,既然用人单位享有生产指挥权,所有用人单位有权根据本单位的实际情况,在符合国家法律、法规的前提下制定各项规章制度,要求劳动者遵守。

②根据实际情况制定合理劳动定额的权利。用人单位帮劳动者签订劳动合同后,就获得了一定范围劳动者的劳动使用权,并有权根据实际情况给劳动者制定合理的劳动定额。对于用人单位规定的合理的劳动定额,在没有出现特殊情况时,劳动者应当予以完成。

③对劳动者进行职业技能考核的权利。用人单位有权对劳动者进行职业技能考核,并根据劳动者劳动技能的考核结果安排其适合的工作岗位和奖金薪酬。

④制定劳动安全操作规程的权利。用人单位有权利根据劳动法上劳动安全卫生标准,制定本单位的劳动保护制度,要求劳动者在劳动过程中必须严格遵守操作规程。

⑤制定合法作息时间的权利。用人单位享有根据本单位具体情况和对员工工作时间的要求,合法安排劳动者作息时间的权利。

⑥制定劳动纪律和职业道德标准的权利。为了保证劳动得以正常有序进行,用人单位有权制定劳动纪律和职业道德标准。劳动纪律是用人单位制定的劳动者在劳动过程中必须遵守的规章制度。这是组织社会劳动的基础和必要条件。职业道德是劳动者在劳动实践中形成的共同的行为准则,也是劳动者的职业要求。当然,制定劳动纪律和职业道德标准必须符合法律规范。

⑦其他权利。包括提请劳动争议处理的权利,平等签订劳动合同的权利等。

2. 女职工和未成年工特殊保护

2012年4月18日国务院第200次常务会议通过的《女职工劳动保护特别规定》,自2012年4月18日起施行。该规定有关条款对女职工劳动保护做出了特别规定:

第四条 用人单位应当遵守女职工禁忌从事的劳动范围的规定。用人单位应当将本单位属于女职工禁忌从事的劳动范围的岗位书面告知女职工。

女职工禁忌从事的劳动范围由本规定附录列示。国务院安全生产监督管理部门会同国务院人力资源社会保障行政部门、国务院卫生行政部门根据经济社会发展情况,对女职工禁忌从事的劳动范围进行调整。

第五条 用人单位不得因女职工怀孕、生育、哺乳降低其工资、予以辞退、与其解除劳动或者聘用合同。

第六条 女职工在孕期不能适应原劳动的,用人单位应当根据医疗机构的证明,予以减轻劳动量或者安排其他能够适应的劳动。

对怀孕7个月以上的女职工,用人单位不得延长劳动时间或者安排夜班劳动,并应当在劳动时间内安排一定的休息时间。

怀孕女职工在劳动时间内进行产前检查,所需时间计入劳动时间。

第七条　女职工生育享受98天产假,其中产前可以休假15天;难产的,增加产假15天;生育多胞胎的,每多生育1个婴儿,增加产假15天。

女职工怀孕未满4个月流产的,享受15天产假;怀孕满4个月流产的,享受42天产假。

第八条　女职工产假期间的生育津贴,对已经参加生育保险的,按照用人单位上年度职工月平均工资的标准由生育保险基金支付;对未参加生育保险的,按照女职工产假前工资的标准由用人单位支付。

女职工生育或者流产的医疗费用,按照生育保险规定的项目和标准,对已经参加生育保险的,由生育保险基金支付;对未参加生育保险的,由用人单位支付。

第九条　对哺乳未满1周岁婴儿的女职工,用人单位不得延长劳动时间或者安排夜班劳动。

用人单位应当在每天的劳动时间内为哺乳期女职工安排1小时哺乳时间;女职工生育多胞胎的,每多哺乳1个婴儿每天增加1小时哺乳时间。

第十条　女职工比较多的用人单位应当根据女职工的需要,建立女职工卫生室、孕妇休息室、哺乳室等设施,妥善解决女职工在生理卫生、哺乳方面的困难。

第十一条　在劳动场所,用人单位应当预防和制止对女职工的性骚扰。

第十二条　县级以上人民政府人力资源社会保障行政部门、安全生产监督管理部门按照各自职责负责对用人单位遵守本规定的情况进行监督检查。

工会、妇女组织依法对用人单位遵守本规定的情况进行监督。

附录:"女职工禁忌从事的劳动范围"可扫二维码下载查看。

3.劳动争议的处理

(1)用人单位与劳动者发生劳动争议,当事人可以依法申请调解、仲裁、提起诉讼,也可以协商解决。

调解原则适用于仲裁和诉讼程序。

(2)解决劳动争议,应当根据合法、公正、及时处理的原则,依法维护劳动争议当事人的合法权益。

(3)劳动争议发生后,当事人可以向本单位劳动争议调解委员会申请调解;调解不成,当事人一方要求仲裁的,可以向劳动争议仲裁委员会申请仲裁。当事人一方也可以直接向劳动争议仲裁委员会申请仲裁。对仲裁裁决不服的,可以向人民法院提出诉讼。

(4)在用人单位内,可以设立劳动争议调解委员会。劳动争议调解委员会由职工代表、用人单位代表和工会代表组成。劳动争议调解委员会主任由工会代表担任。

劳动争议经调解达成协议的,当事人应当履行。

(5)劳动争议仲裁委员会由劳动行政部门代表、同级工会代表、用人单位代表方面的代表组成。劳动争议仲裁委员会主任由劳动行政部门代表担任。

(6)提出仲裁要求的一方应当自劳动争议发生之日起60日内向劳动争议仲裁委员会提出书面申请。仲裁裁决一般应在收到仲裁申请的60日内作出。对仲裁裁决无异议的,当事人必须履行。

(7)劳动争议当事人对仲裁裁决不服的,可以自收到仲裁裁决书之日起15日内向人民法院提起诉讼。一方当事人在法定期限内不起诉又不履行仲裁裁决的,另一方当事人可以申请强制执行。

(8)因签订集体合同发生争议,当事人协商解决不成的,当地人民政府劳动行政部门可以组织有关各方协调处理。

因履行集体合同发生争议,当事人协商解决不成的,可以向劳动争议仲裁委员会申请仲裁;对仲裁裁决不服的,可以自收到仲裁裁决书之日起15日内向人民法院提出诉讼。

4. 劳动合同的订立、解除

由于《中华人民共和国劳动合同法》比《中华人民共和国劳动法》规定的具体全面,所以该部分内容见《中华人民共和国劳动合同法》。

2.4 《中华人民共和国劳动合同法》

2.4.1 《中华人民共和国劳动合同法》简述

(1)2007年6月29日,《中华人民共和国劳动合同法》(以下称《劳动合同法》)由十届全国人大常委会第二十八次会议审议通过,并由中华人民共和国国家主席颁布,自2008年1月1日起施行。(2012年12月28日第十一届全国人民代表大会常务委员会第三十次会议通过关于修改《中华人民共和国劳动合同法》的决定,对第五十七条、第六十三条、将第六十六条、九十二条进行了修改,并自2013年7月1日起施行。)这是自《劳动法》颁布实施以来,我国劳动和社会保障法制建设中的又一个里程碑。《劳动法》实施以来,适应社会主义市场经济体制要求的、用人单位与劳动者双向选择的新型用人机制基本形成,劳动力这一最重要的生产要素按市场规律得以合理配置,为经济社会的平稳快速发展作出了重要贡献。《劳动合同法》既坚持了《劳动法》确立的劳动合同制度的基本框架,包括双向选择的用人机制,劳动关系双方有权依法约定各自的权利和义务,依法规范劳动合同的订立、履行、变更、解除和终止等;同时又对《劳动法》确立的劳动合同制度作出了较大修改,使之进一步完善。概括起

来,这种完善主要体现在三个方面:

①有针对性地解决现行劳动合同制度中存在的主要问题。现行劳动合同制度尽管在维护改革发展稳定大局中发挥了十分重要的作用,但是在实施中也存在一些问题。如一些用人单位不依法订立书面劳动合同,滥用试用期和劳务派遣,限制劳动者的择业自由和劳动力的合理流动等。这里面既有执法不到位的原因,也有立法不完善的原因。如对用人单位不依法订立劳动合同的法律责任过轻、对劳务派遣用工形式缺乏法律规范等。为此,《劳动合同法》对现行劳动合同制度的完善,主要体现在针对存在的问题,补充和修改有关规定。如加重了用人单位不订立劳动合同的法律责任,对劳务派遣进行了规范,加大对试用期劳动者的保护力度等,以弥补现行劳动合同制度的不足。

②促进劳动者的就业稳定。目前,一些用人单位为规避法定义务,不愿与劳动者签订长期合同。大部分劳动合同期限在1年以内,劳动合同短期化倾向明显,影响了劳动关系的和谐稳定。这一状况,在一定程度上影响了职工的就业稳定感和对企业的归属感,影响了其为企业长期服务的工作热情和职业规划,也对企业的长期发展、社会的和谐稳定产生不利影响。为了更好地维护劳动者的就业稳定权,《劳动合同法》在用人单位与劳动者订立无固定期限劳动合同方面提出了更高的要求。

③根据实际需要增加维护用人单位合法权益的内容。比如,为了保护用人单位商业秘密,促进创新、促进公平竞争,新规定了竞业限制制度;为了适应企业结构调整、参与市场竞争的需要,放宽了用人单位依法解除劳动合同的条件,新规定了在企业转产、重大技术革新、经营方式调整,经变更劳动合同后,仍需裁减人员的;其他因劳动合同订立时所依据的客观经济情况发生重大变化,致使劳动合同无法履行的,企业可以依法裁减人员。

(2)该部法律由八章共九十八条组成:

第一章　总则

第二章　劳动合同的订立

第三章　劳动合同的履行和变更

第四章　劳动合同的解除和终止

第五章　特别规定

　第一节　集体合同

　第二节　劳务派遣

　第三节　非全日制用工

第六章　监督检查

第七章　法律责任

第八章　附则

2.4.2 《劳动合同法》有关内容

1. 立法目的和使用范围

(1)为了完善劳动合同制度,明确劳动合同双方当事人的权利和义务,保护劳动者的合法权益,构建和发展和谐稳定的劳动关系,制定本法。

应该注意的是:《劳动合同法》中"保护劳动者的合法权益"的"合法权益"与《劳动法》第一条规定的"合法权益"不同。《劳动法》第一条规定的"合法权益",主要包括就业权、取得劳动报酬的权利、休息休假权、获得劳动安全卫生保护的权利、享受社会保险和福利的权利、提请劳动争议处理的权利等。该处规定的"合法权益",是指劳动者与劳动合同直接相关的权益,即劳动者基于劳动合同产生的权利和应当获得的利益。主要包括取得劳动报酬的权利、依法获得解雇保护的权利、取得经济补偿的权利等。《劳动合同法》中的"劳动关系",既包括作为劳动者代表的工会与用人单位或者用人单位代表组织之间的集体劳动关系,也包括劳动者个人与用人单位之间的个别劳动关系,但劳动合同法调整的对象主要是个别劳动关系。个别劳动关系,是指用人单位招用劳动者为其成员,劳动者在用人单位的监督、管理、指挥下从事有报酬的劳动所形成的权利义务关系。

(2)中华人民共和国境内的企业、个体经济组织、民办非企业单位等组织(以下称用人单位)与劳动者建立劳动关系,订立、履行、变更、解除或者终止劳动合同,适用本法。

国家机关、事业单位、社会团体和与其建立劳动关系的劳动者,订立、履行、变更、解除或者终止劳动合同,依照本法执行。

2. 劳动合同的订立

(1)一般规定

①用人单位招用劳动者时,应当如实告知劳动者工作内容、工作条件、工作地点、职业危害、安全生产状况、劳动报酬,以及劳动者要求了解的其他情况;用人单位有权了解劳动者与劳动合同直接相关的基本情况,劳动者应当如实说明。

②用人单位招用劳动者,不得扣押劳动者的居民身份证和其他证件,不得要求劳动者提供担保或者以其他名义向劳动者收取财物。

③建立劳动关系,应当订立书面劳动合同。

④已建立劳动关系,未同时订立书面劳动合同的,应当自用工之日起一个月内订立书面劳动合同。

⑤用人单位与劳动者在用工前订立劳动合同的,劳动关系自用工之日起建立。

⑥用人单位未在用工的同时订立书面劳动合同,与劳动者约定的劳动报酬不明确的,新招用的劳动者的劳动报酬按照集体合同规定的标准执行;没有集体合同或者集体合同未规定的,实行同工同酬。

(2)劳动合同分为固定期限劳动合同、无固定期限劳动合同和以完成一定工作任务为期限的劳动合同。

①固定期限劳动合同,是指用人单位与劳动者约定合同终止时间的劳动合同。用人单位与劳动者协商一致,可以订立固定期限劳动合同。

②无固定期限劳动合同,是指用人单位与劳动者约定无确定终止时间的劳动合同。

用人单位与劳动者协商一致,可以订立无固定期限劳动合同。有下列情形之一,劳动者提出或者同意续订、订立劳动合同的,除劳动者提出订立固定期限劳动合同外,应当订立无固定期限劳动合同:

a. 劳动者在该用人单位连续工作满十年的;

b.用人单位初次实行劳动合同制度或者国有企业改制重新订立劳动合同时,劳动者在该用人单位连续工作满十年且距法定退休年龄不足十年的;

c.连续订立二次固定期限劳动合同,且劳动者没有本法第三十九条和第四十条第一项、第二项规定的情形,续订劳动合同的。

用人单位自用工之日起满一年不与劳动者订立书面劳动合同的,视为用人单位与劳动者已订立无固定期限劳动合同。

③以完成一定工作任务为期限的劳动合同,是指用人单位与劳动者约定以某项工作的完成为合同期限的劳动合同。用人单位与劳动者协商一致,可以订立以完成一定工作任务为期限的劳动合同。

劳动合同由用人单位与劳动者协商一致,并经用人单位与劳动者在劳动合同文本上签字或者盖章生效。劳动合同文本由用人单位和劳动者各执一份。

(3)劳动合同应当具备的条款

①用人单位的名称、住所和法定代表人或者主要负责人。

②劳动者的姓名、住址和居民身份证或者其他有效身份证件号码。

③劳动合同期限。

④工作内容和工作地点。

⑤工作时间和休息休假。

⑥劳动报酬。

⑦社会保险。

⑧劳动保护、劳动条件和职业危害防护。

⑨法律、法规规定应当纳入劳动合同的其他事项。

劳动合同除前款规定的必备条款外,用人单位与劳动者可以约定试用期、培训、保守秘密、补充保险和福利待遇等其他事项:

用人单位为劳动者提供专项培训费用,对其进行专业技术培训的,可以与该劳动者订立协议,约定服务期。劳动者违反服务期约定的,应当按照约定向用人单位支付违约金。违约金的数额不得超过用人单位提供的培训费用。用人单位要求劳动者支付的违约金不得超过服务期尚未履行部分所应分摊的培训费用。用人单位与劳动者约定服务期的,不影响按照正常的工资调整机制提高劳动者在服务期期间的劳动报酬。

用人单位与劳动者可以在劳动合同中约定保守用人单位的商业秘密和与知识产权相关的保密事项。对负有保密义务的劳动者,用人单位可以在劳动合同或者保密协议中与劳动者约定竞业限制条款,并约定在解除或者终止劳动合同后,在竞业限制期限内按月给予劳动者经济补偿。劳动者违反竞业限制约定的,应当按照约定向用人单位支付违约金。

竞业限制的人员限于用人单位的高级管理人员、高级技术人员和其他负有保密义务的人员。竞业限制的范围、地域、期限由用人单位与劳动者约定,竞业限制的约定不得违反法律、法规的规定。

在解除或者终止劳动合同后,前款规定的人员到与本单位生产或者经营同类产品、从事同类业务的有竞争关系的其他用人单位,或者自己开业生产或者经营同类产品、从事同类业务的竞业限制期限,不得超过二年。

(4)试用期

劳动合同期限三个月以上不满一年的,试用期不得超过一个月;劳动合同期限一年以上不满三年的,试用期不得超过二个月;三年以上固定期限和无固定期限的劳动合同,试用期不得超过六个月。

同一用人单位与同一劳动者只能约定一次试用期。

以完成一定工作任务为期限的劳动合同或者劳动合同期限不满三个月的,不得约定试用期。

试用期包含在劳动合同期限内。劳动合同仅约定试用期的,试用期不成立,该期限为劳动合同期限。

劳动者在试用期的工资不得低于本单位相同岗位最低档工资或者劳动合同约定工资的百分之八十,并不得低于用人单位所在地的最低工资标准。

3. 劳动合同的解除和终止

用人单位与劳动者协商一致,可以解除劳动合同。

劳动者提前三十日以书面形式通知用人单位,可以解除劳动合同。劳动者在试用期内提前三日通知用人单位,可以解除劳动合同。

(1)用人单位有下列情形之一的,劳动者可以解除劳动合同:

①未按照劳动合同约定提供劳动保护或者劳动条件的。

②未及时足额支付劳动报酬的。

③未依法为劳动者缴纳社会保险费的。

④用人单位的规章制度违反法律、法规的规定,损害劳动者权益的。

⑤因本法第二十六条第一款规定的情形致使劳动合同无效的。

⑥法律、行政法规规定劳动者可以解除劳动合同的其他情形。

用人单位以暴力、威胁或者非法限制人身自由的手段强迫劳动者劳动的,或者用人单位违章指挥、强令冒险作业危及劳动者人身安全的,劳动者可以立即解除劳动合同,不需事先告知用人单位。

(2)劳动者有下列情形之一的,用人单位可以解除劳动合同:

①在试用期间被证明不符合录用条件的。

②严重违反用人单位的规章制度的。

③严重失职,营私舞弊,给用人单位造成重大损害的。

④劳动者同时与其他用人单位建立劳动关系,对完成本单位的工作任务造成严重影响,或者经用人单位提出,拒不改正的。

⑤因本法第二十六条第一款第一项规定的情形致使劳动合同无效的。

⑥被依法追究刑事责任的。

(3)有下列情形之一的,用人单位提前三十日以书面形式通知劳动者本人或者额外支付劳动者一个月工资后,可以解除劳动合同:

①劳动者患病或者非因工负伤,在规定的医疗期满后不能从事原工作,也不能从事由用人单位另行安排的工作的。

②劳动者不能胜任工作,经过培训或者调整工作岗位,仍不能胜任工作的。

③劳动合同订立时所依据的客观情况发生重大变化,致使劳动合同无法履行,经用人单位与劳动者协商,未能就变更劳动合同内容达成协议的。

(4)劳动者有下列情形之一的,用人单位不得依照本法第四十条、第四十一条的规定解除劳动合同:

①从事接触职业病危害作业的劳动者未进行离岗前职业健康检查,或者疑似职业病病人在诊断或者医学观察期间的。

②在本单位患职业病或者因工负伤并被确认丧失或者部分丧失劳动能力的。

③患病或者非因工负伤,在规定的医疗期内的。

④女职工在孕期、产期、哺乳期的。

⑤在本单位连续工作满十五年,且距法定退休年龄不足五年的。

⑥法律、行政法规规定的其他情形。

用人单位单方解除劳动合同,应当事先将理由通知工会。用人单位违反法律、行政法规规定或者劳动合同约定的,工会有权要求用人单位纠正。用人单位应当研究工会的意见,并将处理结果书面通知工会。

(5)有下列情形之一,需要裁减人员二十人以上或者裁减不足二十人但占企业职工总数百分之十以上的,用人单位提前三十日向工会或者全体职工说明情况,听取工会或者职工的意见后,裁减人员方案经向劳动行政部门报告,可以裁减人员:

①依照企业破产法规定进行重整的。

②生产经营发生严重困难的。

③企业转产、重大技术革新或者经营方式调整,经变更劳动合同后,仍需裁减人员的。

④其他因劳动合同订立时所依据的客观经济情况发生重大变化,致使劳动合同无法履行的。

裁减人员时,应当优先留用下列人员:

a.与本单位订立较长期限的固定期限劳动合同的。

b.与本单位订立无固定期限劳动合同的。

c.家庭无其他就业人员,有需要扶养的老人或者未成年人的。

用人单位依照本条第一款规定裁减人员,在六个月内重新招用人员的,应当通知被裁减的人员,并在同等条件下优先招用被裁减的人员。

4.劳动合同无效或者部分无效

(1)以欺诈、胁迫的手段或者乘人之危,使对方在违背真实意思的情况下订立或者变更劳动合同的。

(2)用人单位免除自己的法定责任、排除劳动者权利的。

(3)违反法律、行政法规强制性规定的。

对劳动合同的无效或者部分无效有争议的,由劳动争议仲裁机构或者人民法院确认。

劳动合同部分无效,不影响其他部分效力的,其他部分仍然有效。

劳动合同被确认无效,劳动者已付出劳动的,用人单位应当向劳动者支付劳动报酬。劳动报酬的数额,参照本单位相同或者相近岗位劳动者的劳动报酬确定。

2.4.3 《最高人民法院关于审理劳动争议案件适用法律问题的解释(一)》

《最高人民法院关于审理劳动争议案件适用法律问题的解释(一)》已于2020年12月25日由最高人民法院审判委员会第1825次会议通过,自2021年1月1日起施行。具体内容可扫描二维码下载。

扫码下载

2.5 工程建设中涉及的有关合同

工程建设中还会涉及许多与工程建设有关的合同,比如:借款合同、租赁合同、融资租赁合同、承揽合同、运输合同、技术合同、仓储合同、委托合同等。

2.6 建设工程纠纷的处理

2.6.1 建设工程纠纷处理的基本形式及特点

建设工程纠纷,是指建设工程合同当事人对建设过程中的权利和义务产生了不同的理解,处理的基本形式有和解、调解、仲裁、诉讼四种。

1. 和解

是指纠纷当事人在自愿友好的基础上,互相沟通、互相谅解,从而解决纠纷的一种方式。发生纠纷时,当事人应首先考虑通过和解解决纠纷。事实上,在工程建设过程中,绝大多数纠纷都可以通过和解解决。和解解决纠纷具有以下特点:

(1)简便易行,能经济、及时地解决纠纷。

(2)纠纷的解决依靠当事人的妥协与让步,没有第三方的介入,有利于维护合同双方的友好合作关系,使合同能更好地得到履行。

(3)和解协议不具有强制执行的效力,和解协议的执行依靠当事人的自觉履行。

2. 调解

是指建设工程当事人对法律规定或者合同约定的权利、义务发生纠纷,第三人依据一定的道德和法律规范,通过摆事实、讲道理,促使双方互相作出适当的让步,平息争端,自愿达成协议,以求解决建设工程纠纷的方法。这里讲的调解是狭义的调解,不包括诉讼和仲裁程序中在审判庭和仲裁庭主持下的调解。

调解解决纠纷具有以下特点:

(1)有第三者介入作为调解人,调解人的身份没有限制,但以双方都信任者为佳。

(2)它能够较经济、较及时地解决纠纷。

(3)有利于消除合同当事人的对立情绪,维护双方的长期合作关系。

(4)调解协议不具有强制执行的效力,调解协议的执行依靠当事人的自觉履行。

3. 仲裁

亦称"公断",是当事人双方在纠纷发生前或纠纷发生后达成协议,自愿将纠纷交给第三者,由第三者在事实上作出判断、在权利义务上作出裁决的一种解决纠纷的方式。这种纠纷解决方式必须是自愿的,因此必须有仲裁协议。如果当事人之间有仲裁协议,纠纷发生后又无法通过和解和调解解决,则应及时将纠纷提交仲裁机构仲裁。

仲裁方式解决纠纷具有以下特点:

(1)体现当事人的意思自治。这种意思自治不仅体现在仲裁的受理应当以仲裁协议为前提,还体现在仲裁的整个过程,许多内容都可以由当事人自主确定。

(2)专业性。由于各仲裁机构的仲裁员都是由各方面的专业人士组成,当事人完全可以选择熟悉纠纷领域的专业人士担任仲裁员。

(3)保密性。保密和不公开审理是仲裁制度的重要特点,除当事人、代理人,以及需要时的证人和鉴定人外,其他人员不得出席和旁听仲裁开庭审理,仲裁庭和当事人不得向外界透露案件的任何实体及程序问题。

(4)裁决的终局性。仲裁裁决作出后是终局的,对当事人具有约束力。

(5)执行的强制性。仲裁裁决具有强制执行的法律效力,当事人可以向人民法院申请强制执行。由于中国是《承认及执行外国仲裁裁决公约》的缔约国,中国的涉外仲裁裁决可以在世界上100多个公约成员国得到承认和执行。

4. 诉讼

是指建设工程当事人依法请求人民法院行使审判权,审理双方之间发生的纠纷,作出有国家强制保证实现其合法权益、从而解决纠纷的审判活动。合同双方当事人如果未约定仲裁协议,则只能以诉讼作为解决纠纷的最终方式。

诉讼解决纠纷具有以下特点:

(1)程序和实体判决严格依法。与其他解决纠纷的方式相比,诉讼的程序和实体判决都应当严格依法进行。

(2)当事人在诉讼中对抗的平等性。诉讼当事人在实体和程序上的地位平等。原告起诉,被告可以反诉;原告提出诉讼请求,被告可以反驳诉讼请求。

(3)二审终审制。建设工程纠纷当事人如果不服第一审人民法院判决,可以上诉至第二审人民法院。建设工程纠纷经过两级人民法院审理,即告终结。

(4)执行的强制性。诉讼判决具有强制执行的法律效力,当事人可以向人民法院申请强制执行。

2.6.2 仲裁程序

1. 仲裁协议有关问题

(1)仲裁协议是当事人自愿将争议提交仲裁机构进行仲裁达成协议的文书。我国《仲裁法》规定,仲裁协议包括合同中订立的仲裁条款和以其他书面方式在纠纷发生前或者纠纷发生后达成请求仲裁的协议。

(2)仲裁协议的特点。

①合同当事人均受仲裁协议的约束。

②仲裁协议是仲裁机构对纠纷进行仲裁的先决条件。

③仲裁协议排除了法院对纠纷的管辖权。

④仲裁机构应按照仲裁协议进行仲裁。

(3)仲裁协议的内容。

①请求仲裁的意思表示。

②仲裁事项。

③选定的仲裁委员会。

(4)仲裁协议的无效。

仲裁协议是合同的组成部分,是合同的内容之一。有下列情况的,仲裁协议无效:

①约定的事项超出法律规定的仲裁范围的。

②无民事行为能力人或者限制民事行为能力人订立的仲裁协议。

③一方采取胁迫手段,迫使对方订立仲裁协议的。

④在仲裁协议中,当事人对仲裁事项或者仲裁委员会没有约定或者约定不明确,当事人又达不成补充协议的,仲裁协议无效。

仲裁协议独立存在,合同的变更、解除、终止或者无效,不影响仲裁协议的效力。仲裁庭有权确认合同的效力。当事人对仲裁协议的效力有异议,应在仲裁庭首次开庭前提出。

当事人对仲裁协议的效力有异议的,可以请求仲裁委员会作出决定或者请求人民法院作出裁定。一方请求仲裁委员会作出决定,另一方请求人民法院作出裁定的,由人民法院裁定。

当事人对仲裁协议的效力有异议,应当在仲裁庭首次开庭前提出。

2. 仲裁庭的组成

(1)仲裁庭的组成形式

仲裁庭可以由3名仲裁员或者一名仲裁员组成。由3名仲裁员组成的,设首席仲裁员。

(2)仲裁员的产生

当事人约定由一名仲裁员组成仲裁庭的,应当各自选定或者各自委托仲裁委员会主任指定一名仲裁员,第三名仲裁员由当事人共同选定或者共同委托仲裁委员会主任指定。第三名仲裁员是首席仲裁员。当事人约定由:名仲裁员成立仲裁庭的,应当由当事人共同选定或者共同委托仲裁委员会主任指定仲裁员。

当事人没有在仲裁规则规定的限期内约定仲裁庭的组成的方式或者选定仲裁员的,由仲裁委员会主任指定。

3. 仲裁申请和受理

(1)当事人申请仲裁的条件

纠纷发生后,当事人申请仲裁应当符合下列条件:

①有仲裁协议;仲裁机构。

②有具体的仲裁请求、事实和理由。

③属于仲裁委员会的受理范围。

(2)仲裁委员会的受理

仲裁委员会收到仲裁申请书之日起5日内,认为符合受理条件的,应当受理,并通知当事人;认为不符合受理条件的,应当书面通知当事人不予受理,并说明理由。

仲裁委员会受理仲裁申请后,应当在仲裁规则规定的期限内将仲裁规则和仲裁员名册送达申请人,并将仲裁申请书副本和仲裁规则、仲裁员名册送达被申请人。被申请人收到仲裁申请书副本后,应当在仲裁规则规定的期限内向仲裁委员会提交答辩书。仲裁委员会收到答辩书后,应当在仲裁规则规定的期限内将答辩书副本送达申请人。被申请人未提交答辩书的,不影响仲裁程序的进行。

4. 开庭和裁决

(1)开庭与否的决定

仲裁应当开庭进行,当事人协议不开庭的,仲裁庭可以根据仲裁申请书、答辩书以及其他材料作出裁决。仲裁不公开进行,但当事人协议公开的,可以公开进行,但涉及国家秘密的除外。

(2)不到庭或者未经许可中途退庭的处理

申请人经书面通知,无正当理由不到庭或者未经仲裁庭许可中途退庭的,可以视为撤回仲裁申请。被申请人经书面通知,无正当理由不到庭或者未经仲裁庭许可中途退庭的,可以缺席裁决。

(3)证据的提供

当事人应当对自己的主张提供证据。仲裁庭认为有必要收集的证据,可以自行收集。

仲裁庭对专门性问题认为需要鉴定的,可以交由当事人约定的鉴定部门鉴定,也可以由仲裁庭指定的鉴定部门鉴定,根据当事人的请求或者仲裁庭的要求,鉴定部门应当派鉴定人参加开庭。当事人经仲裁庭许可,可以向鉴定人提问。

(4)开庭中的辩论

当事人在仲裁过程中有权进行辩论。辩论终结时,首席仲裁员或者独任仲裁员应当征询当事人的最后意见。

(5)当事人自行和解

当事人申请仲裁后,可以自行和解,达成和解协议的,可以请求仲裁庭根据和解协议作出裁决书,也可以撤回仲裁申请,当事人达成和解协议,撤回仲裁申请后反悔的,可以根据仲裁协议申请仲裁。

(6)仲裁庭主持下的调解

仲裁庭在作出裁决前,可以先行调解。调解达成协议的,仲裁庭应当制作调解书或者根据协议的结果制作裁决书。调解书与裁决书具有同等法律效力。调解书经双方当事人签收后,即发生法律效力,在调解书签收前当事人反悔的,仲裁庭应当及时作出裁决。

(7)仲裁裁决的作出

裁决应当按照多数仲裁员的意见作出,少数仲裁员的不同意见可以记入笔录。仲裁庭不能形成多数意见时,裁决应当按照首席仲裁员的意见作出。裁决书自作出之日起发生法律效力。

(8)执行

仲裁裁决的执行。仲裁委员会的裁决作出后,当事人应当履行。如果当一方当事人不履行仲裁裁决时,另一方当事人可以依据《民事诉讼法》的有关规定向有管辖权的人民法院执行庭申请执行。

当被申请人提出证据证明仲裁裁决不符合法律规定时,经人民法院合议庭审查核实,可作出裁定不予执行。

近年来,国际工程承包合同争议解决又创新工程争议评审解决争议机制:DRB 争议评审委员会(Dispute Review Board 以下用 DRB)和 DAB 方式即争端裁决委员会(Dispute Adjudication Board,简称 DAB)。

2.6.3 诉讼程序

1. 起诉和受理

(1)起诉的有关问题

起诉是指原告向人民法院提起诉讼,请求司法保护的诉讼行为。

①起诉的条件。

如果当事人没有在合同中约定通过仲裁解决纠纷,则只能通过诉讼作为解决纠纷的最终方式。纠纷发生后,如需要通过诉讼解决纠纷,则首先应当向人民法院起诉。起诉必须符合下列条件:

a.原告是与本案有直接利害关系的公民、法人和其他组织。

b.有明确的被告。

c.有具体的诉讼请求、事实和理由。

d.属于人民法院受理民事诉讼的范围和受诉人民法院管辖。

②起诉的方式。

a.书面形式《民事诉讼法》第一百零九条一款规定,起诉应向人民法院递交起诉状。由此可见,我国《民事诉讼法》规定的起诉形式是以书面为原则的。

b.口头形式虽然起诉以书面为原则,但当事人书写起诉状有困难的,也可口头起诉,由人民法院记入笔录,并告知对方当事人。可见,我国起诉的形式是以书面起诉为主。

③起诉状的内容。

根据《民事诉讼法》第一百一十条规定,起诉状应当记明下列事项:

a. 当事人的姓名、性别、年龄、民族、职业、工作单位和住所,法人或其他经济组织的名称、住所和法定代表人或主要负责人的姓名、职务。

b. 诉讼请求和所根据的事实与理由。

c. 证据和证据来源,证人姓名和住所。

④诉讼管辖。

诉讼管辖,是指在人民法院系统中,各级人民法院系统中,各级人民法院之间以及同级人民法院之间受理第一案件的权限分工。诉讼管辖分为级别管辖、地域管辖、移送管辖和指定管辖。

a. 级别管辖,是指划分上下级人民法院之间受理第一审民事案件的分工和权限。级别管辖是人民法院组织系统内部从纵向划分各级人民法院的管辖权限,它是划分人民法院管辖范围的基础。根据人民法院组织法的规定,我国人民法院设四级:即基层人民法院、中级人民法院、高级人民法院、最高人民法院。法律规定,基层人民法院管辖第一审民事案件,但另有规定的除外。

b. 地域管辖,是指确定同级人民法院在各自的辖区内管辖第一审民事案件的分工和权限。它是在人民法院组织系统内部,从横向确认人民法院的管辖范围,是在级别管辖的基础上确认的。

地域管辖是根据各种不同民事案件的特点来确定的,一般原则是"原告就被告",对其他特殊类型的案件,也是以当事人所在地、诉讼标的所在地或诉讼标的物所在地的人民法院管辖为原则的。

民事诉讼法规定,地域管辖有3种:一般地域管辖、特殊地域管辖、专属管辖。一般地域管辖,是指根据当事人所在地确定有管辖权的人民法院;特殊地域管辖,是指根据诉讼标的或诉讼标的物所在地确定有管辖权的人民法院。对特殊地域管辖,我国民事诉讼法采取列举的方式予以确定;专属管辖是指根据案件的特殊性质,法律规定必须由一定地区的人民法院管辖(因不动产纠纷提起的诉讼,由不动产所在地人民法院管辖;因港口作业中发生纠纷提起的诉讼,由港口所在地人民法院管辖;因继承遗产纠纷提起的诉讼,由被继承人死亡时住所地或者主要遗产所在地人民法院管辖)专属管辖具有排他性。除上级人民法院指定管辖外,凡是法律明确规定专属管辖的案件,不能适用一般地域管辖和特殊地域管辖的原则确定管辖的法院。此类案件只能由法律所确认的法院行使管辖权,其他法院无权管辖。此外,协议管辖也不能变更专属管辖的有关规定。

合同纠纷的管辖。民事诉讼法规定,因合同纠纷提起的诉讼,由被告住所地或者合同履行地人民法院管辖。但合同的双方当事人可以在书面合同中协议选择被告所在地、合同履行地、合同签订地、原告住所地、标的物所在地人民法院管辖,但不得违反级别管辖和专属管辖。

法律还规定,因侵权行为提起的诉讼,由侵权行为地或者被告住所人民法院管辖。

c. 移送管辖和指定管辖。

移送管辖,是指某一人民法院受理案件后,发现自己对该案件没有管辖权,将案件移送有管辖权的人民法院审理。

指定管辖,是指有管辖权的人民法院由于特殊原因,不能行使管辖权的,由上级人民法院指定管辖。

人民法院之间因管辖权发生争议,由争议双方协商解决;协商解决不了的,报请它们的共同上级人民法院指定管辖。

(2)人民法院受理案件

人民法院对符合规定的起诉,必须受理当事人;认为不符合起诉条件的,应当在7日内裁定不予受理;原告对裁定不服的,可以提起上诉。人民法院受理起诉后,首先需要确定在第一审中适用普通程序还是简易程序。基层人民法院和它派出的法庭审理事实清楚、权利义务关系明确、争议不大的简单的民事案件,可以适用简易程序。建设工程中发生的纠纷一般都适用普通程序,因此第一审程序只介绍普通程序。

(3)答辩的有关问题

答辩是针对原告的起诉状而对其予以承认、辩驳、拒绝的诉讼行为。

人民法院对原告的起诉情况进行审查后,认为符合条件的,即立案,并于立案之日起5日内将起诉状副本发送到被告,被告在收到之日起15日内提出答辩状。被告不提出答辩状的,不影响人民法院的审理。

①答辩的形式。

a. 书面形式即以书面形式向法院提交的答辩状。

b. 口头形式答辩人在开庭前未以书面形式提交答辩状,开庭时以口头方式进行的答辩。

②答辩状的内容。

针对原告、上诉人诉状中的主张和理由进行辩解,并阐明自己对案件的主张和理由,即揭示对方当事人法律行为的错误之处,对方诉状中陈述的事实和依据中的不实之处;提倡相反的事实和证据说明自己法律行为的合法性;列举有关法律规定,论证自己主张的正确性,以便请求人民法院予以司法保护。

(4)第一审开庭审理

人民法院审理民事案件,除涉及国家秘密、个人隐私或者法律另有规定的以外,应当公开进行。离婚案件,涉及商业秘密的案件,当事人申请不公开审理的,可以不公开审理。

①法庭调查。

法庭调查按照下列顺序进行:

a. 当事人陈述。

b. 知证人的权利义务,证人作证,宣读未到庭的证人证言。

c. 出示书证、物证和视听资料。

d. 宣读鉴定结论。

e. 宣读勘验笔录。

当事人在法庭上可以提出新的证据。当事人经法庭许可,可以向证人、鉴定人、勘验人发问。当事人要求重新进行调查、鉴定或者勘验的,是否准许,由人民法院决定。

②法庭辩论。

法庭辩论按照下列顺序进行:

a. 原告及其诉讼代理人发言。

b. 被告及其诉讼代理人答辩。

c. 第三人及其诉讼代理人发言或者答辩。

d. 互相辩论。

法庭辩论终结,由审判长按照原告、被告、第三人的先后顺序征询各方最后意见。法庭辩论终结,应当依法作出判决,判决前能够调解的,还可以进行调解,调解不成的,应当及时判决。

③当事人拒不到庭或者未经许可中途退庭的处理。

原告经传票传唤,无正当理由拒不到庭的,或者未经法庭许可中途退庭的,可以按撤诉处理;被告反诉的,可以缺席判决。被告经传票传唤,无正当理由拒不到庭的,或者未经法庭许可中途退庭的,可以缺席判决。

④审限要求。

人民法院适用普通程序审理的案件,应当在立案之日起 6 个月内审结,有特殊情况需要延长的,由本院院长批准,可以延长 6 个月;还需要延长的,报请上级人民法院批准。

(5)第二审程序

①当事人提起上诉。

当事人不服地方人民法院第一审判决的,有权在判决书送达之日起 15 日内向上一级人民法院提起上诉。第二审人民法院应当对上诉请求的有关事实和适用法律进行审查。

②第二审审理要求。

第二审人民法院对上诉案件,应当组成合议庭,开庭审理。经过阅卷和调查,询问当事人,在事实核对清楚后,合议庭认为不需要开庭审理的,也可以径行判决、裁定。第二审人民法院审理上诉案件,可以在本院进行,也可以到案件发生地或者原审人民法院所在地进行。

③第二审的处理。

第二审人民法院对上诉案件,经过审理,按照下列情形,分别处理:

a. 判决认定事实清楚,适用法律正确的,判决驳回上诉,维持原判决。

b. 判决适用法律错误的,依法改判。

c. 原判决认定事实错误,或者原判决认定事实不清,证据不足,裁定撤销原判决,发回原审人民法院重审,或者查清事实后改判。

d. 原判决违反法定程序,可能影响案件正确判决的,裁定撤销原判决,发回原审人民法院重审。当事人对重审案件的判决、裁定,可以上诉。

人民法院审理对原审判决的上诉案件,应当在第二审立案之日起 3 个月内审结,第二审人民法院的判决、裁定,是终审的判决、裁定。

2. 证据的种类、保全和应用

(1)证据的种类

证据的种类有:书证、物证、视听资料、证人证言、当事人的陈述、鉴定结论、勘验笔录。

(2)证据保全

证据保全,是指法院在起诉前或在对证据进行调查前,依据申请人、当事人的请求,或依职权对可能灭失或今后难以取得的证据,予以调查收集和固定保存的行为。可能灭失或今后难以取得的证据,具体是指:证人生命垂危;具有民事诉讼证据作用的物品极易腐败变质;

易于灭失的痕迹等。出现上述情况,诉讼参加人可以向人民法院申请保全证据,人民法院也可以主动采取保全措施;向人民法院申请保全证据,不得迟于举证期限届满前七日。人民法院采取证据保全的方法主要有三种:

①向证人进行询问调查,记录证人证言。

②对文书、物品等进行录像、拍照、抄写或者用其他方法加以复制。

③对证据进行鉴定或者勘验。获取的证据材料,由人民法院存卷保管。

(3)证据的应用

①证据的提供或者收集。

当事人对自己提出的主张,有责任提供证据。当事人及其诉讼代理人因客观原因不能自行收集的证据,或者人民法院、仲裁机构认为审理案件需要的证据,人民法院或者仲裁机构应当调查收集。人民法院或者仲裁机构应当按照法定程序,全面地、客观地审查核实证据。

②开庭质证。

证据应当在开庭时出示,并由当事人互相质证。经过法定程序公证证明的法律行为、法律事实和文书,人民法院或者仲裁机构应当作为认定事实的根据。但有相反证据足以推翻公证证明的除外。书证应当提交原件。物证应当提交原物。提交原件或者原物确有困难的,可以提交复制品、照片、副本、节录本。提交外文书证,必须附有中文译本。

③专门性问题的鉴定。

人民法院或者仲裁机构对专门性问题认为需要鉴定的,应当交由法定鉴定部门鉴定;没有法定鉴定部门的,由人民法院或者仲裁机构指定的鉴定部门鉴定。鉴定部门及其指定的鉴定人有权了解进行鉴定所需要的案件材料,必要时可以询问当事人、证人、鉴定部门和鉴定人应当提出书面鉴定结论,在鉴定书上签名或者盖章。建设工程纠纷往往涉及工程质量、工程造价等专门性的问题,在诉讼中一般需要进行鉴定。因此,在建设工程纠纷中,鉴定是常用的举证手段。

当事人申请鉴定,应当在举证期限内提出。对需要鉴定的事项负有举证责任的当事人,在人民法院指定的期限内无正当理由不提出鉴定申请或者不预交鉴定费用或者拒不提供相关材料,致使对案件纠纷的事实无法通过鉴定结论予以认定的,应当对该事实承担举证不能的法律后果。

④重新鉴定。

当事人对人民法院委托的鉴定部门作出的鉴定结论有异议申请重新鉴定提出证据证明存在下列情形之一的人民法院应予准许:

a.鉴定机构或者鉴定人员不具备相关的鉴定资格的。

b.鉴定程序严重违法的。

c.鉴定结论明显依据不足的。

d.经过质证认定不能作为证据使用的其他情形。

对有缺陷的鉴定结论,可以通过补充鉴定、重新质证或者补充质证等方法解决的,不予重新鉴定。一方当事人自行委托有关部门作出的鉴定结论,另一方当事人有证据足以反驳并申请重新鉴定的,人民法院应予准许。

3. 执行程序

（1）执行的根据

执行程序是指人民法院的执行机构运用国家强制力，强制义务人履行生效的法律文书所确定的义务的程序。

执行的根据，是指人民法院据以执行的法律文书。包括：

①发生法律效力的民事判决、裁定。

②发生法律效力并且具有财产内容的刑事判决、裁定。

③法律规定由人民法院执行的其他法律文书。如先予执行的民事裁定书；仲裁机构制作的发生法律效力的裁决书、调解书；公证机关制作的依法赋予强制执行效力的债权文书。

（2）执行管辖

执行管辖是指各人民法院之间划分对生效法律文书的执行权限。

①人民法院作出生效的法律文书，由第一审人民法院执行。也即无论生效的裁判是第一审人民法院作出的，还是第二审人民法院作出的生效的法律文书，均由第一审人民法院开始执行程序。

②法律规定由人民法院执行的其他法律文书，由被执行人住所所在地或者被执行财产所在地人民法院执行。

③执行中发生异议的处理，法律规定，执行过程中，案外人对执行标的提出异议的，执行员应当按照法定程序进行审查。理由不成立的，予以驳回；理由成立的，由院长批准中止执行，如果发现判决、裁定确有错误的，按照审判监督程序处理。

④执行中，当事人自行达成和解协议时的处理。法律规定，在执行中，双方当事人自行和解达成协议的，执行员应当将协议内容记入笔录，由双方当事人签名或者盖章。一方当事人不履行和解协议的，人民法院可以根据对方当事人的申请，恢复对原生效法律文书的执行。

（3）执行的申请和移送

申请执行是根据生效的法律文书，享有权利的一方当事人，在义务人拒绝履行义务时，在申请执行的期限内请求人民法院依法强制执行，从而引起执行程序的发生。移送执行程序是指人民法院的判决、裁定或者调解协议发生法律效力后，由审理该案的审判组织决定，将案件直接交付执行人员执行，从而引起执行程序的开始。

调解书和其他应当由人民法院执行的法律文书，当事人必须履行，一方拒绝履行的，对方当事人可以向人民法院申请执行。

法律还规定，对依法设立的仲裁机构的裁决，一方当事人不履行的，对方当事人可以向有管辖权的人民法院申请执行。受申请的人民法院应当执行。被申请人提出证据证明仲裁裁决中有违反相关法律规定的，经人民法院组成合议庭审查核实，裁定不予执行。仲裁裁决被人民法院裁定不予执行的当事人可以根据双方达成的书面仲裁协议重新仲裁，也可以向人民法院起诉。

(4) 执行措施

执行措施的法律规定：

①向银行、信用合作社和其他有储蓄业务的单位,查询被执行人的存款情况,冻结、划拨被执行人应当履行义务部分的收入。

②查封、扣押、冻结并依照规定拍卖变卖被执行人应当履行义务部分的财产。

③对隐瞒财产的被执行人及其住所或者财产隐匿地进行搜查。

④被执行人加倍支付迟延还债期间的债务利息。

⑤强制交付法律文书指定交付的财物或者票证。

⑥强制迁出房屋或退出土地。

⑦强制执行法律文书指定的行为。

⑧划拨或转交企业、事业单位、机关、团体的存款等。

(5) 执行中止和终结

①中止执行的法律规定。

法律规定,有下列情形之一的,人民法院应当裁定中止执行:申请人表示可以延期执行;案外人对执行标的提出确有理由的异议的;作为一方当事人的公民死亡,需要等待继承人继承权利或者承担义务的;作为一方当事人的法人或者其他组织终止的,尚未确定权利义务承受人的;人民法院认为应当中止执行的其他情形。

②中止的情形消失后,恢复执行。

③终结执行的法律规定。

法律规定,有下列情形之一的,人民法院裁定终结执行:申请人撤销申请的;据以执行的法律文书被撤销的;作为被执行人的公民死亡,无遗产可供执行,又无义务承担人的;只追索赡养费、抚养费、抚育费案件的权利人死亡的;作为被执行人的公民因生活困难无力偿还借款,无收入来源,又丧失劳动能力的;人民法院认为当终结执行的其他情形。

④中止和终结执行的裁定,送达当事人后立即生效。

案例

合同履行中有关问题

甲公司因转产致使一台价值1000万元的精密机床闲置。该公司董事长王某与乙公司签订了一份机床转让合同。合同规定,精密机床作价950万元,甲公司于10月31日前交货,乙公司在收货后10天内付清款项。在交货日前,甲公司发现乙公司经营状况恶化,通知乙公司中止交货并要求乙公司提供担保,乙公司予以拒绝。又过了一个月,甲公司发现乙公司的经营状况进一步恶化,于是提出解除合同。乙公司遂向法院起诉。法院查明:①甲公司股东会决议规定,对精密机床等重要资产的处置应经股东会特别决议;②甲公司的机床原由丙公司保管,保管期限至10月3日,保管费50万元。11月5日,甲公司将机床提走,并约定10天内付保管费,如果10天内不付保管费,丙公司可对该机床行使留置权。现丙公司要求对该机床行使留置权。依据《中华人民共和国民法典》分析回答下列问题:

(1) 甲公司与乙公司之间转让机床的合同是否有效？为什么？

(2)甲公司中止履行的理由能否成立?为什么?

(3)甲公司能否解除合同?为什么?

(4)甲公司要求乙公司提供担保时,乙公司即予以提供了相应的担保,甲公司应负什么义务?

(5)设法院查明,乙公司实际上并不存在经营状况恶化的情形,则甲公司应负什么责任?

(6)丙公司是否享有留置权?为什么?

(7)丙公司能否行使留置权?为什么?

评析

本案例主要涉及三个方面的法律法规知识。第一部分:表见代理的效力;第二部分:不安抗辩权制度;第三部分:留置权的设定与行使。七个问题回答如下:

(1)有效。依《民法典》第五百零四条规定,法人的法定代表人或者非法人组织的负责人超越权限订立的合同,除相对人知道或者应当知道其超越权限外,该代表行为有效,订立的合同对法人或者非法人组织发生效力。本案中,作为相对人的乙公司并不知道甲公司董事长越权,构成表见代表行为,双方之间的合同故为有效。

(2)成立。这是先履行合同义务人行使不安抗辩权的行为。

(3)甲公司可以解除合同。因为不安抗辩权人在对方于合理期限内未恢复履行能力且未提供适当担保的,可以单方解除合同。

(4)甲公司应即恢复履行合同义务。

(5)甲公司应负迟延履行的违约责任。

《民法典》第五百二十七条规定:"应当先履行债务的当事人,有确切证据证明对方有下列情形之一的,可以中止履行:(一)经营状况严重恶化;(二)转移财产、抽逃资金,以逃避债务;(三)丧失商业信誉;(四)有丧失或者可能丧失履行债务能力的其他情形。当事人没有确切证据中止履行的,应当承担违约责任。"

《民法典》第五百二十八条规定:"当事人依前条规定中止履行的,应当及时通知对方。对方提供适当担保的,应当恢复履行。中止履行后,对方在合理期限内未恢复履行能力且未提供适当担保的,视为以自己的行为表明不履行主要债务,中止履行的一方可以解除合同并可以请求对方承担违约责任。"

不安抗辩权人在行使不安抗辩权时,要尽以下义务:

①中止履行后,应及时通知对方。

②对方提供适当担保后,应即恢复履行。

③对方在合理期限内恢复履行能力后,原则上应恢复履行。

以上三点,不安抗辩权人违反一点,均要负违约责任。

(6)丙公司依法享有留置权。因为作为保管人,依保管合同依法享有该权利。

(7)丙公司不能行使留置权。因为留置权的行使以留置权人占有留置物为前提,现甲公司已经提走留置物,丙公司无法行使留置权。

《民法典》第四百四十七条规定:"债务人不履行到期债务,债权人可以留置已经合法占有的债务人的动产,并有权就该动产优先受偿。"

本章习题

一、单项选择题

1. 某施工单位参加一公开招标项目的投标,在递交投标文件后发现报价有较严重的失误,遂在招标文件规定的投标截止时间前,向招标人送交了一个书面通知,撤回已递交的投标文件,该行为是( )。
   A. 要约撤回   B. 要约撤销
   C. 承诺撤回   D. 承诺撤销

2. 下列关于以招标投标方式订立施工合同的说法中,正确的是( )。
   A. 提交投标文件是承诺   B. 发放招标文件是要约
   C. 签订书面合同是承诺   D. 发放中标通知书是承诺

3. 根据《中华人民共和国民法典》规定,对效力待定合同的理解正确的是( )。
   A. 在相对人催告后的一个月内,当事人之法定代理人未做表示,合同即可生效
   B. 效力待定合同的善意相对人有撤销的权利,撤销期限自行为作出之日起一年
   C. 表见代理实质上属于无权代理,却产生有效代理的后果
   D. 超越代理权签订的合同,若未经被代理追认,则必定属于效力待定合同

4. 某建筑公司从本市租赁若干工程模板到外地施工,施工完毕后,因觉得模板运回来费用很高,建筑公司就擅自将该批模板处理了,后租赁公司同意将该批模板卖给该建筑公司,则建筑公司处理该批模板的行为( )。
   A. 无效   B. 有效   C. 效力特定   D. 失效

5. 某施工单位与采石场签订了石料供应合同,在合同中约定了违约责任。为确保合同履行,施工单位交付了3万元定金。由于采石场未能按时交货,根据合同约定应支付违约金4万元。则本案中采石场最多应支付给施工单位( )。
   A. 10万元   B. 7万元   C. 6万元   D. 4万元

6. 2003年1月初口罩生产厂家甲与医疗器械零售商乙签订了5000只该厂某种特制口罩的供货协议,每只按1.00元的批发价计算,约定于2003年1月底交货。随后,乙又与丙签订协议,租用其仓库准备存放甲履行合同后所交付的5000只口罩,并付给丙定金500元。但甲并未按时交货。2003年春夏之交由于突发疫情,口罩的市场零售价格由原来的1.20元上涨到6.00元。因违约甲应向乙支付的总额为( )。
   A. (1.20－1.00)×5000   B. 1000＋(6.00－1.00)×5000
   C. 500＋(1.20－1.00)×5000   D. 500＋(6.00－1.00)×5000

7. 承包商向水泥厂购买袋装水泥并按合同约定支付全部货款。因运输公司原因导致水泥交货延误2天,承包商收货后要求水泥厂支付违约金,水泥厂予以拒绝。承包商认为水泥厂违约,因而未对堆放水泥采取任何保护措施,次日大雨,水泥受潮全部硬化。此损失应由( )承担。
   A. 三方共同   B. 水泥厂   C. 承包商   D. 运输公司

8. 根据我国《劳动法》的规定,劳动者的法定最低就业年龄为(　　)。
   A. 14 周岁　　　　B. 16 周岁　　　　C. 18 周岁　　　　D. 20 周岁

9. 按照《劳动合同法》的规定,在下列选项中,用人单位提前 30 日以书面形式通知劳动者本人或额外支付 1 个月工资后可以解除劳动合同的情形是(　　)。
   A. 劳动者患病或非因工负伤在规定的医疗期满后不能胜任原工作的
   B. 劳动者试用期间被证明不符合录用条件的
   C. 劳动者被依法追究刑事责任的
   D. 劳动者不能胜任工作,经培训或调整岗位仍不能胜任工作的

10. 下列选项中,用人单位经济性裁员时,应当优先留用的是(　　)。
    A. 订立短期固定期限劳动合同的劳动者
    B. 女职工
    C. 订立无固定期限劳动合同的劳动者
    D. 年老体弱的职工

11. 1999 年小王大学毕业后,应聘到甲建筑公司质量科工作,2001 年春节期间,因车祸致残。半年后回到公司不能胜任原来的工作,被安排到预算科做核算工作。一个月后小王提出不能胜任,请求重新安排工作。对此甲公司可以(　　)。
    A. 立即与小王解除劳动合同,不必通知小王
    B. 解除劳动合同,但应提前 30 天以书面形式通知小王
    C. 解除劳动合同,但应于 45 天前以书面或口头形式通知小王
    D. 解除劳动合同,但必须与小王达成终止劳动关系的协议

12. 下列争议中属于劳动争议的是(　　)。
    A. 企业职工沈某与某地方劳动保障行政部门工伤认定的争议
    B. 公司股东李某因股息分配产生的争议
    C. 王某与社会保险机构因退休费用产生的争议
    D. 进城务工的黄某与劳务分包公司因工资报酬产生的争议

13. 民事诉讼的证据不包括(　　)。
    A. 书证　　　　　　　　　　　　B. 物证
    C. 视听资料　　　　　　　　　　D. 科学实验

14. 甲地注册的建设单位与在乙地注册的施工单位在丙地签订了建设工程施工合同,合同规定:若发生争议,向丙地法院起诉。则该合同争议解决地的原则为(　　)。
    A. 原告所在地　　　　　　　　　B. 被告所在地
    C. 合同签订地　　　　　　　　　D. 合同施行地

二、多项选择题

1. 依据不同的合同划分标准,建设工程施工合同属于(　　)。
   A. 要式合同　　　　　　　　　　B. 实践合同
   C. 单务合同　　　　　　　　　　D. 有偿合同
   E. 双务合同

2. 下列市场行为中,不属于承诺的有( )。
   A. 发布招标公告　　　　　　　　　B. 发布拍卖公告
   C. 发售招标文件　　　　　　　　　D. 发出中标通知书
   E. 递交投标文件

3. 根据《合同法》,当事人一方可以解除合同的情形有( )。
   A. 当事人一方发生合并、分立　　　B. 作为当事人一方的公民死亡
   C. 由于不可抗力致使合同不能履行　D. 法定代表人变更
   E. 当事人一方延迟履行主要债务,经催告后在合理期限内仍未履行

4. 某甲今年14岁,他签订的下列合同有效的是( )。
   A. 接受5000元的捐赠　　　　　　　B. 购买20元的文具
   C. 购买价值4000元的皮夹克一件　　D. 购买笔记本电脑一台
   E. 在被欺诈的情况下购买20元的计算器一个

5. 某甲与某乙公司订立了一份带有显失公平条款的合同,则该合同可能的法律后果有( )。
   A. 被撤销
   B. 被变更
   C. 该合同无效
   D. 如果某甲愿意按照该合同履约,该合同内容不变
   E. 该合同视同于没有签订

6. 下列违约责任承担方式可以并用的有( )。
   A. 赔偿损失与继续履行　　　　　　B. 继续履约与解除合同
   C. 定金与支付违约金　　　　　　　D. 赔偿损失与修理、重作、更换
   E. 违约金与解除合同

7. 某市的一家建筑工程公司准备实施经济性裁员,那么,依据《劳动法》的规定,在下列人员中,该建筑工程公司不得与其解除劳动合同的有( )。
   A. 女职工赵某,怀孕5个月
   B. 业务员小钱,出差时曾经受过伤,医疗期刚满
   C. 职工孙某,患职业病丧失劳动能力,卧病在家
   D. 工程师老李,在本单位已经连续工作20年,目前已经58岁
   E. 员工张某,刚与本公司签订了固定期限为1年的劳动合同,试用期尚未满

8. 经济性裁员时,应当优先留用的人员有( )。
   A. 与单位订立较长期限的固定期限劳动合同的
   B. 与单位订立无固定期限劳动合同的
   C. 女职工
   D. 新招入单位的大学毕业生
   E. 家庭无其他就业人员,有需要抚养的老人或未成年人的

9. 某公司欲解除与职工李某之间的劳动合同,其所提出的如下解约理由或做法中,有法律依据的是( )。

A. 李某经过培训仍不能胜任工作

B. 李某不满25岁而结婚,违反了公司关于男职工满25周岁才能结婚的规定

C. 公司因严重亏损而决定裁员,因此解除与李某的劳动合同

D. 李某非因公出车祸受伤住院,公司向李某送去3个月工资并通知其解除合同

E. 李某因酒后驾车被交警部门处以15日拘留

10. 下列表述中,符合劳动保护要求的有(　　)。

A. 严禁安排女职工从事井下作业

B. 对职工进行劳动安全卫生教育

C. 可以酌情安排未成年人从事较轻的井下作业

D. 对从事有职业危害作业的劳动者定期体检

E. 给女职工生育享受不少于60天产假

11. 仲裁案件当事人申请仲裁后自行达成和解协议的,可以(　　)。

A. 请求仲裁庭根据和解协议制作调解书

B. 请求仲裁庭根据和解协议制作裁决书

C. 撤回仲裁申请书

D. 请求强制执行

E. 请求法院判决

三、分析题

1. 甲建筑工程公司因施工期紧迫,而事先未能与有关厂家订好供货合同,造成施工过程中水泥短缺,急需200t水泥。该建筑工程公司同时向海天水泥厂和丰华水泥厂发函,函件中称:"如贵厂有P.O 42.5R的水泥现货(袋装),吨价不超过2500元,请求接到信10天内发货200t,货到付款,运费由供货方自行承担。"海天水泥厂接信当天回信,表示愿以吨价2600元发货200t,并于第3天发货200t至甲建筑工程公司,建筑工程公司于当天验收并接收了货物。丰华水泥厂接到要货的信件后,积极准备货源,于接信后第7天,将200t袋装P.O 42.5R的水泥装车,直接送至甲建筑工程公司,结果遭到甲建筑工程公司的拒收,该建筑工程公司的拒收理由是:本工程仅需要200t水泥,至于给丰华水泥厂发函,只是进行询问协商,不具有法律约束力。根据上述背景,试分析回答如下问题:

(1)丰华水泥厂与甲建筑工程公司之间是否存在生效的合同关系?

(2)甲建筑工程公司拒收丰华水泥厂的200t水泥是否于法有据?

(3)对海天水泥厂的发货行为如何定性?

(4)海天水泥厂与甲建筑工程公司的合同何时成立?合同内容如何确定?

(5)假设甲建筑工程公司收到海天水泥厂的回信后,于次日再次去函表示愿以吨价2599元接货,海天水泥厂收到该第二份函件后即发货200t至甲建筑工程公司。那么,两者之间的合同是否成立?如果成立,合同内容如何确定?

2. 2013年5月,某公司有5名员工已在该企业工作满10年,需要续签新的劳动合同,但该公司不打算再与其续签劳动合同。该公司人力资源部的经理依据原先的各地关于无固定期限劳动合同的做法与规定,向5位员工下发了到期不再续签劳动合同的书面通知。但

5 位员工不服,认为在该公司工作了这么多年,公司不应该这样做,试分析处理如下问题:

(1)该 5 位员工坚决要求签订劳动合同,并且要求签订无固定期限劳动合同,依据《劳动合同法》的规定,是否应当签订无固定期限劳动合同?

(2)在公司不同意的情况下,是否可以签订无固定期限劳动合同?

第3章
建设工程质量法律制度

建设工程质量是反映建设工程产品满足相关标准规定或合同约定的要求,包括其在安全、使用功能及其在耐久性能、环境保护等方面所有明显和隐含能力的特性总和。建设工程质量有广义和狭义之分,从狭义上说,建设工程质量仅指工程实体质量,它是指在国家现行的有关法律、法规、技术标准、设计文件和合同中,对工程的安全、适用、经济、美观等特性的综合要求。从广义上说,建设工程质量还包括工程建设参与者的服务质量和工作质量。它反映在他们的服务是否及时、主动,态度是否诚恳、守信,管理水平是否先进,工作效率是否很高等方面。应该说,工程实体质量的好坏是决策、计划、勘察、设计、施工等各参与工程产品建设的有关单位在各方面、各环节工作质量的综合反映。影响建设工程质量的因素很多,归纳起来,可分为五大方面,即通常所说的 4M1E——人(Man)、机械(Machine)、材料(Material)、方法(Method)和环境(Environment)。

建设工程质量的优劣直接关系到国民经济的发展和人民生命的安全。因此,加强建设工程质量的管理,是一个十分重要的问题。我国对建设工程质量进行管理包括纵向管理和横向管理两个方面。

纵向管理是国家对建设工程质量所进行的监督管理,它具体由建设行政主管部门及其授权机构实施,这种管理贯穿在工程建设的全过程和各个环节之中,它既对工程建设从计划、规划、土地管理、环保消防等方面进行监督管理,又对工程建设的主体从资质认定和审查,成果质量检测、验证和奖惩等方面进行监督管理,还对工程建设中各种活动如工程招投标、工程施工、验收、维修等进行监督管理。

横向管理包括两个方面:

一是工程承包单位,如勘察单位、设计单位、施工单位自己对所承担工作的质量管理。它们要按要求建立专门质检机构,配备相应的质检人员,建立相应的质量保证制度,如审核校对制、培训上岗制、质量抽检制、各级质量责任制和部门领导质量责任制等。

二是建设单位对所建工程的管理。它可成立相应的机构和人员,对所建工程的质量进行监督管理,也可委托社会监理单位对工程建设的质量进行监理。

建设工程质量管理法规是调整建设工程质量管理活动中发生的各种社会关系的法律规

范的总称。广义的建设工程质量管理法规不仅包括国家制定颁布的所有有关建设工程质量管理方面的法律规范,还应包括其他法规中涉及建设工程质量管理的规定。

目前,我国建设工程质量管理法规主要有《中华人民共和国建筑法》(注意:第六章即为"建设工程质量管理")、《建设工程质量管理条例》《建设工程勘察设计管理条例》,以及各部委的行政规章,如《注册建造师管理规定》《公路建设监督管理办法》(交通部令2006年第3号)、《水运工程质量监督规定》(交通部令2000年第3号)、《航道建设管理规定》(交通部令2007年第3号)、《港口建设管理规定》(交通部令2007年第5号)、《公路工程质量事故等级划分和报告制度》《公路工程竣(交)工验收办法》《公路工程设计变更管理办法》《建设工程勘察设计资质管理规定》《房屋建筑和市政基础设施工程施工图设计文件审查管理办法》等。

3.1 建设工程建设程序管理

1. 工程项目建设程序的含义

工程项目建设程序是指工程项目从策划、评估、决策、设计、施工到竣工验收、投入生产或交付使用的整个建设过程中,各项工作必须遵循的先后工作次序。工程项目建设程序是工程建设过程客观规律的反映,是建设工程项目科学决策和顺利进行的重要保证。工程项目建设程序是人们长期在工程项目建设实践中得出来的经验总结,不能任意颠倒,但可以合理交叉。

2. 工程项目建设程序的内容

按照我国现行规定,政府投资项目的建设程序可以分为以下几个阶段:

(1)根据国民经济和社会发展长远规划,结合行业和地区发展规划的要求,提出项目建议书。

(2)在勘察、试验、调查研究及详细技术经济论证的基础上编制可行性研究报告。

(3)根据咨询评估情况。对工程项目进行决策。

(4)根据可行性研究报告,编制设计文件。

(5)初步设计经批准后,做好施工前的各项准备工作。

(6)项目招投标,组织施工,并根据施工进度,做好生产或动用前的准备工作。

(7)项目按批准的设计内容完成,经验收合格后正式投产或交付使用。

(8)生产运营一段时间(一般为1年)后,可根据需要进行项目后评价。

3.《公路建设监督管理办法》对公路建设程序的规定

本办法所称公路建设是指公路、桥梁、隧道、交通工程及沿线设施和公路渡口的项目建议书、可行性研究、勘察、设计、施工、竣(交)工验收和后评价全过程的活动。公路建设应当按照国家规定的建设程序和有关规定进行。

政府投资公路建设项目实行审批制,企业投资公路建设项目实行核准制。县级以上人民政府交通主管部门应当按职责权限审批或核准公路建设项目,不得越权审批、核准项目或擅自简化建设程序。

(1)政府投资公路建设项目的实施,应当按照下列程序进行:

①根据规划,编制项目建议书。

②根据批准的项目建议书,进行工程可行性研究,编制可行性研究报告。

③根据批准的可行性研究报告,编制初步设计文件。

④根据批准的初步设计文件,编制施工图设计文件。

⑤根据批准的施工图设计文件,组织项目招标。

⑥根据国家有关规定,进行征地拆迁等施工前准备工作,并向交通主管部门申报施工许可。

⑦根据批准的项目施工许可,组织项目实施。

⑧项目完工后,编制竣工图表、工程决算和竣工财务决算,办理项目交、竣工验收和财产移交手续。

⑨竣工验收合格后,组织项目后评价。

国务院对政府投资公路建设项目建设程序另有简化规定的,依照其规定执行。

(2)企业投资公路建设项目的实施,应当按照下列程序进行:

①根据规划,编制工程可行性研究报告。

②组织投资人招标工作,依法确定投资人。

③投资人编制项目申请报告,按规定报项目审批部门核准。

④根据核准的项目申请报告,编制初步设计文件,其中涉及公共利益、公众安全、工程建设强制性标准的内容应当按项目隶属关系报交通主管部门审查。

⑤根据初步设计文件编制施工图设计文件。

⑥根据批准的施工图设计文件组织项目招标。

⑦根据国家有关规定,进行征地拆迁等施工前准备工作,并向交通主管部门申报施工许可。

⑧根据批准的项目施工许可,组织项目实施。

⑨项目完工后,编制竣工图表、工程决算和竣工财务决算,办理项目交、竣工验收。

⑩竣工验收合格后,组织项目后评价。

(3)县级以上人民政府交通主管部门根据国家有关规定,按照职责权限负责组织公路建设项目的项目建议书、工程可行性研究工作、编制设计文件、经营性项目的投资人招标、竣工验收和项目后评价工作。

公路建设项目的项目建议书、工程可行性研究报告、设计文件、招标文件、项目申请报告等应按照国家颁发的编制办法或有关规定编制,并符合国家规定的工作质量和深度要求。

公路建设项目法人应当依法选择勘察、设计、施工、咨询、监理单位,采购与工程建设有关的重要设备、材料,办理施工许可,组织项目实施,组织项目交工验收,准备项目竣工验收和后评价。

公路建设项目应当按照国家有关规定实行项目法人责任制度、招标投标制度、工程监理制度和合同管理制度。

公路建设项目必须符合公路工程技术标准。施工单位必须按批准的设计文件施工,任何单位和人员不得擅自修改工程设计。已批准的公路工程设计,原则上不得变更。确需设计变更的,应当按照交通部制定的《公路工程设计变更管理办法》的规定履行审批手续。

公路建设项目验收分为交工验收和竣工验收两个阶段。项目法人负责组织对各合同段进行交工验收,并完成项目交工验收报告报交通主管部门备案。交通主管部门在15天内没有对备案项目的交工验收报告提出异议,项目法人可开放交通进入试运营期。试运营期不得超过3年。

通车试运营2年后,交通主管部门应组织竣工验收,经竣工验收合格的项目可转为正式运营。对未进行交工验收、交工验收不合格或没有备案的工程开放交通进行试运营的,由交通主管部门责令停止试运营。

公路建设项目验收工作应当符合《公路工程竣(交)工验收办法》的规定。

4.《港口建设管理规定》对港口建设项目建设程序的规定

港口建设应当按照国家规定的建设程序和有关规定进行。除国家另有规定外,不得擅自简化建设程序。政府投资的港口建设项目的项目建议书和可行性研究报告实行审批制,企业投资的港口建设项目的项目申请报告、备案文件分别实行核准制、备案制。

(1)政府投资的港口建设项目,按照以下建设程序执行:

①开展工程预可行性研究,编制项目建议书。
②根据批准的项目建议书,进行工程可行性研究,编制可行性研究报告。
③根据批准的可行性研究报告,编制初步设计文件。
④根据批准的初步设计,编制施工图设计文件。
⑤根据批准的施工图设计,组织项目监理、施工招标。
⑥根据国家有关规定,进行施工前准备工作,并向港口行政管理部门办理开工备案手续。
⑦备案后组织工程实施。
⑧工程完工后,编制竣工材料,进行工程竣工验收的各项准备工作。
⑨港口行政管理部门按权限组织竣工验收。

(2)企业投资的港口建设项目,按照以下建设程序执行:

①开展工程可行性研究,编制工程可行性研究报告。
②根据工程可行性研究报告,编制项目申请报告或者备案文件,履行核准或者备案手续。
③根据核准或者备案的项目申请报告或者备案文件,编制初步设计文件。
④根据批准的初步设计,编制施工图设计文件。
⑤根据批准的施工图设计,组织项目监理、施工招标。
⑥根据国家有关规定,进行施工前准备工作,并向港口行政管理部门办理开工备案手续。
⑦备案后组织工程实施。
⑧工程完工后,编制竣工验收材料,进行工程竣工验收的各项准备工作。
⑨港口行政管理部门按权限组织竣工验收。

港口工程设计实行行政许可制度。港口工程设计分为初步设计和施工图设计两个阶段。港口工程初步设计按照第三条规定的权限由相应的港口行政管理部门审批,施工图设计由港口所在地港口行政管理部门审批。

3.2 建设工程施工许可

许可是指行政机关根据个人、组织的申请,依法准许个人、组织从事某种活动的行政行为,通常是通过授予书面证书形式赋予个人、组织以某种权利能力,或确认具备某种资格。

建筑许可是指建设行政主管部门根据建设单位和从事建筑活动的单位、个人的申请,依法准许建设单位开工或确认单位、个人具备从事建筑活动资格的行政行为。

根据《建筑法》第二章的规定,建筑许可包括三种制度,即建筑工程施工许可制度、从事建筑活动单位资质制度、个人资格制度。建筑工程施工许可制度是指建设行政主管部门根据建设单位的申请,依法对建筑工程是否具备施工条件进行审查,符合条件者,准许该建筑工程开始施工并颁发施工许可证的一种制度。从事建筑活动的单位资质制度是指建设行政主管部门对从事建筑活动的建筑施工企业、勘察单位、设计单位和工程监理单位为人员素质、管理水平、资金数量、业务能力等进行审查,以确定其承担任务的范围,并发给相应的资质证书的一种制度。从事建筑活动的个人资格制度是指建设行政主管部门及有关部门对从事建筑活动的专业技术人员,依法进行考试和注册,并颁发执业资格证书的一种制度。建筑许可具有如下特点:

(1)建筑许可行为的主体是建设行政主管部门,而不是其他行政机关,也不是其他公民、法人或组织。

(2)建筑许可是为了对建筑工程的开工和从事建筑活动的单位和个人资格实施行政管理的目的。

(3)许可的反面是禁止,对一般人禁止的行为,对特定人解除禁止就是许可。

(4)申请是许可的必要条件。即没有申请,也就没有许可。

(5)建筑许可的事项与条件必须依据法律法规的规定进行,不能主观随意设置。

3.2.1 建筑工程施工许可

1. 施工许可证的申请时间与范围

(1)施工许可证的申请时间

施工许可证的申请时间是指申请人应在什么时候申请领取施工许可证。根据《建筑法》第七条的规定,施工许可证应在建筑工程开工前申请领取。

设立和实施建筑工程施工许可证制度的目的,是通过对建筑工程施工具备的基本条件的审查,以避免不具备条件的建筑工程盲目开工而给相关当事人造成损失和社会财富的浪费,保证建筑工程开工后的顺利建设。这是一种事前控制制度。因此,建设单位应在建筑工程开工前申请领取。

建筑工程的新建、改建、扩建应当按立项批准、勘察设计、施工安装、竣工验收、交付使用的程序进行。施工安装阶段又可分为施工准备和组织施工两个阶段。建筑工程施工许可证应当在施工准备工作基本就绪之后、组织施工之前申请领取。

(2)施工许可证的申请范围

施工许可证的申请范围,是指哪些建筑工程需要领取施工许可证。根据《建筑法》第七条的规定,凡是本法适用范围内的建筑工程,除国务院建设行政主管部门确定的限额以下的小型工程以及按照国务院规定的权限和程序批准开工报告的建筑工程外,均应申请领取施工许可证;未领取施工许可证的,不得开工。

2.施工许可证的申请条件

施工许可证的申请条件,是指申请领取施工许可证应当达到的要求。

施工许可证申请条件的确定是为了保证建筑工程开工后,组织施工能够顺利进行。根据2019年4月23日施行的《中华人民共和国建筑法》第八条规定,申请领取施工许可证,应当具备下列条件:

(1)已经办理该建筑工程用地批准手续

根据《城市房地产管理法》《土地管理法》的规定,建设单位取得建筑工程用地土地使用权,可以通过两种方式,即出让和划拨。建设单位依法以出让或划拨方式取得土地使用权,应当向县级以上地方人民政府土地管理部门申请登记,经县级以上地方人民政府土地管理部门核实,由同级人民政府颁发土地使用权证书。建设单位取得土地使用权证书表明已经办理了该建筑工程用地批准手续。

(2)依法应当办理建设工程规划许可证的,已经取得建设工程规划许可证

规划许可证包括建设用地规划许可证和建设工程规划许可证。建设用地规划许可证是由建设单位和个人提出建设用地申请,城市规划行政主管部门根据规划和建设项目的用地需要,确定建设用地位置、面积、界限的法定凭证。建设单位必须在建筑工程用地土地使用权取得之前申请领取建设用地规划许可证。建设工程规划许可证是由城市规划行政主管部门核发的,用于确认建设工程是否符合城市规划要求的法律凭证。建设单位持注明勘察设计证号的总平面图,个体建筑设计的平面、立面、剖面图、基础图、地下室平面、剖面图等施工图纸,交城市规划行政主管部门进行审查,经审查批准后,发给建设工程规划许可证。建设工程规划许可证的取得是申请领取施工许可证的必要条件之一。

(3)需要拆迁的,其拆迁进度符合施工要求

这里的拆迁一般是指房屋拆迁。房屋拆迁是指根据城市规划和国家专项工程的迁建计划以及当地政府的用地文件,拆除和迁移建设用地范围内的房屋及其附属物,并由拆迁人对原房屋及其附属物的所有人或使用人进行补偿和安置的行为。对在城市旧区进行建筑工程的新建、改建、扩建,拆迁是施工准备的一项重要任务。对成片进行综合开发的,应根据建筑工程建设计划,在满足施工要求的前提下,分期分批进行拆迁。房屋拆迁是一项相当复杂的工作,拆迁必须按计划和施工进度要求进行,否则,都会造成损失和浪费。

(4)已经确定建筑施工企业

建筑工程的施工必须由具备相应资质的建筑施工企业来承担。在建筑工程开工前,建

设单位必须确定承包该建筑工程的建筑施工企业,否则,建筑工程的施工就无法进行。建设单位确定建筑施工企业可以通过招标发包或直接发包两种方式。建设单位通过以上方式确定建筑施工企业后,双方应当签订建筑安装工程承包合同,明确双方的责任、权利和义务。

(5)有满足施工需要的资金安排、施工图纸及技术资料

建设资金的安排落实是建筑工程开工后顺利实施的关键。

施工图纸是实现建筑工程的最根本的技术文件,是施工的依据,这就要求设计单位按工程的施工顺序和施工进度,安排好施工图纸的配套交付计划,保证满足施工的需要。建筑工程一般按两个阶段进行设计,即初步设计和施工图设计。初步设计是对批准的项目建议书或可行性研究报告所提出的内容,进行概略的计算,作出初步的规定。施工图设计是在初步设计的基础上,将设计的工程加以形象化。在建筑工程开工前,建筑施工企业要认真做好施工图纸的自审和会审工作,要领会设计意图,掌握技术要求,以便精心施工。

技术资料是建筑工程施工的重要的前提条件。在建筑工程开工前,必须要有满足施工需要的技术资料。技术资料包括地形、地质、水文、气象等自然条件资料和主要原材料、燃料来源、水电供应和运输条件等技术经济条件资料。技术资料可以通过勘察、调查等方式取得。

(6)有保证工程质量和安全的具体措施

保证工程质量和安全的具体措施是施工组织设计的一项重要内容。施工组织设计的编制是施工准备工作的中心环节,其编制的好坏直接影响建设工程质量和建筑安全生产,影响组织施工能否顺利进行,因此,施工组织设计必须在建筑工程开工前编制完毕。施工组织设计由建筑施工企业负责编制,按照其隶属关系及工程的性质、规模、技术繁简程度实行分级审批。

建设行政主管部门应当自收到申请之日起七日内,对符合条件的申请颁发施工许可证。

3. 施工许可证的颁发

(1)建设单位要取得许可证,必须先提出申请

建设单位,又称业主或项目法人,是指建设项目的投资者。建设项目由政府投资的,建设单位为该建设项目的管理或使用单位。建设单位既可以是法人,也可以是个人。做好各项施工准备工作,是建设单位应尽的义务,因此,施工许可证的申领,应当由建设单位来承担,而不应是施工单位或其他单位。根据《建筑法》的规定,建设单位在提出申请时,必须按照下列要求进行:

①建设单位必须向有权颁发施工许可证的建设行政主管部门申请。

②建设单位应当通过书面形式提出申请。建设单位的申请是颁发施工许可证的必要条件。

(2)施工许可证的审批权限

施工许可证的审批权限是否明确,直接影响到行政效率和建设单位的合法权益,它是一个十分复杂而又重要的问题,因此,《建筑法》第七条规定:"建筑工程开工前,建设单位应当按照国家规定向工程所在地县级以上人民政府建设行政主管部门申请领取施工许可证。"此规定包含有三层含义:一是施工许可证由工程所在地的建设行政主管部门审批。由工程所在地建设行政主管部门审批施工许可证便于了解情况,提高办事效率。二是施工许可证由

县级以上人民政府建设行政主管部门审批。这样,乡、镇人民政府是无权审批施工许可证的。三是施工许可证具体由哪一级建设行政主管部门审批,由国家规定。由于我国对建筑工程的管理是按照投资额的大小和投资来源的不同等,采取不同的管理方法,施工许可证的审批权限也就不同。因此,本条仅作了原则规定,由国务院或国务院建设行政主管部门另行制定。

(3) 申请的审查

建设行政主管部门应当自收到申请之日起15日内,应按《建筑法》第八条的规定条件进行审查,作出是否颁发施工许可证的决定。法律对此期限作出明确规定,有利于促使建设行政主管部门及时对施工许可证申请进行审查,防止在颁发施工许可证中的办事拖拉、效率低下的现象,更好地保护当事人的合法权益。

(4) 施工许可证的颁发

建设行政主管部门批准申请的,应立即办理手续,颁发书面形式的施工许可证。

4. 施工许可证的有效期与延期

根据《建筑法》第九条的规定,施工许可证的有效期与延期包括:第一,建设单位应当自领取施工许可证之日起3个月内开工。第二,建设单位因故不能按期开工的,可以申请延期,不得无故拖延开工。第三,延期最多是两次,每次期限均为3个月。第四,施工许可证自行废止的两种情况:一是既不在3个月内开工,又不向发证机关申请延期;二是超过延期时限的,建筑工程自颁发施工许可证之日起,不论何种原因,均须在9个月内开工,否则,施工许可证自行废止。施工许可证废止后,建设单位须按规定重新领取施工许可证,方可开工。

5. 中止施工与恢复施工

中止施工与恢复施工是施工活动中两项非常重要的行为,因此,《建筑法》第十条对此作出了明确规定。这样有利于建设行政主管部门掌握在建工程的基本情况,加强对建筑施工的监督管理,有利于保证建筑工程质量和搞好建筑安全生产。

(1) 中止施工

中止施工是指建筑工程开工后,在施工过程中,因特殊情况的发生而中途停止施工的一种行为。中止施工的时间一般都较长,恢复施工的日期难以在中止时确定。中止施工的原因,由于情况复杂,法律未做具体明确规定。在施工过程中,造成中止施工的特殊情况主要有:地震、洪水等不可抗力;宏观调控,压缩基建规模,停建缓建建筑工程等。

(2) 恢复施工

恢复施工是指建筑工程中止施工后,造成中断施工的情况消除,而继续进行施工的一种行为。依照本条规定,恢复施工时,中止施工不满一年的,建设单位应当向该建筑工程颁发施工许可证的建设行政主管部门报告恢复施工的有关情况;中止施工满一年的,建筑工程恢复施工前,建设单位应当报发证机关检验施工许可证。建设行政主管部门对中止施工满一年的建筑工程进行审查,是否仍具备组织施工的条件。符合条件的,应允许恢复施工,施工许可证继续有效;对不符合条件的,不许恢复施工,收回施工许可证,待具备条件后,建设单位重新申领施工许可证。

3.2.2 工程建设单位的执业资质

1. 从业单位的条件

建筑活动不同于一般的经济活动,从业单位条件的高低直接影响建筑工程质量和建筑安全生产,因此,从事建筑活动的单位必须有严格的法律条件。根据《建筑法》第十二条的规定,从事建筑活动的建筑施工企业、勘察单位、设计单位和工程监理单位应当具备四个方面的条件:

(1)有符合国家规定的注册资本

注册资本反映的是企业法人的财产权,也是判断企业经济力量的依据之一。从事经营活动的企业组织,都必须具备基本的责任能力,能够承担与其经营活动相适应的财产义务,这既是法律权利与义务相一致、利益与风险相一致原则的反映,也是保护债权人利益的需要,因此,建筑施工企业、勘察单位、设计单位和工程监理单位的注册资本必须适应从事建筑活动的需要,不得低于最低限额。注册资本由国家规定,既可以由全国人大及其常委会通过制定法律来规定,也可以由国务院或国务院建设行政主管部门来规定。

(2)有与其从事的建筑活动相适应的具有法定执业资格的专业技术人员

建筑活动具有技术密集的特点,因此,从事建筑活动的建筑施工企业、勘察单位、设计单位和工程监理单位必须有足够的专业技术人员:如建筑施工企业不仅要有工程技术人员,而且要有经济、会计、统计等管理人员。设计单位不仅要有建筑师,还需要有结构、水、电等方面的工程师。建筑活动是一种涉及公民生命和财产安全的一种特殊活动,因此,从事建筑活动的专业技术人员还必须有法定执业资格。这种法定执业资格必须依法通过考试和注册才能取得。如工程设计文件必须由注册建筑师签字才能生效。建筑工程的规模和复杂程度各不相同,因此,建筑活动所要求的专业技术人员的级别和数量也不同,建筑施工企业、勘察单位、设计单位和工程监理单位必须有与其从事的建筑活动相适应的专业技术人员。

(3)有从事相关建筑活动所应有的技术装备

建筑活动具有专业性、技术性强的特点,没有相应的技术装备则无法进行。如从事建筑施工活动,必须有相应的施工机械设备与质量检验测试手段;从事勘察设计活动,必须有相应的勘察仪具设备和设计机具仪器。

因此,从事建筑活动的建筑施工,勘察单位、设计单位和工程监理单位必须有从事相关建筑活动所应有的技术装备。没有相应技术装备的单位,不得从事建筑活动。

(4)法律、行政法规规定的其他条件

建筑施工企业、勘察单位、设计单位和工程监理单位除了应具备从事建筑活动所必需的注册资本、专业技术人员和技术装备外,还须具备从事经营活动所应具备的其他条件。如按照《民法通则》第三十七条规定,法人应当有自己的名称、组织机构和场所。按照《公司法》规定,设立从事建筑活动的有限责任公司和股份有限公司,股东或发起人必须符合法定人数;股东或发起人共同制定公司章程(股份有限公司的章程还须经创立大会通过);有公司名称,建立符合要求的组织机构;有固定的生产经营场所和必要的生产经营条件。

2. 从业单位资质审查

《建筑法》第十三条对从事建筑活动的建筑施工、勘察单位、设计单位和工程监理单位进行资质审查作出了明确规定,从法律上确立了从业单位资质审查制度。

资质审查是指从事建筑活动的建筑施工企业、勘察单位、设计单位和工程监理单位,均须经过建设行政主管部门对其拥有的注册资本、专业技术人员、技术装备和已完成的建筑工程业绩、管理水平等进行审查,以确定其承担任务的范围,并发给相应的资质证书,并须在其资质等级许可的范围内从事建筑活动。

资质审查制度是根据建筑活动的特点确立的一项重要的从业资格许可制度。建筑活动不同于工业生产活动。建筑活动耗资巨大,建设周期较长,生产场所移动,生产条件艰苦,社会影响广泛,与人民生命财产关系密切。因此,对从事建筑活动的单位,国家必须实行严格的从业许可制度。资质审查制度是多年来实施的行之有效的管理制度,对加强宏观调控,规范建筑市场,保证建筑工程质量和建筑安全生产具有非常重要的意义。

(1) 申请与审批

①已经设立的建筑业企业申请资质,需提供下列资料:建筑业企业资质申请表;企业法人营业执照;企业章程;企业法定代表人和企业技术、财务、经营负责人的任职文件、职称证件;企业所有工程技术、经济人员(含项目经理)的职称(资格)证件,及关键岗位从业人员职业资格证明书;企业的生产统计和财务决算年报表;企业的验资证明;企业完成的代表:工程及质量、安全评定资料;其他需要出具的有关证件。

②新设立建筑业企业,应当先由资质管理部门对其进行资质预审,然后到工商行政管理部门办理登记注册,取得企业法人营业执照后,再到资质管理部门办理资质审批手续。资质预审时,需提交的资料有:建筑业企业资质申请表;企业章程;企业法定代表人和企业技术、财务、经营负责人的任职文件、职称证件;企业所有工程技术、经济、管理人员的职称(资格)证件,及关键岗位从业人员、职业资格证书;企业的验资证明;其他需要出具的有关证件。建筑施工企业的资质实行分级审批。经审查合格的建筑业企业,由资质管理部门颁发《建筑业企业资质证书》。

(2) 动态管理

企业资质动态管理是指企业按资质标准就位后,由于情况变化,当构成及影响企业资质的条件已经高于或低于原定资质标准时,由资质管理部门对其资质等级或承包工程范围进行相应的调整。企业资质动态管理由资质管理部门通过资质年度检查和其他形式的监督检查进行。企业资质的升级、降级,实行资质公告制度。公告由资质管理部门不定期在地方或行业报纸上发布。

3.2.3 从业人员执业资格

1. 专业技术人员执业资格

《建筑法》第十四条对从事建筑活动的专业技术人员实行执业资格制度作出了明确规定。

执业资格制度是指对具备一定专业学历的从事建筑活动的专业技术人员,通过考试和注册确定其执业的技术资格,获得相应建筑工程文件签字权的一种制度。

对从事建筑活动的专业技术人员实行执业资格制度非常必要。一是深化我国建筑工程管理体制改革的需要。以往由于专业技术人员的责、权、利不明确,常常出现高资质单位承接的业务,由低水平的专业技术人员来完成的现象,影响了建筑工程质量和投资效益的提高。实行专业技术人员执业资格制度,可以保证建筑工程由具有相应资格的专业技术人员主持完成设计、施工、监理任务。二是我国工程建设领域与国际惯例接轨,适应对外开放的需要。随着我国对外开放的不断扩大,我国的专业技术人员走向世界,其他国家和地区的专业技术人员希望进入中国建筑市场,建立专业技术人员执业资格制度有利于对等互认和加强管理。三是加速人才培养,提高专业技术人员业务水平和队伍素质的需要。执业资格制度有一套严格的考试和注册办法和继续教育的要求。这种激励机制有利于促进建筑工程质量、专业技术人员水平和从业能力的不断提高。

目前,我国建筑工程的执业人员主要包括:注册建筑师、注册结构工程师、注册监理工程师、注册工程造价师、注册建造师、注册安全工程师等法律、法规规定的其他人员。

目前,一级建造师报考条件如下:

(1)取得工程类或工程经济类大学专科学历,工作满6年,其中从事建设工程项目施工管理工作满4年。

(2)取得工程类或工程经济类大学本科学历,工作满4年,其中从事建设工程项目施工管理工作满3年。

(3)取得工程类或工程经济类双学士学位或研究生班毕业,工作满3年,其中从事建设工程项目施工管理工作满2年。

(4)取得工程类或工程经济类硕士学位,工作满2年,其中从事建设工程项目施工管理工作满1年。

(5)取得工程类或工程经济类博士学位,从事建设工程项目施工管理工作满1年。

2. 特种作业人员执业资格

特种作业是指容易发生事故,对操作者本人、他人的安全健康及设备、设施的安全可能造成重大危害的作业。如电工作业、压力焊作业、高处作业、煤矿安全作业、爆破作业垂直运输机械作业施工船舶作业等。2010年颁布施行的《特种作业人员安全技术培训考核管理规定》规定从业条件:年满18周岁,初中以上文化程度,身体健康,具备必要的安全技术知识与技能,必须按照国家规定经过专门的安全作业培训,并取得特种作业操作资格证书后,方可上岗作业。

案例

未取得建筑工程的施工许可,合同被判无效案

1995年4月22日黔民水泥厂与衡阳公司订立《建设工程施工合同》约定:由衡阳公司承建黔民水泥厂第一条生产线主厂房及烧成车间等配套工程的土建项目,开工日期为1995年5月15日;建筑材料由黔民水泥厂提供,衡阳公司垫资150万元人民币,在合同订立15日内汇入黔民水泥厂账户;衡阳公司付给黔民水泥厂10万元保证金,进场后再付10万元押图费,待图纸归还黔民水泥厂后再予退还等。

合同订立后,衡阳公司于同年5月前后付给黔民水泥厂103万元,黔民水泥厂退还13

万元,实际占用90万元。其中10万元为押图费,80万元为垫资款,比约定的垫资款少付70万元。同年5月衡阳公司进场施工。从5月24日至10月26日衡阳公司向黔民水泥厂借款173539.05元。后因衡阳公司未按约支付全部垫资款及工程质量存在问题,双方产生纠纷;衡阳公司于同年7月停止施工。已完成的工程为:窑头基础混凝土、烟囱、窑尾、增温塔。

黔民水泥厂于同年11月向贵州省高级人民法院起诉。

法院在审理中委托贵州省建设工程质量安全监督总站对已建工程进行鉴定。结论为:窑头基础混凝土和烟囱不合格应于拆除。

另查明,已建工程总造价为2759391.30元,窑头基础混凝土造价84022.92元,烟囱造价20667.36元,两项工程拆除费用为52779.51元,黔民水泥厂投入工程建设的钢筋、水泥等建筑材料折合人民币70738.96元,合格工程定额利润为5404.95元,砂石由衡阳公司提供。还查明,黔民水泥厂在与衡阳公司订立合同和工程施工时,尚未取得建设用地规划许可证和建设工程规划许可证。

法院据此判决:

(1)黔民水泥厂与衡阳公司于1995年4月22日订立的施工合同和合同总纲无效。

(2)黔民水泥厂应返还衡阳公司垫资等款项856500.44元,支付衡阳公司工程款168732.39元。窑头基础混凝土和烟囱由黔民水泥厂组织拆除,拆除费用52779.51元和黔民水泥厂的材料损失费用45405.95元由衡阳公司向黔民水泥厂支付。上述费用相抵,则黔民水泥厂应在本判决生效后二十日内向衡阳公司支付927047.37元。

(3)黔民水泥厂占用衡阳公司856500.44元资金的同期同类贷款利息从1995年5月9日开始计算,黔民水泥厂应将其中的70%付给衡阳公司,限于本判决生效后二十内付清。

(4)施工现场上未使用的水泥、钢材、砖返还归黔民水泥厂所有,砂石返还归衡阳公司所有。

(5)衡阳公司返还黔民水泥厂施工图纸(以收据为准)后;黔民水泥厂返还衡阳公司押图费100000元人民币。

评析

本案因当事人没有取得建筑工程施工许可证而初法院判为无效。

本案发生以后颁布的《建筑法》第七条规定:"建筑工程开工前,建设单位应当按照国家有关规定向工程所在地县级以上人民政府建设行政主管部门申请领取施工许可证;但是,国务院建设行政主管部门确定的限额以下的小型工程除外。按照国务院规定的权限和程序批准开工报告的建筑工程,不再领取施工许可证。"第八条规定:"申请领取施工许可证,应当具备下列条件:①已经办理该建筑工程用地批准手续;②在城市规划区的建筑工程,已经取得规划许可证……"

一审判决理由指出:"导致本案合同无效的主要过错是黔民水泥厂不具备发包条件而发包,衡阳公司未审查发包方的条件而与之签约,且其签约时也未办理入黔施工手续,也有一定的过错。"这是值得当事人,尤其承包商注意的;尽管有关法律法规规定申请领建设工程争议评审了合同,也要承担一定的责任,本案是30%的责任。

3.3 工程建设标准

3.3.1 有关概念

我国在1989年4月就施行了《标准化法》,1992年施行了《工程建设国家标准管理办法》,1992年施行了《工程建设行业标准管理办法》等法律法规,给出了有关的概念定义:

标准是指以科学技术和实践经验的综合成果为基础,由主管机构批准,以特定形式发布,作为共同遵守的依据和准则。工程建设标准是指建设工程设计、施工方法和安全保护的统一的技术要求及有关工程建设的技术术语、符号、代号、制图方法的一般原则。

规范一般是在工农业生产和工程建设中,对设计、施工、制造、检验等技术事项所做的一系列规定。

规程则是对作业、安装、鉴定、安全、管理等技术要求和实施程序所做的统一规定。

标准、规范、规程都是标准的一种表现形式,习惯上统称为标准,只有针对具体对象才加以区别。

工程建设标准的对象是指各类工程建设活动全过程中,具有重复特性的或需要共同遵守的事项。

从工程类别上,工程建设类标准的对象包括房屋建设、市政公路、铁路、水运、航空、电力、石油、化工、水利、轻工、机械、纺织、林业、矿业、冶金、通信、人防等各类建筑工程。从建设程序上,其对象包括勘察、规划、设计、施工安装、验收、鉴定、使用、维护、加固、拆除以及管理等多个环节。从需要统一的内容上,包括以下六点:

(1)工程建设勘察、规划、设计、施工及验收等的技术要求。
(2)工程建设的术语、符号、代号、量与单位、建筑模数和制图方法。
(3)工程建设中的有关安全、卫生环保的技术要求。
(4)工程建设的试验、检验和评定等的方法。
(5)工程建设的信息技术要求。
(6)工程建设的管理技术要求等。

3.3.2 工程建设标准的划分

1. 根据标准的约束性划分

(1)强制性标准。

保障人体健康,人身财产安全的标准和法律、行政性法规规定强制性执行的国家和行业标准是强制性标准,省、自治区、直辖市标准化行政主管部门制定的工业产品的安全、卫生要求的地方标准在本行政区域内是强制性标准。对工程建设业来说,下列标准属于强制性标准:

①工程建设勘察、规划、设计、施工(包括安装)及验收等综合性标准和重要的质量标准。

②工程建设有关安全、卫生和环境保护的标准。
③工程建设重要的术语、符号代号、量与单位、建筑模数和制图方法标准。
④工程建设重要的试验、检验和评定方法等标准。
⑤国家需要控制的其他工程建设标准。

(2)推荐性标准 其他非强制性的国家和行业标准是推荐性标准。推荐性标准国家鼓励企业自愿采用。

2. 根据内容划分

(1)设计标准:是指从事工程设计所依据的技术文件。

(2)施工及验收标准:施工标准是指施工操作程序及其技术要求的标准;验收标准是指检验、接收竣工工程项目的规程、办法与标准。

(3)建设定额:是指国家规定的消耗在单位建筑产品上活劳动和物化劳动的数量标准,以及用货币表现的某些必要费用的额度。

3. 按属性分类

(1)技术标准:是指对标准化领域中需要协调统一的技术事项所制定的标准。

(2)管理标准:是指对标准化领域中需要协调统一的管理事项所制定的标准。

(3)工作标准:是指对标准化领域中需要协调统一的工作事项所制定的标准。

4. 我国标准的分级

(1)国家标准:是对需要在全国范围内统一的技术要求制定的标准。

工程建设国家标准:指在全国范围内需要统一或国家需要控制的工程建设技术要求所制定的标准。如《公共建筑节能设计标准》(GB 50189—2005)、《混凝土结构设计规范》(GB 50010—2010)等。

强制性国家标准的编号为:GB 50×××—××××

其中,GB—强制性国家标准的代号,50×××—发布标准的顺序号,××××—发布标准的年号。

推荐性国家标准的编号为:GB/T50×××—××××

其中,GB/T—推荐性国家标准的代号,50×××—发布标准的顺序号,××××—发布标准的年号。

(2)行业标准:是对没有国家标准而又需要在全国某个行业范围内统一的技术要求所制定的标准。

工程建设行业标准:指没有国家标准,而又需要在全国某个行业内统一的技术要求所制定的标准。如《公路路基施工技术规范》JTG F10—2006等。

强制性行业标准的编号为:×××××—××××

其中,××—强制性行业标准的代号,×××—发布标准的顺序号,××××—发布标准的年号。

例如,交通运输部发布的标准编号为JTG×××—××××。JTG-是交、通、公三字汉语拼音的第一个字母,后面的第一个字母为标准的分类,A、B类标准后的数字为序号。C~H类标准后的第一个数字为种类序号,第二个数字为该种标准的序号,破折号后是发布年。如《公路圬工桥涵设计规范》(JTG D61—2005),表示交通运输部公路工程标准 D 类第 6 种的第 1 项标准,2005 年发布。

推荐性行业标准的编号为:××/T ×××—××××

其中,××/T—推荐性行业标准的代号,×××—发布标准的顺序号,××××—发布标准的年号。例如:《公路工程预算定额》JTG/T B06—02—2007。

(3)地方标准:是对没有国家标准和行业标准而又需要在该地区范围内统一的技术要求所制定的标准。

工程建设地方标准:指对没有国家标准、行业标准,而又需要在省、自治区、直辖市范围内统一的技术要求所制定的标准。如《重庆市建设工程档案编制验收标准》(DB J50-129—2011)等。

(4)企业标准:是对企业范围内需要协调、统一的技术要求、管理事项和工作事项所制定的标准,是企业组织生产和经营活动的依据。

3.3.3　工程建设标准到作用

(1)工程建设标准是为在工程建设领域内获得最佳秩序,对建设工程的勘察、规划、设计、施工、安装、验收、运营维护及管理等活动和结果需要协调统一的事项所制定的共同的、重复使用的技术依据和准则,对促进技术进步,保证工程的安全、质量、环境和公众利益,实现最佳社会效益、经济效益、环境效益和最佳效率等,具有直接作用和重要意义。

(2)工程建设标准在保障建设工程质量安全、人民群众的生命财产与人身健康安全,以及其他社会公共利益方面一直发挥着重要作用。具体就是通过行之有效的标准规范,特别是工程建设强制性标准,为建设工程实施安全防范措施、消除安全隐患提供统一的技术要求,以确保在现有的技术、管理条件下尽可能地保障建设工程安全,从而最大限度地保障建设工程的建造者、使用者和所有者的生命财产安全以及人身健康安全。

(3)工程建设标准还与我们工作、生活健康的方方面面息息相关。无论是供我们居住的住宅建筑,还是商场、写字楼、医院、影剧院、体育场、博物馆、车站、机场等大型公共建筑,或是供水、燃气、垃圾污水处理、城市轨道交通等基础设施,在其建筑结构、地基基础、抗震设防、工程质量、施工安全、室内环境、防火措施、供水水质、燃气管线、防灾减灾、运行管理等方面都有相关的标准条文规定,都有统一的安全技术要求和管理要求。严格执行这些标准的规定,必将会进一步提高我国建设工程的安全水平,增强建设工程抵御自然灾害的能力,减少和防止建设工程安全事故的发生,使人们更加放心地工作、生活在一个安全的环境当中。

3.3.4　违反强制性标准的法律责任

1. 对于从业单位

建设单位,可以采取责令改正、罚款;对于勘察设计、施工、监理单位等单位可以采取责令改正、罚款、降低资质等级、吊销资质证书。

2. 对于从业人员

《中华人民共和国刑法》第一百三十七条:"建设单位、设计单位、施工单位、工程监理单位违反国家规定,降低工程质量标准,造成重大安全事故的,对直接责任人员处五年以下有期徒刑或者拘役,并处罚金;后果特别严重的,处五年以上十年以下有期徒刑,并处罚金。"

《建设工程质量管理条例》第七十二条:"违反本条例规定,注册建筑师、注册结构工程师、监理工程师等注册执业人员因过错造成质量事故的,责令停止执业1年;造成重大质量事故的,吊销执业资格证书,5年以内不予注册;情节特别恶劣的,终身不予注册。"

《建设工程安全生产管理条例》第五十八条:"注册执业人员未执行法律、法规和工程建设强制性标准的,责令停止执业3个月以上1年以下;情节严重的,吊销执业资格证书,5年内不予注册;造成重大安全事故的,终身不予注册;构成犯罪的,依照刑法有关规定追究刑事责任。"

3.4 建设工程发包与承包制度

3.4.1 概述

建设工程产品是一种特殊的产品,它的生产可以采取不同的承发包方式进行。但建设工程质量的好坏直接关系到国家和人民的生命财产安全,国家必须要从规范建筑市场、承包单位选择等环节进行控制,从而确保工程质量。建筑工程发承包制度是《建筑法》中确定的建筑活动的基本制度之一。这项制度的中心内容包含以下三层意思:一是发包方和承包方的市场主体资格必须符合法定的条件,方可从事建筑工程的发承包活动;二是发包方和承包方在发承包过程中应当遵守工程建设程序的规定并且行为合法;三是发承包过程要接受建设行政主管部门的政府监督。《建筑法》第三章的内容贯穿了建筑工程发承包制度的全部内容。建筑工程发包与承包制度的实行,是我国市场经济逐步发展的产物。从广义的角度来说,建筑工程发包与承包活动贯穿于建筑市场活动的全部内容,既包括建筑工程招标投标制的内容,也包括发包方和承包方签订合同以及履行合同的全过程。狭义的发承包制实质上只包含了招投标制的内容,以及发包方和承包方在招投标中的行为规范。《建筑法》中对于发承包的理解吸收了实践中对于发承包制度的理解内容,属狭义的理解。

建筑工程招标投标制是《建筑法》第三章规范的重要内容。《建筑法》第十三条规定:"建筑工程发包与承包的招标投标活动,应当遵循公开、公正、平等竞争的原则,择优选择承包单位。"确定了招投标活动的基本原则,为我国今后实行招投标活动提供了法律依据。

《建筑法》第十九条规定:"建筑工程实行招标发包,对不适于招标发包的可以直接发包。"也就是说,建筑工程的发包方式有两种:一种是招标发包,另一种是直接发包。其中,招标发包是目前实践中采用的主要发包方式。我国工程建设实行招标投标有利于:

(1)打破垄断,开展竞争,促进企业转变经营机制,提高企业的管理水平。
(2)促进建筑工程按程序和客观规律办事,克服建筑市场的混乱现象。
(3)确保和提高工程质量,缩短建设工期,降低工程造价。
(4)促进经济体制的改革和市场经济体制的建立。
(5)促进我国建筑企业进入国际市场。

发包与承包是指一方当事人为另一方当事人完成某项工作，另一方当事人接受其工作成果并支付工作报酬的行为。对于建设工程而言，发包人（又称甲方）是建设单位；承包人（又称乙方）一般是勘察单位、设计单位、施工单位、监理单位等。建设工程招投标是指发包方事先标明其拟建工程的内容和要求，由愿意承包的单位递送标书，明确其承包的价格、工期、质量等条件，再由发包方从中选择工程承包方的交易方式。建设工程直接发包是指发包方与承包方直接进行协商，以约定工程建设的价格工期和其他条件的交易方式。目前，工程建设发包与承包以招投标为主要方式。

中华人民共和国第八届全国人民代表大会常务委员会第二十八次会议于1997年11月1日通过，自1998年3月1日起施行的《中华人民共和国建筑法》第三章"建筑工程发包与承包"共十五条对工程建设承包发包进行了有关规定；1999年8月30日通过，自2000年1月1日起施行的《中华人民共和国招标投标法》，标志着工程建设招标投标活动进入了法制轨道，真正做到了有法可依。此后国家及有关部委又相继出台了有关工程建设招标投标的法律法规。如：《工程建设项目勘察设计招标投标办法》《工程建设项目施工招标投标办法》《工程建设项目招标范围和规模标准规定》《工程建设项目招标代理机构资格认定办法》《评标专家和评标专家库管理暂行办法》《工程建设项目施工招标投标办法》《公路工程施工监理招标投标管理办法》《招标投标法实施条例》等。

招标投标采购方式最早起源于英国。英国于1782年首先设立了皇家文具公用局，它作为办公用品采购的官方机构，采用了公开招标这种购买形式。该部门以后发展成为物资供应部，专门负责采购政府各部门所需物资。后来，很多国家相继都成立了专门机构或者通过专项法律，以确定招标采购的重要地位。美国在1861年制定的一项法案要求每一项采购至少要有三个投标人。1868年国会又通过立法确立公开开标和公开授予合同的程序。

招标投标，是指在市场经济条件下进行大宗货物的买卖、工程建设项目的发包与承包以及服务项目的采购与提供时，所采用的一种交易方式。在这种交易方式下，项目采购（包括货物的购买、工程的发包和服务的采购）的采购方作为招标方，通过发布招标公告或者向一定数量的特定供应商、承包商发出招标邀请等方式发出招标采购的信息，提出所需采购的项目及其质量、技术要求、交货或竣工期限以及对供应商、承包商的资格要求等招标采购条件，表明将选择最能够满足采购要求的供应商、承包商与之签订采购合同的意向，由各有意提供采购所需货物、工程或服务项目的供应商、承包商作为投标方，向招标方书面提出自己拟提供的货物、工程或服务的报价及其他响应招标要求的条件，参加投标竞争。经招标方对各投标者的报价及其他条件进行审查比较后，从中择优选定中标者，并与其签订采购合同。

采用招标投标方式进行交易活动的特征主要表现在：

（1）招标方通过对各投标竞争者的报价和其他条件进行综合比较，从中选择报价低、技术力量强、质量保障体系可靠、具有良好信誉的供应商及承包商作为中标者，与其签订采购合同，这显然有利于节省和合理使用采购资金，保证采购项目的质量。

（2）招标投标活动要求依照法定程序公开进行，有利于堵住采购活动中行贿受贿等腐败和不正当竞争行为的"黑洞"。

（3）有利于创造公平竞争的市场环境，促进企业间的公平竞争。采用招标投标的交易方式,对于供应商、承包商来说,只能通过在质量、价格、售后服务等方面展开竞争,以尽可能充分满足招标方的要求,取得商业机会,体现了在商机面前人人平等的原则。

招标投标法是国家用来规范招标投标活动、调整在招标投标过程中产生的各种关系的法律规范的总称。狭义的招标投标法是指1999年8月30日由第九届全国人大常委会第十一次会议通过并于2000年1月1日施行《中华人民共和国招标投标法》(以下简称《招标投标法》),共六章六十八条。广义的招标投标法是指一切有关招标投标的法律法规、规章和规范性文件等。

《招标投标法》,在这个跨世纪的时刻实施这部法律,预示着我国的招标投标活动将会在法制的轨道上,进入一个规范化的、公平竞争的新阶段。其重要意义体现在:

(1)招标投标法的制定使招标投标活动以法律为保障,实行规范化的运作,这将有力地推行采用招标投标的交易方式。

(2)制定招标投标法将大大提高招标投标活动的规范化水平,实现公平竞争的目的。

(3)招标投标法的制定,能促进经济效益的提高,防止腐败现象的发生,保护国家利益、社会公共利益以及参与招标投标活动各方的合法权益。

(4)招标投标法的制定是为经济领域的改革提供法律保障,也是建立和完善社会主义市场经济法律制度的具体体现。

《招标投标法》于2000年施行后,对促进公平竞争,节约公共采购资金,保证采购质量等方面发挥了重要作用。但随着招投标法的深入实施,一些诸如规避招标、虚假招标等钻法律空子的行为,亦严重影响了招投标法的正常实施。为维护招投标市场秩序,2011年11月30日,国务院第183次常务会议通过了《中华人民共和国招标投标法实施条例》(以下简称《条例》),自2012年2月1日起施行。该条例共七章八十五条,对《招标投标法》进行了细化、补充。一是明确了招投标活动的指导、协调、监督等主体。《条例》第四条规定,国务院发展改革部门指导和协调全国招标投标工作,对国家重大建设项目的工程招标投标活动实施监督检查。国务院工业和信息化、住房城乡建设、交通运输、铁道、水利、商务等部门,按照规定的职责分工对有关招标投标活动实施监督。财政部门依法对实行招标投标的政府采购工程建设项目的预算执行情况和政府采购政策执行情况实施监督。监察机关依法对与招标投标活动有关的监察对象实施监察。主体明确将使各部门各司其职,各尽其能,避免了权责不清、重复管理。同时,也使《招标投标法》和《政府采购法》的适用范围得到明确。二是阐明了招标人或其委托代理机构发售招标文件的收费构成。《条例》第十六条规定,招标人发售资格预审文件、招标文件收取的费用应当限于补偿印刷、邮寄的成本支出,不得以营利为目的。三是规定了投标保证金必须从投标单位基本账户转出。《条例》第二十六条规定,依法必须进行招标的项目的境内投标单位,以现金或者支票形式提交的投标保证金应当从其基本账户转出。一般情况下,围标时帮助围标的投标单位一般不会承担投标保证金的资金占用成本,往往是由牵头围标单位缴纳全部投标保证金。《条例》这一规定会增加围标单位的违法成本,必将在一定程度上遏制围标行为。同时,《条例》也为审计部门核查围标违法行为的提供了新手段:查看投标单位基本账户,跟踪投标保证金的来龙去脉。四是明确了《招标投标法》中未明确的各类违规情形。

3.4.2 《招标投标法》的基本内容

1. 《招标投标法》共六章六十八条

第一章"总则",规定了招标投标法的立法宗旨、适用范围、强制招标的范围、招标投标活动中应遵循的基本原则以及对招标投标活动的监督等。

第二章"招标",主要规定了招标人的定义,招标项目的条件,招标方式,招标代理机构的地位、成立条件及资格认定,招标公告和投标邀请书的发布,对潜在投标人的资格审查,招标文件的编制、澄清或修改等。

第三章"投标",本章规定了投标人的定义,参加投标的基本条件和要求,以及投标人在编制投标文件应当遵循的原则和要求;规定了投标人递交投标文件、修改投标文件,以及撤回投标文件的程序;规定了联合投标的条件等。

第四章"开标、评标和中标",主要包括三方面内容:一是开标的时间、地点、要求和应当遵守的基本程序等;二是评标委员会的组成和要求、评标的基本规则和方式等;三是中标人的条件、中标通知书的发出、订立合同的要求等。

第五章"法律责任",对招标投标活动中的违法行为及法律责任,包括民事责任、刑事责任和行政责任做了较为全面的规定。

第六章"附则",规定了利害关系人的异议程序、强制招标范围的例外、冲突规范和本法的生效时间。

2. 招标投标法的立法目的、适用范围及监督管理体制

(1) 招标投标法的立法目的

①规范招标投标活动。

改革开放以来,我国逐步在工程建设、进口机电设备、机械成套设备、政府采购、利用国际金融组织和外国政府贷款项目以及科技开发、勘察设计、工程监理、证券发行等服务项目方面,推行招标投标制度,取得了明显成效。但在这一制度推行过程中,也存在着一些突出的问题。如:推行招标投标的力度不够,一些单位不愿意招标或规避招标;招标投标程序不规范,违反公开、公平、公正的原则;权钱交易,行贿受贿,搞虚假招标或者串通投标;一些地方和部门在招标投标活动中行政干预过多,搞地方保护和部门封锁,甚至利用行政权力强行指定中标人等等。对招标投标制度推行过程中存在的这些问题,必须予以高度重视,采取有效措施予以解决。制定我国的招标投标法,以法律的形式规范招标投标活动,充分发挥其在我国社会主义市场经济中的重要作用,是非常必要的,这也正是制定招标投标法的基本目的。

②保护国家利益、社会公共利益和招标投标活动当事人的合法权益。

制定招标投标法,对保护国家利益所具有的重要意义主要体现在:保障财政资金和其他国有资金的节约和合理有效地使用;有利于反腐倡廉,铲除国有资金采购活动中滋生腐败的土壤,防止国有资产的流失;创造这样一种公平竞争的环境,有利于促进经济的健康发展,这也是国家的利益之所在。

制定招标投标法,对保护社会公共利益的作用主要体现在:通过制定招标投标法,以保

障国有资金和其他公共资金的合理、有效和节约使用,这既是对国家利益的保护,也是对社会公共利益的保护;将大型基础设施、公用事业等关系社会公共利益、公众安全的建设项目,不论其资金来源,都纳入招标投标法的范围,以充分运用招标投标制度的竞争作用,确保这类与公众利益直接有关的建设项目的质量,更体现了本法保护社会公共利益的立法宗旨。

在招标投标活动中,各方当事人的合法权益都受到法律的保护。针对实践中存在的一些侵犯招标投标活动当事人合法权利的主要问题,本法对招标投标各方当事人应当享有的基本权利做了规定,以保护招标投标活动当事人的合法权益。

③提高经济效益。

经济效益是投入与产出的比较。招标的最大特点是通过集中采购,让众多的投标人进行竞争,以最低或较低的价格获得最优的工程、货物或服务。对国家投资、融资建设的生产经营性项目实行招标投标制度,有利于节省投资,缩短工期,保证质量,从而有利于提高投资效益以及项目建成后的经济效益。从我国建设工程领域推行招标投标制度实践情况看,通过招标,一般可节约建设资金1%~3%,缩短工期10%左右。因此,制定招标投标法,对于保障国有资金的有效使用、提高经济效益有着极为重要的意义。

④提高项目质量。

在工程项目和货物等的采购中,实行招标投标制度,依照法定的招标投标程序,通过竞争,选择技术强、信誉好、质量保障体系可靠的投标人中标,对于保证采购项目的质量是十分重要的。从实践中看,一些本应进行招标采购的项目不进行招标投标或者不按规定的规则和程序进行招投标,是导致其发生严重质量事故的一项重要原因。因此,通过推行招标投标,选择真正符合要求的供货商、承包商,使项目的质量得以保证,是制定《招标投标法》的立法目的之一。

(2)招标投标法的适用范围

①本法的适用范围。

本法适用的地域范围,是中华人民共和国境内,即中华人民共和国主权所及的全部领域内。招标投标法作为我国最高权力机关的常设机构——全国人大常委会制定的法律,其效力自然及于中华人民共和国的全部领域。凡在我国境内进行的招标投标活动,均适用本法规定。

②强制招标范围。

《招标投标法》第三条规定,在中华人民共和国境内进行下列工程建设项目包括项目的勘察、设计、施工、监理以及与工程建设有关的重要设备、材料等的采购,必须进行招标:

a.大型基础设施、公用事业等关系社会公共利益、公众安全的项目。所谓基础设施,是指为国民经济各行业发展提供基础性服务的铁路、公路、港口、机场、通信等设施;公用事业,是指为公众提供服务的自来水、电力、燃气等行业。大型的基础设施、公用事业项目的建设质量,关系到公众的安全和社会公共利益。为利用招标投标制度在保证项目质量方面的重要作用,本条规定,对于大型基础设施和公用事业项目,不论其建设资金来源如何,都必须依照本法规定进行招标投标。

b.全部或者部分使用国有资金投资或者国家融资的项目,包括使用各级政府的财政拨款建设的项目,使用纳入财政预算管理的各种政府性基金建设的项目,使用各级政府及政府部门的预算外资金建设的项目,国家政策性银行贷款建设的项目等。鉴于招标采购制度在保证采购资金的合理有效使用和保证项目采购质量方面具有明显的优越性,并且其采购程序公开,便于社会监督,因此,招标投标法将国家投资、融资的建设项目采购纳入法定强制招标的范围,既与国际通行做法相一致,也完全符合我国的实际情况。

c. 使用国际组织或者外国政府贷款、援助资金的项目。改革开放以来,我国开始利用包括世界银行、亚洲开发银行等一些国际金融组织和外国政府的贷款和援助资金,规模也逐渐扩大。对于国际组织或外国政府援助资金的项目,我国有责任保证这些援助资金得到合理有效的使用。因此,这类国际金融组织和外国政府的贷款,与国家投资、融资的建设项目一样,也将其纳入法定强制招标投标的范围,适用本法的有关规定。当然,依照《招标投标法》第六十七条的规定:"使用国际组织或者外国政府的贷款、援助资金的项目进行招标,贷款方、资金提供方对招标投标的具体条件和程序有不同规定的,可以适用其规定,但违背中华人民共和国的社会公共利益的除外。"

这里应当注意的是,以上所列项目的具体范围和规模标准,由国务院发展计划部门会同国务院有关部门制订,报国务院批准。同时应注意,法律或者国务院对必须进行招标的其他项目的范围有规定的,依照其规定。

③可以不进行招标的情形。

《招标投标法》第六十六条规定:涉及国家安全、国家秘密、抢险救灾或者属于利用扶贫资金实行以工代赈、需要使用农民工等特殊情况,不适宜进行招标的项目,按照国家有关规定可以不进行招标。

《招标投标法实施条例》第九条规定:除招标投标法第六十六条规定的可以不进行招标的特殊情况外,有下列情形之一的,可以不进行招标:

a. 需要采用不可替代的专利或者专有技术。

b. 采购人依法能够自行建设、生产或者提供。

c. 已通过招标方式选定的特许经营项目投资人依法能够自行建设、生产或者提供。

d. 需要向原中标人采购工程、货物或者服务,否则将影响施工或者功能配套要求。

e. 国家规定的其他特殊情形。

(3) 监督管理体制

①《招标投标法》第六条第一款规定:"招标投标活动及其当事人应当接受依法实施的监督。"这里包括两层意思:一是招标投标活动及其当事人应当依法接受监督。招标投标活动的当事人除了要自觉执行招标投标法中的强制性规范外,还要接受有关行政监督部门对招标投标活动依法实施的行政监督管理。二是有关行政管理部门对招标投标活动的监督检查必须依法进行。对法律、行政法规规定应当进行监督管理的事项,有关行政监督管理部门必须依法实施监督管理,否则就是失职。

②《招标投标法》第六条第二款规定:"有关行政监督部门依法对招标投标活动实施监督,依法查处招标投标活动中的违法行为。"主要应包括:一是对依照本法必须招标的项目是否进行招标进行监督,这里主要是指对法定强制招标的项目有关行政监督部门应依法进行监督。二是对法定招标投标项目是否依照本法规定的规则和程序进行招标投标实施监督。凡属法定招标的项目,必须依照本法规定的规则、程序进行招标投标,以确保招标投标符合

公开、公平、公正的原则,发挥其应有的优越性。三是依法查处招标投标活动中的违法行为。依照本法关于法律责任的规定,有关行政监督部门对违反本法规定的行为,除责令改正外,依法给予罚款、没收违法所得、取消资格、责令停业、吊销营业执照等行政处罚。

③《招标投标法》第六条第三款规定:"对招标投标活动的行政监督及有关部门的职权划分,由国务院规定。"招标投标项目涉及的面很广,按我国现行的管理体制,目前是由多个部门进行管理的。这种多部门管理的格局,虽然有利于发挥各有关部门在专业管理方面的长处,但也造成了多头管理而造成的诸多矛盾和问题,使基层单位难以适从,也容易造成部门垄断的现象。对招标投标管理体制需要进行适当的改革,建立适合我国国情的精简、高效的招标投标监督管理体制。至于如何确定各有关主管部门在招标投标监督管理方面的职权划分,依照宪法和国务院组织法的规定,应由国务院具体确定。

3. 招标投标法的基本原则

《招标投标法》第五条规定:"招标投标活动应当遵循公开、公平、公正和诚实信用的原则。"公开、公平、公正和诚实信用,是招标投标活动必须遵循的最基本的原则,违反这一基本原则,招标投标活动就失去了本来的意义。本法有关招标投标的各项规定,都是为了保证这一基本原则的实现。

(1) 公开、公平、公正的"三公"原则

所谓"公开"原则,就是要求招标投标活动透明度要高。具体而言就是,进行招标活动的信息要公开,开标的程序要公开,评标的标准和程序要公开,中标的结果要公开。

所谓"公平"原则,就是要求给予投标人平等的机会,使其享有同等的权利并履行相应的义务,不歧视任何一方。招投标的条件要公平,问题的处理要公平,处罚要公平。

所谓"公正"原则,就是要求按公布的标准对待所有的投标人。招标的方式要公正,评标工作要公正,投标者的行为要公正等。

招标投标活动必须遵循公开、公平、公正的"三公"原则,这是市场经济活动的基本原则,这一原则对规范招标投标活动具有重要的作用。

(2) 诚实信用的原则

"诚实信用",是民事活动的基本原则,在我国民法通则和合同法等民事基本法律中都规定了这一原则。招标投标活动是以订立采购合同为目的的民事活动,当然也适用这一原则。在招标投标活动中遵守诚实信用原则,要求招标投标各方都要诚实守信,不得有欺骗、背信的行为。如:招标人不得以任何形式搞虚假招标;投标人递交的资格证明材料和投标书的各项内容都要真实;中标订立合同后,各方都要严格履行合同。对违反诚实信用原则,给他方造成损失的,要依法承担赔偿责任。

3.4.3 招标

1. 招标概述

(1) 招标人的定义

《招标投标法》第八条规定:"招标人是依照本法规定提出招标项目、进行招标的法人或者其他组织。"本条规定的法律意义在于:确定招标人的主体资格,即规定了哪些人可以成为招标人从事招标活动,有利于进一步明确招标人的法律地位,规定其应享有的权利和应承担的义务,使招标人与其他主体之间的区别和联系更加清晰、明确。关于招标人定义的规定包括两层意思:

①招标人须是提出招标项目、进行招标的人。所谓"招标项目",是指采用招标方式进行采购的工程、货物或服务项目。工程建设项目招标发包的招标人,通常为该项建设工程的投资人即项目业主。国家投资的工程建设项目,就经营性的建设项目而言,招标人通常为依法设立的项目法人;就非经营性建设项目而言,招标人即是项目的建设单位。货物招标采购的招标人,通常为货物的买主。服务项目招标采购的招标人,通常为该服务项目的需求方。

②招标人须是法人或其他组织,自然人不能成为招标人。根据民法通则和本条的规定,各种所有制形式的有限责任公司和股份有限公司,国有独资公司,公司以外其他类型的国有企业和集体所有制企业,以及依法取得法人资格的中外合作经营企业、外资企业等,都具有作为招标人参加招标投标活动的权利能力;有独立经费的各级国家机关和依法取得法人资格的事业单位、社会团体等,也都具有作为招标人参加招标投标活动的权利能力,本法所称的其他组织是指除法人以外的其他实体,包括合伙企业、个人独资企业和外国企业以及企业的分支机构等。这些企业和机构也可以作为招标人参加招标投标活动。本法未赋予自然人成为招标人的权利,但这并不意味着个人投资的项目不能采用招标的方式进行采购。个人投资的项目,可以成立项目公司作为招标人。

(2)招标项目的条件

《招标投标法》第九条规定:"招标项目按照国家有关规定需要履行项目审批手续的,应当先履行审批手续,取得批准。招标人应当有进行招标项目的相应资金或者资金来源已经落实,并应当在招标文件中如实载明。"本条规定了在招标程序开始前应完成的准备工作和应满足的有关条件。主要有两项:一是履行审批手续;二是落实资金来源。

①依法必须进行招标的项目大都关系国计民生,涉及全社会固定资产投资规模,因此,多数项目根据国家有关规定需要立项审批。该审批工作应当在招标前完成。

②招标人应当有进行招标项目的相应资金或者有确定的资金来源,这是招标人对项目进行招标并最终完成该项目的物质保证。招标项目所需的资金是否落实,不仅关系到招标项目能否顺利实施,而且对投标人利益关系重大。因此,必须强调招标人在招标时应有与项目相适应的资金保障。根据本条的规定,招标人在招标时必须确实拥有相应的资金或者有能证明其资金来源已经落实的合法性文件为保证,并应当将资金数额和资金来源在招标文件中如实载明。

(3)招标方式

《招标投标法》第十条规定:"招标分为公开招标和邀请招标。公开招标,是指招标人以招标公告的方式邀请不特定的法人或者其他组织投标。邀请招标,是指招标人以投标邀请书的方式邀请特定的法人或者其他组织投标。"

①公开招标,也称无限竞争性招标,是指由招标方按照法定程序,在公开出版物上发布招标公告,所有符合条件的供应商或承包商都可以平等参加投标竞争,从中择优选择中标者的招标方式。根据本条的规定,公开招标需符合如下条件:a. 招标人需向不特定的法人或者其他组织(有的科研项目的招标还可包括个人)发出投标邀请。b. 公开招标须采取公告的方

式,向社会公众明示其招标要求,使尽量多的潜在投标商获取招标信息,前来投标,从而保证了公开招标的公开性。公开招标的优点在于能够在最大限度内选择投标商,竞争性更强,择优率更高,同时也可以在较大程度上避免招标活动中的贿标行为,因此,国际上政府采购通常采用这种方式。

②邀请招标,也称为有限竞争性招标,是指招标方选择若干供应商或承包商,向其发出投标邀请,由被邀请的供应商、承包商投标竞争,从中选定中标者的招标方式。公开招标在其公开程度、竞争的广泛性等方面具有较大的优势,但公开招标也有一定的缺陷,比如,一般耗时较长,需花费的成本也较大;有些项目专业性较强,有资格承接的潜在投标人较少,或者需要在较短时间内完成采购任务等,也不宜采用公开招标的方式。邀请招标的方式则在一定程度上弥补了这些缺陷,同时又能够相对较充分地发挥招标的优势。根据本条的规定,邀请招标的特点是:a. 招标人在一定范围内邀请特定的法人或其他组织(有的科研项目的招标还可包括个人)投标。根据《招标投标法》第十七条的规定,招标人应当向3个以上的潜在投标人发出邀请。b. 邀请招标不需发布公告,招标人只要向特定的潜在投标人发出投标邀请书即可。接受邀请的人才有资格参加投标,其他人无权索要招标文件,不得参加投标。应当指出,邀请招标虽然在潜在投标人的选择上和通知形式上与公开招标有所不同,但其所适用的程序和原则与公开招标是相同的,其在开标、评标标准等方面都是公开的,因此,邀请招标仍不失其公开性。

《招标投标法》第十一条规定:"国务院发展计划部门确定的国家重点项目和省、自治区、直辖市人民政府确定的地方重点项目不适宜公开招标的,经国务院发展计划部门或者省、自治区、直辖市人民政府批准,可以进行邀请招标。"

(4)招标代理机构

①招标代理机构的概念。《招标投标法》第十三条规定:"招标代理机构是依法设立、从事招标代理业务并提供相关服务的社会中介组织。"这里有几层含义:a. 招标代理机构是以自己的知识、智力为招标人提供服务的社会中介组织。b. 招标代理机构需依法登记设立,从事有关招标代理业务的资格需要有关行政主管部门审查认定。c. 招标代理机构的业务范围包括:从事招标代理业务,即接受招标人委托,组织招标活动;提供与招标代理业务相关的服务即指提供与招标活动有关的咨询、代书及其他服务性工作。d. 招标代理机构独立于任何行政机关。《招标投标法》第十四条规定:"招标代理机构与行政机关和其他国家机关不得存在隶属关系或者其他利害关系。"

②招标代理机构应具备的条件

a. 有从事招标代理业务的营业场所和相应资金。这是开展业务所必需的物质条件,也是招标代理机构成立的外部条件。

b. 有能够编制招标文件和组织评标的相应专业力量。能否编制出完整、严谨的招标文件,直接影响到招标的质量,也是招标成败的关键;能否顺利地组织评标,直接影响到招标的效果,也是体现招标公正性的重要保证。因此,编制招标文件和组织评标是招标代理机构应当具备的最基本业务能力。

c. 应当备有依法可以作为评标委员会成员人选的技术、经济等方面的专家库,其中所储备的专家均应当从事相关领域工作8年以上,并具有高级职称或者具有同等专业水平。

③招标代理机构的资格认定。《招标投标法》第十四条规定:"从事工程建设项目招标代理业务的招标代理机构,其资格由国务院或者省、自治区、直辖市人民政府的建设行政主管部门认定。具体办法由国务院建设行政主管部门会同国务院有关部门制定。从事其他招标代理业务的招标代理机构,其资格认定的主管部门由国务院规定。"由此可见,招标代理机构的资格认定分为两个层次:a.从事工程建设项目招标代理业务的招标代理机构的代理资格按照管理权限划分,分别由国务院建设行政主管部门和省级人民政府建设行政主管部门认定。b.从事其他招标代理业务包括货物采购及服务等的招标代理业务,按照国家规定需要进行资格认定的,其代理资格的认定由国务院规定的主管部门认定。

2.招标的基本程序

(1)编制招标文件

《招标投标法》第十九条规定:"招标人应当根据招标项目的特点和需要编制招标文件。招标文件应当包括招标项目的技术要求、对投标人资格审查的标准、投标报价要求和评标标准等所有实质性要求和条件以及拟签订合同的主要条款。国家对招标项目的技术、标准有规定的,招标人应当按照其规定在招标文件中提出相应要求。招标项目需要划分标段,确定工期的,招标人应当合理划分标段、确定工期,并在招标文件中载明。"

招标文件是招标投标活动中最重要的法律文件,它不仅规定了完整的招标程序,而且还提出了各项具体的技术标准和交易条件,规定了拟订立的合同的主要内容,是投标人准备投标文件和参加投标的依据,评审委员会评标的依据,也是拟订合同的基础。招标文件的编制及主要内容包括:

①招标人应当根据招标项目的特点和需要编制招标文件。招标文件中规定的各项技术标准和交易条件直接影响到投标价格,投标价格的高低决定着招标是否能本着最节约的原则进行,同时也在一定程度上对潜在投标人的投标兴趣和承受能力产生影响。因此,招标文件的编制必须以项目为依托,不符合项目特点和需要的内容不应纳入招标文件。

②招标文件应写明招标人对投标人的所有实质性要求和条件,其中包括:a.投标须知。在投标须知中应写明:招标的资金来源;对投标人的资格要求;资格审查标准;招标文件和投标文件的澄清程序;对投标文件的内容、使用语言的要求;投标报价的具体项目范围及使用币种;投标保证金的规定;投标的程序、截止日期、有效期;开标的时间、地点;投标书的修改与撤回的规定;评标的标准及程序等等。b.如果招标项目是工程建设项目,招标文件中还应包括工程技术说明书,即按照工程类型和合同方式用文字说明工程技术内容的特点和要求,通过附工程技术图纸和设计资格及工程量清单等对投标人提出详细、准确的技术要求。

③招标文件中应当包括招标人就招标项目拟签订合同的主要条款。合同的内容根据合同类型的不同会有很大的差异。工程建设项目施工合同,按照国际上广泛采用的"菲迪克条款"的规定,主要内容包括:a.一般性规定。b.关于工程师和工程师代理的规定。c.合同文件和图纸。d.承包商应尽义务的规定,包括按合同组织并完成工程、执行工程师多项指令;开工、竣工手续;购置材料;雇佣劳务;按时交足履约保证金;接受业主和工程师的监督及未能如约完成工程进度的处置措施等。e.承包商因破产而使合同不能执行及违约的处置办法。f.涉及双方责任的规定,如保险、损失赔偿、工程变更、追加或取消工程;货币及汇率、争

端解决等。g. 招标人的责任，包括未如约支付工程费用应负赔偿责任；支付由于招标人的原因导致工程量变更所增加的工程费用等。合同的内容因不同的招标内容还应包括各自的特殊条款。应当注意到，招标文件中所列明的合同条款对投标人而言虽然只是要约邀请，但实际上已构成投标人对项目提出要约的全部合同基础。因此，招标文件中合同条款的拟定必须尽可能详细、准确。

一些招标项目特别是大型、复杂的建设工程项目通常需要划分不同的标段，由不同的承包商进行承包，招标人应当合理地划分标段、确定工期，即划分标段、确定工期必须符合项目施工的科学流程，以节约资金、保证质量为基本前提条件。由于工期是影响价格的重要因素，也是违约误期罚款的唯一依据，因此，确定工期要符合实际情况，确保招标项目按期按质完成。招标人决定划分标段招标的，对标段的划分及工期的确定应在招标文件中载明，告知投标人。

（2）发布招标公告

《招标投标法》第十六条规定："招标人采用公开招标方式的，应当发布招标公告。依法必须进行招标的项目的招标公告，应当通过国家指定的报刊、信息网络或者其他媒介发布。招标公告应当载明招标人的名称和地址、招标项目的性质、数量、实施地点和时间以及获取招标文件的办法等事项。"

①招标公告是指招标人以公开方式邀请不特定的潜在投标人就某一项目进行投标的明确的意思表示。公开招标的招标信息必须通过公告的途径予以通告，使所有合格的投标人都有同等的机会了解招标要求，以形成尽可能广泛的竞争局面。可以说，发布招标公告是公开招标的第一步，也是决定投标竞争的广泛程度，确保招标质量的关键性的一步。同时，招标公告的发布方式对信息能否广泛传播也起着决定性的作用，直接影响招标公告的发布效果，因此，有必要对公告发布方式作出必要的规定。

②本条第一款包含如下三层含义：a. 公开招标的，招标人应发布公告。b. 依法必须进行招标的项目，招标公告应当在国家指定的报刊、信息网络等公共媒介发布。c. 自愿公开招标的项目，原则上也应在有影响的公开出版物上刊登招标通告，但法律不做强制性要求。

③根据本条第二款的规定，招标公告至少应包括如下内容：a. 招标人的名称、地址，委托代理机构进行招标的，还应注明该机构的名称和地址；b. 招标项目的性质，是属于工程项目的采购还是货物或服务的采购；c. 招标项目的数量；d. 招标项目的实施地点，通常是指货物的交货地点、服务提供地点或建设项目施工地点；e. 招标项目的实施时间即交货或完工时限；f. 招标文件的获取办法，包括发售招标文件的地点、文件的售价及开始和截止出售的时间。

《招标投标法》第十七条规定，招标人采用邀请招标方式的，应当向三个以上具备承担招标项目的能力、资信良好的特定的法人或者其他组织发出投标邀请书。投标邀请书应当载明的事项，应当与公开招标中规定的招标公告载明的事项一样。

（3）资格审查

《招标投标法》第十八条规定，招标人可以根据招标项目本身的要求，在招标公告或者投标邀请书中，要求潜在投标人提供有关资质证明文件和业绩情况，并对潜在投标人进行资格审查；国家对投标人的资格条件有规定的，依照其规定。

①一个招标项目的投标者应当具有承接该项目的能力,这是保证项目中标后,中标人能够切实履行合同义务,保质、保量地完成招标项目的前提,是招标成功与否的关键所在。招标人对投标人资格审查的权利包括两个方面:一是要求投标人提供其资质信息的权利,二是对其资质进行实际审查的权利。

②招标人可以根据招标项目的具体情况,要求潜在投标人提供有关资质证明文件和业绩情况。招标人对投标人的要求可以在招标公告或投标邀请书中明确提出,也可以在专门发布的资格预审公告中提出。要求投标人提供资质证明和业绩情况,是招标人的一项重要权利,对招标人提出涉及投标人资质的有关问题,投标人应如实予以答复,否则将失去中标的资格。

③招标人对投标人的资格审查通常主要包括如下内容:

a. 投标人投标合法性审查,包括投标人是否是正式注册的法人或其他组织;是否具有独立签约的能力;是否处于正常经营状态,如是否处于被责令停业,有无财产被接管、冻结等情况;是否有相互串通投标等行为;是否正处于被暂停参加投标的处罚期限内等等;经过审查,确认投标人有不合法的情形的,应将其排除。

b. 对投标人投标能力的审查,主要包括如下几个方面:了解投标人的概况;审查投标人的经验与信誉;审查投标人的财务能力;审查投标人的人员配备能力;审查完成项目的设备配备情况及技术能力。国家对投标人的资格条件有规定的,招标人应以此为标准审查投标人的投标资格。国家规定有强制性标准的,投标人必须符合该标准。

④招标人对投标人的资格审查可以分为资格预审和资格后审两种方式。资格预审是指招标人在发出招标公告或投标邀请书以前,先发出资格预审的公告或邀请,要求潜在投标人提交资格预审的申请及有关证明资料,经资格预审合格的,方可参加正式的投标竞争。资格后审是指招标人在投标人提交投标文件后或经过评标已有中标人选后,再对投标人或中标人选是否有能力履行合同义务进行审查。

(4)踏勘现场

《招标投标法》第二十一条规定:"招标人根据招标项目的具体情况,可以组织潜在投标人踏勘项目现场。"本条是关于招标人可以组织踏勘项目现场的规定。

对招标的工程建设项目进行现场踏勘可以使投标人了解项目实施场地和周围环境情况,以获取有用的信息并据此做出关于投标策略和投标报价的决定,对投标业务成败关系极大。本法所规定的现场踏勘包括亲临现场勘测及市场调查两个方面。勘察人员可以由报价人员、负责项目实施的经理及投标单位领导决策人员组成。通过现场踏勘通常应达到以下目的:a. 掌握现场的自然地理条件包括气象、水文、地质等情况及这些因素对项目实施的影响;b. 了解现场所在地材料的供应品种及价格、供应渠道,设备的生产、销售情况;c. 了解现场所在地的空运、海运、河运、陆运等交通运输及运输工具买卖、租赁的价格等情况;d. 掌握当地的人工工资及附加费用等影响报价的情况;e. 现场的地形、管线设置情况,水、电供应情况,三通一平情况等;f. 国际招标还应了解项目实施所在国的政治、经济现状及前景,有关法律、法规等。

(5)招标文件的澄清与修改

《招标投标法》第二十三条规定:"招标人对已发出的招标文件进行必要的澄清或者修

改的,应当在招标文件要求提交投标文件截止时间至少 15 日前,以书面形式通知所有招标文件收受人。该澄清或者修改的内容为招标文件的组成部分。"

①招标人在编制招标文件时,应当尽可能考虑到招标项目的各项要求,并在招标文件中作出相应的规定,力求使所编制的招标文件做到内容准确、完整,含义明确。但有时也难以绝对避免出现招标文件内容的疏漏或者意思表述不明确、含义不清的地方;或者因情况变化需对已发出的招标文件做必要的修改、调整等情况。在这种情况下,允许招标人对招标文件做必要的修改。

②本条关于招标人澄清或者修改招标文件的规定包括四层意思:

a. 招标人对于已经发出的招标文件可以进行必要的澄清或者修改。这里讲的"澄清",是指对于招标文件中内容不清楚、含义不明确的地方作出书面解释,使招标文件的收受人能够准确理解招标文件有关内容的含义。招标人可以根据投标人的要求,对招标文件作出澄清;也可以对自己认为需要澄清的内容主动加以澄清。对招标文件的修改,是指招标人对于招标文件的有关内容根据需要进行必要的修正和改变。这通常是招标人的一种主动的行为。

b. 招标人如需对招标文件进行必要的澄清或者修改的,应当在招标文件要求提交投标文件截止时间至少 15 日前将澄清和修改内容通知招标文件收受人。法律允许招标人澄清或者修改招标文件的内容,是对招标人利益的合理保护;但同时也要注意使投标人的利益不致因此受到损害。如果对招标文件作出澄清或修改的时间距离投标截止时间太近,投标人就来不及作出新的投标决策,来不及对已编制完成的投标文件作出相应修改,也就无法提出符合经过澄清或者修改的招标文件要求的投标文件,从而会因此导致失去中标的机会,这对投标人显然是不公平的。

c. 招标人对已发出的招标文件进行必要的澄清或者修改的,应当以书面形式通知所有招标文件收受人。这里首先是要求招标人必须以书面形式发出通知。这一规定可以使此项通知更具有安全性、可靠性。其次,通知应当发给所有收到招标文件的人,以使每一位投标人都受到同等的待遇,确保投标竞争的公开和公平。

d. 招标人对于已发出的招标文件所进行的澄清或者修改的内容视为招标文件的组成部分,与已发出的招标文件具有同等的效力。

3. 对招标人行为的限制性规定

(1)招标人不得以不合理的条件限制或者排斥潜在投标人,不得对潜在投标人实行歧视待遇。审查投标人的投标资格是招标人的一项权利,但由于资格审查的结果直接导致潜在投标人或预选中标人投标或中标权利的丧失,因此,如果招标人滥用这一权利,将会直接侵害潜在投标人的合法权益,影响招标的公正性。为此,《招标投标法》第十八条规定,招标人应当根据招标项目本身的要求对投标人进行资格审查,不得以不合理的条件限制或者排斥潜在投标人,不得对潜在投标人实行歧视待遇。

《招标投标法实施条例》第三十二条规定:招标人有下列行为之一的,属于以不合理条件限制、排斥潜在投标人或者投标人:

①就同一招标项目向潜在投标人或者投标人提供有差别的项目信息。

②设定的资格、技术、商务条件与招标项目的具体特点和实际需要不相适应或者与合同履行无关。

③依法必须进行招标的项目以特定行政区域或者特定行业的业绩、奖项作为加分条件或者中标条件。

④对潜在投标人或者投标人采取不同的资格审查或者评标标准。

⑤限定或者指定特定的专利、商标、品牌、原产地或者供应商。

⑥依法必须进行招标的项目非法限定潜在投标人或者投标人的所有制形式或者组织形式;(**注**:明确不得非法限定投标人的所有制形式,为社会资本介入提供保障)。

⑦以其他不合理条件限制、排斥潜在投标人或者投标人。

该条例第三十四条还规定:与招标人存在利害关系可能影响招标公正性的法人、其他组织或者个人,不得参加投标。单位负责人为同一人或者存在控股、管理关系的不同单位,不得参加同一标段投标或者未划分标段的同一招标项目投标。违反前两款规定的,相关投标均无效。

(2)招标文件不得要求或者标明特定的生产供应者以及含有倾向或者排斥潜在投标人的其他内容。

《招标投标法》第二十条规定:"招标文件不得要求或者标明特定的生产供应者以及含有倾向或者排斥潜在投标人的其他内容。"这一规定包含两方面内容:

①招标文件不得要求或者标明特定的生产供应者。招标项目的技术规格除有国家强制性标准外,一般应当采用国际或国内公认的标准,各项技术规格均不得要求或标明某一特定的生产厂家、供货商、施工单位或注明某一特定的商标、名称、专利、设计及原产地。

②不得有针对某一潜在的投标人或排斥某一潜在投标人的规定。比如,为使某一厂商中标提出不合理的技术要求,使其他潜在投标人因达不到这一技术要求而不能投标。这些行为根据本条的规定都是不合法的,应予禁止。

(3)招标人不得向他人透露已获取招标文件的潜在投标人的名称、数量以及可能影响公平竞争的有关招标投标的其他情况。招标人设有标底的,标底必须保密。

为在招标投标活动中,依法创造公平竞争的环境,《招标投标法》第二十二条作出了关于招标人对招标信息和标底保密的规定。

根据本条第一款的规定,招标人不得向他人透露已获取招标文件的潜在投标人的名称、数量和可能影响公平竞争的有关招标投标的其他情况。其中"招标人"包括招标单位、招标代理机构和参与招标工作的所有知情人员;"他人"指任何人。根据本条的规定,对可能影响公平竞争的信息予以保密是招标人的法定义务,招标人不得违反。我国目前绝大多数大型招标项目所使用的资金均为国有资金,因此规定招标人的信息保密义务对规范招标人的行为,保证招标质量,维护国家的根本利益更具有重要意义。

本条第二款专门对标底的保密义务做了规定。标底即招标项目的底价,是招标人购买工程、货物、服务的预算。投标人的投标报价如果较大地超出了标底限额,则不能中标。当投标人不了解招标人的标底时,所有投标人都处于平等的竞争地位,各自只能根据自己的情况提出自己的投标报价。因此,必须强调对标底的保密。招标人履行保密义务应当从标底的编制开始,编制人员应在保密的环境中编制标底,完成之后需送审的,应将其密封送审。

标底经审定后应及时封存,直至开标。在整个招标活动过程中所有接触过标底的人员都有对其保密的义务。

(4) 招标人应当确定投标人编制投标文件所需要的合理时间,依法必须进行招标的项目,最短不得少于 20 日。

《招标投标法》第二十四条规定:"招标人应当确定投标人编制投标文件所需要的合理时间;但是,依法必须进行招标的项目,自招标文件开始发出之日起至投标人提交投标文件截止之日止,最短不得少于 20 日。"对此规定的理解注意以下两个方面:

①招标人应当确定投标人编制投标文件所需要的合理时间。投标人编制投标文件需要一定的时间。如果从招标文件开始发出之日起至招标文件规定的投标人提交投标文件截止之日止的时间过短,可能会有一些投标人因来不及编制投标文件而不得不放弃参加投标竞争,这对保证投标竞争的广泛性显然是不利的。从保证法定强制招标项目投标竞争的广泛性出发,法律为各类法定强制招标项目的投标人编制投标文件的最短时间做了规定,即自招标文件开始发出之日起至投标人提交投标文件截止之日止,最短不得少于 20 日。招标人在招标文件中规定的此项时间,可以超过 20 日,但不得少于 20 日。

②本条规定的由招标人确定的投标人编制投标文件的最短时间,只适用于依法必须进行招标的项目。不属于法定强制招标的项目,而是由采购人自愿选择招标采购方式的,则不受本条规定的限制,招标人确定的投标人编制投标文件的时间,既可以多于 20 天,也可以少于 20 天。

3.4.4　投标

1. 投标概述

(1) 投标人的定义

《招标投标法》第二十五条规定:"投标人是响应招标、参加投标竞争的法人或者其他组织。依法招标的科研项目允许个人参加投标的,投标的个人适用本法有关投标人的规定。"

这是关于投标主体的规定。根据本条规定,可以参加招标项目投标竞争的主体包括以下三类:

①法人。根据《民法通则》第三十六条的规定,法人是具有民事权利能力和民事行为能力,依法独立享有民事权利和承担民事义务的组织。法人的民事权利能力和民事行为能力,从法人成立时产生,到法人终止时消灭。参加投标竞争的法人应为企业法人或事业单位法人。根据本条规定,法人组织对招标人通过招标公告、投标邀请书等方式发出的要约邀请作出响应,直接参加投标竞争的(具体表现为按照招标文件的要求向招标人递交了投标文件),即成为本法所称的投标人。

②其他组织。即经合法成立、有一定的组织机构和财产,但又不具备法人资格的组织。包括:经依法登记领取营业执照的个人独资企业、合伙企业;依法登记领取营业执照的合伙型联营企业;依法登记领取我国营业执照的不具有法人资格的中外合作经营企业、外资企业;法人依法设立并领取营业执照的分支机构等。上述组织成为投标人也需要具备响应招标、参加投标竞争的条件。

③个人。即《民法通则》所讲的自然人(公民)。依照本条规定,个人作为投标人,只限于科研项目依法进行招标的情况。对科学技术研究、开发项目的招标,除可以由科研机构等单位参加投标外,有些科研项目的依法招标活动,允许由科研人员或者其组成的课题组参加投标竞争,也是很有必要的。依照本条规定,个人参加依法进行的科研项目招标的投标的,"适用本法有关投标人的规定",即个人在参加依法招标的科研项目时享有本法规定的投标人权利,同时应履行本法规定的投标人的义务。

本法将投标主体主要规定为法人或者其他组织,主要是考虑到进行招标的项目通常为采购规模较大的建设工程、货物或者服务的采购项目,通常只有法人或其他组织才能完成。而以个人的条件而言,通常是难以保证完成多数招标采购的项目的。当然,对允许个人参加投标的某些科研项目除外。

(2)投标人的资格条件

《招标投标法》第二十六条规定:"投标人应当具备承担招标项目的能力;国家有关规定对投标人资格条件或者招标文件对投标人资格条件有规定的,投标人应当具备规定的资格条件。"

①投标人应当具备承担招标项目的能力。这里指的是,投标人在资金、技术、人员、装备等方面,要具备与完成招标项目的需要相适应的能力或者条件。

②国家有关规定对投标人资格条件或者招标文件对投标人资格条件有规定的,投标人应当具备规定的资格条件。比如,《建筑法》规定了从事房屋建筑活动的建筑施工企业、勘察单位、设计单位和工程监理单位应当具备的条件,从事建筑活动的建筑施工企业、勘察单位、设计单位和工程监理单位,就应当在其资质等级许可的范围内从事建筑活动。

2.投标文件的编制与送达

(1)编制投标文件要求

《招标投标法》第二十七条规定:"投标人应当按照招标文件的要求编制投标文件。投标文件应当对招标文件提出的实质性要求和条件作出响应。招标项目属于建设施工的,投标文件的内容应当包括拟派出的项目负责人与主要技术人员的简历、业绩和拟用于完成招标项目的机械设备等。"

①按照招标文件的要求编制投标文件。招标文件是由招标人编制的希望投标人向自己发出要约的意思表示,从合同法的意义上讲,招标文件属于要约邀请。招标文件通常应包括如下内容:编制投标书的说明;投标人的资格条件;投标人需要提交的资料;招标项目的技术要求;投标的价格;投标人提交投标文件的方式、地点、截标的具体日期;对投标担保的要求;评标标准;与投标人联系的具体地址和人员等。投标人只有按照招标文件载明的要求编制自己的投标文件,方有中标的可能。

②投标文件应当对招标文件提出的实质性要求和条件作出响应。对招标文件提出的实质性要求和条件作出响应,是指投标文件的内容应当对与招标文件规定的实质要求和条件,包括招标项目的技术要求、投标报价要求和评标标准等,一一作出相对应的回答,不能存有遗漏或重大的偏离;否则将被视为废标,失去中标的可能。

编制建设施工项目的投标文件,除符合上述两项基本要求外,还应当包括如下内容:

①拟派出的项目负责人和主要技术人员的简历。包括项目负责人和主要技术人员的姓名、文化程度、职务、职称、参加过的施工项目等情况。

②业绩。一般是指近3年承建的施工项目。通常应具体写明建设单位、项目名称与建设地点、结构类型、建设规模、开竣工日期、合同价格和质量达标情况等。

③拟用于完成招标项目的机械设备。通常应将投标人自有的拟用于完成招标项目的机械设备以表格的形式列出,主要包括机械设备的名称、型号规格、数量、国别产地、制造年份、主要技术性能等内容。

④其他。如近两年的财务会计报表及下一年的财务预测报告等投标人的财务状况;全体员工人数特别是技术工人数量;现有的主要施工任务,包括在建或者尚未开工的工程;工程进度等招标文件所要求在投标文件中载明的内容。

(2)投标文件的补充、修改或者撤回

《招标投标法》第二十九条规定:"投标人在招标文件要求提交投标文件的截止时间前,可以补充、修改或者撤回已提交的投标文件,并书面通知招标人。补充、修改的内容为投标文件的组成部分。"

①投标人可以补充、修改或者撤回投标文件。这是本条规定的投标人的一项权利。

按照通常的理解,招标投标属于当事人订立合同的一种方式。当事人订立合同的过程,分为要约、承诺两个阶段。投标人的投标属于要约行为,投标文件是投标人希望与招标人订立合同的意思表示,该意思表示在遵守上述规定时,有权补充、修改或者撤回。

②投标人补充、修改或者撤回投标文件必须符合法定要求:

a.须在招标文件要求提交投标文件的截止时间前。根据本条规定,投标人只要是"在招标文件要求提交投标文件的截止时间前"撤回投标文件就属于合法有效,因为投标人的投标虽然可能在规定的时间前送达招标人,但按照本法的规定,在规定的开标时间(应与截标时间相一致)前,招标人不得开启,招标人尚不知道投标文件的内容,不会受到投标文件内容的影响,此时允许投标人补充、修改或者撤回投标文件,对招标人和其他投标人并无不利影响,反而体现了对投标人意志的尊重。

b.须书面通知招标人。本条规定的"通知"招标人,是限制性的要求,即必须以书面形式通知。

③补充、修改的内容为投标文件的组成部分。即补充、修改的内容同投标文件的其他内容具有同等的法律效力,投标人应受补充、修改的投标文件的内容的约束。

(3)投标文件的送达

《招标投标法》第二十八条规定:"投标人应当在招标文件要求提交投标文件的截止时间前,将投标文件送达投标地点。招标人收到投标文件后,应当签收保存,不得开启。投标人少于3个的,招标人应当依照本法重新招标。在招标文件要求提交投标文件的截止时间后送达的投标文件,招标人应当拒收。"

①送达方式。按照通常的理解,送达包括直接派人将投标文件送到招标地点(直接送达)、通过邮局将投标文件寄给招标人(邮寄送达)、委托他人将投标文件带到招标地点(委托送达)等方式。从投标的严肃性和安全性来讲,直接送达更为适宜。

②送达要求。送达的基本要求有两点:一是投标文件应当按照招标文件要求的时间送

达,即在招标文件要求提交投标文件的截止时间前送达。二是投标文件应当按照招标文件要求的地点送达。也就是在规定的时间内将投标文件送达招标文件预先确定的投标地点。

③送达签收。投标人将投标文件按照招标文件规定的时间、地点送达以后,招标人应当签收。签收时应有签收的书面证明,列有签收的时间、地点、具体的签收人、签收的包数和密封状况等,同时直接送达的送达人也应当签字。签收人签收时一般要检查投标人送达的投标文件是否按照招标文件的要求进行了密封和加写了标志。招标人签收后,应当妥善保存,直至开标前不得启封。

④重新招标。投标截止期满后,投标人少于3个的,招标人应当依照本法重新招标。这里需要说明的是,本条所讲"投标人少于3个",是指2个、1个或者没有的情况,不包括3个。

⑤送达拒收。投标人送达投标文件时已经超过了招标文件所确定的截止时间,招标人应当拒收。本条规定在这种情况下拒收的理由有二:一是投标人超过规定的时间送达投标文件,过错属于投标人,其不利的法律后果当然由过错人自己承担。二是按照本法规定,开标的时间应与截标的时间相一致,如果在开标后还允许接收迟到的投标文件,则可能会给有的投标人在掌握了已开标的其他投标人的投标的情况后再对自己的投标文件进行修改留下可乘之机,这显然是有悖于招标投标活动应当公平、公正的原则的。

3. 投标单位的行为规范

(1)项目分包

《招标投标法》第三十条规定:"投标人根据招标文件载明的项目实际情况,拟在中标后将中标项目的部分非主体、非关键性工作进行分包的,应当在投标文件中载明。"

①是否分包由投标人决定。投标人自己决定的前提是"根据招标文件载明的项目实际情况"。比如,招标项目规模大、技术要求复杂,包括不同专业的工作业务较多等,此时投标人就可以考虑将部分专业工作分包给技术条件较好的专业队伍。分包由投标人自己决定,招标人不得为投标人指定分包单位。

②分包的内容为"中标项目的部分非主体、非关键性工作"。至于何为"非主体、非关键性工作"本法未做出具体界定,这需要根据各个招标项目的具体情况来加以判断。比如就一栋楼房建筑来讲,楼房的基本结构就属于主体工作,也属于关键性的工作。

③分包应在投标文件中载明。一般来讲应载明拟分包的工作内容、数量、拟分包的单位、投标单位的保证等内容。这一要求目的是保护招标人的利益。如果招标人对分包不放心,完全可以不选择有分包内容的投标人中标。

关于分包,其他法律有规定的还应遵守其他法律的规定。比如,建筑工程的分包就应遵守《建筑法》的有关规定。

(2)联合体投标

《招标投标法》第三十一条规定:"两个以上法人或者其他组织可以组成一个联合体,以一个投标人的身份共同投标。"

①对本条所规定的联合体投标,做以下说明:一是联合体承包的联合各方为法人或者法人之外的其他组织。形式可以是两个以上法人组成的联合体、两个以上非法人组织组成的

联合体或者是法人与其他组织组成的联合体。二是联合体为共同投标并在中标后共同完成中标项目而组成的临时性的组织,不具有法人资格。组成联合体的目的是增强投标竞争能力,弥补有关各方技术力量的相对不足,提高共同承担的项目完工的可靠性,同时还可分散联合体各方的投标风险。三是联合体的组成是"可以组成",也可以不组成。是否组成联合体由有关各方自己决定。联合体的组成属于各方自愿的共同的一致的法律行为。四是联合体对外"以一个投标人的身份共同投标"。也就是说,联合体虽然不是一个法人组织,但是对外投标应以所有组成联合体各方的共同的名义进行,即由联合体各方"共同与招标人签订合同"。

②联合体投标的各方应具备一定的条件,主要包括:一是联合体各方均应具备承担招标项目的相应能力。二是国家有关规定或者招标文件对投标人资格条件有规定的,联合体各方均应当具备规定的相应资格条件。三是由同一专业的单位组成的联合体,按照资质等级较低的单位确定资质等级。

③关于联合体内外关系的原则性规定。包括:一是联合体各方应当签订共同投标协议,明确约定各方拟承担的工作和责任,并将共同投标协议连同投标文件一并提交招标人。二是联合体中标的,联合体各方应当共同与招标人签订合同,就中标项目向招标人承担连带责任。

④招标人不得强制投标人组成联合体共同投标,不得限制投标人之间的竞争。投标人组成的联合体属于投标人自己的事情,是否组成、如何组成完全由投标人自己确定,招标人不能强迫投标人组成联合体共同投标。"强制"组成联合体的做法与市场经济的法则相悖,难以体现招标中的平等竞争原则。

4. 对投标人的禁止性规定

(1) 投标人不得相互串通投标报价,不得排挤其他投标人的公平竞争,损害招标人或者其他投标人的合法权益。

投标人"相互串通投标报价",是指投标人彼此之间以口头或者书面的形式,就投标报价的形式互相通气,达到避免相互竞争,共同损害招标人利益的行为。"相互串通投标报价"主要包括两种情况:一是投标者之间相互约定,一致抬高或者压低投标报价;二是投标者之间相互约定,在招标项目中轮流以高价位或者低价位中标。"排挤其他投标人的公平竞争",是指投标人彼此之间以口头或者书面的形式,就投标报价的形式以外的其他形式互相通气,达到避免相互竞争,共同损害招标人利益的行为。

《招标投标法实施条例》第三十九条规定:有下列情形之一的,属于投标人相互串通投标。

①投标人之间协商投标报价等投标文件的实质性内容。
②投标人之间约定中标人。
③投标人之间约定部分投标人放弃投标或者中标。
④属于同一集团、协会、商会等组织成员的投标人按照该组织要求协同投标。
⑤投标人之间为谋取中标或者排斥特定投标人而采取的其他联合行动。

《招标投标法实施条例》第四十条规定:有下列情形之一的,视为投标人相互串通投标。

①不同投标人的投标文件由同一单位或者个人编制。
②不同投标人委托同一单位或者个人办理投标事宜。
③不同投标人的投标文件载明的项目管理成员为同一人。
④不同投标人的投标文件异常一致或者投标报价呈规律性差异。
⑤不同投标人的投标文件相互混装。
⑥不同投标人的投标保证金从同一单位或者个人的账户转出。

(2)投标人不得与招标人串通投标,损害国家利益、社会公共利益或者他人的合法权益。

投标人"与招标人串通投标",是指投标人与招标人在招标投标活动中,以不正当的手段从事私下交易致使招标投标流于形式,共同损害国家利益、社会公共利益或者他人的合法权益的行为。

《招标投标法实施条例》第四十一条规定:有下列情形之一的,属于招标人与投标人串通投标。
①招标人在开标前开启投标文件并将有关信息泄露给其他投标人。
②招标人直接或者间接向投标人泄露标底、评标委员会成员等信息。
③招标人明示或者暗示投标人压低或者抬高投标报价。
④招标人授意投标人撤换、修改投标文件。
⑤招标人明示或者暗示投标人为特定投标人中标提供方便。
⑥招标人与投标人为谋求特定投标人中标而采取的其他串通行为。

(3)禁止投标人以向招标人或者评标委员会成员行贿的手段谋取中标。

所谓行贿,是指投标人以谋取中标为目的,给予招标人(包括其工作人员)或者评标委员会成员财物(包括有形财物和其他好处)的行为。这一行为的直接后果破坏了公平竞争的市场法则,损害了其他投标人的利益。同时,也可能损害国家利益和社会公共利益。因此,必须绝对禁止,对违反这一规定的将依法追究其法律责任。

(4)投标人不得以低于成本的报价竞标。

禁止投标人以低于其自身完成投标项目所需的成本的报价进行投标竞争,其主要目的有二:一是为了避免出现投标人在以低于成本的报价中标后,再以粗制滥造、偷工减料等违法手段不正当地降低成本,挽回其低价中标的损失,给工程质量造成危害;二是为了维护正常的投标竞争秩序,防止产生投标人以低于其成本的报价进行不正当竞争,损害其他以合理报价进行竞争的投标人的利益。至于对"低于成本的报价"的判定,在实践中是比较复杂的问题,需要根据每个投标人的不同情况加以确定。

(5)不得以他人名义投标或者以其他方式弄虚作假,骗取中标。

"以他人名义投标",多表现为一些不具备法定的或者投标文件规定的资格条件的单位或者个人,采取"挂靠"甚至直接冒名顶替的方法,以其他具备资格条件的企业、事业单位的名义进行投标竞争。"以其他方式弄虚作假,骗取中标",包括实践中存在的提交虚假的营业执照、提交虚假的资格证明文件等弄虚作假的情况。这些做法严重扰乱了招标投标的正常秩序,违背了诚实信用的基本原则,必须予以禁止。

《招标投标法实施条例》第四十二条规定:使用通过受让或者租借等方式获取的资格、资质证书投标的,属于招标投标法第三十三条规定的以他人名义投标。投标人有下列情形之

一的,属于招标投标法第三十三条规定的以其他方式弄虚作假的行为:
① 使用伪造、变造的许可证件。
② 提供虚假的财务状况或者业绩。
③ 提供虚假的项目负责人或者主要技术人员简历、劳动关系证明。
④ 提供虚假的信用状况。
⑤ 其他弄虚作假的行为。

3.4.5 开标、评标和中标

1. 开标

(1) 开标时间和地点

《招标投标法》第三十四条规定:"开标应当在招标文件确定的提交投标文件截止时间的同一时间公开进行;开标地点应当为招标文件中预先确定的地点。"

① 关于开标时间。开标应当在招标文件确定的提交投标文件截止时间的同一时间公开进行。这一规定包含三层意思:一是开标时间应当在提供给每一个投标人的招标文件中事先确定;二是开标时间应与提交投标文件的截止时间相一致;三是开标应当公开进行。

所谓公开进行,就是开标活动都应当向所有提交投标文件的投标人公开。

② 关于开标地点。为了使所有投标人都能事先知道开标地点,并能够按时到达,开标地点应当在招标文件中事先确定,以便使每一个投标人都能事先为参加开标活动做好充分的准备,如根据情况选择适当的交通工具,并提前做好机票、车票的预订工作等等。招标人如果确有特殊原因,需要变动开标地点,则应当按照本法第二十三条的规定对招标文件作出修改,作为招标文件的补充文件,书面通知每一个提交投标文件的投标人。

(2) 开标的程序和要求

《招标投标法》第三十六条对开标程序、开标要求等作出了规定:

① 开标由招标人负责主持。招标人自行办理招标事宜的,当然得自行主持开标;招标人委托招标代理机构办理招标事宜的,可以由招标代理机构按照委托招标合同的约定负责主持开标事宜。对依法必须进行招标的项目,有关行政机关可以派人参加开标,以监督开标过程严格按照法定程序进行。但是,有关行政机关不得代替招标人主持开标。

② 招标人应邀请所有投标人参加开标,以确保开标在所有投标人的参与、监督下,按照公开、透明的原则进行,参加开标是每一投标人的法定权利,招标人不得以任何理由排斥、限制任何投标人参加开标。

③ 由投标人或者其推选的代表检查投标文件的密封情况,也可以由招标人委托的公证机构检查并公证。招标人或者其推选的代表或者公证机构经检查发现密封被破坏的投标文件,应作为废标处理。

④ 经确认无误的投标文件,由工作人员当众拆封。投标人或者投标人推选的代表或者公证机构对投标文件的密封情况进行检查以后,确认密封情况良好,没有问题,则可以由现场的工作人员在所有在场人的监督之下进行当众拆封。

⑤ 宣读投标人名称、投标价格和投标文件的其他主要内容。即拆封以后,现场的工作人

员应当高声宣读投标人的名称、每一个投标的投标价格以及投标文件中的其他主要内容。其他主要内容,主要是指投标报价有无折扣或者价格修改等。如果要求或者允许报替代方案的话,还应包括替代方案投标的总金额,比如建设工程项目,其他主要内容还应包括:工期、质量、投标保证金等。这样做的目的在于,使全体投标者了解各家投标者的报价和自己在其中的顺序,了解其他投标的基本情况,以充分体现公开开标的透明度。

⑥开标过程应当记录,并存档备查。要求对开标过程进行记录,可以使权益受到侵害的投标人行使要求复查的权利,有利于确保招标人尽可能自我完善,加强管理,少出漏洞。此外,还有助于有关行政主管部门进行检查。

2. 评标

(1) 评标委员会的组成及组成方式

《招标投标法》第三十七条对评标委员会的组成及组成方式等作出了规定。

①所谓评标,是指按照规定的评标标准和方法,对各投标人的投标文件进行评价比较和分析,从中选出最佳投标人的过程。评标是招标投标活动中十分重要的阶段,评标是否真正做到公平、公正,决定着整个招标投标活动是否公平和公正;评标的质量决定着能否从众多投标竞争者中选出最能满足招标项目各项要求的中标者。评标应由招标人依法组建的评标委员会负责,即由招标人按照法律的规定,挑选符合条件的人员组成评标委员会,负责对各投标文件的评审工作。

②评标委员会须由下列人员组成:a. 招标人的代表。招标人的代表参加评标委员会,以在评标过程中充分表达招标人的意见,与评标委员会的其他成员进行沟通,并对评标的全过程实施必要的监督,都是必要的。b. 相关技术方面的专家。由招标项目相关专业的技术专家参加评标委员会,对投标文件所提方案的技术上的可行性、合理性、先进性和质量可靠性等技术指标进行评审比较,以确定在技术和质量方面确能满足招标文件要求的投标。c. 经济方面的专家。由经济方面的专家对投标文件所报的投标价格、投标方案的运营成本、投标人的财务状况等投标文件的商务条款进行评审比较,以确定在经济上对招标人最有利的投标。d. 其他方面的专家。根据招标项目的不同情况,招标人还可聘请除技术专家和经济专家以外的其他方面的专家参加评标委员会。比如,对一些大型的或国际性的招标采购项目,还可聘请法律方面的专家参加评标委员会,以对投标文件的合法性进行审查把关。

③评标委员会成员人数须为 5 人以上单数。评标委员会成员中,有关技术、经济等方面的专家的人数不得少于成员总数的 2/3,以保证各方面专家的人数在评标委员会成员中占绝对多数,充分发挥专家在评标活动中的权威作用,保证评审结论的科学性、合理性。

④参加评标委员会的专家应当同时具备以下条件:a. 从事相关领域工作满 8 年。b. 具有高级职称或者具有同等专业水平。评标委员会的专家由招标人从国务院有关部门或者省、自治区、直辖市人民政府有关部门提供的专家名册或者招标代理机构的专家库内的相关专业的专家名单中确定;一般招标项目可以采取随机抽取方式,特殊招标项目可以由招标人直接确定。这里应当强调的是,与投标人有利害关系的人不得进入相关项目的评标委员会,已经进入的应当更换。

⑤评标委员会成员的名单在中标结果确定前应当保密,以防止有些投标人对评标委员

会成员采取行贿等手段,以谋取中标。同时,《招标投标法》第三十八条也规定:"招标人应当采取必要的措施,保证评标在严格保密的情况下进行。任何单位和个人不得非法干预、影响评标的过程和结果。"

(2)评审过程和要求

《招标投标法》第三十九、四十条对评审过程和要求等作出了规定。

①评标委员会应当按照招标文件中确定的评标标准和方法,对投标文件进行评审和比较。为保证招标投标活动符合公开、公平和公正的原则,评标委员会对各投标竞争者提交的投标文件进行评审、比较的唯一标准和评审方法,只能是在事先已提供给每一个投标人的招标文件中载明的评标标准和方法。招标人或评标委员会都不能在评标过程中对评标标准和方法加以修改。招标文件以外的评标标准和方法不能作为评标的依据。招标文件中规定采用评分法评标的,应按招标文件的规定,将各项评分因素按其重要性确定得分标准,按此标准对每个投标者提供的报价和其他评分因素进行评分,按得分较高者确定中标候选人。招标文件规定采用各项因素评议法的,应按招标文件的规定综合考虑各种评标因素,并将这些因素尽可能用货币形式表示,计算出各个因素的评标价。以综合评标价较低的确定为中标候选人。

②评标委员会在对投标文件进行评审和比较时,如果招标人设有标底的,应当参考标底。这里讲的"标底",是指招标人根据招标项目的具体情况所编制的完成招标项目所需的基本概算。标底价格由成本、利润、税金等组成,一般应控制在批准的总概算及投资包干的限额内。对于超过标底过多的投标一般不应考虑。对低于标底的投标,则应区别情况。从竞争角度考虑,价格的竞争是投标竞争的最重要的因素之一,在其他各项条件均满足招标文件要求的前提下,当然应以价格最低的中标。将低于标底的投标排除在中标范围之外,是不符合国际上通行做法的,也不符合招标投标活动公平竞争的要求。

③评标委员会在对投标人的投标文件进行评审和比较时,遇到投标文件中所载事项内容不清楚、不明确的地方,可以要求投标人对此予以说明,以便客观地对投标文件进行审查和比较,准确地了解投标人真实的意思表示。评标委员会要求对投标人进行澄清和说明的,只限于投标文件中含义不明确的内容。即投标文件中意思表示不清,可能会产生歧义、容易造成误解的内容。评标委员会对投标文件中含义明确的内容,不得要求投标人再作出解释、阐述。另一方面,投标人对于投标文件的澄清或者说明不得超出投标文件的范围或者改变投标文件的实质性内容。

④评标委员会完成评标后,应当向招标人提出书面评标报告,并推荐合格的中标候选人。评标报告,是指评审阶段的综合性结论报告。评标报告的内容应对评标情况(包括评标委员会组成及评标委员会人员名单、评标工作的依据)作出说明,并提出推荐中标候选人的意见。评标委员会经过认真的评选之后,应向招标人推荐符合本法规定的中标条件的中标候选人。候选人的人数一般应不少于2～3人,以便招标人从中选择一名最符合其要求的投标人作为中标者。招标人根据评标委员会提出的书面评标报告和推荐的中标候选人确定中标人。招标人也可以授权评标委员会直接确定中标人,即招标人将确定中标人的权利交给评标委员会,委托评标委员会根据评标结果直接确定一名符合要求的投标人中标。

（3）评标委员会成员的行为规范

《招标投标法》四十四条对评标委员会成员的行为规范作出了规定：

①评标委员会成员应当客观、公正地履行职务。这里讲的"客观"，是指评标委员会在评审投标文件时，必须做到实事求是，不得带有主观偏见。评标委员会成员在评审投标文件时，要综合各方面的因素，严格按照招标文件确定的标准和方法对投标文件进行客观的分析、评价。这里所讲的"公正"，是指评标委员会成员在评标过程中要以独立、超脱的地位，不偏不倚地对待每个投标人，要严格按照招标文件规定的程序和方法评审每个投标人的投标，不能厚此薄彼，区别对待。公正原则不仅是评标委员会成员履行职务时应当遵循的原则，也是招标投标活动要遵循的基本原则之一，对此必须严格恪守。

②评标委员会成员不得私下接触投标人，以防评标委员会成员与投标人串通，影响公正评标。评标委员会成员也不得收受投标人的财物或者其他好处。这里所说的"其他好处"，在实际中有多种表现，如暗中给予、收受信息费、顾问费、劳务费、赠送贵重礼品、邀请出国考察，甚至利用色情贿赂等。评标委员会成员收受投标人的任何馈赠或者其他好处，都属于法律规定予以禁止的行为，对违法者的责任应当予以追究。

③评标委员会成员不得透露评标的有关情况。评标委员会要对评标过程保密。评标委员会成员和参与评标的工作人员由于其工作的特殊性，对评标的有关情况比较了解，尤其要注意遵守保密的规定。他们如果随意泄露投标文件的评审和比较、中标候选人的推荐情况以及投标人不希望其他竞争对手知道的任何贸易资料或者其他资料等，则对被泄密的投标人来讲是不公平的；另外，这也会使评标委员会成员滥用评标程序，使人们失去对评标过程的信任。这无疑有悖于招标投标活动的根本目的。

3. 中标

（1）中标的条件

《招标投标法》第四十一条对中标的条件作出了规定。中标条件应符合下列两项条件之一。

①能够最大限度地满足招标文件中规定的各项综合评价标准。投标文件的评价标准应按法律的规定都在招标文件中载明，评标委员会在对投标文件进行评审时，应当按照招标文件中规定的评标标准进行综合性评价和比较。比如，按综合评价标准对建设工程项目的投标进行评审时，应当对投标人的报价、工期、质量、主要材料用量、施工方案或者组织设计、以往业绩、社会信誉等方面进行综合评定，以能够最大限度地满足招标文件规定的各项要求的投标作为中标。以综合评价标准最优作为中标条件的，在评价方法中通常采用打分的办法，在对各项评标因素进行打分后，以累计得分最高的投标作为中标。

②能够满足招标文件的实质性要求，并且经评审的投标价格最低，但是投标价格低于成本的除外。这包括三个方面的含义：

a. 能够满足招标文件的实质性要求。这是一项投标中标的前提条件。b. 经评审的投标价格最低。这是指对投标文件中的各项评标因素尽可能折算为货币量，加上投标报价进行综合评审、比较之后，确定评审价格最低的投标（通常称为最低评标价），以该投标为中标。这里需要指出的是，中标的是经过评审的最低投标价，而不是指报价最低的投标。c. 为了保证招标项目的质量,防止某些投标人以不正常的低价中标后粗制滥造、偷工减料,本条规定,对投标价格低于成本的投标将不予考虑。

(2) 中标通知书及其法律效力

《招标投标法》四十五条对中标通知书及其法律效力作出了规定:

①所谓中标通知书,是指招标人在确定中标人后向中标人发出的通知其中标的书面凭证。中标通知书的内容应当简明扼要,只要告知招标项目已经由其中标,并确定签订合同的时间、地点即可。对所有未中标的投标人也应当同时给予通知。投标人提交投标保证金的,招标人还应退还这些投标人的投标保证金。所谓投标保证金,是指投标人按照招标文件的要求向招标人出具的,以一定金额表示的投标责任担保。也就是说,投标人保证其投标被接受后对其投标书中规定的责任不得撤销或者反悔。否则,招标人将对投标保证金予以没收。对于未中标的投标保证金,应当在发出中标通知书后一定时间内,尽快退还给投标人。

②招标人经过评标委员会的评标确定中标人后,招标人应当向中标人发出中标通知书。中标通知书实质上就是招标人的承诺。中标通知书发出后产生法律效力。本法规定中标通知书以发出后具有法律效力而不是以中标人收到中标通知书后发生法律效力,是因为这样更适合招标投标的特殊情况。这里所讲的"法律效力",是指中标通知书对招标人和中标人发生法律拘束力。具体体现在:中标通知书发出后,除不可抗力外,招标人改变中标结果的如宣布该标为废标,改由其他投标人中标的,或者随意宣布取消项目招标的,应当依法承担法律责任。如果是中标人放弃中标项目如声明或者以自己的行为表明不承担该招标项目的,则中标人承担相应法律责任。

(3) 订立书面合同及履约保证金

《招标投标法》四十六条对订立书面合同及履约保证金作出了规定:

①招标人和中标人应当自中标通知书发出之日起30日内,按照招标文件和中标人的投标文件订立书面合同。本款规定招标人和中标人在法定期限内订立书面合同属于强制性规定。

②招标人和中标人不得再行订立背离合同实质性内容的其他协议。这里的"实质性内容",是指投标价格、投标方案等实质性内容。如果允许招标人和中标人可以再行订立背离合同实质性内容的其他协议,则违背了招标投标活动的初衷,整个招标过程也就失去了意义,对其他投标人来讲也是不公正的。对这类行为必须予以禁止。

③招标文件要求中标人提交履约保证金的,中标人应当提交。所谓履约保证金,是指招标人要求投标人在接到中标通知后,提交的保证履行合同各项义务的担保。履行担保一般有三种形式:银行保函、履约担保书和保留金。履约保证金额的大小取决于招标项目的类型与规模,但大体上应能保证中标人违约时,招标人所受损失能得到补偿。在投标须知中,招标人要规定使用哪一种形式的履约担保。中标应当按照招标文件中的规定提交履约担保。

(4) 合同的履行

《招标投标法》四十八条规定:"中标人应当按照合同约定履行义务,完成中标项目。中标人不得向他人转让中标项目,也不得将中标项目肢解后分别向他人转让。中标人按照合同约定或者经招标人同意,可以将中标项目的部分非主体、非关键性工作分包给他人完成,接受分包的人应当具备相应的资格条件,并不得再次分包。中标人应当就分包项目向招标人负责,接受分包的人就分包项目承担连带责任。"招标投标实质上是一种特殊的签订合同的方式。招标人通过招标投标活动选择了适合自己需要的中标人并与之订立合同。

中标人应当全面履行合同约定的义务,完成中标项目。所谓中标人全面履行合同约定的义务,是指中标人应当按照合同约定的有关招标项目的质量、数量、工期、造价及结算办法等要求,全面履行其义务,不得擅自变更或者解除合同。当然,招标人也同样应当按照合同的约定履行其义务。

3.4.6 《公路工程建设项目招标投标管理办法》简介

《公路工程建设项目招标投标管理办法》(以下简称"《办法》")已于2015年12月2日经交通运输部第23次部务会议通过,该办法共七章74条,以中华人民共和国交通运输部令2015年第24号现予公布,自2016年2月1日起施行。《公路工程施工招标投标管理办法》(交通部令2006年第7号)、《公路工程施工监理招标投标管理办法》(交通部令2006年第5号)、《公路工程勘察设计招标投标管理办法》(交通部令2001年第6号)和《关于修改〈公路工程勘察设计招标投标管理办法〉的决定》(交通运输部令2013年第3号)、《关于贯彻国务院办公厅关于进一步规范招投标活动的若干意见的通知》(交公路发〔2004〕688号)、《关于公路建设项目货物招标严禁指定材料产地的通知》(厅公路字〔2007〕224号)、《公路工程施工招标资格预审办法》(交公路发〔2006〕57号)、《关于加强公路工程评标专家管理工作的通知》(交公路发〔2003〕464号)、《关于进一步加强公路工程施工招标评标管理工作的通知》(交公路发〔2008〕261号)、《关于进一步加强公路工程施工招标资格审查工作的通知》(交公路发〔2009〕123号)、《关于改革使用国际金融组织或者外国政府贷款公路建设项目施工招标管理制度的通知》(厅公路字〔2008〕40号)、《公路工程勘察设计招标评标办法》(交公路发〔2001〕582号)、《关于认真贯彻执行公路工程勘察设计招标投标管理办法的通知》(交公路发〔2002〕303号)同时废止。

1.《办法》修订的主要内容和创新点

(1)明确了各级交通运输主管部门监管职责,突出事中事后监管。

按照国家深化行政审批制度改革的要求,明确了交通运输部和省级交通运输主管部门对于公路工程建设项目招标投标活动的监督管理职责,依法行使监督权利,全面落实监督义务;对招标工作实行备案制度,要求招标人将资格预审文件、招标文件、招标投标情况的书面报告报交通运输主管部门备案,以利于监管部门加强事中事后监管。按照简政放权、有利监管的原则,将公路工程招标备案权限下放至省级交通运输主管部门,具体备案的部门、备案程序由省级交通运输主管部门负责确定。

(2)实行"五公开"制度,广泛接受社会公众监督。

《办法》首次在工程建设领域提出对资格预审文件和招标文件的关键内容、中标候选人关键信息、评标信息、投诉处理决定、不良行为信息的"五公开"要求,鼓励招标投标活动的当事人和社会公众对其中可能存在的违法违规行为进行投诉举报,全面接受社会监督,从而进一步规范招标人、投标人、评标专家等招标投标当事人的相关行为。

一是资格预审文件和招标文件的关键内容要公开。

公开内容：项目概况、对申请人或者投标人的资格条件要求、资格审查办法、评标办法、招标人联系方式等。

目的：避免招标人以不合理的条件限制、排斥潜在投标人或者投标人，进一步规范招标人的招标行为。

二是中标候选人在投标文件中的关键信息要公示。

公示内容：①中标候选人排序、名称、投标报价等常规公示信息；②中标候选人在投标文件中承诺的主要人员姓名、个人业绩、相关证书编号，中标候选人在投标文件中填报的项目业绩等。

目的：增强投标单位之间的互相监督，进一步规范投标人的投标行为。

三是评标信息要公示。

公示内容：①在中标候选人公示过程中，同时公示被否决投标的投标人名称、否决依据和原因；②实行资格预审的招标项目，要向未通过资格预审的申请人告知其未通过资格预审的依据和原因。

目的：进一步规范评标专家的评标行为。

四是交通运输主管部门的投诉处理决定要公告。

公告内容：包括投诉的事由、调查结果、处理决定、处罚依据以及处罚意见等内容。

目的：加强交通运输主管部门依法行政的透明性。

五是招标投标当事人的不良行为信息要公告。

对于招标人、招标代理机构、投标人以及评标委员会成员等当事人在公路工程建设项目招标投标活动中出现的违法违规或者恶意投诉等行为，交通运输主管部门应当依法公告处理决定并将其作为不良行为信息记入相应当事人的信用档案。

（3）开标评标活动实行"三记录"制度，防止非法干预招标评标工作。

公路工程建设项目的招标人或者其指定机构应当对资格审查、开标、评标等过程录音录像并存档备查。

（4）优化资格预审方法和评标方法，增加"择优"的导向性。

《办法》在以下三个方面提高"择优"的导向性：

一是加强信用评价结果在资格审查和评标工作中的应用，鼓励和支持招标人优先选择信用等级高的从业企业。对于信用等级高的单位，可以给予增加参与投标的标段数量、减免投标保证金、减少履约保证金、质量保证金等优惠措施；可以将信用评价结果作为资格审查或者评标中履约信誉项的评分因素。

二是公路工程施工招标评标新增技术评分最低标价法，对通过初步评审的投标人的施工组织设计、项目管理机构、技术能力等因素进行评分，按照得分由高到低排序，对排名在招标文件规定数量以内的投标人的报价文件进行评审，按照评标价由低到高的顺序推荐中标候选人。该方法可在一定程度上解决市场上现存的围标串标问题，并增加了综合实力强、实行现代企业管理的投标人中标概率，有利于体现公平、公正、公开、诚信和择优的招标投标原则；同时在公路工程施工招标中增加"技术能力"作为评标时的评分因素，也有利于招标人选择到综合实力强的企业。

三是明确禁止采用抽签、摇号等博彩性方式直接确定中标候选人。

（5）加大监管和处罚力度,重拳打击围标串标、弄虚作假等违法违规行为。

一是通过招标投标程序的设置削弱招标投标当事人形成利益集团的可能性。明确公路工程建设项目原则上采用资格后审方式进行招标,采用资格预审方式进行招标的,原则上采用合格制而不是有限数量制进行资格审查,采用资格后审方式进行招标的,无论采用何种评标方法,投标文件必须采用双信封形式密封,这样规定既有效避免了投标人与招标人的串通投标行为,使得招标人无法通过采用有限数量制的资格预审圈定参与投标的投标人名单,又在很大程度上防止了投标人之间的相互串通行为,使得投标人无法确定能够通过投标文件第一信封"商务文件和技术文件"的名单,无法再形成唯"评标基准价"的利益团体。

二是增加评标环节,对围标串标行为进行重点评审。

要求评标委员会对在评标过程中发现的投标人与投标人之间、投标人与招标人之间存在的串通投标的情形进行评审和认定,切实发挥评标专家在打击围标串标活动中的作用。

三是充分利用电子化信息和社会监督手段遏制投标人的弄虚作假行为。

投标人在投标文件中填报的资质、业绩、主要人员资历和目前在岗情况、信用等级等信息,可以通过交通运输主管部门建立的公路建设市场信用信息管理系统进行核实,如发布的相关信息存在不一致,使得投标人的资格条件不符合招标文件规定的,评标委员会应当否决其投标;通过公示中标候选人在投标文件中的关键信息,充分利用社会公众的力量进行监督。

四是在法律责任中增加了对投标人围标串标、弄虚作假等违法行为的处罚条款。

除依照有关法律、法规进行处罚外,省级交通运输主管部门还可以扣减其年度信用评价分数或者降低年度信用评价等级,提高了处罚措施的可操作性。同时,交通运输主管部门应当对投标人不良行为的行政处理决定进行公告并记入其信用档案。

交通运输主管部门将采取倍数递增的处罚措施;对于屡教不改、执意碰触招标投标道德底线的投标人,坚决将其清除出公路建设市场;通过对投标人不良信息的公告,营造出"一处失信、处处受限"的市场氛围,促使投标人回归到正常的竞争轨道。

（6）解决公路建设过程中违法分包、工程变更等突出问题。

一是规范招标文件中的分包条款,《办法》第二十六条规定:

招标人应当按照国家有关法律法规规定,在招标文件中明确允许分包的或者不得分包的工程和服务,分包人应当满足的资格条件以及对分包实施的管理要求。

招标人不得在招标文件中设置对分包的歧视性条款。

招标人有下列行为之一的,属于前款所称的歧视性条款：

（一）以分包的工作量规模作为否决投标的条件；

（二）对投标人符合法律法规以及招标文件规定的分包计划设定扣分条款；

（三）按照分包的工作量规模对投标人进行区别评分；

（四）以其他不合理条件限制投标人进行分包的行为。

二是严格限制招标条件,《办法》第八条规定:

公路工程建设项目履行项目审批或者核准手续后,方可开展勘察设计招标;初步设计文件批准后,方可开展施工监理、设计施工总承包招标;施工图设计文件批准后,方可开展施工招标。

施工招标采用资格预审方式的,在初步设计文件批准后,可以进行资格预审。

将公路工程施工招标条件修改为施工图设计批复,有利于保证招标质量,减少后期工程变更。考虑到资格预审阶段不涉及工程量清单的编制问题,在初步设计批准后,招标人可进行资格预审,有利于项目推进。

三是注重主要人员的选择,《办法》第二十二条规定:

招标人应当根据国家有关规定,结合招标项目的具体特点和实际需要,合理确定对投标人主要人员以及其他管理和技术人员的数量和资格要求。投标人拟投入的主要人员应当在投标文件中进行填报,其他管理和技术人员的具体人选由招标人和中标人在合同谈判阶段确定。对于特别复杂的特大桥梁和特长隧道项目主体工程和其他有特殊要求的工程,招标人可以要求投标人在投标文件中填报其他管理和技术人员。

本办法所称主要人员是指设计负责人、总监理工程师、项目经理和项目总工程师等项目管理和技术负责人。

(7)切实减轻企业负担,保护企业和公民的合法权益。

一是《办法》按照国家有关规定,规范了各类保证金的收取和退还程序,切实减轻企业负担。

将规范各类保证金收取行为作为交通运输主管部门的监管内容;除法律、行政法规的规定外,招标人不得以任何名义增设或者变相增设保证金或者随意更改招标文件载明的保证金收取形式、金额以及返还时间。

招标人不得在资格预审期间收取任何形式的保证金。明确了投标保证金的最高收取比例。

二是对招标人以不合理条件限制、排斥投标人的情形进行细化。招标人不得强制要求投标人的法定代表人、企业负责人、技术负责人等特定人员亲自购买资格预审文件、招标文件或者参与开标活动;不得通过设置备案、登记、注册、设立分支机构等无法律、行政法规依据的不合理条件,限制投标人进入项目所在地进行投标。

三是强调合同风险合理分担制度,招标人应当在招标文件中合理划分合同双方风险,不得设置将应由发包人承担的风险转嫁给施工、勘察设计、监理单位的不合理条款,确保合同双方主体地位平等。

(8)深入推进电子招标投标和进入统一的公共资源交易平台进场交易,提高招标投标活动透明度。

2.明确了有关投诉的要求

《办法》第63~67条规定:

投标人或者其他利害关系人认为招标投标活动不符合法律、行政法规规定的,可以自知道或者应当知道之日起10日内向交通运输主管部门投诉。

投诉人投诉时,应当提交投诉书。投诉书应当包括下列内容:

(一)投诉人的名称、地址及有效联系方式;

(二)被投诉人的名称、地址及有效联系方式;

(三)投诉事项的基本事实;

(四)异议的提出及招标人答复情况;

(五)相关请求及主张;

(六)有效线索和相关证明材料。

对本办法规定应先提出异议的事项进行投诉的,应当提交已提出异议的证明文件。未按规定提出异议或者未提交已提出异议的证明文件的投诉,交通运输主管部门可以不予受理。

投诉人就同一事项向两个以上交通运输主管部门投诉的,由具体承担该项目招标投标活动监督管理职责的交通运输主管部门负责处理。

交通运输主管部门应当自收到投诉之日起3个工作日内决定是否受理投诉,并自受理投诉之日起30个工作日内作出书面处理决定;需要检验、检测、鉴定、专家评审的,所需时间不计算在内。

投诉人缺乏事实根据或者法律依据进行投诉的,或者有证据表明投诉人捏造事实、伪造材料的,或者投诉人以非法手段取得证明材料进行投诉的,交通运输主管部门应当予以驳回,并对恶意投诉按照有关规定追究投诉人责任。

交通运输主管部门处理投诉,有权查阅、复制有关文件、资料,调查有关情况,相关单位和人员应当予以配合。必要时,交通运输主管部门可以责令暂停招标投标活动。

交通运输主管部门的工作人员对监督检查过程中知悉的国家秘密、商业秘密,应当依法予以保密。

交通运输主管部门对投诉事项作出的处理决定,应当在对该项目具有招标监督职责的交通运输主管部门政府网站上进行公告,包括投诉的事由、调查结果、处理决定、处罚依据以及处罚意见等内容。

3.4.7 《收费公路政府和社会资本合作操作指南(试行)》条款介绍

根据《国务院办公厅转发财政部发展改革委人民银行关于在公共服务领域推广政府和社会资本合作模式的意见》(国办发〔2015〕42号)等有关规定,为推动收费公路领域开展政府和社会合作(Public-Private-Partnership,简称PPP),规范收费公路PPP项目操作流程,交通运输部办公厅研究起草了《收费公路政府和社会资本合作操作指南(试行)》,并以交办财审〔2015〕192号文下发实行。该指南共六章四十三条,详情可扫描二维码下载查看。

3.4.8 招标投标法有关法律责任的规定

1. 应该招标而未招标的法律责任

必须进行招标的项目而不招标的,将必须进行招标的项目化整为零或者以其他任何方式规避招标的,责令限期改正,可以处项目合同金额5‰以上10‰以下的罚款;对全部或者部分使用国有资金的项目,可以暂停项目执行或者暂停资金拨付;对单位直接负责的主管人员和其他直接责任人员依法给予处分。

2. 招标代理机构法律责任

招标代理机构违反本法规定,泄露应当保密的与招标投标活动有关的情况和资料的,或者与招标人、投标人串通损害国家利益、社会公共利益或者他人合法权益的,处5万元以上25万元以下的罚款,对单位直接负责的主管人员和其他直接责任人员处单位罚款数额5%以上10%以下的罚款;有违法所得的,并处没收违法所得;情节严重的,暂停直至取消招标代理资格;构成犯罪的,依法追究刑事责任。给他人造成损失的,依法承担赔偿责任。上述所列行为影响中标结果的,中标无效。

3. 招标人法律责任

(1)招标人以不合理的条件限制或者排斥潜在投标人的,对潜在投标人实行歧视待遇的,强制要求投标人组成联合体共同投标的,或者限制投标人之间竞争的,责令改正,可以处1万元以上5万元以下的罚款。

(2)依法必须进行招标的项目的招标人向他人透露已获取招标文件的潜在投标人的名称、数量或者可能影响公平竞争的有关招标投标的其他情况的,或者泄露标底的,给予警告,可以并处1万元以上10万元以下的罚款;对单位直接负责的主管人员和其他直接责任人员依法给予处分;构成犯罪的,依法追究刑事责任。上述所列行为影响中标结果的,中标无效。

(3)依法必须进行招标的项目,招标人违反本法规定,与投标人就投标价格、投标方案等实质性内容进行谈判的,给予警告,对单位直接负责的主管人员和其他直接责任人员依法给予处分。上述所列行为影响中标结果的,中标无效。

(4)招标人在评标委员会依法推荐的中标候选人以外确定中标人的,或依法必须进行招标的项目在所有投标被评标委员会否决后自行确定中标人的,中标无效。责令改正,可以处中标项目金额5‰以上10‰以下的罚款;对单位直接负责的主管人员和其他直接责任人员依法给予处分。

4. 投标人法律责任

(1)投标人相互串通投标或者与招标人串通投标的,投标人以向招标人或者评标委员会成员行贿的手段谋取中标的,中标无效,处中标项目金额5‰以上10‰以下的罚款,对单位直接负责的主管人员和其他直接责任人员处单位罚款数额5%以上10%以下的罚款;有违法所得的,并处没收违法所得;情节严重的,取消其1年至2年内参加依法必须进行招标的项目的投标资格并予以公告,直至由工商行政管理机关吊销营业执照;构成犯罪的,依法追究刑事责任。给他人造成损失的,依法承担赔偿责任。

(2)投标人以他人名义投标或者以其他方式弄虚作假,骗取中标的,中标无效,给招标人造成损失的,依法承担赔偿责任;构成犯罪的,依法追究刑事责任。依法必须进行招标的项目的投标人有上述所列行为尚未构成犯罪的,处中标项目金额5‰以上10‰以下的罚款,对单位直接负责的主管人员和其他直接责任人员处单位罚款数额5%以上10%以下的罚款;有违法所得的,并处没收违法所得;情节严重的,取消其1~3年内参加依法必须进行招标的项目投标资格并予以公告,直至由工商行政管理机关吊销营业执照。

5. 评标委员会法律责任

评标委员会成员收受投标人的财物或者其他好处的,评标委员会成员或者参加评标的有关工作人员向他人透露对投标文件的评审和比较、中标候选人的推荐以及与评标有关的其他情况的,给予警告,没收收受的财物,可以并处3千元以上5万元以下的罚款,对有所列违法行为的评标委员会成员取消担任评标委员会成员的资格,不得再参加任何依法必须进行招标的项目的评标;构成犯罪的,依法追究刑事责任。

6. 中标人法律责任

(1)中标人将中标项目转让给他人的,将中标项目肢解后分别转让给他人的,违反本法规定将中标项目的部分主体、关键性工作分包给他人的,或者分包人再次分包的,转让、分包无效,处转让、分包项目金额5‰以上10‰以下的罚款;有违法所得的,并处没收违法所得;可以责令停业整顿;情节严重的,由工商行政管理机关吊销营业执照。

(2)中标人不履行与招标人订立的合同的,履约保证金不予退还,给招标人造成的损失超过履约保证金数额的,还应当对超过部分予以赔偿;没有提交履约保证金的,应当对招标人的损失承担赔偿责任。

(3)中标人不按照与招标人订立的合同履行义务,情节严重的,取消其2年至5年内参加依法必须进行招标的项目的投标资格并予以公告,直至由工商行政管理机关吊销营业执照。

7. 行政监督机关法律责任

对招标投标活动依法负有职责的国家机关工作人员徇私舞弊、滥用职权或者玩忽职守,构成犯罪的,依法追究刑事责任;不构成犯罪的,依法给予行政处分。

案例

某重点工程招投标活动分析

某省重点工程项目计划于2014年12月28日开工,由于工程复杂,技术难度高,一般施工队伍难以胜任,业主自行决定采取邀请招标方式。于2014年9月8日向通过资格预审的A、B、C、D、E五家施工承包企业发出了投标邀请书。该五家企业均接受了邀请,并于规定时间9月20日~22日购买了招标文件。

招标文件中规定,10月18日下午4时是招标文件规定的投标截止时间。评标标准:能够最大限度地满足招标文件中规定的各项综合评价标准。在投标截止时间之前,A、B、D、E

四家企业提交了投标文件,但C企业于10月18日下行5时才送达,原因是中途堵车。10月21日下午由当地招投标监督管理办公室主持进行了公开开标。

评标委员会成员共有7人组成,其中招标人代表3人(包括E公司总经理1人、D公司副总经理1人、业主代表1人)、技术经济方面专家4人。评标委员会于10月28日提出了书面评标报告。B、A分列综合得分第一、第二名。招标人考虑到B企业投标报价高于A企业,要求评标委员会按照投标价格标准将A企业排名第一、B企业排名第二。11月10日招标人向A企业发出了中标通知书,并于12月12日签订了书面合同。依据《中华人民共和国招标投标法》分析讨论下面问题。

(1)业主自行决定采取邀请招标方式的做法是否妥当?
(2)C企业投标文件是否有效?
(3)请指出开标工作的不妥之处。
(4)请指出评标委员会成员组成的不妥之处。
(5)招标人要求按照价格标准评标是否违法?
(6)合同签证的日期是否违法?

评析

(1)不妥。根据《招标投标法》第十一条规定,省、自治区、直辖市人民政府确定的地方重点项目中不适宜公开招标的项目,要经过省、自治区、直辖市人民政府批准,方可进行邀请招标。因此,本案业主自行对省重点工程项目决定采取邀请招标方式的做法是不妥的。

(2)无效。根据《招标投标法》第二十八条规定,在招标文件要求提交投标文件的截止时间后送达的投标文件,招标人应当拒收。本案C企业的投标文件送达时间迟于投标截止时间,因此,该投标文件应被拒收。

(3)根据《招标投标法》第三十四条规定,开标应当在招标文件确定的提交投标文件的截止时间的同一时间公开进行。

本案招标文件规定的投标截止时间是10月18日下午4时,但迟至10月21日下午才开标,是不妥之处之一。

根据《招标投标法》第三十五条规定,开标应由招标人主持。

本案由属于行政监督部门的当地招投标监督管理办公室主持,是不妥之处之二。

(4)根据《招标投标法》第三十七条规定,与投标人有利害关系的人不得进入评标委员会。本案由E公司总经理、D公司副总经理担任评标委员会成员是不妥的。

《招标投标法》还规定评标委员技术、经济等方面的专家不得少于成员总数的2/3。本案技术经济方面专家比例为4/7,低于规定的比例要求。

(5)违法。根据《招标投标法》第四十条规定,评标委员会应当按照招标文件确定的评标标准和方法,对投标文件进行评审和比较。

招标文件规定的评标标准是:能够最大限度地满足招标文件中规定的各项综合评价标准。按照投标价格评标不符合招标文件的要求,属于违法行为。

3.5 建设工程参建单位质量责任和义务

《建筑法》与《建设工程质量管理条例》均明确,任何单位和个人对建设工程的质量事故、质量缺陷都有权检举、控告、投诉。工程质量检举、控告、投诉制度是为了更好地发挥群众监督和社会舆论监督的作用,促进工程参建单位更好地履行自己的责任和义务,是保证建设工程质量的一项有效措施。

3.5.1 建设单位的质量责任与义务

《建筑法》第五十四条等及《建设工程质量管理条例》第二章明确了建设单位的质量责任和义务。

1. 依法发包工程的责任

(1)《建设工程质量管理条例》规定:"建设单位应当将工程发包给具有相应资质等级的单位""建设单位不得将工程肢解发包。"

(2)对于应当招标的工程项目,建设单位应依法招标。

(3)发包单位及其工作人员在建设工程发包中不得收受贿赂、回扣或者索取其他好处。

2. 委托监理的责任

对必须实行监理的工程,建设单位应当委托具有相应资质等级的工程监理单位进行监理。

3. 依法报批、接受政府监督的责任

建设单位在工程设计完成后,应将施工图设计文件报县级以上人民政府建设行政主管部门或其他有关部门审查,未经审查批准的施工图设计文件,不得使用。建设单位在领取施工许可证前,应按国家有关规定办理工程质量监督手续。

4. 遵守国家规定及技术标准的责任

(1)《建筑法》第五十四条规定:"建设单位不得以任何理由,要求建筑设计单位或者建筑施工企业在工程设计或者施工作业中,违反法律、行政法规和建筑工程质量、安全标准,降低工程质量。"

(2)建设单位在工程发包时不得迫使承包方以低于成本的价格竞标,不得任意压缩合理工期。

(3)工程建设过程中,建设单位不得明示和暗示设计单位或施工单位违反工程建设强制性标准,降低工程质量。建设单位也不得明示和暗示施工单位使用不合格的建筑材料、建筑构配件和设备。按合同约定由建设单位自己提供的建筑材料、建筑构配件和设备,也必须保证其符合设计文件和合同的要求。

(4)在进行涉及建筑主体和承重结构变动的装修时,应委托原设计单位或具有相应资质等级的设计单位进行设计,没有设计方案的,不得强行施工。

5. 提供资料、组织验收的责任

在工程建设的各个阶段,建设单位都负有向有关的勘察、设计、施工、工程监理等单位提供工程有关原始资料,并保证其真实、准确、齐全的责任。在收到工程竣工报告后,建设单位应负责组织设计、施工、工程监理等有关单位对工程进行验收,并应按国家有关档案管理的规定,及时收集、整理建设项目各个环节的文件资料,在工程验收后,负责及时向建设行政主管部门或其他有关部门移交建设项目档案。

如建设单位未尽上述责任,将分别受到限期改正、责令停工、处以罚款等处罚;构成犯罪的,还将追究单位、直接责任人及直接负责的主管人员的刑事责任。

3.5.2 工程勘察设计单位的质量责任与义务

勘察是根据建设工程的要求,查明、分析、评价建设场地的地质地理环境特征和岩土工程条件,编制建设工程勘察文件的活动。设计是根据建设工程的要求,对建设工程所需的技术、经济、资源、环境等条件进行综合分析、论证,编制建设工程设计文件的活动。《建筑法》第五十六条等及《建设工程质量管理条例》第三章明确了勘察、设计单位的质量责任和义务。

1. 勘察设计单位遵守执业资质等级制度的责任

勘察设计单位必须在其资质等级允许范围内承揽工程勘察设计任务,不得擅自超越资质等级或以其他勘察、设计单位的名义承揽工程,不得允许其他单位或个人以本单位的名义承揽工程,也不得转包或违法分包自己所承揽的工程。

2. 建立质量保证体系的责任

勘察设计单位应建立健全质量保证体系,加强设计过程的质量控制,健全设计文件的审核会签制度。注册建筑师、注册结构工程师等执业人员应在设计文件上签字,对设计文件的质量负责。

3. 遵守国家工程建设强制性标准及有关规定的责任

勘察设计单位必须按照工程建设强制性标准及有关规定进行勘察设计。工程勘察文件要反映工程地质、地形地貌、水文地质情况,其勘察成果必须真实准确,评价应准确可靠。设计单位要根据勘察成果文件进行设计,设计文件的深度应符合国家规定,满足相应设计阶段的技术要求,并注明工程合理使用年限;所完成的施工图应配套,细部节点应交代清楚,标注说明应清晰、完整。凡设计所选用的建筑材料、建筑构配件和设备,应注明规格、型号、性能等技术指标,其质量必须符合国家规定的质量标准;除有特殊要求的建筑材料、专用设备、工艺生产线等外,设计单位不得指定生产厂家或供应商。

4. 技术交底和事故处理责任

设计单位应就审查合格的施工图向施工单位做出详细说明,做好设计文件的技术交底工作,对大中型建设工程、超高层建筑以及采用新技术、新结构的工程,设计单位还应向施工现场派驻设计代表。当其所设计的工程发生质量事故时,设计单位应参与质量事故分析并对因设计造成的质量事故提出相应的技术处理方案。勘察设计单位应对本单位编制的勘察设计文件的质量负责。

违反国家的法律、法规及相关规定,没有尽到上述质量责任时,根据情节轻重,将会受到责令改正、没收违法所得、罚款、责令停业整顿、降低资质等级、吊销资质证书等处罚;造成损失的,依法承担赔偿责任;违反国家规定,降低工程质量标准,造成重大安全事故、构成犯罪的,要依法追究直接责任人员的刑事责任。

注册建筑师、注册结构工程师等注册执业人员因过错造成质量事故的,责令停止执业1年;造成重大事故的,吊销执业资格证书,5年内不予注册;情节特别恶劣的,终身不予注册。

3.5.3 施工单位的质量责任与义务

施工企业是建筑产品的直接生产者、最终完成者,其质量责任比较明显,社会上影响也比较大。《建筑法》第五十五条、第五十八条、第六十条等及《建设工程质量管理条例》第四章明确了施工单位的质量责任和义务。

1. 遵守执业资质等级制度的责任

施工单位必须在其资质等级许可的范围内承揽工程施工任务,不得超越本单位资质等级许可的业务范围或以其他施工单位的名义承揽工程。禁止施工单位允许其他单位或个人以本单位的名义承揽工程,施工单位也不得将自己承包的工程再进行转包或非法分包。

2. 建立质量保证体系的责任

施工单位应当建立健全质量保证体系,要明确确定工程项目的项目经理、技术负责人和管理负责人。施工单位必须建立、健全并落实质量责任制度,严格工序管理,做好隐蔽工程的质量检查和记录。隐蔽工程在掩埋前,应通知建设单位和建设工程质量监督机构进行检验。施工单位还应当建立健全质量教育培训制度,加强对职工的质量教育培训,未经教育培训或考核不合格的人员,不得上岗作业。施工单位还应加强计量、检测等基础工作。

3. 遵守技术标准,严格按图施工的责任

(1)施工单位必须按照工程设计图纸和施工技术标准施工,不得擅自修改工程设计,不得偷工减料。

(2)施工过程中如果发现设计文件和图纸的差错,应及时向设计单位提出意见和建议,不得擅自处理。

(3)施工单位必须按照工程设计要求、施工技术标准和合同约定,对建筑材料、建筑构配件、设备及商品混凝土进行检验,并做好书面记录,由专人签字,未经检验或检验不合格的上述物品,不得使用。

(4)施工单位必须按有关施工技术标准留取试块、试件及有关材料的取样,应在建设单位或工程监理单位监督下,在现场进行。

(5)施工单位对施工中出现质量问题的建设工程或竣工验收不合格的工程,应负责返修。

4. 总包单位与分包单位之间的质量责任

建设工程实行总承包的,总承包单位应对全部建设工程质量负责;实行勘察、设计、施工、设备采购的一项或多项总承包的,总承包单位应对其承包工程或采购设备的质量负责。总承包单位依法进行分包的,分包单位应按分包合同的约定对其分包工程的质量向总承包单位负责,总承包单位与分包单位对分包工程的质量承担连带责任。

施工单位未尽到上述质量责任时,根据其违法行为的严重程度,将受到责令改正、罚款、降低资质等级、责令停业整顿、吊销资质证书等处罚。对不符合质量标准的工程,要负责返工、修理,并赔偿因此造成的损失;对降低工程质量标准,造成重大安全事故,构成犯罪的,要追究直接责任人的刑事责任。

3.5.4　工程建设监理单位的质量责任与义务

《建设工程质量管理条例》第五章明确了工程监理单位的质量责任和义务。

1. 遵守执业资质等级制度的责任

(1)工程监理单位应在资质等级许可的范围内承担工程监理业务,不得超越本单位等级许可的范围或以其他工程监理单位的名义承担工程监理业务。

(2)禁止工程监理单位允许其他或个人以本单位的名义承担工程监理业务。工程监理单位也不得将自己承担的工程监理业务进行转让。

2. 回避责任

工程监理单位与被监理工程的施工承包单位以及建筑材料、建筑构配件和设备供应单位有隶属关系或其他利害关系的,不得承担该项工程的监理业务,以保证监理活动的公平、公正。

3. 坚持质量标准、依法进行现场监理的责任

(1)工程监理单位应选派具有相应资格的总监理工程师进驻现场。

(2)监理工程师应依据有关技术标准、设计文件和建设工程承包合同及工程监理规范的要求,采取旁站、巡视和平行检验等形式,对建设工程进行监理,对违反有关规范及技术标准的行为进行制止,责令改正;对工程使用的建筑材料、建筑构配件和设备的质量进行检验,不合格者,不得准予使用。

(3)工程监理单位不得与建设单位或与施工单位串通一气,弄虚作假,降低工程质量。

(4)工程监理单位未尽上述责任,影响工程质量的,将根据其违法行为的严重程度,给予责令改正、没收非法所得、罚款、降低资质等级、吊销资质证书等处罚。

(5)造成重大安全事故、构成犯罪的,要追究直接责任人员的刑事责任。

建设、勘察、设计、施工、工程监理单位的工作人员因调动工作、退休等原因离开该单位后,被发现在该单位工作期间违反国家有关建设工程质量管理规定,造成重大工程质量事故的,仍应当依法追究法律责任。

3.5.5　材料、设备供应单位的质量责任与义务

《建设工程质量管理条例》明确了材料、设备供应单位的质量责任和义务。

(1)建筑材料、构配件生产及设备供应单位必须具备相应的生产条件、技术设备和质量保证体系,具备相应的检测人员和设备,并应把好产品看样、订货、储存、运输和核验的质量

关,其供应的建筑材料、构配件和设备质量应符合国家或行业现行有关技术标准规定的合格标准和设计要求,并应符合以其产品说明、实物样品等方式表明的质量状况。

(2)其产品或其包装上的标识应符合下述要求:①有产品质量检验合格证明;②有中文表明的产品名称、生产厂厂名和厂址;③产品包装和商标样式符合国家有关规定和标准要求;④设备应有详细的产品使用说明书,电器设备还应附有线路图;⑤获得生产许可证或使用产品质量认证标志的产品,应有生产许可证或质量认证的编号、批准日期和有效期限。

3.5.6　工程质量监督管理部门的责任

《建设工程质量管理条例》规定,建设工程质量必须实行政府监督管理。政府对工程质量的监督管理主要以保证工程使用安全和环境质量为主要目的,以法律、法规和强制性标准为依据,以地基基础、主体结构、环境质量和与此有关的工程建设各方主体的质量行为为主要内容,以施工许可制度和竣工验收备案制度为主要手段。

建设工程质量监督工作的主管部门,国家是住建部,地方是各级人民政府的建设主管部门。国务院交通、水利等有关部门负责有关专业建设工程项目的质量监督管理工作。市、县建设工程质量监督站(简称为监督站)为建设工程质量监督的实施机构,工程质量监督机构的基本职责:

(1)办理建设单位工程建设项目报监手续。

(2)依照国家有关法律、法规和工程建设强制性标准,对建设工程的地基基础、主体结构及相关的建筑材料、构配件、商品混凝土的质量进行检查。

(3)对于被检查实体质量有关的工程建设参与各方主体的质量行为及工程质量文件进行检查,发现工程质量问题时,有权采取局部暂停施工等强制性措施,直到问题得到改正。

(4)参与评定本地区、本部门的优质工程。

(5)参与重大工程质量事故的处理。

(6)对建设单位组织的竣工验收程序实施监督,察看其验收程序是否合法,资料是否齐全,实体质量是否存有严重缺陷。

(7)工程竣工后,应向委托的政府有关部门报送工程质量监督报告。

(8)对需要实施行政处罚的,报告委托的政府部门进行行政处罚。

3.6　建筑工程的竣工验收制度

3.6.1　《建筑法》有关规定

《建筑法》第六十一条规定:"交付竣工验收的建筑工程,必须符合规定的建筑工程质量标准,有完整的工程技术经济资料和经签署的工程保修书,并具备国家规定的其他竣工条件。建筑工程经竣工验收合格后,方可交付使用;未经验收或者验收不合格的,不得交付使用。"

建筑工程竣工验收制度是政府质量监督的重要内容，也是工程项目管理的重要内容。它是建设投资成果转入生产或使用的标志，也是全面考核投资效益、检验设计和施工质量的重要环节。竣工验收，对于把好工程项目交付使用的最后一个关口起着重要作用，只有经过竣工验收，才能保证合格的产品交付社会使用，才能切实有效地保证社会的公共利益。

1. 竣工验收的程序

一般情况下，竣工验收由监理工程师牵头，项目经理配合进行。项目经理必须根据合同和设计图纸的要求，严格执行国家颁发的有关工程项目质量检验评定标准和验收标准，及时配合监理工程师、质量监理站的有关人员进行质量评定和办理竣工验收交接手续。工程项目质量评定和验收程序是按分项工程、分部工程、单位工程依次进行；工程质量等级，均分为"合格"和"优良"两级，凡不合格的项目则不予验收。

(1)施工单位竣工预验

施工单位竣工预验是指工程项目完工后要求监理工程师验收前由施工单位自行组织的内部模拟验收，内部预验是顺利通过正式验收的可靠保证。在实践中，为了不使验收工作遇到麻烦，最好邀请监理工程师参加。

(2)施工单位提交验收申请报告

施工单位决定正式提请验收后应向监理单位送交验收申请报告，监理工程师收到验收申请报告后应参照工程合同的要求、验收标准等进行仔细审查。

(3)根据申请报告进行现场初验

监理工程师审查完验收申请报告后，若认为可以进行验收，则应由监理人员组成验收班子对竣工的工程项目进行初验，在初验中发现的质量问题，应及时书面通知或以备忘录的形式告诉施工单位，并令其按有关的质量要求进行修理甚至返工。

(4)正式验收

在监理工程师初验合格的基础上，便可由监理工程师牵头，组织业主、设计单位、施工单位等参加，在规定时间内进行正式验收。

竣工验收书必须有三方即建设单位、施工单位和监理单位签字后方为有效。

2. 交付使用的条件

《建筑法》第六十一条规定："建筑工程竣工验收合格后，方可交付使用；未经验收或者验收不合格的，不得交付使用。"竣工验收交付使用的工程必须符合下列基本要求：

(1)完成工程设计和合同中规定的各项工作内容，达到国家规定的竣工条件。

(2)工程质量应符合国家现行有关法律、法规、技术标准、设计文件及合同规定的要求，并经质量监督机构核定为合格或优良。

(3)工程所用的设备和主要建筑材料、构件应具有产品质量出厂检验合格证明和技术标准规定必要的进场试验报告。

(4)具有完整的工程技术档案和竣工图，已办理工程竣工交付使用的有关手续。

3.6.2 《公路工程竣(交)工验收办法》有关规定

公路工程验收分为交工验收和竣工验收两个阶段。

交工验收是检查施工合同的执行情况,评价工程质量是否符合技术标准及设计要求,是否可以移交下一阶段施工或者是否满足通车要求,对各参建单位工作进行初步评价。交工验收由项目法人负责。

竣工验收是综合评价工程建设成果,对工程质量、参建单位和建设项目进行综合评价,并对工程建设项目作出整体性综合评价。竣工验收由交通主管部门按项目管理权限负责。交通部负责国家、部重点公路工程项目中100公里以上的高速公路、独立特大型桥梁和特长隧道工程的竣工验收工作。

整个建设项目竣(交)工验收期间质量监督机构进行工程质量检测所需的费用由项目法人承担。

公路工程竣(交)工验收的依据:

①批准的项目建议书、工程可行性研究报告。
②批准的工程初步设计、施工图设计及设计变更文件。
③施工许可。
④招标文件及合同文本。
⑤行政主管部门的有关批复、批示文件。
⑥公路工程技术标准、规范、规程及国家有关部门的相关规定。

1. 公路工程交工验收

(1)交工验收应具备的条件(一般按合同段进行)

①合同约定的各项内容已全部完成。各方就合同变更的内容达成书面一致意见。
②施工单位按《公路工程质量检验评定标准》及相关规定对工程质量自检合格。
③监理单位对工程质量评定合格。
④质量监督机构按"公路工程质量鉴定办法"对工程质量进行检测,并出具检测意见。检测意见中需整改的问题已经处理完毕。
⑤竣工文件按公路工程档案管理的有关要求,完成"公路工程项目文件归档范围"第三、四、五部分(不含缺陷责任期资料)内容的收集、整理及归档工作。
⑥施工单位、监理单位完成本合同段的工作总结报告。

(2)交工验收程序

①施工单位完成合同约定的全部工程内容,且经施工自检和监理检验评定均合格后,提出合同段交工验收申请报监理单位审查。交工验收申请应附自检评定资料和施工总结报告。
②监理单位根据工程实际情况、抽检资料以及对合同段工程质量评定结果,对施工单位交工验收申请及其所附资料进行审查并签署意见。监理单位审查同意后,应同时向项目法人提交独立抽检资料、质量评定资料和监理工作报告。
③项目法人对施工单位的交工验收申请、监理单位的质量评定资料进行核查,必要时可委托有相应资质的检测机构进行重点抽查检测,认为合同段满足交工验收条件时应及时组织交工验收。
④对若干合同段完工时间相近的,项目法人可合并组织交工验收。对分段通车的项目,

项目法人可按合同约定分段组织交工验收。

⑤通过交工验收的合同段,项目法人应及时颁发"公路工程交工验收证书"。

⑥各合同段全部验收合格后,项目法人应及时完成"公路工程交工验收报告"。

(3)交工验收的主要工作内容

①检查合同执行情况。

②检查施工自检报告、施工总结报告及施工资料。

③检查监理单位独立抽检资料、监理工作报告及质量评定资料。

④检查工程实体,审查有关资料,包括主要产品的质量抽(检)测报告。

⑤核查工程完工数量是否与批准的设计文件相符,是否与工程计量数量一致。

⑥对合同是否全面执行、工程质量是否合格做出结论。

⑦按合同段分别对设计、监理、施工等单位进行初步评价。

(4)交工验收参加单位

各合同段的设计、施工、监理等单位参加交工验收工作,由项目法人负责组织。路基工程作为单独合同段进行交工验收时,应邀请路面施工单位参加。拟交付使用的工程,应邀请运营、养护管理等相关单位参加。交通运输主管部门、公路管理机构、质量监督机构视情况参加交工验收。

(5)交工验收工程质量评定

合同段工程质量评分采用所含各单位工程质量评分的加权平均值。

$$合同段工程质量评分值 = \frac{\sum(单位工程质量评分值 \times 该单位工程投资额)}{合同段总投资额}$$

工程各合同段交工验收结束后,由项目法人对整个工程项目进行工程质量评定,工程质量评分采用各合同段工程质量评分的加权平均值。

$$工程项目质量评分值 = \frac{\sum(合同段工程质量评分值 \times 该合同段投资额)}{\sum 合同段投资额}$$

投资额原则使用结算价,当结算价暂时未确定时,可使用招标合同价,但在评分计算时应统一。

交工验收工程质量等级评定分为合格和不合格,工程质量评分值大于等于75分的为合格,小于75分的为不合格。

2. 公路工程竣工验收

(1)公路工程竣工验收应具备的条件

①通车试运营2年以上。

②交工验收提出的工程质量缺陷等遗留问题已全部处理完毕,并经项目法人验收合格。

③工程决算编制完成,竣工决算已经审计,并经交通运输主管部门或其授权单位认定。

④竣工文件已完成"公路工程项目文件归档范围"的全部内容。

⑤档案、环保等单项验收合格,土地使用手续已办理。

⑥各参建单位完成工作总结报告。

⑦质量监督机构对工程质量检测鉴定合格,并形成工程质量鉴定报告。

(2)竣工验收准备工作程序

①公路工程符合竣工验收条件后,项目法人应按照公路工程管理权限及时向相关交通运输主管部门提出验收申请,其主要内容包括:

a. 交工验收报告。

b. 项目执行报告、设计工作报告、施工总结报告和监理工作报告。

c. 项目基本建设程序的有关批复文件。

d. 档案、环保等单项验收意见。

e. 土地使用证或建设用地批复文件。

f. 竣工决算的核备意见、审计报告及认定意见。

②相关交通运输主管部门对验收申请进行审查,必要时可组织现场核查。审查同意后报负责竣工验收的交通运输主管部门。

③以上文件齐全且符合条件的项目,由负责竣工验收的交通运输主管部门通知所属的质量监督机构开展质量鉴定工作。

④质量监督机构按要求完成质量鉴定工作,出具工程质量鉴定报告,并审核交工验收对设计、施工、监理初步评价结果,报送交通运输主管部门。

⑤工程质量鉴定等级为合格及以上的项目,负责竣工验收的交通运输主管部门及时组织竣工验收。

(3)竣工验收主要工作内容

①成立竣工验收委员会。

②听取公路工程项目执行报告、设计工作报告、施工总结报告、监理工作报告及接管养护单位项目使用情况报告。

③听取公路工程质量监督报告及工程质量鉴定报告。

④竣工验收委员会成立专业检查组检查工程实体质量,审阅有关资料,形成书面检查意见。

⑤对项目法人建设管理工作进行综合评价。审定交工验收对设计单位、施工单位、监理单位的初步评价。

⑥对工程质量进行评分,确定工程质量等级,并综合评价建设项目。

⑦形成并通过《公路工程竣工验收鉴定书》。

⑧负责竣工验收的交通运输主管部门印发《公路工程竣工验收鉴定书》。

⑨质量监督机构依据竣工验收结论,对各参建单位签发"公路工程参建单位工作综合评价等级证书"。

(4)竣工验收参加单位

竣工验收委员会由交通运输主管部门、公路管理机构、质量监督机构、造价管理机构等单位代表组成。国防公路应邀请军队代表参加。大中型项目及技术复杂工程,应邀请有关专家参加。

项目法人、设计、施工、监理、接管养护等单位代表参加竣工验收工作,但不作为竣工验收委员会成员。

3.6.3 港口竣工验收

港口工程竣工验收,是指港口工程完工后、投入使用前,对港口工程质量、执行国家和行业强制性标准情况、投资使用情况等事项的全面检查验收,以及对港口工程建设、设计、施工、监理等工作的综合评价。港口工程竣工验收,实行统一管理、分级负责制度。

交通部和省级交通主管部门负责竣工验收的港口工程,由该港口所在地港口行政管理部门组织初步验收。初步验收合格后,由港口行政管理部门向省级交通主管部门提出竣工验收申请,其中交通部负责竣工验收的,由省级交通主管部门向交通部转报竣工验收的申请材料。

港口工程竣工验收部门应当自收到竣工验收申请之日起 5 个工作日内对申请材料进行审查,对于不符合竣工验收条件的,应当及时退回并告知理由;对于符合竣工验收条件的,应当受理竣工验收申请。

港口工程竣工验收或者初步验收应当自受理之日起 20 个工作日内完成。20 个工作日内不能完成的,经竣工验收部门负责人批准,可以延长 10 个工作日。

港口工程竣工验收由竣工验收部门组织质量监督机构、当地海事管理机构、有关行政主管部门、有关专家组成竣工验收委员会实施。港口工程项目法人、设计单位、监理单位、施工单位等应当参加竣工验收工作。

1. 港口工程进行竣工验收应当具备的条件

(1)港口工程有关合同约定的各项内容已基本完成,申请竣工验收的建设项目有尾留工程的,尾留工程不得影响建设项目的投产使用,尾留工程投资额可根据实际测算投资额或按照工程概算所列的投资额列入竣工决算报告,但不得超过工程总投资的 5%。施工单位对工程质量自检合格,监理工程师对工程质量评定合格,项目法人组织设计、施工、监理、工程质量监督等单位进行的交工验收合格。

(2)主要工艺设备或设施通过调试具备生产条件。

(3)一般港口工程经过 3 个月试运行;设有系统装卸设备的矿石、煤炭、散粮、油气、集装箱码头等港口工程,经过 6 个月试运行,符合设计要求。

(4)环境保护设施、安全设施、消防设施已按照设计要求与主体工程同时建成,并通过有关部门的专项验收;航标设施以及其他辅助性设施已按照《港口法》的规定,与港口同时建设,并保证按期投入使用。

(5)竣工档案资料齐全,并通过专项验收。

(6)竣工决算报告编制完成,并通过审计。

(7)廉政建设合同已履行。

2. 港口工程竣工验收的主要依据

(1)按照国家有关规定应当具备的港口工程建设项目的审批、核准、备案文件。

(2)初步设计、施工图设计、变更设计及概算调整等文件。

(3)招标文件及合同文本。

(4)主要设备技术规格或说明书等。

(5)国家和交通部颁布的技术规范和标准及法律、法规、规章的相关规定。

3. 港口工程竣工验收的内容

(1)审查港口工程是否具备国家规定的审批文件及相关手续。

(2)检查港口工程实体质量。

(3)检查港口工程合同履约情况,审查有关竣工档案资料。

(4)检查国家和行业强制性标准执行情况。

(5)核定码头靠泊等级、吞吐能力以及进出港口的航道等级。

(6)检查环境保护、劳动安全卫生、消防、档案等专项验收情况。

(7)检查对港口工程竣工决算报告的审计情况。

(8)检查廉政建设合同执行情况。

(9)确定工程质量等级,对存在问题和尾留工程提出处理意见。

(10)形成、通过并签署《港口工程竣工验收鉴定书》。

3.7 公路水运建设工程质量事故等级划分和报告制度

交通运输部办公厅以交办安监〔2016〕146号文,在2016年11月8日发布《公路水运建设工程质量事故等级划分和报告制度》,有关条款如下:

第一条 为加强公路水运建设工程质量管理,规范工程质量事故报告工作,根据《中华人民共和国公路法》《中华人民共和国港口法》《中华人民共和国航道法》和国务院《建设工程质量管理条例》,制定本制度。

第二条 交通运输部指导全国公路水运建设工程质量事故报告工作,地方各级交通运输主管部门负责管理本行政区域内公路水运建设工程质量事故报告工作,交通运输部长江航务管理局负责长江干线航运基础设施工程质量事故报告工作。各级交通运输主管部门可委托所属的工程质量监督机构负责具体实施。

第三条 本制度所称公路水运建设工程质量事故,是指公路水运建设工程项目在缺陷责任期结束前,由于施工或勘察设计等原因使工程不满足技术标准及设计要求,并造成结构损毁或一定直接经济损失的事故。

第四条 根据直接经济损失或工程结构损毁情况(自然灾害所致除外),公路水运建设工程质量事故分为特别重大质量事故、重大质量事故、较大质量事故和一般质量事故四个等级;直接经济损失在一般质量事故以下的为质量问题。

(一)特别重大质量事故,是指造成直接经济损失1亿元以上的事故。

(二)重大质量事故,是指造成直接经济损失5000万元以上1亿元以下,或者特大桥主体结构垮塌、特长隧道结构坍塌,或者大型水运工程主体结构垮塌、报废的事故。

(三)较大质量事故,是指造成直接经济损失1000万元以上5000万元以下,或者高速公路项目中桥或大桥主体结构垮塌、中隧道或长隧道结构坍塌、路基(行车道宽度)整体滑移,或者中型水运工程主体结构垮塌、报废的事故。

（四）一般质量事故，是指造成直接经济损失 100 万元以上 1000 万元以下，或者除高速公路以外的公路项目中桥或大桥主体结构垮塌、中隧道或长隧道结构坍塌，或者小型水运工程主体结构垮塌、报废的事故。

本条所称的"以上"包括本数，"以下"不包括本数。

水运工程的大、中、小型分类参照《公路水运工程监理企业资质管理规定》（交通运输部令 2015 年第 4 号）执行。

第五条　工程项目交工验收前，施工单位为工程质量事故报告的责任单位；自通过交工验收至缺陷责任期结束，由负责项目交工验收管理的交通运输主管部门明确项目建设单位或管养单位作为工程质量事故报告的责任单位。

第六条　一般及以上工程质量事故均应报告。事故报告责任单位应在应急预案或有关制度中明确事故报告责任人。事故报告应及时、准确，任何单位和个人不得迟报、漏报、谎报或瞒报。

事故发生后，现场有关人员应立即向事故报告责任单位负责人报告。事故报告责任单位应在接报 2 小时内，核实、汇总并向负责项目监管的交通运输主管部门及其工程质量监督机构报告。接收事故报告的单位和人员及其联系电话应在应急预案或有关制度中予以明确。

重大及以上质量事故，省级交通运输主管部门应在接报 2 小时内进一步核实，并按工程质量事故快报（见附表1）统一报交通运输部应急办转部工程质量监督管理部门；出现新的经济损失、工程损毁扩大等情况的应及时续报。省级交通运输主管部门应在事故情况稳定后的 10 日内汇总、核查事故数据，形成质量事故情况报告，报交通运输部工程质量监督管理部门。

对特别重大质量事故，交通运输部将按《交通运输部突发事件应急工作暂行规范》由交通运输部应急办会同部工程质量监督管理部门及时向国务院应急办报告。

第七条　工程质量事故发生后，事故发生单位和相关单位应按照应急预案规定及时响应，采取有效措施防止事故扩大。同时，应妥善保护事故现场及相关证据，任何单位和个人不得破坏事故现场。因抢救人员、防止事故扩大及疏导交通等原因需要移动事故现场物件的，应做出标识，保留影像资料。

第八条　省级交通运输主管部门应每半年对一般及以上工程质量事故情况进行统计（见附表2），当年 7 月上旬和次年 1 月上旬前分别向交通运输部工程质量监督管理部门报送上、下半年的质量事故统计分析报告。

第九条　任何单位和个人均可向交通运输主管部门或其工程质量监督机构投诉、举报公路水运建设工程质量事故和问题。

第十条　交通运输主管部门对违反本制度，发生工程质量事故迟报、漏报、谎报或者瞒报的，按照《建设工程质量管理条例》相关规定进行处罚，并按交通运输行业信用管理相关规定予以记录。

第十一条　工程质量事故报告后的调查处理工作，按照有关法律法规的规定进行。

第十二条　本规定自发布之日起施行。《公路工程质量事故等级划分和报告制度》（交公路发〔1999〕90 号文附件）和《关于印发〈水运工程质量事故等级划分和报告制度（试行）〉

的通知》(水运质监字〔1999〕404 号)同时废止。

附表:"公路水运建设工程质量事故快报"和"公路水运建设工程质量事故情况半年报表"可扫描二维码下载查看。

3.8 建筑工程质量保修制度

《建筑法》第六十二条明确规定了"建筑工程实行质量保修制度。"

建筑工程质量保修制度的确立对于依法维护消费者的合法权益起重要作用。所谓建筑工程质量保修制度,是指建筑工程自办理交工验收手续后,在规定的保修期内,因勘察、设计、施工、材料等原因造成的质量缺陷,应当由施工单位负责维修的一种法律制度。质量缺陷,一般是指工程不符合国家或行业现行的有关技术标准、设计文件以及合同中对质量的要求所造成的缺陷。由于建筑施工企业是工程建设项目的最终完成者,并且由于其熟悉工程施工全过程的每一道工序、技术要求和所使用的材料,对其性能和标准有把握,在出现质量缺陷时,该施工单位可依据其在施工过程中所掌握的全部资料,顺利地发现导致缺陷发生的原因,并能采取积极的措施进行修补,其他任何单位都不具备以上前提条件,因此,《建筑法》规定,"对已发现的质量缺陷,建筑施工企业应当修复。"

在贯彻执行此项规定时,要注意以下两个问题。

1. 保修期限

考虑到我国建筑企业目前发展的实际,片面提高保修期会造成执行不利的问题,因此,法中只是对保修范围进行了原则规定,没有具体规定保修期限,而是授权国务院作出具体规定。《建筑法》中规定的保修期范围同国务院 2000 年 1 月 30 日颁布的第 279 号国务院令《建设工程质量管理条例》的规定是相一致的。根据《建设工程质量管理条例》的规定,建设工程的最低保修期限为:①基础设施工程、房屋建筑的地基基础工程和主体结构工程,为设计文件规定的该工程的合理使用年限;②屋面防水工程、有防水要求的卫生间、房间和外墙面的防渗漏,为 5 年;③供热与供冷系统,为 2 个采暖期、供冷期;④电气管线、给排水管道、设备安装和装修工程,为 2 年;⑤其他项目的保修期限由发包方与承包方约定。并规定建设工程的保修期,自竣工验收合格之日起计算。

2. 维修费用的承担

《建设工程质量管理条例》的规定,建设工程在保修范围和保修期限内发生质量问题的,施工单位应当履行保修义务,并对造成的损失承担赔偿责任。

保修期限和保修责任的承担,是在实践中经常遇到的问题,也是最容易出现法律纠纷的问题。目前,一些好的企业为增加自身的质量保证信誉以及市场竞争能力,还采用一种叫"用户回访制度"。即在工程项目竣工验收交付使用后,按照合同和有关的规定,在一定期限内,由项目经理部组织原项目人员主动对交付使用的竣工工程进行回访,听取用户对工程的质量意见。一般采用三种方式:一是季节性回访。大多数是雨季回访屋面、墙面的防水情况,冬季回访采暖系统的情况,发现问题,采取有效措施及时加以解决。二是技术性回访。主要了解在工程施工过程中可采用的新材料、新技术、新工艺、新设备等的技术性能和使用后的效果,发现问题及时加以补救和解决,同时也便于总结经验,获取科学依据,为改进、完善和推广创造条件。三是保修期满前的回访。这种回访一般是在保修期即将结束之前进行回访。

公路港口工程的保修期限、有关维修的费用支付问题一般在项目专用条款中约定,与建筑法的有关规定不同。

3.9 我国国家级工程建设奖项

(1)"鲁班奖"全称为"建筑工程鲁班奖",1987年由中国建筑业联合会设立,1993年移交中国建筑业协会。每年评选一次,奖励数额为每年45个。

(2)"华夏建设科学技术奖"是建设系统以社会力量办奖形式设立的建设行业科学技术奖。

(3)"梁思成奖"是经国务院批准,以我国近代著名的建筑家、教育家梁思成先生命名的中国建筑设计国家奖。从2000年起,每年颁发一次。

(4)"詹天佑奖"是1999年设立的,全称为"中国土木工程詹天佑大奖",是中国土木工程设立的最大奖项。首届"詹天佑奖"颁发于新中国成立五十周年之际,共有桥梁、隧道、房建、铁路、公路、港口、市政等21项工程获此殊荣,囊括了86个参建的设计、施工、科研单位。

(5)"绿色建筑创新奖"。

(6)"建筑工程装饰奖",由中国建筑装饰协会主办的评选活动,此奖项作为建设部批准设立的中国建筑装饰行业的最高荣誉奖,自2001年起每年进行评选。

(7)中国建筑工程"钢结构金奖",由中国建筑金属结构协会建筑钢结构委员会主办。钢结构金奖是我国建筑钢结构行业工程质量的最高荣誉奖,每年评选一次。

(8)"工程项目管理和工程总承包奖",由中国勘察设计协会和中国工程咨询协会主办,自2002年起开展的表彰优秀工程项目管理和优秀工程总承包项目的活动。奖项包括:工程项目管理优秀奖、工程总承包金钥匙奖、工程总承包银钥匙奖、工程总承包优秀奖。

本章习题

一、单项选择题

1. 某建设项目施工单位拟采用的新技术与现行强制性标准规定不符,应由(　　)组织专题技术论证,并报批准该项标准的建设行政主管部门或国务院有关主管部门审定。

    A. 建设单位　　　　　　　　　　B. 施工单位
    C. 监理单位　　　　　　　　　　D. 设计单位

2. 对工程建设规划阶段执行强制性标准的情况实施监督的是(　　)。

    A. 建设项目规划审查机关　　　　B. 施工图设计审查单位
    C. 建筑安全监督管理机构　　　　D. 工程质量监督机构

3. 某建设单位于 2004 年 3 月 1 日领取施工许可证,并于 4 月 15 日正式开工。同年 12 月 1 日交流电发生事故停工,2006 年 1 月 1 日准备复工。下列说法正确的是(　　)。

    A. 施工单位应向发证机关报告
    B. 监理单位应向发证机关报告
    C. 施工单位应报发证机关核验施工许可证
    D. 建设单位应报发证机关核验施工许可证

4. 某工程已具备竣工条件,2009 年 3 月 2 日施工单位向建设单位提交竣工验收报告,3 月 7 日经验收不合格,施工单位返修后于 3 月 20 日再次验收合格,3 月 31 日,建设单位将有关材料报送建设行政主管部门备案,4 月 15 日,工程交付使用。5 月 1 日,双方办理竣工结算。则施工单位出具质量保修书的时间是(　　)。

    A. 2009 年 3 月 2 日　　　　　　B. 2009 年 3 月 20 日
    C. 2009 年 3 月 31 日　　　　　 D. 2009 年 5 月 1 日

5. 建设单位应当自建设竣工验收合格之日起(　　)日内,将竣工验收报告和规划、公安、消防等部门出具的认可文件或者准许使用文件报建设行政主管部门或者其他有关部门备案。

    A. 10　　　　B. 15　　　　C. 30　　　　D. 60

6. 以下关于工程质量保修问题的论述中,不符合《建设工程质量管理条例》的是(　　)。

    A. 地基基础工程质量保修期为设计文件规定的合理使用年限
    B. 发承包双方约定屋面防水工程的保修期为 6 年
    C. 保修范围属于法律强制性规定的,承发包双方必须遵守
    D. 保修期限法律已有强制性规定的,承发包双方不得协商约定

7. 因设计原因导致的质量缺陷,在工程保修期内的正确说法是(　　)。

    A. 施工企业不仅要负责,还要承担保修费用
    B. 施工企业仅负责保修,由此产生的费用应向建设单位索赔
    C. 施工企业仅负责保修,由此产生的费用应向设计单位索赔
    D. 施工企业不负责任保修,由建设单位自行承担维修

8. 根据建设工程质量管理条例对涉及( )的装修工程,建设单位应委托原设计单位或具有相应资质的设计单位提出涉及方案。

    A. 增加工程内部装饰   B. 建筑主体和承重结构变动

    C. 增加工程造价总额   D. 改变建筑工程

9. 根据《招标投标法》的规定,下列关于建设单位的说法中正确的是( )。

    A. 建设单位有权要求降低报价

    B. 建设单位应在招标文件确定的提交投标文件截止时间的同一时间开标

    C. 建设单位可以在招标人中选择任何一个投标人中标

    D. 评标委员会成员中的 2/3 可以由建设单位代表担任

10. 下列标书不应认定为废标的是( )。

    A. 联合体投标未附联合投标协议   B. 标书中关键字迹模糊、无法辨认

    C. 投标人未提交投标保证金   D. 投标后投标人晋升高等级资质

11. 根据《招标投标法》等有关法律规定,投标人被没收投标保证金的情形是( )。

    A. 通过资格预审后不投标   B. 不参加开标会议

    C. 在投标有效期内撤回其投标书   D. 不参加现场踏勘

12. 按照建筑法及相关规定,投标人之间( )不属于串通投标的行为。

    A. 相互约定抬高或者降低投标报价

    B. 约定在招标项目中分别以高、中、低价位报价

    C. 相互探听对方投标标价

    D. 先进行内部竞价,内定中标人后再参加投标

13. 某大型建筑工程招标项目,甲、乙、丙公司组成联合体投标,甲为牵头人,则下面说法正确的是( )。

    A. 该联合体是以一个投标人的身份投标

    B. 该联合体成员资质必须是同一专业

    C. 该联合体中标后,应向招标人提交共同投标协议

    D. 该联合体中标后,甲对承包合同的履行承担主要责任

14. 甲、乙、丙、丁四家公司组成联合体进行投标,则下列联合体成员的行为中正确的是( )。

    A. 该联合体成员甲公司又以自己单位名义单独对该项目进行投标

    B. 该联合体成员签订共同投标协议

    C. 该联合体成员乙公司和丙公司组成一个新联合体对该项目进行投标

    D. 甲、乙、丙、丁四家公司设立一个新公司作为联合体投标的牵头人

15. 某招标人 2005 年 4 月 1 日向中标人发出了中标通知书,根据相关法律规定,招标人和投标人应在( )前按照招标文件和中标人的投标文件立书面合同。

    A. 2005 年 4 月 15 日   B. 2005 年 5 月 1 日

    C. 2005 年 5 月 15 日   D. 2005 年 6 月 1 日

16. 关于分包工程发生质量、安全、进度等问题给建设单位造成损失的责任承担说法,正确的是( )。

A. 分包单位只对总承包单位负责

B. 建设单位与分包单位无合同关系,无权向分包单位主张权利

C. 建设单位只能向给其造成损失的分包单位主张权利

D. 总承包单位承担的责任超过其应承担份额的,有权向分包单位追偿

17. 甲施工单位的资质等级为二级。在某工程投标过程中,甲借用乙施工单位资质证书(资质等级为一级)投标并获得工程。合同履行过程中,甲因降低工程质量标准,造成建设单位20万元损失。此损失依法应由( )。

    A. 甲承担全部责任　　　　　　　B. 乙承担全部责任

    C. 甲与乙承担连带责任　　　　　D. 甲的项目经理承担责任

二、多项选择题

1. 建筑业企业资质的法定条件主要包括有符合规定的( )。

    A. 注册资本　　　　　　　　　　B. 从业人员

    C. 专业技术人员　　　　　　　　D. 技术装备

    E. 已完成的建筑工程业绩

2. 在工程建设项目招标过程中,招标人可以在招标文件中要求投标人提交投标保证金。投标保证金可以是( )。

    A. 银行保函　　　　　　　　　　B. 银行承兑汇票

    C. 企业连带责任保护　　　　　　D. 现金

    E. 实物

3. 第一中标候选人( ),招标人可以确定第二中标候选人为中标人。

    A. 被取消投标资格的

    B. 放弃中标的

    C. 以行贿手段谋取中标的

    D. 因不可抗力提出不能履行合同的

    E. 未在规定期间提交履约保证金或签署合同的

4. 施工单位必须按照工程设计要求,施工技术标准和合同约定,对( )进行检验,未经检验或检验不合格的,不得使用。

    A. 建筑材料　　　　　　　　　　B. 周转材料

    C. 建筑构配件　　　　　　　　　D. 设备

    E. 商品混凝土

5. 根据《建设工程质量管理条例》的规定,下列属于施工单位的质量责任和义务的是( )。

    A. 履行工程质量保修义务

    B. 按图施工,不得偷工减料

    C. 办理施工许可证时办理工程质量监督手续

    D. 对建筑材料、建筑构配件、设备和商品混凝土进行检验

    E. 对涉及结构安全的试块、试件自行取样后送相关质量检测单位进行检测

6. 下列关于总包单位的质量责任,说法正确的有(　　)。

　　A. 对工程的施工质量负责

　　B. 建立、健全施工质量管理制度

　　C. 做好隐蔽工程的质量检查和记录

　　D. 对商品混凝土的检验,在当地工程质量监督站的监督下现场取样送检

　　E. 审查分包单位的质量管理体系

三、分析题

1. 一大型公路工程招标要求企业具有特级总承包资质,某单位 X 具有一级资质借用具有投标资质的 A 集团公司之名参与投标,并联合参与投标的 B、C、D 集团公司统一报价后 A 集团公司中标,X 企业自行组织项目部进场施工并向 A 集团公司支付了一笔费用。同时暗地里将 75%的工程分为三个整段分包给 B、C、D 集团公司。试分析回答如下问题:

　　(1) A、B、C、D、X 分别有哪些违规行为?

　　(2) 在施工过程中,B 发生了质量事故,C 发生了安全事故,各单位怎样承担责任?

2. 2013 年 8 月 10 日,某钢铁厂与某市政工程公司签订钢铁厂地下大排水工程总承包合同,总长 8808m,市政工程公司将任务下达给该公司第四施工队。事后,第四施工队又与某乡建设工程队签订分包合同,由乡建筑工程队分包 3080m 任务,价金 35 万元,9 月 10 日正式施工。2013 年 9 月 20 日,市建委主管部门在检查该项工程施工中,发现某乡建筑工程队承包手续不符合有关规定,责令停工。某乡建设工程队不予理睬。10 月 3 日,市政工程公司下达停工文件,某乡建筑工程队不服,以合同经双方自愿签订,并有营业执照为由,于 10 月 10 日诉至人民法院,要求第四施工队继续履行合同或承担违约责任并赔偿经济损失。试分析回答如下问题:

　　(1) 依法确认总、分包合同的法律效力。

　　(2) 该合同的法律效力应由哪个机关(机构)确认?

　　(3) 某工程项目由甲施工企业总承包,该企业将工程的土石方工程分包给乙分包公司,乙分包公司又与社会人员张三签订任务书,约定由张三组织人员负责土方开挖、装卸和运输,负责施工的项目管理、技术指导和现场安全,单独核算,自负盈亏。试分析回答如下问题:

　　该分包公司与张三签订土石方工程任务书的行为应当如何定性,该作何处理?

第4章 建设工程安全生产与环境保护法律法规

安全生产是衡量一个国家综合发展水平的重要指标,实现安全生产至关重要。安全生产是一个系统工程,而安全法制建设是其重要内容之一。加强我国安全生产法制建设,对于提高人们的安全法律意识,规范生产经营单位的安全生产,强化安全生产的监督管理,有效遏制重特大事故的发生,促进经济发展和社会稳定都具有重大的现实意义。

从世界范围来看,我国社会经济还是处于快速发展阶段,经济发展方式和发达国家相比较为落后,基础设施建设任务还相当繁重,高危行业占的比重比较大,安全风险也比较大。自从《安全生产法》实施以后,全国已经连续多年实现了事故总量、事故死亡人数的双下降。但是我们仍然处在工业化、城镇化的快速发展时期,仍然处在事故易发多发的特殊阶段,受诸多因素的制约,安全生产的形势依然严峻,事故的总量仍然还比较大,安全生产形势依然严峻,说明我国安全生产工作具有长期性、艰巨性、复杂性的特点。

我国安全生产的法制建设经过不断地完善和发展,目前基本形成了以《安全生产法》为核心、相关法律法规、部门规章、地方法规为主干的安全生产法律法规体系。

4.1 安全生产相关法律

4.1.1 《安全生产法》的相关规定

《安全生产法》第一版于2002年6月29日由第九届全国人大常委会第28次会议通过,并于2002年11月1日起实施。虽然1998年3月1日起施行的《建筑法》中也对建筑安全生产管理进行了一些规定,但《安全生产法》是我国第一部专门针对安全生产的综合性法律,是我国安全生产法律体系的主体法,具有重要的里程碑作用。之后颁发的相关行政法规、部门规章等都是以《安全生产法》为基础进行的拓展和延伸。

为了适应了安全生产形势发展的客观要求,2021年6月10日,第十三届全国人民代表大会常务委员会通过《全国人民代表大会常务委员会关于修改〈中华人民共和国安全生产法〉的决定》，改法将于2021年9月1日起施行。

《安全生产法》的适用范围是在中华人民共和国领域内从事生产经营活动的单位。所谓"生产经营单位"，是指从事商品生产、销售以及提供服务的法人和其他经济组织，不论其所有制性质、企业组织形式和经营规模大小，只要从事生产经营活动的，都应遵守安全生产法的规定。

安全生产工作坚持中国共产党的领导。安全生产工作应当以人为本，坚持人民至上、生命至上，把保护人民生命安全放在首位，树牢安全发展理念，坚持安全第一、预防为主、综合治理的方针，从源头上防范化解重大安全风险。安全生产工作实行管行业必须管安全、管业务必须管安全、管生产经营必须管安全，强化和落实生产经营单位主体责任与政府监管责任，建立生产经营单位负责、职工参与、政府监管、行业自律和社会监督的机制。安全第一，就是要坚持人民群众的生命财产安全特别是生命安全高于一切，在处理保证安全与发展生产关系的问题上，始终把安全放在首位，坚决做到生产必须安全、不安全不生产，把安全生产作为一条不可逾越的"红线"。安全生产任何时候都不允许"试错"，必须未雨绸缪，防患于未然，把工作的重心放在预防上，采取各种行之有效的措施，及时消除可能引发事故的各类隐患，防止和减少事故的发生。安全生产是一项系统工程，需要多方面统筹协调、齐抓共管、综合施策、标本兼治，运用法律、经济、行政、技术、管理等手段，充分调动全社会力量，群防群治，才能达到预期目标。

1. 生产经营单位的安全生产保障

(1) 安全生产管理人员

关于安全生产管理人员的规定主要是对人员的素质、数量及职责要求。

生产经营单位的主要负责人是本单位安全生产第一责任人，对本单位的安全生产工作全面负责，主要职责包括：

①建立健全并落实本单位全员安全生产责任制，加强安全生产标准化建设。

②组织制定并实施本单位安全生产规章制度和操作规程。

③组织制定并实施本单位安全生产教育和培训计划。

④保证本单位安全生产投入的有效实施。

⑤组织建立并落实安全风险分级管控和隐患排查治理双重预防工作机制，督促、检查本单位的安全生产工作，及时消除生产安全事故隐患。

⑥组织制定并实施本单位的生产安全事故应急救援预案。

⑦及时、如实报告生产安全事故。

生产经营单位的安全生产管理机构以及安全生产管理人员履行下列职责：

①组织或者参与拟订本单位安全生产规章制度、操作规程和生产安全事故应急救援预案。

②组织或者参与本单位安全生产教育和培训，如实记录安全生产教育和培训情况。

③组织开展危险源辨识和评估，督促落实本单位重大危险源的安全管理措施。

④组织或者参与本单位应急救援演练。

⑤检查本单位的安全生产状况，及时排查生产安全事故隐患，提出改进安全生产管理的

建议。

⑥制止和纠正违章指挥、强令冒险作业、违反操作规程的行为。

⑦督促落实本单位安全生产整改措施。

矿山、金属冶炼、建筑施工、运输单位和危险物品的生产、经营、储存、装卸单位,应当设置安全生产管理机构或者配备专职安全生产管理人员。

安全生产管理人员须考核合格。危险物品的生产、经营、储存、装卸单位以及矿山、金属冶炼、建筑施工、运输单位的主要负责人和安全生产管理人员,应当由主管的负有安全生产监督管理职责的部门对其安全生产知识和管理能力考核合格。考核不得收费。危险物品的生产、储存、装卸单位以及矿山、金属冶炼单位应当有注册安全工程师从事安全生产管理工作。

安全生产管理人员应进行安全生产检查。生产经营单位的安全生产管理人员应当根据本单位的生产经营特点,对安全生产状况进行经常性检查;对检查中发现的安全问题,应当立即处理;不能处理的,应当及时报告本单位有关负责人,有关负责人应当及时处理。检查及处理情况应当如实记录在案。

(2)特种作业人员持证上岗

生产经营单位的特种作业人员必须按照国家有关规定经专门的安全作业培训,取得相应资格,方可上岗作业。

(3)安全生产费用

生产经营单位应当具备的安全生产条件所必需的资金投入,由生产经营单位的决策机构、主要负责人或者个人经营的投资人予以保证,并对由于安全生产所必需的资金投入不足导致的后果承担责任。

生产经营单位应当安排用于配备劳动防护用品、进行安全生产培训的经费。

(4)生产经营活动中的危险警示和告知

生产经营单位应当教育和督促从业人员严格执行本单位的安全生产规章制度和安全操作规程;并向从业人员如实告知作业场所和工作岗位存在的危险因素、防范措施以及事故应急措施。生产经营单位应当关注从业人员的身体、心理状况和行为习惯,加强对从业人员的心理疏导、精神慰藉,严格落实岗位安全生产责任,防范从业人员行为异常导致事故发生。

生产经营单位应当在有较大危险因素的生产经营场所和有关设施、设备上,设置明显的安全警示标志。

(5)安全生产教育和培训

未经安全生产教育和培训合格的从业人员,不得上岗作业。生产经营单位应当对从业人员进行安全生产教育和培训,保证从业人员具备必要的安全生产知识,熟悉有关的安全生产规章制度和安全操作规程,掌握本岗位的安全操作技能,了解事故应急处理措施,知悉自身在安全生产方面的权利和义务。

生产经营单位应当建立安全生产教育和培训档案,如实记录安全生产教育和培训的时间、内容、参加人员以及考核结果等情况。

(6)安全防护用品

生产经营单位必须为从业人员提供符合国家标准或者行业标准的劳动防护用品,并监督、教育从业人员按照使用规则佩戴、使用。

(7) 员工宿舍和疏散出口

生产、经营、储存、使用危险物品的车间、商店、仓库不得与员工宿舍在同一座建筑物内,并应当与员工宿舍保持安全距离。

生产经营场所和员工宿舍应当设有符合紧急疏散要求、标志明显、保持畅通的出口、疏散通道,或者占用、锁闭、封堵生产经营场所或者员工宿舍的出口、疏散通道。

(8) 危险作业

生产经营单位进行爆破、吊装、动火、临时用电以及国务院应急管理部门会同国务院有关部门规定的其他危险作业,应当安排专门人员进行现场安全管理,确保操作规程的遵守和安全措施的落实。

对于危险作业的规定,相关行政法规和部门规章又提出了更具体的要求,将在后文论述。

(9) 危险物品

生产经营单位生产、经营、运输、储存、使用危险物品或者处置废弃危险物品,必须执行有关法律、法规和国家标准或者行业标准,建立专门的安全管理制度,采取可靠的安全措施,接受有关主管部门依法实施的监督管理。

(10) 特种设备和安全设备

生产经营单位使用的危险物品的容器、运输工具,以及涉及人身安全、危险性较大的海洋石油开采特种设备和矿山井下特种设备,必须按照国家有关规定,由专业生产单位生产,并经具有专业资质的检测、检验机构检测、检验合格,取得安全使用证或者安全标志,方可投入使用。检测、检验机构对检测、检验结果负责。

生产经营单位必须对安全设备进行经常性维护、保养,并定期检测,保证正常运转。维护、保养、检测应当作好记录,并由有关人员签字。生产经营单位不得关闭、破坏直接关系生产安全的监控、报警、防护、救生设备、设施,或者篡改、隐瞒、销毁其相关数据、信息。

生产经营单位不得使用应当淘汰的危及生产安全的工艺、设备。

(11) 重大危险源

生产经营单位对重大危险源应当登记建档,进行定期检测、评估、监控,并制定应急预案,告知从业人员和相关人员在紧急情况下应当采取的应急措施。

生产经营单位应当按照国家有关规定将本单位重大危险源及有关安全措施、应急措施报有关地方人民政府应急管理部门和有关部门备案。

(12) 隐患排查治理制度

生产经营单位应当建立安全风险分级管控制度,按照安全风险分级采取相应的管控措施。生产经营单位应当建立健全并落实生产安全事故隐患排查治理制度,采取技术、管理措施,及时发现并消除事故隐患。事故隐患排查治理情况应当如实记录,并通过职工大会或者职工代表大会、信息公示栏等方式向从业人员通报。其中,重大事故隐患排查治理情况应当及时向负有安全生产监督管理职责的部门和职工大会或者职工代表大会报告。

县级以上地方各级人民政府负有安全生产监督管理职责的部门应当将重大事故隐患纳入相关信息系统,建立健全重大事故隐患治理督办制度,督促生产经营单位消除重大事故隐患。

(13) 安全生产管理协议

两个以上生产经营单位在同一作业区域内进行生产经营活动,可能危及对方生产安全的,应当签订安全生产管理协议,明确各自的安全生产管理职责和应当采取的安全措施,并指定专职安全生产管理人员进行安全检查与协调。

(14) 保险

生产经营单位必须依法参加工伤社会保险,为从业人员缴纳保险费。国家鼓励生产经营单位投保安全生产责任保险,属于国家规定的高危行业、领域的生产经营单位,应当投保安全生产责任保险。

2. 从业人员的权利和义务

(1) 从业人员的权利

①知情权。从业人员有权了解其作业场所和工作岗位存在的危险因素、防范措施及事故应急措施。

②建议权。从业人员有权对本单位的安全生产工作提出建议。

③拒绝权。从业人员有权拒绝生产经营单位的违章指挥和强令冒险作业。

④批评、检举、控告权。从业人员有权对本单位安全生产工作中存在的问题提出批评、检举、控告。产经营单位不得因从业人员对本单位安全生产工作提出批评、检举、控告或者拒绝违章指挥、强令冒险作业而降低其工资、福利等待遇或者解除与其订立的劳动合同。

⑤紧急避险权。从业人员发现发生直接危及人身安全的紧急情况时,有权停止作业或者在采取可能的应急措施后撤离作业场所,生产经营单位不得因此降低其工资、福利待遇或者解除与其订立的劳动合同。

⑥依法向本单位提出赔偿的权利。因生产安全事故受到损害的从业人员,除依法享有工伤社会保险外,依照有关民事法律尚有获得赔偿的权利的,有权向本单位提出赔偿要求。

(2) 从业人员的义务

①遵守安全生产规章制度和操作规程。从业人员在作业过程中,应当严格遵守本单位的安全生产规章制度和操作规程,服从管理,正确佩戴和使用劳动防护用品。

②接受安全生产教育和培训。生产经营单位的从业人员应当接受安全生产教育和培训,掌握本职工作所需的安全生产知识,提高安全生产技能,增强事故预防和应急处理能力。

③危险报告。从业人员发现事故隐患或者其他不安全因素,应当立即向现场安全管理人员或者本单位负责人报告,接到报告的人员应当及时予以处理。

3. 安全生产的监督管理

由于安全生产关系到各类生产经营单位和社会的方方面面,涉及面极广,做好安全生产的监督管理工作,仅靠政府及有关部门是不够的,必须充分调动和发挥社会各界的积极性,齐抓共管,群防群治,才能建立起经常性的、有效的监督机制,从根本上保障生产经营单位的安全生产。

(1) 政府职能部门的监督管理

①监督管理的机构。

a. 地方人民政府。县级以上地方各级人民政府应当根据本行政区域内的安全生产状况,组织有关部门按照职责分工,对本行政区域内容易发生重大生产安全事故的生产经营单位进行严格检查。

b. 应急管理部门。应急管理部门应当按照分类分级监督管理的要求,制定安全生产年度监督检查计划,并按照年度监督检查计划进行监督检查,发现事故隐患,应当及时处理。

c. 监察机关。监察机关依照行政监察法的规定,对负有安全生产监督管理职责的部门及其工作人员履行安全生产监督管理职责实施监察。

②监督管理机构的职权

应急管理部门和其他负有安全生产监督管理职责的部门依法开展安全生产行政执法工作,对生产经营单位执行有关安全生产的法律、法规和国家标准或者行业标准的情况进行监督检查,行使以下职权:

a. 调查取证权。安全生产监督检查人员可以进入生产经营单位进行检查,调阅有关资料,向有关单位和人员了解情况,生产经营单位应当予以配合,不得拒绝、阻挠。

b. 作出行政处罚决定权。对检查中发现的安全生产违法行为,当场予以纠正或者要求限期改正;对依法应当给予行政处罚的行为,有权依法作出行政处罚决定。对检查中发现的事故隐患,应当责令立即排除;重大事故隐患排除前或者排除过程中无法保证安全的,应当责令从危险区域内撤出作业人员,责令暂时停产停业或者停止使用相关设施、设备;重大事故隐患排除后,经审查同意,方可恢复生产经营和使用。

c. 采取行政强制措施权。对有根据认为不符合保障安全生产的国家标准或者行业标准的设施、设备、器材以及违法生产、储存、使用、经营、运输的危险物品予以查封或者扣押,对违法生产、储存、使用、经营危险物品的作业场所予以查封,并依法作出处理决定。

对存在重大事故隐患的生产经营单位作出停产停业、停止施工、停止使用相关设施或者设备的决定,生产经营单位应当依法执行,及时消除事故隐患。生产经营单位拒不执行,有发生生产安全事故的现实危险的,在保证安全的前提下,经本部门主要负责人批准,负有安全生产监督管理职责的部门可以采取通知有关单位停止供电、停止供应民用爆炸物品等措施,强制生产经营单位履行决定。通知应当采用书面形式,有关单位应当予以配合。

③监督管理机构及其工作人员的义务

负有安全生产监督管理职责的部门在进行安全生产监督检查时,应当遵守下列规定:

a. 对涉及安全生产的事项进行审查、验收,不得收取费用。

b. 不得要求接受审查、验收的单位购买其指定品牌或者指定生产、销售单位的安全设备、器材或者其他产品。

c. 监督检查工作不得影响被检查单位的正常生产经营活动。

d. 安全生产监督检查人员应当忠于职守,坚持原则,秉公执法。

e. 安全生产监督检查人员执行监督检查任务时,必须出示有效的行政执法证件。

f. 对涉及被检查单位的技术秘密和业务秘密,应当为其保密。

g. 安全生产监督检查人员应当将检查的时间、地点、内容、发现的问题及其处理情况,作出书面记录,并由检查人员和被检查单位的负责人签字;被检查单位的负责人拒绝签字的,检查人员应当将情况记录在案,并向负有安全生产监督管理职责的部门报告。

h. 负有安全生产监督管理职责的部门依照前款规定采取停止供电措施,除有危及生产安全的紧急情形外,应当提前二十四小时通知生产经营单位。

i. 负有安全生产监督管理职责的部门应当建立举报制度,公开举报电话、信箱或者电子邮件地址等网络举报平台,受理有关安全生产的举报。涉及人员死亡的举报事项,应当由县级以上人民政府组织核查处理。

(2) 工会对安全生产的监督

工会对安全生产的监督职能主要是依法组织职工参加本单位安全生产工作的民主管理和民主监督,维护职工在安全生产方面的合法权益。为了把工会对安全生产的监督管理落到实处,安全生产法规定工会在对安全生产进行监督管理的过程中可以行使以下职权:

① 工会有权对建设项目的安全设施与主体工程同时设计、同时施工、同时投入生产和使用进行监督,提出意见。

② 工会对生产经营单位违反安全生产法律、法规,侵犯从业人员合法权益的行为,有权要求纠正。

③ 发现生产经营单位违章指挥、强令冒险作业或者发现事故隐患时,有权提出解决的建议,生产经营单位应当及时研究答复。

④ 发现危及从业人员生命安全的情况时,有权向生产经营单位建议组织从业人员撤离危险场所,生产经营单位必须立即作出处理。

⑤ 工会有权依法参加事故调查,向有关部门提出处理意见,并要求追究有关人员的责任。

(3) 社会各方面对安全生产的监督

为了调动全社会的力量,群策群力,抓好安全生产工作,安全生产法规定,社会各方面都可以对生产经营单位的安全生产进行监督,这些监督包括:

① 公众举报监督。任何单位或者个人对事故隐患或者安全生产违法行为,均有权向负有安全生产监督管理职责的部门报告或者举报;

② 社区报告监督。居民委员会、村民委员会发现其所在区域内的生产经营单位存在事故隐患或者安全生产违法行为时,应当向当地人民政府或者有关部门报告;

③ 社会舆论监督。新闻、出版、广播、电影、电视等单位有进行安全生产公益宣传教育的义务,有对违反安全生产法律、法规的行为进行舆论监督的权利。

4. 生产安全事故的应急救援与调查处理

(1) 安全生产事故应急救援

① 县级以上地方各级人民政府应当组织有关部门制定本行政区域内生产安全事故应急救援预案,建立应急救援体系。乡镇人民政府和街道办事处,以及开发区、工业园区、港区、风景区等应当制定相应的生产安全事故应急救援预案,协助人民政府有关部门或者按照授权依法履行生产安全事故应急救援工作职责。生产经营单位应当制定本单位生产安全事故应急救援预案,与所在地县级以上地方人民政府组织制定的生产安全事故应急救援预案相

衔接,并定期组织演练。

②危险物品的生产、经营、储存单位以及矿山、金属冶炼、城市轨道交通运营、建筑施工单位应当建立应急救援组织;生产经营规模较小的,可以不建立应急救援组织,但应当指定兼职的应急救援人员。

③危险物品的生产、经营、储存、运输单位以及矿山、金属冶炼、城市轨道交通运营、建筑施工单位应当配备必要的应急救援器材、设备和物资,并进行经常性维护、保养,保证正常运转。

(2) 安全生产事故报告

①生产经营单位发生生产安全事故后,事故现场有关人员应当立即报告本单位负责人。

②单位负责人接到事故报告后,应当迅速采取有效措施,组织抢救,防止事故扩大,减少人员伤亡和财产损失,并按照国家有关规定立即如实报告当地负有安全生产监督管理职责的部门,不得隐瞒不报、谎报或者迟报,不得故意破坏事故现场、毁灭有关证据。

③有关地方人民政府和负有安全生产监督管理职责的部门的负责人接到生产安全事故报告后,应当按照生产安全事故应急救援预案的要求立即赶到事故现场,组织事故抢救。

(3) 安全生产责任事故调查处理

①事故调查处理应当按照科学严谨、依法依规、实事求是、注重实效的原则,及时、准确地查清事故原因,查明事故性质和责任,评估应急处置工作,总结事故教训,提出整改措施,并对事故责任单位和人员提出处理意见。

②生产经营单位发生生产安全事故,经调查确定为责任事故的,除了应当查明事故单位的责任并依法予以追究外,还应当查明对安全生产的有关事项负有审查批准和监督职责的行政部门的责任,对有失职、渎职行为的,依法追究法律责任。

③任何单位和个人不得阻挠和干涉对事故的依法调查处理。

④县级以上地方各级人民政府负责应急管理的部门应当定期统计分析本行政区域内发生生产安全事故的情况,并定期向社会公布。

5. 法律责任

修订的《安全生产法》对安全生产领域"屡禁不止、屡罚不改"的问题作出一系列有针对性的规定,加大对违法行为的处罚力度。在已有罚款规定的基础上,提高了对各类违法行为的罚款数额,并新设按日连续处罚制度。同时加大对严重违法生产经营单位的关闭力度,依法吊销有关证照,对有关负责人实施职业禁入。此外,加大对违法失信行为的联合惩戒力度,同时规定负有安全生产监督管理职责的部门应当加强对生产经营单位行政处罚信息的及时归集、共享、应用和公开,对生产经营单位作出处罚决定后七个工作日内在监督管理部门公示系统予以公开曝光,强化对违法失信生产经营单位及其有关从业人员的社会监督,提高全社会安全生产诚信水平。

需承担相关法律责任的主体包括负有安全生产监督管理职责的部门及其工作人员、承担安全评价、认证、检测、检验工作的机构及其相关人员、生产经营单位及其相关人员等。这里重点介绍最后一类主体的安全法律责任。

(1)生产经营单位的主要负责人

①未保证安全资金投入

生产经营单位的决策机构、主要负责人或者个人经营的投资人未保证安全生产所必需的资金投入,致使生产经营单位不具备安全生产条件的,责令限期改正,提供必需的资金;逾期未改正的,责令生产经营单位停产停业整顿。

如果导致发生生产安全事故的,对生产经营单位的主要负责人给予撤职处分,对个人经营的投资人处二万元以上二十万元以下的罚款;构成犯罪的,依法追究刑事责任。

②未履行安全生产管理职责

生产经营单位的主要负责人未履行安全生产管理职责的,责令限期改正,处二万元以上五万元以下的罚款;逾期未改正的,处五万元以上十万元以下的罚款,责令生产经营单位停产停业整顿。如果导致发生生产安全事故的,给予撤职处分;构成犯罪的,依法追究刑事责任。

生产经营单位的主要负责人未履行安全生产管理职责,导致发生生产安全事故的,由应急管理部门依照下列规定处以罚款:

a. 发生一般事故的,处上一年年收入百分之四十的罚款;

b. 发生较大事故的,处上一年年收入百分之六十的罚款;

c. 发生重大事故的,处上一年年收入百分之八十的罚款;

d. 发生特别重大事故的,处上一年年收入百分之一百的罚款。

生产经营单位的主要负责人在本单位发生生产安全事故时,不立即组织抢救或者在事故调查处理期间擅离职守或者逃匿的,或对生产安全事故隐瞒不报、谎报或者迟报的,给予降级、撤职的处分,并由应急管理部门处上一年年收入百分之六十至百分之一百的罚款;对逃匿的处十五日以下拘留;构成犯罪的,依法追究刑事责任。

生产经营单位的主要负责人受刑事处罚或者撤职处分的,自刑罚执行完毕或者受处分之日起,五年内不得担任任何生产经营单位的主要负责人;对重大、特别重大生产安全事故负有责任的,终身不得担任本行业生产经营单位的主要负责人。

(2)生产经营单位的安全生产管理人员

生产经营单位的其他负责人和安全生产管理人员未履行本法规定的安全生产管理职责的,责令限期改正,处一万元以上三万元以下的罚款;导致发生生产安全事故的,暂停或者吊销其与安全生产有关的资格,并处上一年年收入百分之二十以上百分之五十以下的罚款。

(3)生产经营单位及相关人员

生产经营单位有下列行为之一的,责令限期改正,可以处十万元以下的罚款;逾期未改正的,责令停产停业整顿,并处十万元以上二十万元以下的罚款,对其直接负责的主管人员和其他直接责任人员处二万元以上五万元以下的罚款:

①未按照规定设置安全生产管理机构或者配备安全生产管理人员、注册安全工程师的;

②危险物品的生产、经营、储存、装卸单位以及矿山、金属冶炼、建筑施工、运输单位的主要负责人和安全生产管理人员未按照规定经考核合格的;

③未按照规定对从业人员、被派遣劳动者、实习学生进行安全生产教育和培训,或者未按照规定如实告知有关的安全生产事项的;

④未如实记录安全生产教育和培训情况的；
⑤未将事故隐患排查治理情况如实记录或者未向从业人员通报的；
⑥未按照规定制定生产安全事故应急救援预案或者未定期组织演练的；
⑦特种作业人员未按照规定经专门的安全作业培训并取得相应资格，上岗作业的。

生产经营单位有下列行为之一的，责令限期改正，可以处五万元以下的罚款；逾期未改正的，处五万元以上二十万元以下的罚款，对其直接负责的主管人员和其他直接责任人员处一万元以上二万元以下的罚款；情节严重的，责令停产停业整顿；构成犯罪的，依法追究刑事责任：

①未在有较大危险因素的生产经营场所和有关设施、设备上设置明显的安全警示标志的；
②安全设备的安装、使用、检测、改造和报废不符合国家标准或者行业标准的；
③未对安全设备进行经常性维护、保养和定期检测的；
④关闭、破坏直接关系生产安全的监控、报警、防护、救生设备、设施，或者篡改、隐瞒、销毁其相关数据、信息的；
⑤未为从业人员提供符合国家标准或者行业标准的劳动防护用品的；
⑥危险物品的容器、运输工具，以及涉及人身安全、危险性较大的海洋石油开采特种设备和矿山井下特种设备未经具有专业资质的机构检测、检验合格，取得安全使用证或者安全标志，投入使用的；
⑦使用应当淘汰的危及生产安全的工艺、设备的。
⑧餐饮等行业的生产经营单位使用燃气未安装可燃气体报警装置的。

生产经营单位有下列行为之一的，责令限期改正，可以处十万元以下的罚款；逾期未改正的，责令停产停业整顿，并处十万元以上二十万元以下的罚款，对其直接负责的主管人员和其他直接责任人员处二万元以上五万元以下的罚款；构成犯罪的，依法追究刑事责任：

①生产、经营、运输、储存、使用危险物品或者处置废弃危险物品，未建立专门安全管理制度、未采取可靠的安全措施的；
②对重大危险源未登记建档，或者未进行评估、监控，未制定应急预案，或者未告知应急措施的；
③进行爆破、吊装、动火、临时用电以及国务院应急管理部门会同国务院有关部门规定的其他危险作业，未安排专门人员进行现场安全管理的；
④未建立安全风险分级管控制度或者未按照安全风险分级采取相应管控措施的；
⑤未建立事故隐患排查治理制度，或者重大事故隐患排查治理情况未按照规定报告的。

生产经营单位有下列行为之一的，责令限期改正，可以处五万元以下的罚款，对其直接负责的主管人员和其他直接责任人员可以处一万元以下的罚款；逾期未改正的，责令停产停业整顿；构成犯罪的，依法追究刑事责任：

①生产、经营、储存、使用危险物品的车间、商店、仓库与员工宿舍在同一座建筑内，或者与员工宿舍的距离不符合安全要求的；
②生产经营场所和员工宿舍未设有符合紧急疏散需要、标志明显、保持畅通的出口、疏散通道，或者占用、锁闭、封堵生产经营场所或者员工宿舍出口、疏散通道的。

发生生产安全事故,对负有责任的生产经营单位除要求其依法承担相应的赔偿等责任外,由应急管理部门依照下列规定处以罚款:

①发生一般事故的,处三十万元以上一百万元以下的罚款;
②发生较大事故的,处一百万元以上二百万元以下的罚款;
③发生重大事故的,处二百万元以上一千万元以下的罚款;
④发生特别重大事故的,处一千万元以上二千万元以下的罚款。

发生生产安全事故,情节特别严重、影响特别恶劣的,应急管理部门可以按照前款罚款数额的二倍以上五倍以下对负有责任的生产经营单位处以罚款。

4.1.2 《刑法修正案(十一)》的相关规定

《中华人民共和国刑法修正案(十一)》[简称《刑法修正案(十一)》]由第十三届全国人民代表大会常务委员会第二十四次会议于2020年12月26日通过,自2021年3月1日起施行;并对有关安全生产犯罪的条文进行了补充与完善,加大了对安全生产犯罪的预防惩治,体现了国家加强安全生产法制建设,严惩安全生产犯罪的决心。其中,《刑法修正案(十一)》新增了关闭、破坏生产安全设备设施和篡改、隐瞒、销毁数据信息的犯罪、拒不整改重大事故隐患的犯罪、擅自从事高危生产作业活动的犯罪、擅自从事高危生产作业活动的犯罪以及针对安全评价的提供虚假证明文件罪。

公路水运工程安全生产领域中的刑事犯罪主要有以下几种。

1. 重大责任事故罪

《刑法》第一百三十四条第一款规定,在生产、作业中违反有关安全管理的规定,因而发生重大伤亡事故或者造成其他严重后果的,处三年以下有期徒刑或者拘役;情节特别恶劣的,处三年以上七年以下有期徒刑。

2. 强令违章冒险作业罪

《刑法》第一百三十四条第二款规定,强令他人违章冒险作业,或者明知存在重大事故隐患而不排除,仍冒险组织作业,因而发生重大伤亡事故或者造成其他严重后果的,处五年以下有期徒刑或者拘役;情节特别恶劣的,处五年以上有期徒刑。

其中,"五年以上有期徒刑"最高为十五年有期徒刑。

3. 关闭、破坏生产安全设备设施和篡改、隐瞒、销毁数据信息的犯罪

《刑法》第一百三十四条之一规定,在生产、作业中违反有关安全管理的规定,关闭、破坏直接关系生产安全的监控、报警、防护、救生设备、设施,或者篡改、隐瞒、销毁其相关数据、信息的,具有发生重大伤亡事故或者其他严重后果的现实危险的,处一年以下有期徒刑、拘役或者管制。

"具有发生重大伤亡事故或者其他严重后果的现实危险的"是我国刑法第一次对未发生重大伤亡事故或者未造成其他严重后果、但有现实危险的违法行为提出追究刑事责任。

4. 拒不整改重大事故隐患的犯罪

《刑法》第一百三十四条之一规定,在生产、作业中违反有关安全管理的规定,因存在重

大事故隐患被依法责令停产停业、停止施工、停止使用有关设备、设施、场所或者立即采取排除危险的整改措施,而拒不执行的,具有发生重大伤亡事故或者其他严重后果的现实危险的,处一年以下有期徒刑、拘役或者管制。

5. 擅自从事高危生产作业活动的犯罪

《刑法》第一百三十四条之一规定,在生产、作业中违反有关安全管理的规定,涉及安全生产的事项未经依法批准或者许可,擅自从事矿山开采、金属冶炼、建筑施工,以及危险物品生产、经营、储存等高度危险的生产作业活动的,具有发生重大伤亡事故或者其他严重后果的现实危险的,处一年以下有期徒刑、拘役或者管制。

6. 重大劳动安全事故罪

《刑法》第一百三十五条规定,安全生产设施或者安全生产条件不符合国家规定,因而发生重大伤亡事故或者造成其他严重后果的,对直接负责的主管人员和其他直接责任人员,处三年以下有期徒刑或者拘役;情节特别恶劣的,处三年以上七年以下有期徒刑。

7. 工程重大安全事故罪

《刑法》第一百三十七条规定,建设单位、设计单位、施工单位、工程监理单位违反国家规定,降低工程质量标准,造成重大安全事故的,对直接责任人员,处五年以下有期徒刑或者拘役,并处罚金;后果特别严重的,处五年以上十年以下有期徒刑,并处罚金。

8. 不报、谎报安全事故罪

《刑法》第一百三十九条之一规定,在安全事故发生后,负有报告职责的人员不报或者谎报事故情况,贻误事故抢救,情节严重的,处三年以下有期徒刑或者拘役;情节特别严重的,处三年以上七年以下有期徒刑。

9. 提供虚假证明文件罪

《刑法》第二百二十九条规定,承担资产评估、验资、验证、会计、审计、法律服务、保荐、安全评价、环境影响评价、环境监测等职责的中介组织的人员故意提供虚假证明文件,情节严重的,处五年以下有期徒刑或者拘役,并处罚金;在涉及公共安全的重大工程、项目中提供虚假的安全评价、环境影响评价等证明文件,致使公共财产、国家和人民利益遭受特别重大损失的,处五年以上十年以下有期徒刑,并处罚金。

10. 其他规定

在以上各类犯罪中,涉及"犯罪主体""重大伤亡事故""其他严重后果""重大安全事故""情节严重""情节特别恶劣""后果特别严重"等用词的界定。根据《最高人民法院、最高人民检察院关于办理危害生产安全刑事案件适用法律若干问题的解释》(2015年12月16日起施行)的规定进行界定。

1)犯罪主体的界定

(1)重大责任事故罪的犯罪主体包括对生产、作业负有组织、指挥或者管理职责的负责人、管理人员、实际控制人、投资人等人员,以及直接从事生产、作业的人员。

(2)强令违章冒险作业罪的犯罪主体包括对生产、作业负有组织、指挥或者管理职责的负责人、管理人员、实际控制人、投资人等人员。

（3）重大劳动安全事故罪中的"直接负责的主管人员和其他直接责任人员"，是指对安全生产设施或者安全生产条件不符合国家规定负有直接责任的生产经营单位负责人、管理人员、实际控制人、投资人，以及其他对安全生产设施或者安全生产条件负有管理、维护职责的人员。

（4）不报、谎报安全事故罪中"负有报告职责的人员"，是指负有组织、指挥或者管理职责的负责人、管理人员、实际控制人、投资人，以及其他负有报告职责的人员。

2）事故后果的界定

（1）发生安全事故，具有下列情形之一的，应当认定为"造成严重后果"或者"发生重大伤亡事故或者造成其他严重后果"：

①造成死亡一人以上，或者重伤三人以上的；

②造成直接经济损失一百万元以上的；

③其他造成严重后果或者重大安全事故的情形。

（2）发生安全事故，具有下列情形之一的，认定为"情节特别恶劣""后果特别严重"：

①造成死亡三人以上或者重伤十人以上，负事故主要责任的；

②造成直接经济损失五百万元以上，负事故主要责任的；

③其他造成特别严重后果、情节特别恶劣或者后果特别严重的情形。

（3）在安全事故发生后，负有报告职责的人员不报或者谎报事故情况，贻误事故抢救，具有下列情形之一的，应当认定为不报、谎报安全事故罪规定的"情节严重"：

①导致事故后果扩大，增加死亡一人以上，或者增加重伤三人以上，或者增加直接经济损失一百万元以上的；

②实施下列行为之一，致使不能及时有效开展事故抢救的：

a.决定不报、迟报、谎报事故情况或者指使、串通有关人员不报、迟报、谎报事故情况的；

b.在事故抢救期间擅离职守或者逃匿的；

c.伪造、破坏事故现场，或者转移、藏匿、毁灭遇难人员尸体，或者转移、藏匿受伤人员的；

d.毁灭、伪造、隐匿与事故有关的图纸、记录、计算机数据等资料以及其他证据的。

③其他情节严重的情形。

（4）具有下列情形之一的，应当认定为不报、谎报安全事故罪规定的"情节特别严重"：

①导致事故后果扩大，增加死亡三人以上，或者增加重伤十人以上，或者增加直接经济损失五百万元以上的；

②采用暴力、胁迫、命令等方式阻止他人报告事故情况，导致事故后果扩大的；

③其他情节特别严重的情形。

3）从重处罚的情形

实施上述规定的犯罪行为，具有下列情形之一的，从重处罚：

①未依法取得安全许可证件或者安全许可证件过期、被暂扣、吊销、注销后从事生产经营活动的；

②关闭、破坏必要的安全监控和报警设备的；

③已经发现事故隐患，经有关部门或者个人提出后，仍不采取措施的；

④一年内曾因危害生产安全违法犯罪活动受过行政处罚或者刑事处罚的；

⑤采取弄虚作假、行贿等手段,故意逃避、阻挠负有安全监督管理职责的部门实施监督检查的;

⑥安全事故发生后转移财产意图逃避承担责任的;

⑦其他从重处罚的情形。

4)以故意杀人罪或者故意伤害罪定罪的情形

在安全事故发生后,直接负责的主管人员和其他直接责任人员故意阻挠开展抢救,导致人员死亡或者重伤,或者为了逃避法律追究,对被害人进行隐藏、遗弃,致使被害人因无法得到救助而死亡或者重度残疾的,分别依照刑法故意杀人罪、故意伤害罪的规定,以故意杀人罪或者故意伤害罪定罪处罚。

4.2 安全生产相关行政法规

4.2.1 《安全生产许可证条例》的相关规定

《安全生产法》规定生产经营单位应当具备本法和有关法律、行政法规和国家标准或者行业标准规定的安全生产条件;不具备安全生产条件的,不得从事生产经营活动。2004年1月7日国务院第34次常务会议通过《安全生产许可证条例》,对矿山企业、建筑施工企业和危险化学品、烟花爆竹、民用爆炸物品生产企业(以下统称企业)实行安全生产许可制度,未取得安全生产许可证的,不得从事生产活动。这里重点介绍建筑施工企业安全生产许可证的相关规定。

2013年7月18日,中华人民共和国国务院令第638号公布,自公布之日起施行的《国务院关于废止和修改部分行政法规的决定》进行第一次修正。2014年7月29日,中华人民共和国国务院令第653号公布,自公布之日起施行的《国务院关于修改部分行政法规的决定》进行第二次修正。这里重点介绍建筑施工企业安全生产许可证的相关规定。

1. 安全生产许可证的发证机关

省、自治区、直辖市人民政府建设主管部门负责建筑施工企业安全生产许可证的颁发和管理,并接受国务院建设主管部门的指导和监督。

2. 申请安全生产许可证的条件

企业取得安全生产许可证,应当具备下列安全生产条件:

(1)建立健全安全生产责任制,制定完备的安全生产规章制度和操作规程。

(2)安全投入符合安全生产要求。

(3)设置安全生产管理机构,配备专职安全生产管理人员。

(4)主要负责人和安全生产管理人员经考核合格。

(5)特种作业人员经有关业务主管部门考核合格,取得特种作业操作资格证书。

(6)从业人员经安全生产教育和培训合格。

(7)依法参加工伤保险,为从业人员缴纳保险费。

(8)厂房、作业场所和安全设施、设备、工艺符合有关安全生产法律、法规、标准和规程的要求。

(9)有职业危害防治措施,并为从业人员配备符合国家标准或者行业标准的劳动防护用品。

(10)依法进行安全评价。

(11)有重大危险源检测、评估、监控措施和应急预案。

(12)有生产安全事故应急救援预案、应急救援组织或者应急救援人员,配备必要的应急救援器材、设备。

(13)法律、法规规定的其他条件。

第十三项关于"法律、法规规定的其他条件"的规定,可以将分散于相关法律、法规中的有关其他规定综合为一体,更具有可操作性,更能够体现特殊性。

3. 安全生产许可证的管理

(1)安全生产许可证的申请

企业进行生产前,应当依照本条例的规定向安全生产许可证颁发管理机关申请领取安全生产许可证,并提供相关文件、资料。安全生产许可证颁发管理机关应当自收到申请之日起45日内审查完毕,经审查符合本条例规定的安全生产条件的,颁发安全生产许可证;不符合规定的安全生产条件的,不予颁发安全生产许可证,书面通知企业并说明理由。

(2)安全生产许可证的有效期

安全生产许可证的有效期为3年。安全生产许可证有效期满需要延期的,企业应当于期满前3个月向原安全生产许可证颁发管理机关办理延期手续。

企业在安全生产许可证有效期内,严格遵守有关安全生产的法律法规,未发生死亡事故的,安全生产许可证有效期届满时,经原安全生产许可证颁发管理机关同意,不再审查,安全生产许可证有效期延期3年。

(3)企业取得安全生产许可证的要求

①企业不得转让、冒用安全生产许可证或者使用伪造的安全生产许可证。

②企业取得安全生产许可证后,不得降低安全生产条件,并应当加强日常安全生产管理,接受安全生产许可证颁发管理机关的监督检查。

(4)安全生产许可证的监管

①安全生产许可证颁发管理机关应当建立健全安全生产许可证档案管理制度,并定期向社会公布企业取得安全生产许可证的情况。

②建筑施工企业安全生产许可证颁发管理机关应当每年向同级安全生产监督管理部门通报其安全生产许可证颁发和管理情况。

③国务院安全生产监督管理部门和省、自治区、直辖市人民政府安全生产监督管理部门对建筑施工企业取得安全生产许可证的情况进行监督。

④安全生产许可证颁发管理机关应当加强对取得安全生产许可证的企业的监督检查,发现其不再具备本条例规定的安全生产条件的,应当暂扣或者吊销安全生产许可证。

4.2.2 《建设工程安全生产管理条例》的相关规定

为更好地在建设工程领域贯彻安全法律的相关规定,2003 年 11 月 12 日国务院第 28 次常务会议通过《建设工程安全生产管理条例》。建设工程是指土木工程、建筑工程、线路管道和设备安装工程及装修工程。《建设工程安全生产管理条例》确立了参与建设工程活动各主体方、相关方的安全生产责任制度及其法律责任追究制度。

1. 建设工程安全生产管理基本制度

(1) 安全生产责任制度

安全生产责任制度是建筑生产中最基本的安全管理制度,是所有安全管理制度的核心。安全生产责任制度是指各种不同的安全责任落实到负责有安全管理责任的人员和具体岗位人员身上的一种制度。这一制度是安全第一、预防为主方针的具体体现,是建筑安全生产的基本制度。安全生产责任制的主要内容有包括:一是从事建筑活动的负责人的责任制。比如,施工单位的法定代表人要对本企业的安全负主要的安全责任。二是从事建筑活动的职能机构或职能处室负责人及其工作人员的安全生产责任制。比如,施工单位根据需要设置的安全处室或者专职安全人员要对安全负责。三是岗位人员的安全生产责任制。岗位人员必须对安全负责。从事特种作业的安全人员必须进行培训,经过考核合格后方能上岗作业。

(2) 群防群治制度

群防群治制度是职工进行预防和治理安全的一种制度。这一制度也是安全第一、预防为主方针的具体体现,同时也是群众路线在安全工作中的具体体现,是企业进行民主管理的主要内容。这一制度要求建设企业的职工在施工中应当遵守有关生产的法律、法规和建设行业安全规章、规程,不得违章作业;对于危及生命安全和身体健康的行为有权提出批评、检举和控告。

(3) 安全生产教育培训制度

安全生产教育培训制度是对职工进行安全教育培训,提高安全意识,增加安全知识和技能的制度。安全生产,人人有责。只有对广大职工进行安全教育、培训,才能使广大职工真正认识到安全生产的重要性、必要性,才能使广大职工掌握更多更有效的安全生产的科学技术知识,牢固树立安全第一的思想,自觉遵守安全生产和规章制度。

(4) 安全生产检查制度

安全生产检查制度是上级管理部门或企业自身对安全生产状况进行定期或不定期检查的制度。通过检查可以发现问题,查出隐患,从而采取有效措施,把事故消灭在发生之前。

(5) 伤亡事故处理报告制度

施工中发生事故时,企业应当采取紧急措施减少人员伤亡和事故损失,并且按照国家有关规定及时向有关部门报告的制度。事故处理必须遵循一定的程序,做到原因不清不放过,事故责任者和群众没有受到教育不放过,没有防范措施不放过。

(6) 安全责任追究制度

法律责任中,规定建设单位、设计单位、施工单位、监理单位,由于没有履行职责造成人员伤亡和事故损失的,视情节轻重给予相应的处理;情节严重的,责令停业整顿,降低资质等级,直至吊销资质证书;构成犯罪的,依法追究刑事责任。

2. 建设单位安全生产管理的主要责任和义务

(1)应当向施工单位提供有关资料

建设单位应当向施工单位提供施工现场及毗邻区域内供水、排水、供电、供气、供热、通信、广播电视等地下管线资料,气象和水文观测资料,相邻建筑物和构筑物、地下工程的有关资料,并保证资料的真实、准确、完整。

建设单位因建设工程需要,向有关部门或者单位查询前款规定的资料时,有关部门或者单位应当及时提供。

(2)不得向有关单位提出不符合建设工程安全生产法律、法规和强制性标准规定的要求

建设单位不得对勘察、设计、施工、工程监理等单位提出不符合建设工程安全生产法律、法规和强制性标准规定的要求,不得压缩合同约定的工期。

(3)应当确定安全生产所需费用

建设单位在编制工程概算时,应当确定建设工程安全作业环境及安全施工措施所需费用。

(4)不得明示或者暗示施工单位使用不符合安全施工的物资

建设单位不得明示或者暗示施工单位购买、租赁、使用不符合安全施工要求的安全防护用具、机械设备、施工机具及配件、消防设施和器材。

(5)在申请领取施工许可证或开工报告时,应当提供有关安全施工措施的资料

建设单位在申请领取施工许可证时,应当提供建设工程有关安全施工措施的资料。依法批准开工报告的建设工程,建设单位应当自开工报告批准之日起15日内,将保证安全施工的措施报送建设工程所在地的县级以上地方人民政府建设行政主管部门或者其他有关部门备案。

(6)应当将拆除工程发包给具有相应资质等级的施工单位

建设单位应当将拆除工程发包给具有相应资质等级的施工单位。

建设单位应当在拆除工程施工15日前,将下列资料报送建设工程所在地的县级以上地方人民政府建设行政主管部门或者其他有关部门备案:

①施工单位资质等级证明。

②拟拆除建筑物、构筑物及可能危及毗邻建筑的说明。

③拆除施工组织方案。

④堆放、清除废弃物的措施。

实施爆破作业的,应当遵守国家有关民用爆炸物品管理的规定。

3. 勘察、设计、工程监理单位安全责任

(1)勘察单位的安全责任

勘察单位应当按照法律、法规和工程建设强制性标准进行勘察,提供的勘察文件应当真实、准确,满足建设工程安全生产的需要。

勘察单位在勘察作业时,应当严格执行操作规程,采取措施保证各类管线、设施和周边建筑物、构筑物的安全。

(2)设计单位的安全责任

设计单位应当按照法律、法规和工程建设强制性标准进行设计,防止因设计不合理导致生产安全事故的发生。

设计单位应当考虑施工安全操作和防护的需要,对涉及施工安全的重点部位和环节在设计文件中注明,并对防范生产安全事故提出指导意见。

采用新结构、新材料、新工艺的建设工程和特殊结构的建设工程,设计单位应当在设计中提出保障施工作业人员安全和预防生产安全事故的措施建议。

设计单位和注册建筑师等注册执业人员应当对其设计负责。

(3)工程监理单位的安全责任

工程监理单位应当审查施工组织设计中的安全技术措施或者专项施工方案是否符合工程建设强制性标准。

工程监理单位在实施监理过程中,发现存在安全事故隐患的,应当要求施工单位整改;情况严重的,应当要求施工单位暂时停止施工,并及时报告建设单位。施工单位拒不整改或者不停止施工的,工程监理单位应当及时向有关主管部门报告。

工程监理单位和监理工程师应当按照法律、法规和工程建设强制性标准实施监理,并对建设工程安全生产承担监理责任。

4. 施工单位的安全责任

(1)施工单位应当具备的安全生产资质条件

施工单位从事建设工程的新建、扩建、改建和拆除等活动,应当具备国家规定的注册资本、专业技术人员、技术装备和安全生产等条件,依法取得相应等级的资质证书,并在其资质等级许可的范围内承揽工程。

(2)施工单位的安全生产责任制度

施工单位主要负责人依法对本单位的安全生产工作全面负责。施工单位应当建立健全安全生产责任制度和安全生产教育培训制度,制定安全生产规章制度和操作规程,保证本单位安全生产条件所需资金的投入,对所承担的建设工程进行定期和专项安全检查,并做好安全检查记录。

施工单位的项目负责人应当由取得相应执业资格的人员担任,对建设工程项目的安全施工负责,落实安全生产责任制度、安全生产规章制度和操作规程,确保安全生产费用的有效使用,并根据工程的特点组织制定安全施工措施,消除安全事故隐患,及时、如实报告生产安全事故。

(3)施工单位的安全生产基本保障措施

①安全生产费用应当专款专用

《建设工程安全生产管理条例》第二十二条规定,施工单位对列入建设工程概算的安全作业环境及安全施工措施所需费用,应当用于施工安全防护用具及设施的采购和更新、安全施工措施的落实、安全生产条件的改善,不得挪作他用。

②安全生产管理机构及人员的设置

《建设工程安全生产管理条例》第二十三条规定,施工单位应当设立安全生产管理机构,配备专职安全生产管理人员。

专职安全生产管理人员负责对安全生产进行现场监督检查。发现安全事故隐患,应当及时向项目负责人和安全生产管理机构报告;对违章指挥、违章操作的,应当立即制止。

专职安全生产管理人员的配备办法由国务院建设行政主管部门会同国务院其他有关部门制定。

③编制安全技术措施及专项施工方案的规定

《建设工程安全生产管理条例》第二十六条规定,施工单位应当在施工组织设计中编制安全技术措施和施工现场临时用电方案,对下列达到一定规模的危险性较大的分部分项工程编制专项施工方案,并附具安全验算结果,经施工单位技术负责人、总监理工程师签字后实施,由专职安全生产管理人员进行现场监督:

a. 基坑支护与降水工程。

b. 土方开挖工程。

c. 模板工程。

d. 起重吊装工程。

e. 脚手架工程。

f. 拆除、爆破工程。

g. 国务院建设行政主管部门或者其他有关部门规定的其他危险性较大的工程。

对上述工程中涉及深基坑、地下暗挖工程、高大模板工程的专项施工方案,施工单位还应当组织专家进行论证、审查。

达到一定规模的危险性较大工程的标准,由国务院建设行政主管部门会同国务院其他有关部门制定。

④对安全施工技术的交底

建设工程施工前,施工单位负责项目管理的技术人员应当对有关安全施工的技术要求向施工作业班组、作业人员作出详细说明,并由双方签字确认。

⑤安全警示标志的设置

施工单位应当在施工现场入口处、施工起重机械、临时用电设施、脚手架、出入通道口、楼梯口、电梯井口、孔洞口、桥梁口、隧道口、基坑边沿、爆破物及有害危险气体和液体存放处等危险部位,设置明显的安全警示标志。安全警示标志必须符合国家标准。

施工单位应当根据不同施工阶段和周围环境及季节、气候的变化,在施工现场采取相应的安全施工措施。施工现场暂时停止施工的,施工单位应当做好现场防护,所需费用由责任方承担,或者按照合同约定执行。

⑥对施工现场办公、生活区与作业区设置要求

施工单位应当将施工现场的办公、生活区与作业区分开设置,并保持安全距离;办公、生活区的选址应当符合安全性要求。职工的膳食、饮水、休息场所等应当符合卫生标准。施工单位不得在尚未竣工的建筑物内设置员工集体宿舍。

施工现场临时搭建的建筑物应当符合安全使用要求。施工现场使用的装配式活动房屋应当具有产品合格证。

⑦环境污染防护措施

施工单位对因建设工程施工可能造成损害的毗邻建筑物、构筑物和地下管线等,应当采取专项防护措施。

施工单位应当遵守有关环境保护法律、法规的规定,在施工现场采取措施,防止或者减少粉尘、废气、废水、固体废物、噪声、振动和施工照明对人和环境的危害和污染。

在城市市区内的建设工程,施工单位应当对施工现场实行封闭围挡。

⑧消防安全保障措施

施工单位应当在施工现场建立消防安全责任制度,确定消防安全责任人,制定用火、用电、使用易燃易爆材料等各项消防安全管理制度和操作规程,设置消防通道、消防水源,配备消防设施和灭火器材,并在施工现场入口处设置明显标志。

⑨劳动安全管理规定

施工单位应当向作业人员提供安全防护用具和安全防护服装,并书面告知危险岗位的操作规程和违章操作的危害。

作业人员有权对施工现场的作业条件、作业程序和作业方式中存在的安全问题提出批评、检举和控告,有权拒绝违章指挥和强令冒险作业。

在施工中发生危及人身安全的紧急情况时,作业人员有权立即停止作业或者在采取必要的应急措施后撤离危险区域。

作业人员应当遵守安全施工的强制性标准、规章制度和操作规程,正确使用安全防护用具、机械设备等。

施工单位应当为施工现场从事危险作业的人员办理意外伤害保险。

意外伤害保险费由施工单位支付。实行施工总承包的,由总承包单位支付意外伤害保险费。意外伤害保险期限自建设工程开工之日起至竣工验收合格止。

⑩安全防护用具及机械设备、施工机具的安全管理

施工单位采购、租赁的安全防护用具、机械设备、施工机具及配件,应当具有生产(制造)许可证、产品合格证,并在进入施工现场前进行查验。

施工现场的安全防护用具、机械设备、施工机具及配件必须由专人管理,定期进行检查、维修和保养,建立相应的资料档案,并按照国家有关规定及时报废。

施工单位在使用施工起重机械和整体提升脚手架、模板等自升式架设设施前,应当组织有关单位进行验收,也可以委托具有相应资质的检验检测机构进行验收;使用承租的机械设备和施工机具及配件的,由施工总承包单位、分包单位、出租单位和安装单位共同进行验收。验收合格的方可使用。

《特种设备安全监察条例》规定的施工起重机械,在验收前应当经有相应资质的检验检测机构监督检验合格。

施工单位应当自施工起重机械和整体提升脚手架、模板等自升式架设设施验收合格之日起30日内,向建设行政主管部门或者其他有关部门登记。登记标志应当置于或者附着于该设备的显著位置。

(4)施工总承包单位和分包单位安全责任的划分

建设工程实行施工总承包的,由总承包单位对施工现场的安全生产负总责。

总承包单位应当自行完成建设工程主体结构的施工。总承包单位依法将建设工程分包给其他单位的,分包合同中应当明确各自的安全生产方面的权利、义务。总承包单位和分包单位对分包工程的安全生产承担连带责任。分包单位应当服从总承包单位的安全生产管理,分包单位不服从管理导致生产安全事故的,由分包单位承担主要责任。

(5)安全教育培训制度

①特种作业人员培训和持证上岗

垂直运输机械作业人员、安装拆卸工、爆破作业人员、起重信号工、登高架设作业人员等特种作业人员,必须按照国家有关规定经过专门的安全作业培训,并取得特种作业操作资格证书后,方可上岗作业。

②安全管理人员和作业人员的安全教育和考核

施工单位的主要负责人、项目负责人、专职安全生产管理人员应当经建设行政主管部门或者其他有关部门考核合格后方可任职。

施工单位应当对管理人员和作业人员每年至少进行一次安全生产教育培训,其教育培训情况记入个人工作档案。安全生产教育培训考核不合格的人员,不得上岗。

③作业人员进入新岗位、新工地或采用新技术时的上岗教育培训

作业人员进入新的岗位或者新的施工现场前,应当接受安全生产教育培训。未经教育培训或者教育培训考核不合格的人员,不得上岗作业。

施工单位在采用新技术、新工艺、新设备、新材料时,应当对作业人员进行相应的安全生产教育培训。

5. 建设工程相关单位安全生产管理的主要责任和义务

(1)机械设备和配件供应单位的安全责任

为建设工程提供机械设备和配件的单位,应当按照安全施工的要求配备齐全有效的保险、限位等安全设施和装置。

(2)机械设备、施工机具和配件出租单位的安全责任

出租的机械设备和施工工具及配件,应当具有生产(制造)许可证,产品合格证。

出租单位应当对出租的机械设备和施工工具及配件的安全性能进行检测,在签订租赁协议时,应当出具检测合格证明。禁止出租检测不合格的机械设备和施工工具及配件。

(3)起重机械和自升式架设设施的安全管理

①在施工现场安装、拆卸施工起重机械和整体提升脚手架、模板等自升式架设设施,必须由具有相应资质的单位承担。

②安装、拆卸施工起重机械和整体提升脚手架、模板等自升式架设设施,应当编制拆装方案、制定安全施工措施,并由专业技术人员现场监督。

③施工起重机械和整体提升脚手架、模板等自升式架设设施安装完毕后,安装单位应当自检,出具自检合格证明,并向施工单位进行安全使用说明,办理验收手续并签字。

④施工起重机械和整体提升脚手架、模板等自升式架设设施的使用达到国家规定的检验检测期限的,必须经具有专业资质的检验检测机构检测。经检测不合格的,不得继续使用。

⑤检验检测机构对检测合格的施工起重机械和整体提升脚手架、模板等自升式架设设施,应当出具安全合格证明文件,并对检测结果负责。

6. 监督管理

(1) 建设工程的综合监督管理部门的职责

国务院负责安全生产监督管理的部门依照《中华人民共和国安全生产法》的规定,对全国建设工程安全生产工作实施综合监督管理。

县级以上地方人民政府负责安全生产监督管理的部门依照《中华人民共和国安全生产法》的规定,对本行政区域内建设工程安全生产工作实施综合监督管理。

(2) 专业建设工程安全生产的监督管理部门的职责

国务院建设行政主管部门对全国的建设工程安全生产实施监督管理。国务院铁路、交通、水利等有关部门按照国务院规定的职责分工,负责有关专业建设工程安全生产的监督管理。

县级以上地方人民政府建设行政主管部门对本行政区域内的建设工程安全生产实施监督管理。县级以上地方人民政府交通、水利等有关部门在各自的职责范围内,负责本行政区域内的专业建设工程安全生产的监督管理。

(3) 专业行政主管部门和安全生产监督管理的部门工作协同

建设行政主管部门和其他有关部门应当将本条例第十条、第十一条规定的有关资料的主要内容抄送同级负责安全生产监督管理的部门。

(4) 施工许可管理

建设行政主管部门在审核发放施工许可证时,应当对建设工程是否有安全施工措施进行审查,对没有安全施工措施的,不得颁发施工许可证。

建设行政主管部门或者其他有关部门对建设工程是否有安全施工措施进行审查时,不得收取费用。

(5) 建设工程安全生产监督管理部门的权限

县级以上人民政府负有建设工程安全生产监督管理职责的部门在各自的职责范围内履行安全监督检查职责时,有权采取下列措施:

①要求被检查单位提供有关建设工程安全生产的文件和资料。

②进入被检查单位施工现场进行检查。

③纠正施工中违反安全生产要求的行为。

④对检查中发现的安全事故隐患,责令立即排除;重大安全事故隐患排除前或者排除过程中无法保证安全的,责令从危险区域内撤出作业人员或者暂时停止施工。

(6) 监督检查委托实施

建设行政主管部门或者其他有关部门可以将施工现场的监督检查委托给建设工程安全监督机构具体实施。

(7) 对严重危及施工安全的工艺、设备、材料实行淘汰制度

国家对严重危及施工安全的工艺、设备、材料实行淘汰制度。具体目录由国务院建设行政主管部门会同国务院其他有关部门制定并公布。

(8) 建设工程的社会监督

县级以上人民政府建设行政主管部门和其他有关部门应当及时受理对建设工程生产安全事故及安全事故隐患的检举、控告和投诉。

7. 生产安全事故的应急救援和调查处理

(1) 生产安全事故的应急救援

①县级以上地方人民政府建设行政主管部门应当根据本级人民政府的要求,制定本行政区域内建设工程特大生产安全事故应急救援预案。

②施工单位应当制定本单位生产安全事故应急救援预案,建立应急救援组织或者配备应急救援人员,配备必要的应急救援器材、设备,并定期组织演练。

③施工单位应当根据建设工程施工的特点、范围,对施工现场易发生重大事故的部位、环节进行监控,制定施工现场生产安全事故应急救援预案。实行施工总承包的,由总承包单位统一组织编制建设工程生产安全事故应急救援预案,工程总承包单位和分包单位按照应急救援预案,各自建立应急救援组织或者配备应急救援人员,配备救援器材、设备,并定期组织演练。

(2) 生产安全事故的报告

施工单位发生生产安全事故,应当按照国家有关伤亡事故报告和调查处理的规定,及时、如实地向负责安全生产监督管理的部门、建设行政主管部门或者其他有关部门报告;特种设备发生事故的,还应当同时向特种设备安全监督管理部门报告。接到报告的部门应当按照国家有关规定,如实上报。

实行施工总承包的建设工程,由总承包单位负责上报事故。

(3) 生产安全事故的调查处理

①发生生产安全事故后,施工单位应当采取措施防止事故扩大,保护事故现场。需要移动现场物品时,应当作出标记和书面记录,妥善保管有关证物。

②建设工程生产安全事故的调查、对事故责任单位和责任人的处罚与处理,按照有关法律、法规的规定执行。

4.2.3 《生产安全事故报告和调查处理条例》的相关规定

《生产安全事故报告和调查处理条例》于 2007 年 3 月 28 日国务院第 172 次常务会议通过,自 2007 年 6 月 1 日起施行。《生产安全事故报告和调查处理条例》是我国第一部全面规范事故报告和调查处理的基本法规,其立法的目的是为了规范生产安全事故的报告和调查处理,落实生产安全事故责任追究制度,防止和减少生产安全事故。

1. 生产安全事故的分级

(1) 特别重大事故,是指造成 30 人以上死亡,或者 100 人以上重伤(包括急性工业中毒,下同),或者 1 亿元以上直接经济损失的事故。

(2) 重大事故,是指造成 10 人以上 30 人以下死亡,或者 50 人以上 100 人以下重伤,或者 5000 万元以上 1 亿元以下直接经济损失的事故。

(3) 较大事故,是指造成 3 人以上 10 人以下死亡,或者 10 人以上 50 人以下重伤,或者

1000万元以上5000万元以下直接经济损失的事故。

（4）一般事故，是指造成3人以下死亡，或者10人以下重伤，或者1000万元以下直接经济损失的事故。

其中，"以上"包括本数，"以下"不包括本数。

2. 事故报告

（1）事故报告的程序

事故发生后，事故现场有关人员应当立即向本单位负责人报告；单位负责人接到报告后，应当于1小时内向事故发生地县级以上人民政府安全生产监督管理部门和负有安全生产监督管理职责的有关部门报告。

情况紧急时，事故现场有关人员可以直接向事故发生地县级以上人民政府安全生产监督管理部门和负有安全生产监督管理职责的有关部门报告。

安全生产监督管理部门和负有安全生产监督管理职责的有关部门接到事故报告后，应当依照下列规定上报事故情况，并通知公安机关、劳动保障行政部门、工会和人民检察院：

①特别重大事故、重大事故逐级上报至国务院安全生产监督管理部门和负有安全生产监督管理职责的有关部门。

②较大事故逐级上报至省、自治区、直辖市人民政府安全生产监督管理部门和负有安全生产监督管理职责的有关部门。

③一般事故上报至设区的市级人民政府安全生产监督管理部门和负有安全生产监督管理职责的有关部门。

安全生产监督管理部门和负有安全生产监督管理职责的有关部门依照前款规定上报事故情况，应当同时报告本级人民政府。国务院安全生产监督管理部门和负有安全生产监督管理职责的有关部门以及省级人民政府接到发生特别重大事故、重大事故的报告后，应当立即报告国务院。必要时，安全生产监督管理部门和负有安全生产监督管理职责的有关部门可以越级上报事故情况。

安全生产监督管理部门和负有安全生产监督管理职责的有关部门逐级上报事故情况，每级上报的时间不得超过2小时。

（2）报告事故的内容

报告事故应当包括下列内容：

①事故发生单位概况。

②事故发生的时间、地点以及事故现场情况。

③事故的简要经过。

④事故已经造成或者可能造成的伤亡人数（包括下落不明的人数）和初步估计的直接经济损失。

⑤已经采取的措施。

⑥其他应当报告的情况。

事故报告后出现新情况的，应当及时补报。

自事故发生之日起30日内，事故造成的伤亡人数发生变化的，应当及时补报。道路交通事故、火灾事故自发生之日起7日内,事故造成的伤亡人数发生变化的,应当及时补报。

3. 事故发生后有关各方应采取的行动

事故发生单位负责人接到事故报告后,应当立即启动事故相应应急预案,或者采取有效措施,组织抢救,防止事故扩大,减少人员伤亡和财产损失。

事故发生地有关地方人民政府、安全生产监督管理部门和负有安全生产监督管理职责的有关部门接到事故报告后,其负责人应当立即赶赴事故现场,组织事故救援。

事故发生后,有关单位和人员应当妥善保护事故现场以及相关证据,任何单位和个人不得破坏事故现场、毁灭相关证据。

因抢救人员、防止事故扩大以及疏通交通等原因,需要移动事故现场物件的,应当作出标志,绘制现场简图并作出书面记录,妥善保存现场重要痕迹、物证。

事故发生地公安机关根据事故的情况,对涉嫌犯罪的,应当依法立案侦查,采取强制措施和侦查措施。犯罪嫌疑人逃匿的,公安机关应当迅速追捕归案。

4. 事故调查

(1) 事故调查的一般规定

特别重大事故由国务院或者国务院授权有关部门组织事故调查组进行调查。

重大事故、较大事故、一般事故分别由事故发生地省级人民政府、设区的市级人民政府、县级人民政府负责调查。省级人民政府、设区的市级人民政府、县级人民政府可以直接组织事故调查组进行调查,也可以授权或者委托有关部门组织事故调查组进行调查。

未造成人员伤亡的一般事故,县级人民政府也可以委托事故发生单位组织事故调查组进行调查。

特别重大事故以下等级事故,事故发生地与事故发生单位不在同一个县级以上行政区域的,由事故发生地人民政府负责调查,事故发生单位所在地人民政府应当派人参加。

事故调查组有权向有关单位和个人了解与事故有关的情况,并要求其提供相关文件、资料,有关单位和个人不得拒绝。事故发生单位的负责人和有关人员在事故调查期间不得擅离职守,并应当随时接受事故调查组的询问,如实提供有关情况。事故调查中发现涉嫌犯罪的,事故调查组应当及时将有关材料或者其复印件移交司法机关处理。

(2) 事故调查组的组成

根据事故的具体情况,事故调查组由有关人民政府、安全生产监督管理部门、负有安全生产监督管理职责的有关部门、监察机关、公安机关以及工会派人组成,并应当邀请人民检察院派人参加。

事故调查组可以聘请有关专家参与调查。

事故调查组组长由负责事故调查的人民政府指定。事故调查组组长主持事故调查组的工作。

(3) 事故调查组的职责

① 查明事故发生的经过、原因、人员伤亡情况及直接经济损失。

② 认定事故的性质和事故责任。

③ 提出对事故责任者的处理建议。

④总结事故教训,提出防范和整改措施。

⑤提交事故调查报告。

事故调查组成员在事故调查工作中应当诚信公正、恪尽职守,遵守事故调查组的纪律,保守事故调查的秘密。未经事故调查组组长允许,事故调查组成员不得擅自发布有关事故的信息。

事故调查组应当自事故发生之日起 60 日内提交事故调查报告;特殊情况下,经负责事故调查的人民政府批准,提交事故调查报告的期限可以适当延长,但延长的期限最长不超过 60 日。

另外,事故调查中需要进行技术鉴定的,事故调查组应当委托具有国家规定资质的单位进行技术鉴定。必要时,事故调查组可以直接组织专家进行技术鉴定。技术鉴定所需时间不计入事故调查期限。

(4)事故调查报告的内容

①事故发生单位概况。

②事故发生经过和事故救援情况。

③事故造成的人员伤亡和直接经济损失。

④事故发生的原因和事故性质。

⑤事故责任的认定以及对事故责任者的处理建议。

⑥事故防范和整改措施。

事故调查报告应当附具有关证据材料。事故调查组成员应当在事故调查报告上签名。

事故调查报告报送负责事故调查的人民政府后,事故调查工作即告结束。事故调查的有关资料应当归档保存。

5. 事故调查报告的批复

重大事故、较大事故、一般事故,负责事故调查的人民政府应当自收到事故调查报告之日起 15 日内作出批复;特别重大事故,30 日内作出批复,特殊情况下,批复时间可以适当延长,但延长的时间最长不超过 30 日。

4.2.4 《特种设备安全监察条例》的相关规定

为了加强特种设备的安全监察,防止和减少事故,保障人民群众生命和财产安全,促进经济发展,《特种设备安全监察条例》已经 2003 年 2 月 19 日国务院第 68 次常务会议通过,自 2003 年 6 月 1 日起施行。

2009 年 1 月 14 日,国务院第 46 次常务会议通过《国务院关于修改〈特种设备安全监察条例〉的决定》,自 2009 年 5 月 1 日起施行。

特种设备是指涉及生命安全、危险性较大的锅炉、压力容器(含气瓶,下同)、压力管道、电梯、起重机械、客运索道、大型游乐设施和场(厂)内专用机动车辆。

军事装备、核设施、航空航天器、铁路机车、海上设施和船舶以及矿山井下使用的特种设备、民用机场专用设备的安全监察不适用本条例。房屋建筑工地和市政工程工地用起重机械、场(厂)内专用机动车辆的安装、使用的监督管理,由建设行政主管部门依照有关法律、法规的规定执行。

1. 特种设备的使用

(1) 使用前应核对相关文件

特种设备使用单位应当使用符合安全技术规范要求的特种设备。特种设备投入使用前,使用单位应当核对特种设备出厂时应当附有的安全技术规范要求的设计文件、产品质量合格证明、安装及使用维修说明、监督检验证明等文件。

(2) 使用登记制度

特种设备在投入使用前或者投入使用后 30 日内,特种设备使用单位应当向直辖市或者设区的市的特种设备安全监督管理部门登记。登记标志应当置于或者附着于该特种设备的显著位置。

(3) 建立特种设备安全技术档案

特种设备使用单位应当建立特种设备安全技术档案。安全技术档案应当包括以下内容:

①特种设备的设计文件、制造单位、产品质量合格证明、使用维护说明等文件以及安装技术文件和资料。

②特种设备的定期检验和定期自行检查的记录。

③特种设备的日常使用状况记录。

④特种设备及其安全附件、安全保护装置、测量调控装置及有关附属仪器仪表的日常维护保养记录。

⑤特种设备运行故障和事故记录。

特种设备使用单位应当对在用特种设备进行经常性日常维护保养,并定期自行检查。

特种设备使用单位对在用特种设备应当至少每月进行一次自行检查,并作出记录。特种设备使用单位在对在用特种设备进行自行检查和日常维护保养时发现异常情况的,应当及时处理。

特种设备使用单位应当对在用特种设备的安全附件、安全保护装置、测量调控装置及有关附属仪器仪表进行定期校验、检修,并作出记录。

特种设备使用单位应当按照安全技术规范的定期检验要求,在安全检验合格有效期届满前 1 个月向特种设备检验检测机构提出定期检验要求。检验检测机构接到定期检验要求后,应当按照安全技术规范的要求及时进行检验。未经定期检验或者检验不合格的特种设备,不得继续使用。

特种设备出现故障或者发生异常情况,使用单位应当对其进行全面检查,消除事故隐患后,方可重新投入使用。特种设备存在严重事故隐患,无改造、维修价值,或者超过安全技术规范规定使用年限,特种设备使用单位应当及时予以报废,并应当向原登记的特种设备安全监督管理部门办理注销。

特种设备使用单位应当制定特种设备的事故应急措施和救援预案。

(4) 特种设备作业人员的要求

锅炉、压力容器、电梯、起重机械、客运索道、大型游乐设施的作业人员及其相关管理人员,应当按照国家有关规定经特种设备安全监督管理部门考核合格,取得国家统一格式的特种作业人员证书,方可从事相应的作业或者管理工作。

特种设备使用单位应当对特种设备作业人员进行特种设备安全教育和培训,保证特种设备作业人员具备必要的特种设备安全作业知识。特种设备作业人员在作业中应当严格执行特种设备的操作规程和有关的安全规章制度。

特种设备作业人员在作业过程中发现事故隐患或者其他不安全因素,应当立即向现场安全管理人员和单位有关负责人报告。

2. 特种设备的检验检测

(1) 特种设备检验检测机构的核准

从事本条例规定的监督检验、定期检验、型式试验检验检测工作的特种设备检验检测机构,应当经国务院特种设备安全监督管理部门核准。

特种设备使用单位设立的特种设备检验检测机构,经国务院特种设备安全监督管理部门核准,负责本单位一定范围内的特种设备定期检验、型式试验工作。

特种设备检验检测机构,应当具备下列条件:

①有与所从事的检验检测工作相适应的检验检测人员。
②有与所从事的检验检测工作相适应的检验检测仪器和设备。
③有健全的检验检测管理制度、检验检测责任制度。

(2) 特种设备检验检测人员

从事本条例规定的监督检验、定期检验和型式试验的特种设备检验检测人员应当经国务院特种设备安全监督管理部门组织考核合格,取得检验检测人员证书,方可从事检验检测工作。

检验检测人员从事检验检测工作,必须在特种设备检验检测机构执业,但不得同时在两个以上检验检测机构中执业。

特种设备检验检测机构和检验检测人员进行特种设备检验检测,应当遵循诚信原则和方便企业的原则,为特种设备生产、使用单位提供可靠、便捷的检验检测服务。

特种设备检验检测机构和检验检测人员对涉及的被检验检测单位的商业秘密,负有保密义务。

(3) 检验检测结果的管理

特种设备检验检测机构和检验检测人员应当客观、公正、及时地出具检验检测结果、鉴定结论。检验检测结果、鉴定结论经检验检测人员签字后,由检验检测机构负责人签署。特种设备检验检测机构和检验检测人员对检验检测结果、鉴定结论负责。

国务院特种设备安全监督管理部门应当组织对特种设备检验检测机构的检验检测结果、鉴定结论进行监督抽查。县以上地方负责特种设备安全监督管理的部门在本行政区域内也可以组织监督抽查,但是要防止重复抽查。监督抽查结果应当向社会公布。

(4) 事故隐患报告

特种设备检验检测机构进行特种设备检验检测,发现严重事故隐患,应当及时告知特种设备使用单位,并立即向特种设备安全监督管理部门报告。

(5)检验检测时的禁止行为

特种设备检验检测机构和检验检测人员不得从事特种设备的生产、销售,不得以其名义推荐或者监制、监销特种设备。

特种设备检验检测机构和检验检测人员利用检验检测工作故意刁难特种设备生产、使用单位,特种设备生产、使用单位有权向特种设备安全监督管理部门投诉,接到投诉的特种设备安全监督管理部门应当及时进行调查处理。

3. 监督检查

(1)安全监督管理部门的职权

特种设备安全监督管理部门根据举报或者取得的涉嫌违法证据,对涉嫌违反本条例规定的行为进行查处时,可以行使下列职权:

①向特种设备生产、使用单位和检验检测机构的法定代表人、主要负责人和其他有关人员调查、了解与涉嫌从事违反本条例的生产、使用、检验检测有关的情况。

②查阅、复制特种设备生产、使用单位和检验检测机构的有关合同、发票、账簿以及其他有关资料。

③对有证据表明不符合安全技术规范要求的或者有其他严重事故隐患的特种设备或者其主要部件,予以查封或者扣押。

(2)特种设备相关单位的许可、核准、登记

实施许可、核准、登记的特种设备安全监督管理部门,应当严格依照本条例规定条件和安全技术规范要求对有关事项进行审查;不符合本条例规定条件和安全技术规范要求的,不得许可、核准、登记。

未依法取得许可、核准、登记的单位擅自从事特种设备的生产、使用或者检验检测活动的,特种设备安全监督管理部门应当予以取缔或者依法予以处理。已经取得许可、核准、登记的特种设备的生产、使用单位和检验检测机构,特种设备安全监督管理部门发现其不再符合本条例规定条件和安全技术规范要求的,应当依法撤销原许可、核准、登记。

特种设备安全监督管理部门在办理本条例规定的有关行政审批事项时,其受理、审查、许可、核准的程序必须公开,并应当自受理申请之日起 30 日内,作出许可、核准或者不予许可、核准的决定;不予许可、核准的,应当书面向申请人说明理由。

地方各级特种设备安全监督管理部门不得以任何形式进行地方保护和地区封锁,不得对已经依照本条例规定在其他地方取得许可的特种设备生产单位重复进行许可,也不得要求对依照本条例规定在其他地方检验检测合格的特种设备,重复进行检验检测。

(3)特种设备安全监察人员

特种设备安全监督管理部门的安全监察人员应当熟悉相关法律、法规、规章和安全技术规范,具有相应的专业知识和工作经验,并经国务院特种设备安全监督管理部门考核,取得特种设备安全监察人员证书。特种设备安全监察人员应当忠于职守、坚持原则、秉公执法。

(4)进行安全监察时的规定

特种设备安全监督管理部门对特种设备生产、使用单位和检验检测机构实施安全监察时,应当有两名以上特种设备安全监察人员参加,并出示有效的特种设备安全监察人员

证件。

特种设备安全监督管理部门对特种设备生产、使用单位和检验检测机构实施安全监察,应当对每次安全监察的内容、发现的问题及处理情况,作出记录,并由参加安全监察的特种设备安全监察人员和被检查单位的有关负责人签字后归档。被检查单位的有关负责人拒绝签字的,特种设备安全监察人员应当将情况记录在案。

特种设备安全监督管理部门对特种设备生产、使用单位和检验检测机构进行安全监察时,发现有违反本条例和安全技术规范的行为或者在用的特种设备存在事故隐患的,应当以书面形式发出特种设备安全监察指令,责令有关单位及时采取措施,予以改正或者消除事故隐患。紧急情况下需要采取紧急处置措施的,应当随后补发书面通知。

特种设备安全监督管理部门对特种设备生产、使用单位和检验检测机构进行安全监察,发现重大违法行为或者严重事故隐患时,应当在采取必要措施的同时,及时向上级特种设备安全监督管理部门报告。接到报告的特种设备安全监督管理部门应当采取必要措施,及时予以处理。

对违法行为或者严重事故隐患的处理需要当地人民政府和有关部门的支持、配合时,特种设备安全监督管理部门应当报告当地人民政府,并通知其他有关部门。当地人民政府和其他有关部门应当采取必要措施,及时予以处理。

(5)特种设备安全状况的公布

国务院特种设备安全监督管理部门和省、自治区、直辖市特种设备安全监督管理部门应当定期向社会公布特种设备安全状况。

公布特种设备安全状况,应当包括下列内容:

①在用的特种设备数量。
②特种设备事故的情况、特点、原因分析、防范对策。
③其他需要公布的情况。

(6)事故处理

特种设备事故发生后,事故发生单位应当立即启动事故应急预案,组织抢救,防止事故扩大,减少人员伤亡和财产损失,并及时向事故发生地县以上特种设备安全监督管理部门和有关部门报告。

县以上特种设备安全监督管理部门接到事故报告,应当尽快核实有关情况,立即向所在地人民政府报告,并逐级上报事故情况。必要时,特种设备安全监督管理部门可以越级上报事故情况。对特别重大事故、重大事故,国务院特种设备安全监督管理部门应当立即报告国务院并通报国务院安全生产监督管理部门等有关部门。

特种设备安全监督管理部门应当对发生事故的原因进行分析,并根据特种设备的管理和技术特点、事故情况对相关安全技术规范进行评估;需要制定或者修订相关安全技术规范的,应当及时制定或者修订。

4.2.5 《民用爆炸物品安全管理条例》的相关规定

为了加强对民用爆炸物品的安全管理,预防爆炸事故发生,保障公民生命、财产安全和公共安全,《民用爆炸物品安全管理条例》已经2006年4月26日国务院第134次常务会议通过,自2006年9月1日起施行。2014年7月29日,国务院第54次常务会议《关于修改部分行政法规的决定》进行了修正。

民用爆炸物品,是指用于非军事目的、列入民用爆炸物品品名表的各类火药、炸药及其制品和雷管、导火索等点火、起爆器材。民用爆炸物品的生产、销售、购买、进出口、运输、爆破作业和储存以及硝酸铵的销售、购买,适用本条例。

1. 民用爆炸物品的销售和购买

(1) 民用爆炸物品的销售

请从事民用爆炸物品销售的企业,应当具备下列条件:

①符合对民用爆炸物品销售企业规划的要求。

②销售场所和专用仓库符合国家有关标准和规范。

③有具备相应资格的安全管理人员、仓库管理人员。

④有健全的安全管理制度、岗位安全责任制度。

⑤法律、行政法规规定的其他条件。

申请从事民用爆炸物品销售的企业,应当向所在地省、自治区、直辖市人民政府民用爆炸物品行业主管部门提交申请书、可行性研究报告以及能够证明其符合本条例第十八条规定条件的有关材料。省、自治区、直辖市人民政府民用爆炸物品行业主管部门应当自受理申请之日起30日内进行审查,并对申请单位的销售场所和专用仓库等经营设施进行查验,对符合条件的,核发《民用爆炸物品销售许可证》;对不符合条件的,不予核发《民用爆炸物品销售许可证》,书面向申请人说明理由。

民用爆炸物品销售企业持《民用爆炸物品销售许可证》到工商行政管理部门办理工商登记后,方可销售民用爆炸物品。民用爆炸物品销售企业应当在办理工商登记后3日内,向所在地县级人民政府公安机关备案。

(2) 购买民用爆炸物品的申请

民用爆炸物品使用单位申请购买民用爆炸物品的,应当向所在地县级人民政府公安机关提出购买申请,并提交下列有关材料:

①工商营业执照或者事业单位法人证书。

②《爆破作业单位许可证》或者其他合法使用的证明。

③购买单位的名称、地址、银行账户。

④购买的品种、数量和用途说明。

受理申请的公安机关应当自受理申请之日起5日内对提交的有关材料进行审查,对符合条件的,核发《民用爆炸物品购买许可证》;对不符合条件的,不予核发《民用爆炸物品购买许可证》,书面向申请人说明理由。《民用爆炸物品购买许可证》应当载明许可购买的品种、数量、购买单位以及许可的有效期限。

(3) 民用爆炸物品的购买

民用爆炸物品生产企业凭《民用爆炸物品生产许可证》购买属于民用爆炸物品的原料,民用爆炸物品销售企业凭《民用爆炸物品销售许可证》向民用爆炸物品生产企业购买民用爆炸物品,民用爆炸物品使用单位凭《民用爆炸物品购买许可证》购买民用爆炸物品,还应当提供经办人的身份证明。

销售民用爆炸物品的企业,应当查验前款规定的许可证和经办人的身份证明;对持《民用爆炸物品购买许可证》购买的,应当按照许可的品种、数量销售。

销售、购买民用爆炸物品,应当通过银行账户进行交易,不得使用现金或者实物进行交易。销售民用爆炸物品的企业,应当将购买单位的许可证、银行账户转账凭证、经办人的身份证明复印件保存 2 年备查。

(4) 民用爆炸物品购买信息备案

销售民用爆炸物品的企业,应当自民用爆炸物品买卖成交之日起 3 日内,将销售的品种、数量和购买单位向所在地省、自治区、直辖市人民政府民用爆炸物品行业主管部门和所在地县级人民政府公安机关备案。

购买民用爆炸物品的单位,应当自民用爆炸物品买卖成交之日起 3 日内,将购买的品种、数量向所在地县级人民政府公安机关备案。

(5) 进出口民用爆炸物品的相关管理

进出口民用爆炸物品,应当经国务院民用爆炸物品行业主管部门审批。进出口民用爆炸物品审批办法,由国务院民用爆炸物品行业主管部门会同国务院公安部门、海关总署规定。

进出口单位应当将进出口的民用爆炸物品的品种、数量向收货地或者出境口岸所在地县级人民政府公安机关备案。

2. 民用爆炸物品的运输

(1) 申请民用爆炸物品生产许可证

运输民用爆炸物品,收货单位应当向运达地县级人民政府公安机关提出申请,并提交包括下列内容的材料:

①民用爆炸物品生产企业、销售企业、使用单位以及进出口单位分别提供的《民用爆炸物品生产许可证》《民用爆炸物品销售许可证》《民用爆炸物品购买许可证》或者进出口批准证明。

②运输民用爆炸物品的品种、数量、包装材料和包装方式。

③运输民用爆炸物品的特性、出现险情的应急处置方法。

④运输时间、起始地点、运输路线、经停地点。

受理申请的公安机关应当自受理申请之日起 3 日内对提交的有关材料进行审查,对符合条件的,核发《民用爆炸物品运输许可证》;对不符合条件的,不予核发《民用爆炸物品运输许可证》,书面向申请人说明理由。

《民用爆炸物品运输许可证》应当载明收货单位、销售企业、承运人,一次性运输有效期限、起始地点、运输路线、经停地点,民用爆炸物品的品种、数量。

(2) 民用爆炸物品的运输

运输民用爆炸物品的,应当凭《民用爆炸物品运输许可证》,按照许可的品种、数量运输。经由道路运输民用爆炸物品的,应当遵守下列规定:

①携带《民用爆炸物品运输许可证》。

②民用爆炸物品的装载符合国家有关标准和规范,车厢内不得载人。

③运输车辆安全技术状况应当符合国家有关安全技术标准的要求,并按照规定悬挂或

者安装符合国家标准的易燃易爆危险物品警示标志。

④运输民用爆炸物品的车辆应当保持安全车速。

⑤按照规定的路线行驶,途中经停应当有专人看守,并远离建筑设施和人口稠密的地方,不得在许可以外的地点经停。

⑥按照安全操作规程装卸民用爆炸物品,并在装卸现场设置警戒,禁止无关人员进入。

⑦出现危险情况立即采取必要的应急处置措施,并报告当地公安机关。

(3)民用爆炸物品生产许可证的核销

民用爆炸物品运达目的地,收货单位应当进行验收后在《民用爆炸物品运输许可证》上签注,并在3日内将《民用爆炸物品运输许可证》交回发证机关核销。

(4)民用爆炸物品运输中的禁止行为

禁止携带民用爆炸物品搭乘公共交通工具或者进入公共场所。

禁止邮寄民用爆炸物品,禁止在托运的货物、行李、包裹、邮件中夹带民用爆炸物品。

3. 爆破作业

(1)爆破作业的申请

申请从事爆破作业的单位,应当具备下列条件:

①爆破作业属于合法的生产活动。

②有符合国家有关标准和规范的民用爆炸物品专用仓库。

③有具备相应资格的安全管理人员、仓库管理人员和具备国家规定执业资格的爆破作业人员。

④有健全的安全管理制度、岗位安全责任制度。

⑤有符合国家标准、行业标准的爆破作业专用设备。

⑥法律、行政法规规定的其他条件。

申请从事爆破作业的单位,应当按照国务院公安部门的规定,向有关人民政府公安机关提出申请,并提供能够证明其符合上述规定条件的有关材料。受理申请的公安机关应当自受理申请之日起20日内进行审查,对符合条件的,核发《爆破作业单位许可证》;对不符合条件的,不予核发《爆破作业单位许可证》,书面向申请人说明理由。

营业性爆破作业单位持《爆破作业单位许可证》到工商行政管理部门办理工商登记后,方可从事营业性爆破作业活动。爆破作业单位应当在办理工商登记后3日内,向所在地县级人民政府公安机关备案。

(2)爆破单位资质和爆破作业人员资格的要求

爆破作业单位应当对本单位的爆破作业人员、安全管理人员、仓库管理人员进行专业技术培训。爆破作业人员应当经设区的市级人民政府公安机关考核合格,取得《爆破作业人员许可证》后,方可从事爆破作业。

爆破作业单位应当按照其资质等级承接爆破作业项目,爆破作业人员应当按照其资格等级从事爆破作业。

(3)特殊地点爆破作业的要求

在城市、风景名胜区和重要工程设施附近实施爆破作业的,应当向爆破作业所在地设区的市级人民政府公安机关提出申请,提交《爆破作业单位许可证》和具有相应资质的安全评估企业出具的爆破设计、施工方案评估报告。受理申请的公安机关应当自受理申请之日起20日内对提交的有关材料进行审查,对符合条件的,作出批准的决定;对不符合条件的,作出不予批准的决定,并书面向申请人说明理由。实施爆破作业,应当由具有相应资质的安全监理企业进行监理,由爆破作业所在地县级人民政府公安机关负责组织实施安全警戒。

(4)跨区域爆破作业的要求

爆破作业单位跨省、自治区、直辖市行政区域从事爆破作业的,应当事先将爆破作业项目的有关情况向爆破作业所在地县级人民政府公安机关报告。

(5)爆破作业单位的内部管理

爆破作业单位应当如实记载领取、发放民用爆炸物品的品种、数量、编号以及领取、发放人员姓名。领取民用爆炸物品的数量不得超过当班用量,作业后剩余的民用爆炸物品必须当班清退回库。爆破作业单位应当将领取、发放民用爆炸物品的原始记录保存2年备查。

实施爆破作业,应当遵守国家有关标准和规范,在安全距离以外设置警示标志并安排警戒人员,防止无关人员进入;爆破作业结束后应当及时检查、排除未引爆的民用爆炸物品。

爆破作业单位不再使用民用爆炸物品时,应当将剩余的民用爆炸物品登记造册,报所在地县级人民政府公安机关组织监督销毁。发现、拣拾无主民用爆炸物品的,应当立即报告当地公安机关。

4. 民用爆炸物品的储存

民用爆炸物品应当储存在专用仓库内,并按照国家规定设置技术防范设施。储存民用爆炸物品应当遵守下列规定:

(1)建立出入库检查、登记制度,收存和发放民用爆炸物品必须进行登记,做到账目清楚,账物相符。

(2)储存的民用爆炸物品数量不得超过储存设计容量,对性质相抵触的民用爆炸物品必须分库储存,严禁在库房内存放其他物品。

(3)专用仓库应当指定专人管理、看护,严禁无关人员进入仓库区内,严禁在仓库区内吸烟和用火,严禁把其他容易引起燃烧、爆炸的物品带入仓库区内,严禁在库房内住宿和进行其他活动。

(4)民用爆炸物品丢失、被盗、被抢,应当立即报告当地公安机关。

在爆破作业现场临时存放民用爆炸物品的,应当具备临时存放民用爆炸物品的条件,并设专人管理、看护,不得在不具备安全存放条件的场所存放民用爆炸物品。

民用爆炸物品变质和过期失效的,应当及时清理出库,并予以销毁。销毁前应当登记造册,提出销毁实施方案,报省、自治区、直辖市人民政府民用爆炸物品行业主管部门、所在地县级人民政府公安机关组织监督销毁。

4.2.6 《工伤保险条例》的相关规定

2003年4月16日经国务院第5次常务会议通过,2003年4月27日国务院第375号令公布,于2004年1月1日起施行。2010年12月20日国务院作出了修改《工伤保险条例》的决定,修订后的《工伤保险条例》自 2011 年 1 月 1 日起施行。

1. 建立健全工伤保险制度的意义

(1)建立健全工伤保险制度,是健全社会保障体系的重要内容。在市场经济条件下,为了保证公平竞争,化解经营风险,维护社会稳定,必须建立完善的社会保障体系。工伤保险是社会保障体系的重要组成部分,建立健全工伤保险制度,是建立社会主义市场经济体系,建设有中国特色的社会保障制度的必然要求。

(2)建立健全工伤保险制度,是维护职工合法权益的重要手段。工伤事故是工业化进程中难以避免的劳动风险。尽管国家和用人单位采取各种措施和手段,减少工伤事故和职业病的发生,工伤事故和职业病仍严重威胁着广大职工的生命和健康。工伤保险制度的建立,不仅保证了工伤职工能得到及时救治和必要的医疗康复,还为工伤职工提供了相应的经济补偿。

(3)建立健全工伤保险制度,是分散用人单位风险,减轻用人单位负担的重要措施。工伤保险通过基金的互济功能,分散不同用人单位的工伤风险,避免用人单位因发生工伤事故而不堪重负,严重影响生产经营,甚至导致破产的情况发生,有利于维护企业正常经营和生产活动。

(4)建立健全工伤保险制度,是建立工伤事故和职业危害防范机制的重要条件。工伤保险可以促进职业安全,通过强化用人单位工伤保险缴费责任,通过实行行业差别费率和单位费率浮动机制,建立工伤保险费用与工伤发生率挂钩的预防机制,有效地促进企业的安全生产。

2. 工伤认定

职工有下列情形之一的,应当认定为工伤:

(1)在工作时间和工作场所内,因工作原因受到事故伤害的。

(2)工作时间前后在工作场所内,从事与工作有关的预备性或者收尾性工作受到事故伤害的。

(3)在工作时间和工作场所内,因履行工作职责受到暴力等意外伤害的。

(4)患职业病的。

(5)因工外出期间,由于工作原因受到伤害或者发生事故下落不明的。

(6)在上下班途中,受到非本人主要责任的交通事故或者城市轨道交通、客运轮渡、火车事故伤害的。

(7)法律、行政法规规定应当认定为工伤的其他情形。

职工有下列情形之一的,视同工伤:

(1)在工作时间和工作岗位,突发疾病死亡或者在 48 小时之内经抢救无效死亡的。

(2)在抢险救灾等维护国家利益、公共利益活动中受到伤害的。

(3)职工原在军队服役,因战、因公负伤致残,已取得革命伤残军人证,到用人单位后旧伤复发的。

职工符合认定为工伤、视同工伤的规定,但是有下列情形之一的,不得认定为工伤或者视同工伤:

(1) 故意犯罪的。
(2) 醉酒或者吸毒的。
(3) 自残或者自杀的。

职工发生事故伤害或者按照职业病防治法规定被诊断、鉴定为职业病,所在单位应当自事故伤害发生之日或者被诊断、鉴定为职业病之日起 30 日内,向统筹地区社会保险行政部门提出工伤认定申请。遇有特殊情况,经报社会保险行政部门同意,申请时限可以适当延长。

用人单位未按规定提出工伤认定申请的,工伤职工或者其近亲属、工会组织在事故伤害发生之日或者被诊断、鉴定为职业病之日起 1 年内,可以直接向用人单位所在地统筹地区社会保险行政部门提出工伤认定申请。

提出工伤认定申请应当提交下列材料:
(1) 工伤认定申请表。
(2) 与用人单位存在劳动关系(包括事实劳动关系)的证明材料。
(3) 医疗诊断证明或者职业病诊断证明书(或者职业病诊断鉴定书)。

工伤认定申请表应当包括事故发生的时间、地点、原因以及职工伤害程度等基本情况。

社会保险行政部门受理工伤认定申请后,根据审核需要可以对事故伤害进行调查核实,用人单位、职工、工会组织、医疗机构以及有关部门应当予以协助。职业病诊断和诊断争议的鉴定,依照职业病防治法的有关规定执行。对依法取得职业病诊断证明书或者职业病诊断鉴定书的,社会保险行政部门不再进行调查核实。

职工或者其近亲属认为是工伤,用人单位不认为是工伤的,由用人单位承担举证责任。

社会保险行政部门应当自受理工伤认定申请之日起 60 日内作出工伤认定的决定,并书面通知申请工伤认定的职工或者其近亲属和该职工所在单位。社会保险行政部门对受理的事实清楚、权利义务明确的工伤认定申请,应当在 15 日内作出工伤认定的决定。

作出工伤认定决定需要以司法机关或者有关行政主管部门的结论为依据的,在司法机关或者有关行政主管部门尚未作出结论期间,作出工伤认定决定的时限中止。

3. 劳动能力鉴定

职工发生工伤,经治疗伤情相对稳定后存在残疾、影响劳动能力的,应当进行劳动能力鉴定。

劳动能力鉴定是指劳动功能障碍程度和生活自理障碍程度的等级鉴定。劳动功能障碍分为十个伤残等级,最重的为一级,最轻的为十级。生活自理障碍分为三个等级:生活完全不能自理、生活大部分不能自理和生活部分不能自理。

劳动能力鉴定由用人单位、工伤职工或者其近亲属向设区的市级劳动能力鉴定委员会提出申请,并提供工伤认定决定和职工工伤医疗的有关资料。

省、自治区、直辖市劳动能力鉴定委员会和设区的市级劳动能力鉴定委员会分别由省、自治区、直辖市和设区的市级社会保险行政部门、卫生行政部门、工会组织、经办机构代表以及用人单位代表组成。

劳动能力鉴定委员会建立医疗卫生专家库。列入专家库的医疗卫生专业技术人员应当具备下列条件：

(1) 具有医疗卫生高级专业技术职务任职资格。

(2) 掌握劳动能力鉴定的相关知识。

(3) 具有良好的职业品德。

设区的市级劳动能力鉴定委员会收到劳动能力鉴定申请后，应当从其建立的医疗卫生专家库中随机抽取3名或者5名相关专家组成专家组，由专家组提出鉴定意见。设区的市级劳动能力鉴定委员会根据专家组的鉴定意见作出工伤职工劳动能力鉴定结论；必要时，可以委托具备资格的医疗机构协助进行有关的诊断。

设区的市级劳动能力鉴定委员会应当自收到劳动能力鉴定申请之日起60日内作出劳动能力鉴定结论，必要时，作出劳动能力鉴定结论的期限可以延长30日。劳动能力鉴定结论应当及时送达申请鉴定的单位和个人。

申请鉴定的单位或者个人对设区的市级劳动能力鉴定委员会作出的鉴定结论不服的，可以在收到该鉴定结论之日起15日内向省、自治区、直辖市劳动能力鉴定委员会提出再次鉴定申请。省、自治区、直辖市劳动能力鉴定委员会作出的劳动能力鉴定结论为最终结论。

自劳动能力鉴定结论作出之日起1年后，工伤职工或者其近亲属、所在单位或者经办机构认为伤残情况发生变化的，可以申请劳动能力复查鉴定。

4. 工伤保险待遇

职工因工作遭受事故伤害或者患职业病进行治疗，享受工伤医疗待遇。职工治疗工伤应当在签订服务协议的医疗机构就医，情况紧急时可以先到就近的医疗机构急救。

治疗工伤所需费用符合工伤保险诊疗项目目录、工伤保险药品目录、工伤保险住院服务标准的，从工伤保险基金支付。职工住院治疗工伤的伙食补助费，以及经医疗机构出具证明，报经办机构同意，工伤职工到统筹地区以外就医所需的交通、食宿费用从工伤保险基金支付，基金支付的具体标准由统筹地区人民政府规定。工伤职工到签订服务协议的医疗机构进行工伤康复的费用，符合规定的，从工伤保险基金支付。

工伤职工治疗非工伤引发的疾病，不享受工伤医疗待遇，按照基本医疗保险办法处理。

社会保险行政部门作出认定为工伤的决定后发生行政复议、行政诉讼的，行政复议和行政诉讼期间不停止支付工伤职工治疗工伤的医疗费用。

工伤职工因日常生活或者就业需要，经劳动能力鉴定委员会确认，可以安装假肢、矫形器、假眼、假牙和配置轮椅等辅助器具，所需费用按照国家规定的标准从工伤保险基金支付。

职工因工作遭受事故伤害或者患职业病需要暂停工作接受工伤医疗的，在停工留薪期内，原工资福利待遇不变，由所在单位按月支付。

停工留薪期一般不超过12个月。伤情严重或者情况特殊，经设区的市级劳动能力鉴定委员会确认，可以适当延长，但延长不得超过12个月。工伤职工评定伤残等级后，停发原待遇，按照本章的有关规定享受伤残待遇。工伤职工在停工留薪期满后仍需治疗的，继续享受工伤医疗待遇。

生活不能自理的工伤职工在停工留薪期需要护理的，由所在单位负责。

工伤职工已经评定伤残等级并经劳动能力鉴定委员会确认需要生活护理的，从工伤保险基金按月支付生活护理费。

生活护理费按照生活完全不能自理、生活大部分不能自理或者生活部分不能自理3个不同等级支付,其标准分别为统筹地区上年度职工月平均工资的50%、40%或者30%。

职工因工致残被鉴定为一级至四级伤残的,保留劳动关系,退出工作岗位,享受以下待遇:

(1)从工伤保险基金按伤残等级支付一次性伤残补助金,标准为:一级伤残为27个月的本人工资,二级伤残为25个月的本人工资,三级伤残为23个月的本人工资,四级伤残为21个月的本人工资。

(2)从工伤保险基金按月支付伤残津贴,标准为:一级伤残为本人工资的90%,二级伤残为本人工资的85%,三级伤残为本人工资的80%,四级伤残为本人工资的75%。伤残津贴实际金额低于当地最低工资标准的,由工伤保险基金补足差额。

(3)工伤职工达到退休年龄并办理退休手续后,停发伤残津贴,按照国家有关规定享受基本养老保险待遇。基本养老保险待遇低于伤残津贴的,由工伤保险基金补足差额。

职工因工致残被鉴定为一级至四级伤残的,由用人单位和职工个人以伤残津贴为基数,缴纳基本医疗保险费。

职工因工致残被鉴定为五级、六级伤残的,享受以下待遇:

(1)从工伤保险基金按伤残等级支付一次性伤残补助金,标准为:五级伤残为18个月的本人工资,六级伤残为16个月的本人工资。

(2)保留与用人单位的劳动关系,由用人单位安排适当工作。难以安排工作的,由用人单位按月发给伤残津贴,标准为:五级伤残为本人工资的70%,六级伤残为本人工资的60%,并由用人单位按照规定为其缴纳应缴纳的各项社会保险费。伤残津贴实际金额低于当地最低工资标准的,由用人单位补足差额。

经工伤职工本人提出,该职工可以与用人单位解除或者终止劳动关系,由工伤保险基金支付一次性工伤医疗补助金,由用人单位支付一次性伤残就业补助金。一次性工伤医疗补助金和一次性伤残就业补助金的具体标准由省、自治区、直辖市人民政府规定。

职工因工致残被鉴定为七级至十级伤残的,享受以下待遇:

(1)从工伤保险基金按伤残等级支付一次性伤残补助金,标准为:七级伤残为13个月的本人工资,八级伤残为11个月的本人工资,九级伤残为9个月的本人工资,十级伤残为7个月的本人工资。

(2)劳动、聘用合同期满终止,或者职工本人提出解除劳动、聘用合同的,由工伤保险基金支付一次性工伤医疗补助金,由用人单位支付一次性伤残就业补助金。一次性工伤医疗补助金和一次性伤残就业补助金的具体标准由省、自治区、直辖市人民政府规定。

职工因工死亡,其近亲属按照下列规定从工伤保险基金领取丧葬补助金、供养亲属抚恤金和一次性工亡补助金:

(1)丧葬补助金为6个月的统筹地区上年度职工月平均工资。

(2)供养亲属抚恤金按照职工本人工资的一定比例发给由因工死亡职工生前提供主要生活来源、无劳动能力的亲属。标准为:配偶每月40%,其他亲属每人每月30%,孤寡老人或者孤儿每人每月在上述标准的基础上增加10%。核定的各供养亲属的抚恤金之和不应高于因工死亡职工生前的工资。供养亲属的具体范围由国务院社会保险行政部门规定。

（3）一次性工亡补助金标准为上一年度全国城镇居民人均可支配收入（2011年城镇居民人均可支配收入21810元）的20倍。

职工因工外出期间发生事故或者在抢险救灾中下落不明的，从事故发生当月起3个月内照发工资，从第4个月起停发工资，由工伤保险基金向其供养亲属按月支付供养亲属抚恤金。生活有困难的，可以预支一次性工亡补助金的50%。

工伤职工有下列情形之一的，停止享受工伤保险待遇：
（1）丧失享受待遇条件的。
（2）拒不接受劳动能力鉴定的。
（3）拒绝治疗的。

用人单位分立、合并、转让的，承继单位应当承担原用人单位的工伤保险责任；原用人单位已经参加工伤保险的，承继单位应当到当地经办机构办理工伤保险变更登记。用人单位实行承包经营的，工伤保险责任由职工劳动关系所在单位承担。职工被借调期间受到工伤事故伤害的，由原用人单位承担工伤保险责任，但原用人单位与借调单位可以约定补偿办法。企业破产的，在破产清算时依法拨付应当由单位支付的工伤保险待遇费用。

职工被派遣出境工作，依据前往国家或者地区的法律应当参加当地工伤保险的，参加当地工伤保险，其国内工伤保险关系中止；不能参加当地工伤保险的，其国内工伤保险关系不中止。职工再次发生工伤，根据规定应当享受伤残津贴的，按照新认定的伤残等级享受伤残津贴待遇。

4.3 安全生产相关部门规章

4.3.1 《公路水运工程安全生产监督管理办法》的相关规定

为深入贯彻法律法规对安全生产的要求，进一步适应公路水运安全生产管理工作在新形势下的需要，交通运输部加快了安全生产方面规章制度的制定和修订。2017年6月7日第9次交通运输部部务会议通过《公路水运工程安全生产监督管理办法》，自2017年8月1日起施行。交通部于2007年2月14日以交通部令2007年第1号发布、交通运输部于2016年3月7日以交通运输部令2016年第9号修改的《公路水运工程安全生产监督管理办法》同时废止。

1. 从业单位的安全生产条件

从业单位，是指从事公路、水运工程建设、勘察、设计、施工、监理、试验检测、安全服务等工作的单位。

(1) 单位和安全管理人员的要求

施工单位从事公路水运工程建设活动,应当取得安全生产许可证及相应等级的资质证书。施工单位的主要负责人和安全生产管理人员应当经交通运输主管部门对其安全生产知识和管理能力考核合格。

施工单位应当设置安全生产管理机构或者配备专职安全生产管理人员。施工单位应当根据工程施工作业特点、安全风险以及施工组织难度,按照年度施工产值配备专职安全生产管理人员,不足5000万元的至少配备1名;5000万元以上不足2亿元的按每5000万元不少于1名的比例配备;2亿元以上的不少于5名,且按专业配备。

(2) 特种作业人员持证上岗

公路水运工程从业人员中的特种作业人员应当按照国家有关规定取得相应资格,方可上岗作业。

(3) 施工机械、机具及防护用品

施工中使用的施工机械、设施、机具以及安全防护用品、用具和配件等应当具有生产(制造)许可证、产品合格证或者法定检验检测合格证明,并设立专人查验、定期检查和更新,建立相应的资料档案。无查验合格记录的不得投入使用。

施工单位应当向作业人员提供符合标准的安全防护用品,监督、教育从业人员按照使用规则佩戴、使用。

特种设备使用单位应当依法取得特种设备使用登记证书,建立特种设备安全技术档案,并将登记标志置于该特种设备的显著位置。

翻模、滑(爬)模等自升式架设设施,以及自行设计、组装或者改装的施工挂(吊)篮、移动模架等设施在投入使用前,施工单位应当组织有关单位进行验收,或者委托具有相应资质的检验检测机构进行验收。验收合格后方可使用。

(4) 安全生产教育和培训

从业单位应当依法对从业人员进行安全生产教育和培训。未经安全生产教育和培训合格的从业人员,不得上岗作业。

(5) 施工现场布置

公路水运工程施工现场的办公、生活区与作业区应当分开设置,并保持安全距离。办公、生活区的选址应当符合安全性要求,严禁在已发现的泥石流影响区、滑坡体等危险区域设置施工驻地。

施工作业区应当根据施工安全风险辨识结果,确定不同风险等级的管理要求,合理布设。在风险等级较高的区域应当设置警戒区和风险告知牌。施工作业点应当设置明显的安全警示标志,按规定设置安全防护设施。施工便道便桥、临时码头应当满足通行和安全作业要求,施工便桥和临时码头还应当提供临边防护和水上救生等设施。

(6) 安全生产费用

建设单位在编制工程招标文件及项目概预算时,应当确定保障安全作业环境及安全施工措施所需的安全生产费用,并不得低于国家规定的标准。施工单位在工程投标报价中应当包含安全生产费用并单独计提,不得作为竞争性报价。

安全生产费用应当经监理工程师审核签认,并经建设单位同意后,在项目建设成本中据实列支,严禁挪用。

(7)安全风险评估

设计单位应当依据风险评估结论,对设计方案进行修改完善。

施工单位应当依据风险评估结论,对风险等级较高的分部分项工程编制专项施工方案,并附安全验算结果,经施工单位技术负责人签字后报监理工程师批准执行。必要时,施工单位应当组织专家对专项施工方案进行论证、审核。

(8)应急预案

建设、施工等单位应当针对工程项目特点和风险评估情况分别制定项目综合应急预案、合同段施工专项应急预案和现场处置方案,告知相关人员紧急避险措施,并定期组织演练。

施工单位应当依法建立应急救援组织或者指定工程现场兼职的、具有一定专业能力的应急救援人员,配备必要的应急救援器材、设备和物资,并进行经常性维护、保养。

(9)保险

从业单位应当依法参加工伤保险,为从业人员缴纳保险费。鼓励从业单位投保安全生产责任保险和意外伤害保险。

2. 各参建单位的安全责任

1)建设单位

建设单位对公路水运工程安全生产负管理责任。依法开展项目安全生产条件审核,按规定组织风险评估和安全生产检查。根据项目风险评估等级,在工程沿线受影响区域作出相应风险提示。

建设单位不得对勘察、设计、监理、施工、设备租赁、材料供应、试验检测、安全服务等单位提出不符合安全生产法律、法规和工程建设强制性标准规定的要求。不得违反或者擅自简化基本建设程序。不得随意压缩工期。工期确需调整的,应当对影响安全的风险进行论证和评估,经合同双方协商一致,提出相应的施工组织和安全保障措施。

2)勘察单位

勘察单位应当按照法律、法规、规章、工程建设强制性标准和合同文件进行实地勘察,针对不良地质、特殊性岩土、有毒有害气体等不良情形或者其他可能引发工程生产安全事故的情形加以说明并提出防治建议。

勘察单位提交的勘察文件必须真实、准确,满足公路水运工程安全生产的需要。勘察单位及勘察人员对勘察结论负责。

3)设计单位

设计单位应当考虑施工安全操作和防护的需要,对涉及施工安全的重点部位和环节在设计文件中加以注明,提出安全防范意见。依据设计风险评估结论,对存在较高安全风险的工程部位还应当增加专项设计,并组织专家进行论证。

采用新结构、新工艺、新材料的工程和特殊结构工程,设计单位应当在设计文件中提出保障施工作业人员安全和预防生产安全事故的措施建议。

设计单位和设计人员应当对其设计负责,并按合同要求做好安全技术交底和现场服务。

4）监理单位

监理单位应当审核施工项目安全生产条件,审查施工组织设计中安全措施和专项施工方案。在实施监理过程中,发现存在安全事故隐患的,应当要求施工单位整改;情节严重的,应当下达工程暂停令,并及时报告建设单位。施工单位拒不整改或者不停止施工的,监理单位应当及时向有关主管部门书面报告,并有权拒绝计量支付审核。

监理单位应当如实记录安全事故隐患和整改验收情况,对有关文字、影像资料应当妥善保存。

5）施工单位

施工单位应当按照法律、法规、规章、工程建设强制性标准和合同文件组织施工,保障项目施工安全生产条件,对施工现场的安全生产负主体责任。施工单位主要负责人依法对项目安全生产工作全面负责。

建设工程实行施工总承包的,由总承包单位对施工现场的安全生产负总责。分包单位应当服从总承包单位的安全生产管理,分包单位不服从管理导致生产安全事故的,由分包单位承担主要责任。

（1）项目负责人和安全生产管理人员的职责

施工单位应当书面明确本单位的项目负责人,代表本单位组织实施项目施工生产。项目负责人对项目安全生产工作负有下列职责:

①建立项目安全生产责任制,实施相应的考核与奖惩;

②按规定配足项目专职安全生产管理人员;

③结合项目特点,组织制定项目安全生产规章制度和操作规程;

④组织制定项目安全生产教育和培训计划;

⑤督促项目安全生产费用的规范使用;

⑥依据风险评估结论,完善施工组织设计和专项施工方案;

⑦建立安全预防控制体系和隐患排查治理体系,督促、检查项目安全生产工作,确认重大事故隐患整改情况;

⑧组织制定本合同段施工专项应急预案和现场处置方案,并定期组织演练;

⑨及时、如实报告生产安全事故并组织自救。

施工单位的专职安全生产管理人员履行下列职责:

①组织或者参与拟订本单位安全生产规章制度、操作规程,以及合同段施工专项应急预案和现场处置方案;

②组织或者参与本单位安全生产教育和培训,如实记录安全生产教育和培训情况;

③督促落实本单位施工安全风险管控措施;

④组织或者参与本合同段施工应急救援演练;

⑤检查施工现场安全生产状况,做好检查记录,提出改进安全生产标准化建设的建议;

⑥及时排查、报告安全事故隐患,并督促落实事故隐患治理措施;

⑦制止和纠正违章指挥、违章操作和违反劳动纪律的行为。

（2）安全生产标准化建设

施工单位应当推进本企业承接项目的施工场地布置、现场安全防护、施工工艺操作、施工安全管理活动记录等方面的安全生产标准化建设,并加强对安全生产标准化实施情况的自查自纠。

(3)消防安全

施工单位应当根据施工规模和现场消防重点建立施工现场消防安全责任制度,确定消防安全责任人,制定消防管理制度和操作规程,设置消防通道,配备相应的消防设施、物资和器材。施工单位对施工现场临时用火、用电的重点部位及爆破作业各环节应当加强消防安全检查。

(4)安全生产教育培训

施工单位应当将专业分包单位、劳务合作单位的作业人员及实习人员纳入本单位统一管理。

新进人员和作业人员进入新的施工现场或者转入新的岗位前,施工单位应当对其进行安全生产培训考核。施工单位采用新技术、新工艺、新设备、新材料的,应当对作业人员进行相应的安全生产教育培训,生产作业前还应当开展岗位风险提示。

(5)安全生产交底

施工单位应当建立健全安全生产技术分级交底制度,明确安全技术分级交底的原则、内容、方法及确认手续。

分项工程实施前,施工单位负责项目管理的技术人员应当按规定对有关安全施工的技术要求向施工作业班组、作业人员详细说明,并由双方签字确认。

(6)事故隐患排查治理

施工单位应当按规定开展安全事故隐患排查治理,建立职工参与的工作机制,对隐患排查、登记、治理等全过程闭合管理情况予以记录。事故隐患排查治理情况应当向从业人员通报,重大事故隐患还应当按规定上报和专项治理。

(7)事故报告和处置

事故发生单位应当依法如实向项目建设单位和负有安全生产监督管理职责的有关部门报告。不得隐瞒不报、谎报或者迟报。

发生生产安全事故,施工单位负责人接到事故报告后,应当迅速组织抢救,减少人员伤亡,防止事故扩大。组织抢救时,应当妥善保护现场,不得故意破坏事故现场、毁灭有关证据。事故调查处置期间,事故发生单位的负责人、项目主要负责人和有关人员应当配合事故调查,不得擅离职守。

(8)作业人员的相关权利和义务

作业人员应当遵守安全施工的规章制度和操作规程,正确使用安全防护用具、机械设备。发现安全事故隐患或者其他不安全因素,应当向现场专(兼)职安全生产管理人员或者本单位项目负责人报告。

作业人员有权了解其作业场所和工作岗位存在的风险因素、防范措施及事故应急措施,有权对施工现场存在的安全问题提出检举和控告,有权拒绝违章指挥和强令冒险作业。

在施工中发生可能危及人身安全的紧急情况时,作业人员有权立即停止作业或者在采取可能的应急措施后撤离危险区域。

3. 监督检查

(1) 监督管理部门的权限

交通运输主管部门在职责范围内开展安全生产监督检查时,有权采取下列措施:

①进入被检查单位进行检查,调阅有关工程安全管理的文件和相关照片、录像及电子文本等资料,向有关单位和人员了解情况;

②进入被检查单位施工现场进行监督抽查;

③责令相关单位立即或者限期停止、改正违法行为;

④法律、行政法规规定的其他措施。

(2) 监督检查的内容

交通运输主管部门对公路水运工程安全生产行为的监督检查主要包括下列内容:

①被检查单位执行法律、法规、规章及工程建设强制性标准情况;

②本办法规定的项目安全生产条件落实情况;

③施工单位在施工场地布置、现场安全防护、施工工艺操作、施工安全管理活动记录等方面的安全生产标准化建设推进情况。

(3) 监督管理部门的处理职权

交通运输主管部门对监督检查中发现的安全问题或者安全事故隐患,应当根据情况作出如下处理:

①被检查单位存在安全管理问题需要整改的,以书面方式通知存在问题的单位限期整改;

②发现严重安全生产违法行为的,予以通报,并按规定依法实施行政处罚或者移交有关部门处理;

③被检查单位存在安全事故隐患的,责令立即排除;重大事故隐患排除前或者排除过程中无法保证安全的,责令其从危险区域撤出作业人员,暂时停止施工,并按规定专项治理,纳入重点监管的失信黑名单;

④被检查单位拒不执行交通运输主管部门依法作出的相关行政决定,有发生生产安全事故的现实危险的,在保证安全的前提下,经本部门负责人批准,可以提前24小时以书面方式通知有关单位和被检查单位,采取停止供电、停止供应民用爆炸物品等措施,强制被检查单位履行决定;

⑤因建设单位违规造成重大生产安全事故的,对全部或者部分使用财政性资金的项目,可以建议相关职能部门暂停项目执行或者暂缓资金拨付;

⑥督促负有直接监督管理职责的交通运输主管部门,对存在安全事故隐患整改不到位的被检查单位主要负责人约谈警示;

⑦对违反本办法有关规定的行为实行相应的安全生产信用记录,对列入失信黑名单的单位及主要责任人按规定向社会公布;

⑧法律、行政法规规定的其他措施。

交通运输主管部门执行监督检查任务时,应当将检查的时间、地点、内容、发现的问题及其处理情况作出书面记录,并由检查人员和被检查单位的负责人签字。被检查单位负责人拒绝签字的,检查人员应当将情况记录在案,向本单位领导报告,并抄告被检查单位所在的企业法人。

交通运输主管部门对有下列情形之一的从业单位及其直接负责的主管人员和其他直接责任人员给予违法违规行为失信记录并对外公开,公开期限一般自公布之日起12个月:

a.因违法违规行为导致工程建设项目发生一般及以上等级的生产安全责任事故并承担主要责任的;

b.通运输主管部门在监督检查中,发现因从业单位违法违规行为导致工程建设项目存在安全事故隐患的;

c.存在重大事故隐患,经交通运输主管部门指出或者责令限期消除,但从业单位拒不采取措施或者未按要求消除隐患的;

d.对举报或者新闻媒体报道的违法违规行为,经交通运输主管部门查实的;

e.交通运输主管部门依法认定的其他违反安全生产相关法律法规的行为。

(4)监督管理部门的内部制度建设

交通运输主管部门应当健全工程建设安全监管制度,协调有关部门依法保障监督执法经费和装备,加强对监督管理人员的教育培训,提高执法水平。监督管理人员应当忠于职守,秉公执法,坚持原则。

交通运输主管部门应当建立举报制度,及时受理对公路水运工程生产安全事故、事故隐患以及监督检查人员违法行为的检举、控告和投诉。

任何单位或者个人对安全事故隐患、安全生产违法行为或者事故险情等,均有权向交通运输主管部门报告或者举报。

4.法律责任

(1)从业单位的相关责任

从业单位及相关责任人违反本办法规定,有下列行为之一的,责令限期改正;逾期未改正的,对从业单位处1万元以上3万元以下的罚款;构成犯罪的,依法追究刑事责任:

①从业单位未全面履行安全生产责任,导致重大事故隐患的;

②未按规定开展设计、施工安全风险评估,或者风险评估结论与实际情况严重不符,导致重大事故隐患未被及时发现的;

③未按批准的专项施工方案进行施工,导致重大事故隐患的;

④在已发现的泥石流影响区、滑坡体等危险区域设置施工驻地,导致重大事故隐患的。

(2)针对施工单位的相关责任

施工单位有下列行为之一的,责令限期改正,可以处5万元以下的罚款;逾期未改正的,责令停产停业整顿,并处5万元以上10万元以下的罚款,对其直接负责的主管人员和其他直接责任人员处1万元以上2万元以下的罚款:

①未按照规定设置安全生产管理机构或者配备安全生产管理人员的;

②主要负责人和安全生产管理人员未按照规定经考核合格的。

(3)监督检查人员的相关责任

交通运输主管部门及其工作人员违反本办法规定,有下列情形之一的,对直接负责的主管人员和其他直接责任人员依法给予行政处分;构成犯罪的,依法追究刑事责任:

①发现公路水运工程重大事故隐患、生产安全事故不予查处的;

②对涉及施工安全的重大检举、投诉不依法及时处理的;

③在监督检查过程中索取或者接受他人财物,或者谋取其他利益的。

4.3.2 《企业安全生产费用提取和使用管理办法》的相关规定

为了建立企业安全生产投入长效机制,加强安全生产费用管理,保障企业安全生产资金投入,维护企业、职工以及社会公共利益,财政部、国家安全监管总局联合颁布了《企业安全生产费用提取和使用管理办法》,自2012年2月16日起施行。进一步明确了安全生产费用提取标准、使用范围和要求,各有关部门职责分工更清晰,监管措施可操作性强,更有利于规范安全生产费用提取和使用。

1. 安全费用的提取标准

建设工程施工企业以建筑安装工程造价为计提依据。各建设工程类别安全费用提取标准如下:

(1)矿山工程为2.5%。

(2)房屋建筑工程、水利水电工程、电力工程、铁路工程、城市轨道交通工程为2.0%。

(3)市政公用工程、冶炼工程、机电安装工程、化工石油工程、港口与航道工程、公路工程、通信工程为1.5%。

建设工程施工企业提取的安全费用列入工程造价,在竞标时,不得删减,列入标外管理。国家对基本建设投资概算另有规定的,从其规定。

总包单位应当将安全费用按比例直接支付分包单位并监督使用,分包单位不再重复提取。

2. 安全费用的使用

建设工程施工企业安全费用应当按照以下范围使用:

(1)完善、改造和维护安全防护设施设备支出(不含"三同时"要求初期投入的安全设施),包括施工现场临时用电系统、洞口、临边、机械设备、高处作业防护、交叉作业防护、防火、防爆、防尘、防毒、防雷、防台风、防地质灾害、地下工程有害气体监测、通风、临时安全防护等设施设备支出。

(2)配备、维护、保养应急救援器材、设备支出和应急演练支出。

(3)开展重大危险源和事故隐患评估、监控和整改支出。

(4)安全生产检查、评价(不包括新建、改建、扩建项目安全评价)、咨询和标准化建设支出。

(5)配备和更新现场作业人员安全防护用品支出。

(6)安全生产宣传、教育、培训支出。

(7)安全生产适用的新技术、新标准、新工艺、新装备的推广应用支出。
(8)安全设施及特种设备检测检验支出。
(9)其他与安全生产直接相关的支出。

3. 监督管理

(1)安全费用管理制度

企业应当建立健全内部安全费用管理制度,明确安全费用提取和使用的程序、职责及权限,按规定提取和使用安全费用。

企业应当加强安全费用管理,编制年度安全费用提取和使用计划,纳入企业财务预算。企业年度安全费用使用计划和上一年安全费用的提取、使用情况按照管理权限报同级财政部门、安全生产监督管理部门、煤矿安全监察机构和行业主管部门备案。

企业提取的安全费用属于企业自提自用资金,其他单位和部门不得采取收取、代管等形式对其进行集中管理和使用,国家法律、法规另有规定的除外。

(2)安全费用监督检查

各级财政部门、安全生产监督管理部门、煤矿安全监察机构和有关行业主管部门依法对企业安全费用提取、使用和管理进行监督检查。

企业未按本办法提取和使用安全费用的,安全生产监督管理部门、煤矿安全监察机构和行业主管部门会同财政部门责令其限期改正,并依照相关法律法规进行处理、处罚。

建设工程施工总承包单位未向分包单位支付必要的安全费用以及承包单位挪用安全费用的,由建设、交通运输、铁路、水利、安全生产监督管理、煤矿安全监察等主管部门依照相关法规、规章进行处理、处罚。

4.3.3 《生产安全事故应急预案管理办法》有关内容

《生产安全事故应急预案管理办法》(国家安监总局88号令)于2016年7月1日起施行,2019年7月11日进行修正。摘选部分内容归纳如下。

1. 生产安全事故应急预案管理原则

实行属地为主、分级负责、分类指导、综合协调、动态管理的原则。

2. 生产经营单位应急预案分类

(1)综合应急预案,是指生产经营单位为应对各种生产安全事故而制定的综合性工作方案,是本单位应对生产安全事故的总体工作程序、措施和应急预案体系的总纲。

(2)专项应急预案,是指生产经营单位为应对某一种或者多种类型生产安全事故,或者针对重要生产设施、重大危险源、重大活动防止生产安全事故而制定的专项性工作方案。

(3)现场处置方案,是指生产经营单位根据不同生产安全事故类型,针对具体场所、装置或者设施所制定的应急处置措施。

3. 应急预案的编制基本要求

(1)有关法律、法规、规章和标准的规定;

（2）本地区、本部门、本单位的安全生产实际情况；

（3）本地区、本部门、本单位的危险性分析情况；

（4）应急组织和人员的职责分工明确，并有具体的落实措施；

（5）有明确、具体的应急程序和处置措施，并与其应急能力相适应；

（6）有明确的应急保障措施，满足本地区、本部门、本单位的应急工作需要；

（7）应急预案基本要素齐全、完整，应急预案附件提供的信息准确；

（8）应急预案内容与相关应急预案相互衔接。

编制应急预案前，编制单位应当进行事故风险辨识、评估和应急资源调查。

（1）事故风险辨识、评估是指针对不同事故种类及特点，识别存在的危险危害因素，分析事故可能产生的直接后果以及次生、衍生后果，评估各种后果的危害程度和影响范围，提出防范和控制事故风险措施的过程。

（2）应急资源调查是指全面调查本地区、本单位第一时间可以调用的应急资源状况和合作区域内可以请求援助的应急资源状况，并结合事故风险辨识评估结论制定应急措施的过程。

生产经营单位的应急预案经评审或者论证后，由本单位主要负责人签署，向本单位从业人员公布，并及时发放到本单位有关部门、岗位和相关应急救援队伍。

事故风险可能影响周边其他单位、人员的，生产经营单位应当将有关事故风险的性质、影响范围和应急防范措施告知周边的其他单位和人员。

4. 应急预案培训、演练和启动要求

各级人民政府应急管理部门应当将本部门应急预案的培训纳入安全生产培训工作计划，并组织实施本行政区域内重点生产经营单位的应急预案培训工作。

生产经营单位应当组织开展本单位的应急预案、应急知识、自救互救和避险逃生技能的培训活动，使有关人员了解应急预案内容，熟悉应急职责、应急处置程序和措施。

应急培训的时间、地点、内容、师资、参加人员和考核结果等情况应当如实记入本单位的安全生产教育和培训档案。

生产经营单位应当制定本单位的应急预案演练计划，根据本单位的事故风险特点，每年至少组织一次综合应急预案演练或者专项应急预案演练，每半年至少组织一次现场处置方案演练。

生产经营单位应当按照应急预案的规定，落实应急指挥体系、应急救援队伍、应急物资及装备，建立应急物资、装备配备及其使用档案，并对应急物资、装备进行定期检测和维护，使其处于适用状态。

生产经营单位发生事故时，应当第一时间启动应急响应，组织有关力量进行救援，并按照规定将事故信息及应急响应启动情况报告事故发生地县级以上人民政府应急管理部门和其他负有安全生产监督管理职责的部门。

4.4 交通行业安全标准化建设

4.4.1 交通运输企业安全生产标准化考评

为贯彻落实国务院关于加强企业安全生产工作的要求,规范交通运输企业安全生产标准化考评及其管理行为,2012年4月23日,交通运输部起草了《交通运输企业安全生产标准化考评管理办法》和《交通运输企业安全生产标准化达标考评指标》。本办法适用于全国交通运输企业安全生产标准化考评及其管理活动。

1. 安全生产标准化达标分级

交通运输企业安全生产标准化达标等级分为一级、二级、三级,其中城市轨道交通企业安全生产达标标准等级分为一级、二级。评为一级达标企业的考评分数不低于900分(满分1000分,下同)且完全满足所有达标企业必备条件,评为二级达标企业的考评分数不低于700分且完全满足二、三级达标企业必备条件,评为三级达标企业的考评分数不低于600分且完全满足三级达标企业必备条件。

2. 考评的组织部门

交通运输部主管全国交通运输企业安全生产标准化工作并负责一级达标企业的考评工作。省级交通运输主管部门负责本管辖范围内交通运输企业安全生产标准化工作和二、三级达标企业的考评工作。

长江航务管理局、珠江航务管理局分别负责长江干线、西江干线跨省航运企业安全生产标准化工作和二、三级达标企业的考评工作。以上部门和单位统称为主管机关。

3. 考评的程序和内容

交通运输企业安全生产标准化考评包括初次考评、换证考评和附加考评等三种形式。申请考评的企业应向主管机关提交申请。

考评活动采用资料核对、人员询问、现场考评等方法进行,人员询问、现场查验可以按一定比例进行抽查。

(1)初次考评和发证

申请初次考评的企业应具备以下条件:

①具有企业法人资格(含分公司),并直接从事交通运输生产经营建设行为的实体。

②具有与其经营管理相适应的安全生产管理机构和人员,并建有相应的安全生产管理制度。

③已进行安全生产标准化建设自评。

初次考评应提交申请报告,并附以下材料:

①企业法人营业执照、经营许可证等。

②企业基本情况和安全生产组织架构。

③企业安全生产基本情况。
④企业安全生产标准化建设自评报告。
主管机关收到初次考评申请及所附材料后,应审查以下内容:
①是否属于本管辖范围。
②是否满足申请条件。
③申请材料是否齐全。

企业通过考评的,由考评机构报主管机关审核同意后,向该企业签发安全生产标准化达标证书。未通过考评的或经主管机关审核不合格的,企业应采取纠正措施并可在3个月后重新申请考评。

已取得相关机构颁发的安全生产管理体系证书(证明)的企业,连续3年未发生重特大事故的,经主管机关对必备条件审核后,可颁发二级或三级安全生产达标证书。

企业安全生产标准化达标证书有效期为3年;新组建企业应于正式运营6个月内提出初次考评申请。

(2)换证考评与发证

换证考评申请应在企业安全生产标准化达标证书有效期届满之日前3个月内提出。
换证考评申请应附送以下材料:
①企业法人营业执照、经营许可证等。
②安全生产标准化达标证书。
③企业基本情况和安全生产组织架构。
④企业安全生产管理情况。

换证考评未通过的,企业应在原证书期满后3个月内提出重新考评申请。

企业法人代表、名称、地址等变更的,应在变更后1个月内,向相应的主管机关提供有关材料,申请对企业安全生产标准化达标证书的变更。

(3)附加考评

有下列情况之一的,主管机关或其指定的考评机构应对持有企业安全生产标准化达标证书的企业实施附加考评:
①企业发生重大及以上安全责任事故。
②企业一年内连续发生二次及以上较大安全责任事故。
③企业被举报并经核实其安全生产管理存在重大安全问题。
④企业发生其他可能影响其安全生产管理的重大事件或主管机关认为确实必要的。

附加考评应针对引发附加考评的原因进行。在考评中发现有严重问题的,可扩大考评范围,直至实施全面考评。

通过附加考评并经主管机关审核合格的,维持企业安全生产标准化达标证书的有效性。未通过附加考评或经主管机关审定认为其安全生产管理存在重大问题的,主管机关应责令其整改,整改合格的,企业应在3个月内再次申请初次考评。

(4)考评指标

交通运输企业安全生产标准化达标考评对象包括城市公共汽车客运企业、城市轨道交通运输企业等16类企业,这里重点介绍交通运输建筑施工企业安全生产达标考评指标,共包括16大类指标组成的考核指标体系(表4-1)。

交通运输建筑施工企业安全生产达标考评指标 表4-1

考评内容		考评要点
一、安全目标	1. 安全工作方针与目标	①制定企业安全生产方针、目标和不低于上级下达的安全控制指标
		②制定实现安全工作方针与目标的措施
	2. 中长期规划	制订和实施企业安全生产中长期规划和跨年度专项工作方案
	3. 年度计划	根据中长期规划,制定年度计划和年度专项活动方案,并严格执行
	4. 目标考核	①将安全生产管理指标进行细化和分解,制定阶段性的安全生产控制指标
		②制定安全生产目标考核与奖惩办法
		③定期考核年度安全生产目标完成情况,并奖惩兑现
二、管理机构和人员	1. 安全管理机构	①成立安全生产委员会(或领导小组),下属各分支机构分别成立相应的领导机构。安委会职责明确,实行主要领导负责制
		②按规定设置独立的安全生产管理机构
		③定期召开安全生产委员会会议。安全生产管理机构和下属各分支机构每月至少召开一次安全工作例会
	2. 管理人员配备	①按规定足额配备专职安全生产和应急管理人员
		②公司领导班子设置专职安全生产负责人
三、安全责任体系	1. 健全责任制	①企业主要负责人、分管领导、全体员工安全职责明确,制定并落实安全生产责任制,层层签订安全生产责任书,并落实到位
		②主要负责人或实际控制人是安全生产第一责任人,按照安全生产法律法规赋予的职责,对安全生产负全面组织领导、管理责任和法律责任,并履行安全生产的责任和义务
		③分管安全生产的负责人是安全生产的重要负责人,统筹协调和综合管理企业的安全生产工作,对安全生产负重要管理责任
		④其他负责人和全体员工实行"一岗双责",对业务范围内的安全生产工作负责
		⑤安全生产管理机构、各职能部门、生产基层单位的安全职责明确并落实到位
	2. 责任制考评	根据安全生产责任进行定期考核和奖惩,公告考评和奖惩情况
四、法规和安全管理制度	1. 资质	《企业法人营业执照》《资质证书》等合法有效,经营范围符合要求
	2. 法规	①及时识别、获取适用的安全生产法律法规、标准规范
		②将法规标准和相关要求及时转化为本单位的规章制度,贯彻到各项工作中
		③将适用的安全生产法律、法规、标准及其他要求及时对从业人员进行宣传和培训
	3. 安全管理制度	①制定并及时修订安全生产管理制度,包括:a. 安全生产责任制;b. 安全例会制度;c. 文件和档案管理制度;d. 安全生产费用提取和使用管理制度;e. 设施、设备、货物安全管理制度;f. 安全生产培训和教育学习制度;g. 安全生产监督检查制度;h. 事故统计报告制度;i. 安全生产奖惩制度
		②对从业人员进行安全管理制度的学习和培训

续上表

考评内容		考评要点
四、法规和安全管理制度	4.岗位安全生产操作规程	①制定并及时修订各岗位的安全生产操作规程,并发放到岗位(职工)
		②对从业人员进行安全操作规程的学习和培训;从业人员严格执行本单位的安全操作规程
	5.制度执行及档案管理	①执行国家有关安全生产方针、政策、法规及本单位的安全管理制度和操作规程,依据行业特点,制定企业安全生产管理措施
		②每年至少一次对安全生产法律法规、标准规范、规章制度、操作规程的执行情况进行检查
		③建立和完善各类台账和档案,并按要求及时报送有关资料和信息
五、安全投入	1.资金投入	①按规定足额提取安全生产费用
		②安全生产经费专款专用,保证安全生产投入的有效实施
		③及时投入满足安全生产条件的所需资金
	2.费用管理	①跟踪、监督安全生产专项经费使用情况
		②建立安全费用使用台账
六、装备设施	1.设施设备	①具备满足安全生产需要的设施设备,并符合相关安全规范和技术要求
		②按有关规定配足有效的安全防护、环境保护、消防、救生设备及器材
		③按规定对设施设备进行定期检验,检验证书合法有效
		④按规定设置设施设备安全警告标志、指示牌
	2.设施安全管理	①规范施工现场临时设施(包括临时建、构筑物、活动板房)的采购、租赁、搭设与拆除、验收、检查、使用的相关管理,有明确的安全制度,并严格落实
		②设施设备(包括作业船舶、车辆、特种设备等)符合相关安全规范和技术要求,设施设备及操作人员证书齐全有效
		③按规定定期对设备设施、电气线路、消防设施进行维护保养,特种设备定期进行检测检验,设备状态良好
		④指定专人对特种设备进行管理
		⑤建立并规范设备管理台账
	3.电气安全管理	按照国家相关法律法规规范电气安全管理
七、安全技术管理	1.施工组织设计	①制定施工组织设计编制、审核、批准制度
		②施工组织设计中有明确的安全技术措施
		③按程序进行审核、批准
		④严格按照施工组织设计执行
	2.专项施工方案	①制定危险性较大的分部、分项工程编写、审核、批准专项施工方案制度
		②按程序进行审核、批准
		③严格按照专项施工方案执行
	3.安全技术交底	①制定安全技术交底规定
		②落实各级安全技术交底
		③交底有书面记录,履行签字手续

续上表

考评内容		考评要点
七、安全技术管理	4. 科技应用及创新	①使用先进的、安全性能可靠的新技术、新工艺、新设备和新材料,优先选购安全、高效、节能的先进设备
		②设有安全生产管理系统或平台
		③取得ISO9001、ISO14001和OHSAS18000认证
		④组织开展安全生产科技攻关或课题研究
		⑤设有其他安全监管信息系统
八、队伍建设	1. 培训计划	制定并实施年度及长期的继续教育培训计划,明确培训内容和年度培训时间
	2. 宣传教育	组织开展安全生产的法律、法规和安全生产知识的宣传、教育
	3. 管理人员	①企业主要负责人和管理人员具备相应安全知识和管理能力,并取得行业主管部门培训合格证
		②专(兼)职安全管理人员具备专业安全生产管理知识和经验,熟悉各岗位的安全生产业务操作规程,运用专业知识和规章制度开展安全生产管理工作,并保持安全生产管理人员的相对稳定
	4. 从业人员培训	①从业人员每年接受再培训,提高从业人员的素质和能力,再培训时间不得少于有关规定学时。未经安全生产培训合格的从业人员,不得上岗作业
		②转岗人员及时进行岗前培训
		③新技术、新设备投入使用前,对管理和操作人员进行专项培训
	5. 规范档案	①建立健全安全宣传教育培训考评档案,详细、准确记录培训考评情况
		②对培训效果进行评审,改进提高培训质量
九、作业管理	1. 现场作业管理	①严格执行操作规程和安全生产作业规定,严禁违章指挥、违章操作、违反劳动纪律
		②在下达生产任务的同时,布置安全生产工作要求
		③从业人员具有相关资质条件
		④指定专人对危险作业进行现场管理
		⑤建立完善的安全检查制度,严格执行巡回检查制度,严禁无关人员进入作业区域
		⑥作业场所及设施设备应采用可靠的防雷、防风、防火和防电等措施
		⑦生产物资堆放和存储符合相关安全规范和技术要求
	2. 安全值班	制定并落实安全生产值班计划和值班制度,重要时期实行领导到岗带班,有值班记录
	3. 相关方管理	①两个或两个以上单位共用生产作业的现场安全生产管理职责明确,并落实到位
		②制定了协作单位(含供应商)管理制度,严格协作单位安全生产许可证、资质、资格审查,并严格执行开工前准备、过程监督、续用等管理
		③与协作单位签订安全协议,明确双方各自的安全责任
		④对短期合同工、临时用工、实习人员、外来参观人员、客户及其车辆等进入作业现场有相应的安全管理制度和措施
		⑤建立合格协作单位名录和安全生产档案

续上表

考评内容		考评要点
九、作业管理	4. 工作环境	工作、生活场所的布置符合安全、消防和职业健康要求，疏散距离合理，消防通道畅通，各种设施布局合理
	5. 警示标志	在存在危险因素的场所和设备设施，设置明显的安全警示标志，警示、告知危险种类、后果及应急措施
十、危险源辨识与风险控制	1. 危险源辨识	①开展本单位危险设施或场所危险源的辨识和确定工作
		②辨识重大危险源，采取有效防护措施，按规定报有关部门备案
	2. 风险控制	①及时对作业活动和设备设施进行危险、有害因素识别
		②向从业人员如实告知作业场所和工作岗位存在的危险因素、防范措施以及事故应急措施
		③对危险源进行建档，重大危险源单独建档管理
十一、隐患排查与治理	1. 隐患排查	①制定隐患排查工作方案，明确排查的目的、范围，选择合适的排查方法
		②每月至少开展一次安全自查自纠工作，及时发现安全管理缺陷和漏洞，消除安全隐患。检查及处理情况应当记录在案
		③对各种安全检查所查出的隐患进行原因分析，制定针对性控制对策
	2. 隐患治理	①制定隐患治理方案，包括目标和任务、方法和措施、经费和物资、机构和人员、时限和要求
		②对上级检查指出或自我检查发现的一般安全隐患，严格落实防范和整改措施，并组织整改到位
		③重大安全隐患报相关部门备案，做到整改措施、责任、资金、时限和预案"五到位"
		④建立隐患治理台账和档案，有相关的记录
		⑤按规定对隐患排查和治理情况进行统计分析，并向有关部门报送书面统计分析表
十二、职业健康	1. 健康管理	①设置或指定职业健康管理机构，配备专(兼)职管理人员
		②按规定对员工进行职业健康检查
	2. 工伤保险	为从事危险作业人员办理意外伤害险
	3. 危害告知	对从业人员进行职业健康宣传培训。使其了解其作业场所和工作岗位存在的危险因素和职业危害、防范措施和应急处理措施，降低或消除危害后果的事项
	4. 劳动保护	①为从业人员提供符合职业健康要求的工作环境和条件，配备与职业健康保护相适应的设施、工具
		②对于会造成职业危害的岗位实行轮岗制度，或定期安排员工休假、疗养
十三、安全文化	1. 安全环境	①设立安全文化廊、安全角、黑板报、宣传栏等员工安全文化阵地，每月至少更换两次内容
		②公开安全生产举报电话号码、通信地址或者电子邮件信箱。对接到的安全生产举报和投诉及时予以调查和处理

续上表

考评内容		考评要点
十三、安全文化	2. 安全行为	①开展安全承诺活动
		②编制安全知识手册,并发放到职工
		③组织开展安全生产月活动、安全生产竞赛活动,有方案、有总结
		④对在安全工作中作出显著成绩的集体、个人给予表彰、奖励,并与其经济利益挂钩
		⑤对安全生产进行检查、评比、考评,总结和交流经验,推广安全生产先进管理方法
十四、应急救援	1. 预案制定	①制定相应的突发事件应急预案,有相应的应急保障措施
		②结合实际将应急预案分为综合应急预案、专项应急预案和现场处置方案
		③应急预案与当地政府预案保持衔接,报当地有关部门备案,通报有关协作单位
		④定期评审应急预案,并根据评审结果或实际情况的变化进行修订和完善
	2. 预案实施	①开展应急预案的宣传教育,普及生产安全事故预防、避险、自救和互救知识
		②开展应急预案培训活动,使有关人员了解应急预案内容,熟悉应急职责、应急程序和应急处置方案
		③发生事故后,及时启动应急预案,组织有力量进行救援,并按照规定将事故信息及应急预案启动情况报告有关部门
	3. 应急队伍	①建立与本单位安全生产特点相适应的专兼职应急救援队伍,或指定专兼职应急救援人员
		②组织应急救援人员日常训练
	4. 应急装备	①按照应急预案的要求配备相应的应急物资及装备
		②建立应急装备使用状况档案,定期进行检测和维护,使其处于良好状态
	5. 应急演练	①按照有关规定制定应急预案演练计划,并按计划组织开展应急预案演练
		②应急预案演练结束后,对应急预案演练效果进行评审,撰写应急预案演练评审报告,分析存在的问题,并对应急预案提出修订意见
十五、事故报告调查处理	1. 事故报告	①发生事故及时进行事故现场处置,按相关规定及时、准确、如实向有关部门报告,没有瞒报、谎报、迟报情况
		②跟踪事故发展情况,及时续报事故信息,建立事故档案和事故管理台账
	2. 事故处理	①接到事故报告后,迅速采取有效措施,组织抢救,防止事故扩大,减少人员伤亡和财产损失
		②发生事故后,按规定成立事故调查组,积极配合各级人民政府组织的事故调查,随时接受事故调查组的询问,如实提供有关情况
		③按时提交事故调查报告,分析事故原因,落实整改措施

续上表

考评内容	考评要点	
十五、事故报告调查处理	2.事故处理	④发生事故后,及时召开安全生产分析通报会,对事故当事人的聘用、培训、考评、上岗以及安全管理等情况进行责任倒查
		⑤按"四不放过"原则严肃查处事故,严格追究责任领导和相关责任人。处理结果报有关部门备案
十六、绩效考评与持续改进	1.绩效评定	每年至少一次对本单位安全生产标准化的实施情况进行评定,对安全生产工作目标、指标的完成情况进行综合考评
	2.持续改进	提出进一步完善安全标准化的计划和措施,对安全生产目标、指标、管理制度、操作规程等进行修改完善
	3.安全管理体系建设	根据企业生产经营实际,建立相应的安全管理体系,规范安全生产管理,形成长效机制

4.4.2 公路施工安全风险评估制度

1.公路桥梁和隧道工程设计安全风险评估制度

为加强公路桥梁和隧道工程安全管理,增强安全风险意识,优化工程建设方案,提高工程建设和运营安全性,交通运输部于2010年4月8日颁布《关于在初步设计阶段实行公路桥梁和隧道工程安全风险评估制度的通知》,文件规定初步设计阶段公路桥梁和隧道工程安全风险评估制度及《公路桥梁和隧道工程设计安全风险评估指南(试行)》(下称《指南》),自2010年9月1日起施行。

1)重要意义与适用范围

公路桥梁和隧道工程安全,与地质、水文等自然条件,工程设计、施工组织方案,建设管理经验及交通、通航等使用环境有关,安全风险在设计、建设、运营等各阶段、各环节都不同程度存在。初步设计阶段是确定工程建设方案的阶段,是工程安全管控的重要环节。在初步设计阶段对公路桥梁和隧道工程方案实行安全风险评估制度,增加安全风险评估工作环节,是强化安全风险意识,保证工程建设方案安全,降低事故概率,减少经济损失的新措施。

交通运输部审批初步设计的国家重点公路工程项目,尤其是建设条件复杂、技术难度大的桥梁和隧道工程,在初步设计阶段,应按本通知要求,对工程方案进行安全风险评估;其他公路工程项目,可参照执行。

2)评估范围

公路桥梁和隧道工程安全风险评估的范围,各地可根据项目工程建设条件、技术复杂程度、施工管理要求、运行使用环境等因素,结合当地工程建设经验确定。建设条件相似、技术方案相同的桥梁或隧道工程,可一并进行安全风险评估。其主要范围如下:

(1)桥梁工程

①多跨或跨径大于等于40m的石拱桥,跨径大于等于250m的钢筋混凝土拱桥,跨径大于等于350m的钢箱拱桥、钢桁架、钢管混凝土拱桥;

②跨径大于等于200m的梁式桥,跨径大于400m的斜拉桥,跨径大于1000m的悬索桥;

③墩高或桥高大于100m的桥梁;
④桥址处地震烈度大于7度且跨径大于150m的桥梁;
⑤其他建设环境复杂、施工技术要求特殊的桥梁。
(2)隧道工程
①穿越高地应力区、区域地质构造、煤系地层、采空区、水体等地质条件、水文地质复杂的隧道;
②偏压、大断面、变化断面等结构受力复杂的隧道;
③长度大于3000 m或通风、照明、救援等要求特殊的隧道;
④其他建设环境复杂、施工技术要求特殊的隧道。
3)评估内容
(1)桥梁工程
①建设条件,包括工程地质、水文地质及勘察分析深度及方法可靠性,气象变化、突发船撞车撞等不利施工环境等;
②结构方案,包括结构受力复杂程度、结构设计技术成熟程度等;
③施工,包括施工方案、主要施工技术和设备等;
④运营管理,包括交通量,可能发生的船撞、车撞等。
(2)隧道工程
①建设条件,包括工程地质、水文地质及特殊地下环境调查、分析深度及方法可靠性等;
②结构方案,包括结构受力复杂程度等;
③施工,包括施工方案、主要施工技术和设备等;
④运营管理,包括通风、救援等。
4)评估方法与步骤
①通过对类似结构工程的安全风险发生情况的调查,以及专家的现场或书面调查,在研究分析设计、施工、运营阶段可能发生安全风险诱因的基础上,确定关键风险源及次要风险源。
②采用定性与定量相结合的方法,对风险源的风险发生概率及损失进行分析和评估,确定其发生的可能性及严重程度。
③根据已确定的风险发生概率等级和风险损失等级,按照《指南》中风险等级确定的相关要求,确定安全风险等级。
④针对不同的安全风险等级,研究提出相应的应对措施。具体的评估方法、内容等,按照《指南》执行。
5)实施要求
①初步设计阶段公路桥梁和隧道工程安全风险评估作为设计内容,由承担初步设计任务的设计单位负责,并组织专门人员开展评估工作,按要求提交风险评估报告。设计单位也可委托其他具有公路行业设计甲级资质的单位承担风险评估工作。
②项目法人(业主)应组织有关专家对评估报告进行评审。根据评审结论,由设计单位对初步设计方案进行修改和完善;当评估结论为极高风险时,应对初步设计方案重新论证。
③省级交通运输主管部门在组织初步设计文件预审时,应同时对安全风险评估报告进

行评审。在批复预审意见中,应包括对安全风险评估报告的评审意见。

④设计单位应根据批复的预审意见,进一步完善初步设计文件。

⑤省级交通运输主管部门在报部审批初步设计文件时,应同时附安全风险评估报告及预审意见采纳情况说明。代部咨询审查单位在对初步设计文件审查时,应同时对安全风险评估报告进行审查,并提出咨询审查意见。

2. 公路桥梁和隧道工程施工安全风险评估制度

为加强公路桥梁和隧道工程施工安全管理,优化施工组织方案,提高施工现场安全预控有效性,交通运输部于2011年5月5日颁布《关于开展公路桥梁和隧道工程施工安全风险评估试行工作的通知》,文件规定施工阶段公路桥梁和隧道工程安全风险评估制度及《公路桥梁和隧道工程施工安全风险评估指南(试行)》,自2011年8月1日起施行。

1)目的与适用范围

公路桥梁和隧道工程施工环境条件复杂,施工组织实施困难,作业安全风险居高不下,一直以来是行业安全监管的重点环节。在施工阶段建立安全风险评估制度符合国际通行做法。在工程实施前,开展定性或定量的施工安全风险估测,能够增强安全风险意识,改进施工措施,规范预案预警预控管理,有效降低施工风险,严防重特大事故发生。这项工作也是公路桥梁和隧道工程设计风险评估结果在施工阶段的落实和深化。

列入国家和地方基本建设计划的新建、改建、扩建以及拆除、加固等高等级公路桥梁和隧道工程项目,在施工阶段,应按本通知要求,进行施工安全风险评估。其他公路工程项目,可参照执行。

2)评估范围

公路桥梁和隧道工程施工安全风险评估范围,可由各地根据工程建设条件、技术复杂程度和施工管理模式,以及当地工程建设经验,并参考以下标准确定。

(1)桥梁工程

①多跨或跨径大于40m的石拱桥,跨径大于或等于150m的钢筋混凝土拱桥,跨径大于或等于350m的钢箱拱桥,钢桁架、钢管混凝土拱桥;

②跨径大于或等于140m的梁式桥,跨径大于400m的斜拉桥,跨径大于1000m的悬索桥;

③墩高或净空大于100m的桥梁工程;

④采用新材料、新结构、新工艺、新技术的特大桥、大桥工程;

⑤特殊桥型或特殊结构桥梁的拆除或加固工程;

⑥施工环境复杂、施工工艺复杂的其他桥梁工程。

(2)隧道工程

①穿越高地应力区、岩溶发育区、区域地质构造、煤系地层、采空区等工程地质或水文地质条件复杂的隧道,黄土地区、水下或海底隧道工程;

②浅埋、偏压、大跨度、变化断面等结构受力复杂的隧道工程;

③长度3000m及以上的隧道工程,Ⅵ、Ⅴ级围岩连续长度超过50m或合计长度占隧道全长的30%及以上的隧道工程;

④连拱隧道和小净距隧道工程；
⑤采用新技术、新材料、新设备、新工艺的隧道工程；
⑥隧道改扩建工程；
⑦施工环境复杂、施工工艺复杂的其他隧道工程。

3）评估方法

（1）公路桥梁和隧道工程施工安全风险评估分为总体风险评估和专项风险评估。

①总体风险评估。桥梁或隧道工程开工前，根据桥梁或隧道工程的地质环境条件、建设规模、结构特点等孕险环境与致险因子，估测桥梁或隧道工程施工期间的整体安全风险大小，确定其静态条件下的安全风险等级。

②专项风险评估。当桥梁或隧道工程总体风险评估等级达到Ⅲ级（高度风险）及以上时，将其中高风险的施工作业活动（或施工区段）作为评估对象，根据其作业风险特点以及类似工程事故情况，进行风险源普查，并针对其中的重大风险源进行量化估测，提出相应的风险控制措施。

（2）评估方法应根据被评估项目的工程特点，选择相应的定性或定量的风险评估方法。具体评估方法的选择，可参照《公路桥梁和隧道工程施工安全风险评估指南（试行）》。

4）评估步骤

公路桥梁和隧道工程施工安全风险评估工作包括制定评估计划、选择评估方法、开展风险分析、进行风险估测、确定风险等级、提出措施建议、编制评估报告等方面。评估步骤一般为：

①开展总体风险评估。根据设计阶段风险评估结果（若有），以及类似结构工程安全事故情况，用定性与定量相结合的方法初步分析本项目孕险环境与致险因子，估测施工中发生重大事故的可能性，确定项目总体风险等级。

②确定专项风险评估范围。总体风险评估等级达到Ⅲ级（高度风险）及以上桥梁或隧道工程，应进行专项风险评估。其他风险等级的桥梁或隧道工程可视情况开展专项风险评估。

③开展专项风险评估。通过对施工作业活动（施工区段）中的风险源普查，在分析物的不安全状态、人的不安全行为的基础上，确定重大风险源和一般风险源。宜采用指标体系法等定量评估方法，对重大风险源发生事故的概率及损失进行分析，评估其发生重大事故的可能性与严重程度，对照相关风险等级标准，确定专项风险等级。

④确定风险控制措施。根据风险接受准则的相关规定，对专项风险等级在Ⅲ级（高度风险）及以上的施工作业活动（施工区段），应明确重大风险源的监测、控制、预警措施以及应急预案。其他风险等级的桥梁、隧道工程可根据工程实际情况，按照成本效益原则确定相应的风险控制措施。

5）评估组织与评估报告

①公路桥梁和隧道工程施工安全风险评估工作原则上由项目施工单位具体负责。当被评估项目含多个合同段时，总体风险评估应由建设单位牵头组织，专项风险评估工作仍由合同施工单位具体实施。当施工单位的施工经验或能力不足时，可委托行业内安全评估机构承担相关风险评估工作。

②评估工作负责人应当具有5年以上的工程管理经验，并有参与类似工程施工的经历。

③风险评估工作应形成评估报告。评估报告应反映风险评估过程的主要工作。报告内容应包括评估依据、工程概况、评估方法、评估步骤、评估内容、评估结论及对策建议等。评估结论应当明确风险等级、可能发生事故的关键部位、区域或节点、事故可能性等级、规避或者降低风险的建议措施等内容。

6）实施要求

①施工单位应根据风险评估结论,完善施工组织设计和危险性较大工程专项施工方案,制定相应的专项应急预案,对项目施工过程实施预警预控。专项风险等级在Ⅲ级（高度风险）及以上的施工作业活动（施工区段）的风险控制,还应符合下列规定：

a. 重大风险源的监控与防治措施、应急预案经施工企业技术负责人和项目总监理工程师审批后,由建设单位组织论证或复评估。

b. 施工单位应建立重大风险源的监测及验收、日常巡查、定期报告等工作制度,并组织实施。

c. 施工项目经理或技术负责人在工程施工前应对施工人员进行安全技术教育与交底；施工现场应设立相应的危险告知牌。

d. 适时组织对典型重大风险源的应急救援演练。

e. 当专项风险等级为Ⅳ级（极高风险）且无法降低时,必须提高现场防护标准,落实应急处置措施,视情况开展第三方施工监测；未采取有效措施的,不得施工。

②监理单位在审查工程施工组织设计文件、危险性较大工程专项施工方案、应急预案时,应同时审查施工安全风险评估报告；无风险评估报告,不得签发开工令。

工程开工后,监理单位应督查施工单位安全风险控制措施的落实情况,并予以记录。对施工中存在的重大隐患应及时指出并督促整改,对施工单位拒不整改的,应及时向建设单位及公路工程安全生产监督管理部门报告。

③风险评估报告经监理单位审核后应向建设单位报备。建设单位应对极高风险（Ⅳ级）的施工作业,组织专家或安全评估机构进行论证或复评估,提出降低风险的措施建议；当风险无法降低时,应及时调整设计、施工方案,并向公路工程安全生产监督管理部门备案。

④各级交通运输主管部门在履行施工安全监督检查职责时,应将施工安全风险评估实施情况纳入检查范围。对极高风险（Ⅳ级）的施工作业应切实加强重点督查。

⑤公路桥梁和隧道工程施工安全风险评估应遵循动态管理的原则,当工程设计方案、施工方案、工程地质、水文地质、施工队伍等发生重大变化时,应重新进行风险评估。

⑥施工安全风险评估工作费用应在项目安全生产费用中列支。

3. 高速公路路堑高边坡工程施工安全风险评估制度

为完善高速公路施工安全风险体系,加强路堑高边坡工程施工安全风险管理,完善专项施工方案,加强施工现场安全风险预控,交通运输部组织编制了《高速公路路堑高边坡工程施工安全风险评估指南（试行）》,自2015年3月1日起实施。

1）适用范围

①凡列入国家和地方基本建设计划的新建、改建、扩建的高速公路,在施工阶段应进行路堑高边坡施工安全风险评估。

②应充分重视对老滑坡体、岩堆体、老错落体等不良地质体地段,膨胀土、高液限土、冻土、黄土等特殊岩土地段,以及居住区、地下管线分布区、高压塔等周边地段的施工安全风险评估。

2)评估对象

风险评估对象包括:

①高于 20m 的土质边坡、高于 30m 的岩质边坡;

②老滑坡体、岩堆体、老错落体等不良地质体地段开挖形成的不足 20m 的边坡;

③膨胀土、高液限土、冻土、黄土等特殊岩土地段开挖形成的不足 20m 的边坡;

④城乡居民居住区、民用军用地下管线分布区、高压铁塔附近等施工场地周边环境复杂地段开挖形成的不足 20m 的边坡。

3)评估内容

高速公路路堑高边坡工程施工安全风险评估划分为总体风险评估和专项风险评估两个阶段。

①总体风险评估。以高速公路全线的路堑工程整体为评估对象,根据工程建设规模、地质条件、工程特点、施工环境、诱发因素、资料完整性等,评估全线路堑边坡施工安全风险,确定风险等级并提出控制措施建议。总体风险评估结论应作为编制路堑边坡工程施工组织设计的依据。

②专项风险评估。在总体风险评估基础上,将风险等级达到高度风险(Ⅲ级)及以上的路堑段作为评估单元,以施工作业活动为评估对象,根据其施工安全风险特点及类似工程事故情况,进行风险辨识、分析、估测;并针对其中的重大风险源进行量化评估,提出具体的风险控制措施。专项风险评估可分为施工前专项评估和施工过程专项评估。专项风险评估结论应作为编制或完善专项施工方案的依据。

4)评估方法和时间

应结合被评估项目的工程特点,采用相应的定性或定量的风险分析和评估方法。具体评估方法可参照《高速公路路堑高边坡工程施工安全风险评估指南(试行)》选用。

总体风险评估应在项目开工前实施。专项风险评估应在路堑边坡分项工程开工前完成。施工中,经论证出现新的重大风险源,或发生生产安全事故(险情)等情况,应补充开展施工过程专项评估。

5)评估组织与评估报告

①总体风险评估工作由建设单位负责组织,专项风险评估工作由施工单位负责组织。组织单位按照"谁组织谁负责"的原则对评估工作质量负责。

②总体风险评估和施工前专项风险评估应分别形成评估报告,施工过程专项风险评估可简化形成评估报表。评估报告应反映风险评估过程的全部工作,报告内容应包括编制依据、工程概况、评估方法、评估步骤、评估内容、评估结论及对策建议等。

6)实施要求

①高速公路项目,应组织进行项目总体风险评估。对重大风险源应按规定报备。

②施工单位应根据风险评估结论,完善路堑高边坡工程施工组织设计和专项施工方案,分类制定相应的专项应急预案,对项目施工过程实施预警预控。对重大风险源应建立日常

巡查、监测预警、定期报告、销号等制度,并严格实施。对暂时无有效措施的Ⅳ级风险,应立即停工。

③高速公路路堑高边坡工程施工安全风险评估工作费用在项目安全生产费用中列支。

④各省级交通运输主管部门及其监管机构在履行施工安全监督检查职责时,应将高速公路路堑高边坡工程施工安全风险评估实施情况纳入检查范围。对未按规定开展风险评估的项目,责令限期整改。对Ⅳ级风险的施工作业应切实加强重点督查。

4.4.3 高速公路施工标准化

为加快推行现代工程管理,推动"发展理念人本化、项目管理专业化、工程施工标准化、管理手段信息化、日常管理精细化"的"五化"要求,提升工程质量、安全管理水平,树立文明施工形象,交通运输部自2011年起,在全国开展高速公路施工标准化活动,并组织福建、广东、陕西、江苏等省共同编写了《高速公路施工标准化技术指南》一书,这套系列丛书由工地建设、路基工程、路面工程、桥梁工程、隧道工程五个分册组成,并于2012年11月正式出版发行。

指南的编写细化了施工过程控制,注重成熟工艺和先进技术的推广应用,着力于解决质量通病问题,部分指标与规范相比有适当提高,同时兼顾了先进性和普遍性。指南不仅可以用于现场的施工管理,还可以将部分内容纳入招标文件中予以加强落实。

1. 施工标准化指南的主要内容

标准化不仅是一种措施,更是一种理念,它着重于细化过程控制、推广成熟工艺、解决质量通病。指南由工地建设、路面、桥梁、路基、隧道等五个分册组成,并附有施工组织设计、配合比设计、检测指标等参考附录,涵盖了高速公路建设的主要领域,内容丰富,图文并茂,体现了高速公路施工标准化的新水平。下面简要介绍下指南各分册主要内容:

(1)工地建设分册,分为总则,驻地建设,场站建设,人员管理,制度建设临时工程,文明施工等七部分,主要用于规范高速公路工地建设管理,改善高速公路参建人员生产、生活环境,充分采用工厂化、集约化的施工措施,优化资源配置,节约工程成本,提高工作效率,落实安全,环保理念,提升文明施工形象,确保项目工程质量。

(2)路基分册,分为总则,施工准备,一般路基施工,特殊路基施工,冬雨季施工,改扩建工程路基施工,排水工程,防护剂支挡工程,路基修整,路基重点工程监测与观测,取、弃土场等十一部分,要求路基施工树立环保理念,体现区域实际情况,更加有效的消除质量通病,另外边坡、软基处理、高填方等要采用动态设计、动态施工方案、动态监控。

(3)路面分册,分为总则,施工准备,石料开采、集料加工与储运,垫层,底基层,基层,透层,下封层和黏层,热拌沥青混合料面层,水泥混凝土面层,水泥混凝土桥面沥青,隧道路面,安全生产和文明施工等十二部分,强调路面施工要进行科学的施工组织和工期安排,特别要加强各结构层试铺施工,并推行路面施工零污染。

(4)桥梁分册,分为总则,施工准备,通用技术,桥梁基础,下部构造,上部构造,桥梁附属工程等七部分,强调桥梁施工组织应体现"连续性、均衡性、节奏性、协调性和经济性",要对桥梁施工进行施工安全风险评估。

(5)隧道分册,分为总则,施工准备,洞口和明洞工程,超前地质预报,洞身开挖,初期支护和辅助,仰拱与铺底,防水与排水,二次衬砌,监控量测,附属设施,工程安全生产和文明施工等十二部分,强调隧道施工要体现动态设计和信息化管理,加强过程的记录、控制和验收。

2. 施工标准化考核办法

为促进标准化工作全覆盖,推动标准化工作常态化,交通运输部专门制定了施工标准化考核办法。考核对象为2011年及以后开工的高速公路新建、改(扩)建项目。考核工作由项目建设单位、省级交通运输主管部门及质量监督机构、交通运输部三级分别组织实施,实行日常考核与专项考核相结合,以日常考核为主的方针。

建设单位考核主要是结合项目管理工作,对各施工标段进行考核。

省级交通运输主管部门及质量监督机构考核,分日常考核和专项考核,在建设单位考核结果的基础上,以项目主体工程施工标段作为基本考核单元,以现场实体检查(检测)为主,每年10月底前完成。日常考核结合各类督查、例行检查,每年汇总一次并进行考核评分,涵盖100%项目和100%的主体工程施工标段;专项考核随机抽取在建项目及施工标段。

省级交通运输主管部门每年10月底前将考核报告、各在建项目日常考核得分、专项考核得分报交通运输部。交通运输部抽查,复核。每省抽检3个项目,其中1个为省内评分最高的项目,另2个随机抽取。

4.5 环境保护相关法规

环境保护关系到人类生存和发展的百年大计,对经济建设、社会发展和公众健康具有非常重要的影响。加强环境保护应依靠科技进步,发展循环经济,完善监督体制,建立长效机制,在发展中解决环境问题。世界各国已开始高度重视环境保护工作,我国也把环境保护确定为基本国策。

4.5.1 《环境保护法》的相关规定

《中华人民共和国环境保护法》已由第十二届全国人民代表大会常务委员会第八次会议于2014年4月24日修订通过,自2015年1月1日起施行。这里重点介绍与建设工程相关的内容。

1. 环境保护的基本原则

(1)经济建设与环境保护协调发展的原则

根据经济规律和生态规律的要求,环境保护法必须认真贯彻"经济建设、城市建设、环境建设同步规划、同步实施、同步发展的三同步方针"和"经济效益、环境效益、社会效益的三统一方针"。

(2)预防为主、防治结合、综合治理的原则

预防为主的原则,就是"防患于未然"的原则。环境保护中预防污染不仅可以尽可能地提高原材料、能源的利用率,而且可以大大地减少污染物的产生量和排放量,减少二次污染的风

险,减少末端治理负荷,节省环保投资和运行费用。"预防"是环境保护第一位的工作。然而,根据目前的技术、经济条件,工业企业做到"零排放"也是很困难的,所以还必须与治理结合。

(3)污染者付费的原则

污染者付费的原则,通常也称为"谁污染,谁治理""谁开发,谁保护"的原则,其基本思想是明确治理污染、保护环境的经济责任。

(4)政府对环境质量负责的原则

环境保护是一项涉及政治、经济、技术、社会各个方面的复杂而又艰巨的任务,是我国的基本国策,关系国家和人民的长远利益,解决这种关乎全局、综合性很强的问题,是政府的重要职责之一。

(5)公众参与的原则

环境质量的好坏关系到广大群众的切身利益,公众享有在良好的环境中生活的权利,依法参与环境管理的权利,对污染和破坏环境的行为进行监督的权利,同时也有保护和改善环境的义务。

国家支持环境保护科学技术研究、开发和应用,鼓励环境保护产业发展,促进环境保护信息化建设,提高环境保护科学技术水平,并且将每年6月5日为环境日。对保护和改善环境有显著成绩的单位和个人,由人民政府给予奖励。

2. 监督管理

(1)环境保护规划

县级以上地方人民政府环境保护主管部门会同有关部门,根据国家环境保护规划的要求,编制本行政区域的环境保护规划,报同级人民政府批准并公布实施。

环境保护规划的内容应当包括生态保护和污染防治的目标、任务、保障措施等,并与主体功能区规划、土地利用总体规划和城乡规划等相衔接。

(2)环境影响评价

建设对环境有影响的项目,应当依法进行环境影响评价。未依法进行环境影响评价的开发利用规划,不得组织实施;未依法进行环境影响评价的建设项目,不得开工建设。

3. 保护和改善环境

(1)重点区域

国家在重点生态功能区、生态环境敏感区和脆弱区等区域划定生态保护红线,实行严格保护。各级人民政府对具有代表性的各种类型的自然生态系统区域,珍稀、濒危的野生动植物自然分布区域,重要的水源涵养区域,具有重大科学文化价值的地质构造、著名溶洞和化石分布区、冰川、火山、温泉等自然遗迹,以及人文遗迹、古树名木,应当采取措施予以保护,严禁破坏。

(2)自然资源

开发利用自然资源,应当合理开发,保护生物多样性,保障生态安全,依法制定有关生态保护和恢复治理方案并予以实施。

引进外来物种以及研究、开发和利用生物技术,应当采取措施,防止对生物多样性的破坏。

(3) 海洋环境

国务院和沿海地方各级人民政府应当加强对海洋环境的保护。向海洋排放污染物、倾倒废弃物,进行海岸工程和海洋工程建设,应当符合法律法规规定和有关标准,防止和减少对海洋环境的污染损害。

(4) 城乡建设

城乡建设应当结合当地自然环境的特点,保护植被、水域和自然景观,加强城市园林、绿地和风景名胜区的建设与管理。

(5) 政策鼓励

国家鼓励和引导公民、法人和其他组织使用有利于保护环境的产品和再生产品,减少废弃物的产生。国家机关和使用财政资金的其他组织应当优先采购和使用节能、节水、节材等有利于保护环境的产品、设备和设施。

4. 防治污染和其他公害

(1) 促进清洁生产和资源循环利用

企业应当优先使用清洁能源,采用资源利用率高、污染物排放量少的工艺、设备以及废弃物综合利用技术和污染物无害化处理技术,减少污染物的产生。

(2) "三同时"管理制度

建设项目中防治污染的设施,应当与主体工程同时设计、同时施工、同时投产使用。防治污染的设施应当符合经批准的环境影响评价文件的要求,不得擅自拆除或者闲置。

(3) 环境保护责任制度

排放污染物的企业事业单位和其他生产经营者,应当采取措施,防治在生产建设或者其他活动中产生的废气、废水、废渣、医疗废物、粉尘、恶臭气体、放射性物质以及噪声、振动、光辐射、电磁辐射等对环境的污染和危害。

排放污染物的企业事业单位,应当建立环境保护责任制度,明确单位负责人和相关人员的责任。

(4) 突发环境事件应急预案

县级以上人民政府应当建立环境污染公共监测预警机制,组织制定预警方案;环境受到污染,可能影响公众健康和环境安全时,依法及时公布预警信息,启动应急措施。

企业事业单位应当按照国家有关规定制定突发环境事件应急预案,报环境保护主管部门和有关部门备案。在发生或者可能发生突发环境事件时,企业事业单位应当立即采取措施处理,及时通报可能受到危害的单位和居民,并向环境保护主管部门和有关部门报告。

5. 信息公开和公众参与

依法应当编制环境影响报告书的建设项目,建设单位应当在编制时向可能受影响的公众说明情况,充分征求意见。

负责审批建设项目环境影响评价文件的部门在收到建设项目环境影响报告书后,除涉及国家秘密和商业秘密的事项外,应当全文公开;发现建设项目未充分征求公众意见的,应当责成建设单位征求公众意见。

公民、法人和其他组织发现任何单位和个人有污染环境和破坏生态行为的,有权向环保护主管部门或者其他负有环境保护监督管理职责的部门举报。

4.5.2 《海洋保护法》的相关规定

为了保护和改善海洋环境,保护海洋资源,防治污染损害,维护生态平衡,保障人体健康,促进经济和社会的可持续发展,制定了《中华人民共和国海洋环境保护法》,于1999年12月25日由第九届全国人民代表大会常务委员会第十三次会议修订通过,自2000年4月1日起施行。适用于中华人民共和国内水、领海、毗连区、专属经济区、大陆架以及中华人民共和国管辖的其他海域。2017年11月4日,第十二届全国人民代表大会常务委员会第十三次会议对《中华人民共和国海洋环境保护法》做出修改,自2017年11月5日起施行。

1. 海洋生态保护

(1)建立海洋自然保护区

国务院和沿海地方各级人民政府应当采取有效措施,保护红树林、珊瑚礁、滨海湿地、海岛、海湾、入海河口、重要渔业水域等具有典型性、代表性的海洋生态系统,珍稀、濒危海洋生物的天然集中分布区,具有重要经济价值的海洋生物生存区域及有重大科学文化价值的海洋自然历史遗迹和自然景观。

国务院有关部门和沿海省级人民政府应当根据保护海洋生态的需要,选划、建立海洋自然保护区。国家级海洋自然保护区的建立,须经国务院批准。

凡具有下列条件之一的,应当建立海洋自然保护区:

①典型的海洋自然地理区域、有代表性的自然生态区域,以及遭受破坏但经保护能恢复的海洋自然生态区域。

②海洋生物物种高度丰富的区域,或者珍稀、濒危海洋生物物种的天然集中分布区域。

③具有特殊保护价值的海域、海岸、岛屿、滨海湿地、入海河口和海湾等。

④具有重大科学文化价值的海洋自然遗迹所在区域。

⑤其他需要予以特殊保护的区域。

(2)不得破坏海域生态环境的行为

开发海岛及周围海域的资源,应当采取严格的生态保护措施,不得造成海岛地形、岸滩、植被以及海岛周围海域生态环境的破坏。

引进海洋动植物物种,应当进行科学论证,避免对海洋生态系统造成危害。

(3)海洋生态环境的改善措施

沿海地方各级人民政府应当结合当地自然环境的特点,建设海岸防护设施、沿海防护林、沿海城镇园林和绿地,对海岸侵蚀和海水入侵地区进行综合治理。禁止毁坏海岸防护设施、沿海防护林、沿海城镇园林和绿地。

国家鼓励发展生态渔业建设,推广多种生态渔业生产方式,改善海洋生态状况。新建、改建、扩建海水养殖场,应当进行环境影响评价。

2. 防治海岸工程建设项目对海洋环境的污染损害

(1)防治污染资金

新建、改建、扩建海岸工程建设项目,必须遵守国家有关建设项目环境保护管理的规定,并把防治污染所需资金纳入建设项目投资计划。

在依法划定的海洋自然保护区、海滨风景名胜区、重要渔业水域及其他需要特别保护的区域,不得从事污染环境、破坏景观的海岸工程项目建设或者其他活动。

(2)环境影响报告书(表)

海岸工程建设项目单位,必须对海洋环境进行科学调查,根据自然条件和社会条件,合理选址,编制环境影响报告书(表)。在建设项目开工前,将环境影响报告书(表)报生态环境主管理部门审查批准。

生态环境主管理部门在批准环境影响报告书(表)之前,必须征求海洋、海事、渔业行政主管部门和军队环境保护部门的意见。

(3)环境保护设施的"三同时"制度

海岸工程建设项目的环境保护设施,必须与主体工程同时设计、同时施工、同时投产使用。环境保护设施应当符合经批准的环境影响评价报告书(表)的要求。

(4)保护措施

禁止在沿海陆域内新建不具备有效治理措施的化学制浆造纸、化工、印染、制革、电镀、酿造、炼油、岸边冲滩拆船以及其他严重污染海洋环境的工业生产项目。

兴建海岸工程建设项目,必须采取有效措施,保护国家和地方重点保护的野生动植物及其生存环境和海洋水产资源。严格限制在海岸采挖砂石。露天开采海滨砂矿和从岸上打井开采海底矿产资源,必须采取有效措施,防止污染海洋环境。

3. 防治海洋工程建设项目对海洋环境的污染损害

(1)海洋环境影响报告书

海洋工程建设项目必须符合全国海洋主体功能区规划、海洋功能区划、海洋环境保护规划和国家有关环境保护标准。海洋工程建设项目单位应当对海洋环境进行科学调查,编制海洋环境影响报告书(表),并在建设项目开工前,报海洋行政主管部门审查批准。

海洋行政主管部门在批准海洋环境影响报告书(表)之前,必须征求海事、渔业行政主管部门和军队环境保护部门的意见。

(2)环境保护设施的"三同时"制度

海洋工程建设项目的环境保护设施,必须与主体工程同时设计、同时施工、同时投产使用。环境保护设施未经海洋行政主管部门验收,或者经验收不合格的,建设项目不得投入生产或者使用。

拆除或者闲置环境保护设施,必须事先征得海洋行政主管部门的同意。

(3)保护措施

①海洋工程建设项目,不得使用含超标准放射性物质或者易溶出有毒有害物质的材料。

②海洋工程建设项目需要爆破作业时,必须采取有效措施,保护海洋资源。海洋石油勘探开发及输油过程中,必须采取有效措施,避免溢油事故的发生。

③海洋石油钻井船、钻井平台和采油平台的含油污水和油性混合物,必须经过处理达标后排放;残油、废油必须予以回收,不得排放入海。经回收处理后排放的,其含油量不得超过国家规定的标准。钻井所使用的油基泥浆和其他有毒复合泥浆不得排放入海。水基泥浆和

无毒复合泥浆及钻屑的排放,必须符合国家有关规定。海洋石油钻井船、钻井平台和采油平台及其有关海上设施,不得向海域处置含油的工业垃圾。处置其他工业垃圾,不得造成海洋环境污染。

④海上试油时,应当确保油气充分燃烧,油和油性混合物不得排放入海。勘探开发海洋石油,必须按有关规定编制溢油应急计划,报国家海洋行政主管部门的海区派出机构备案。

4.防治倾倒废弃物对海洋环境的污染损害

(1)倾倒废弃物须取得许可证

任何单位未经国家海洋行政主管部门批准,不得向我国管辖海域倾倒任何废弃物。需要倾倒废弃物的单位,必须向国家海洋行政主管部门提出书面申请,经国家海洋行政主管部门审查批准,发给许可证后,方可倾倒。禁止境外的废弃物在我国管辖海域倾倒。

(2)倾倒废弃物类别

国家海洋行政主管部门根据废弃物的毒性、有毒物质含量和对海洋环境影响程度,制定海洋倾倒废弃物评价程序和标准。

向海洋倾倒废弃物,应当按照废弃物的类别和数量实行分级管理。

可以向海洋倾倒的废弃物名录,由国家海洋行政主管部门拟定,经国务院生态环境主管理部门提出审核意见后,报国务院批准。

(3)海洋倾倒区的划分

国家海洋行政主管部门按照科学、合理、经济、安全的原则选划海洋倾倒区,经国务院生态环境主管理部门提出审核意见后,报国务院批准。

临时性海洋倾倒区由国家海洋行政主管部门批准,并报国务院生态环境主管理部门备案。国家海洋行政主管部门在选划海洋倾倒区和批准临时性海洋倾倒区之前,必须征求国家海事、渔业行政主管部门的意见。

(4)监督管理

国家海洋行政主管部门监督管理倾倒区的使用,组织倾倒区的环境监测。对经确认不宜继续使用的倾倒区,国家海洋行政主管部门应当予以封闭,终止在该倾倒区的一切倾倒活动,并报国务院备案。

获准倾倒废弃物的单位,必须按照许可证注明的期限及条件,到指定的区域进行倾倒。废弃物装载之后,批准部门应当予以核实。获准倾倒废弃物的单位,应当详细记录倾倒的情况,并在倾倒后向批准部门作出书面报告。倾倒废弃物的船舶必须向驶出港的海事行政主管部门作出书面报告。

禁止在海上焚烧废弃物。禁止在海上处置放射性废弃物或者其他放射性物质。

5.防治船舶及有关作业活动对海洋环境的污染损害

(1)一般规定

在我国管辖海域,任何船舶及相关作业不得违反本法规定向海洋排放污染物、废弃物和压载水、船舶垃圾及其他有害物质。

从事船舶污染物、废弃物、船舶垃圾接收、船舶清舱、洗舱作业活动的,必须具备相应的接收处理能力。船舶必须按照有关规定持有防止海洋环境污染的证书与文书,在进行涉污染物排放及操作时,应当如实记录。

船舶必须配置相应的防污设备和器材。载运具有污染危害性货物的船舶,其结构与设备应当能够防止或者减轻所载货物对海洋环境的污染。

船舶应当遵守海上交通安全法律、法规的规定,防止因碰撞、触礁、搁浅、火灾或者爆炸等引起的海难事故,造成海洋环境的污染。

(2)油污损害民事赔偿

国家完善并实施船舶油污损害民事赔偿责任制度;按照船舶油污损害赔偿责任由船东和货主共同承担风险的原则,建立船舶油污保险、油污损害赔偿基金制度。

实施船舶油污保险、油污损害赔偿基金制度的具体办法由国务院规定。

(3)监督管理

载运具有污染危害性货物进出港口的船舶,其承运人、货物所有人或者代理人,必须事先向海事行政主管部门申报。经批准后,方可进出港口、过境停留或者装卸作业。

交付船舶装运污染危害性货物的单证、包装、标志、数量限制等,必须符合对所装货物的有关规定。需要船舶装运污染危害性不明的货物,应当按照有关规定事先进行评估。装卸油类及有毒有害货物的作业,船岸双方必须遵守安全防污操作规程。

港口、码头、装卸站和船舶修造厂必须按照有关规定备有足够的用于处理船舶污染物、废弃物的接收设施,并使该设施处于良好状态。装卸油类的港口、码头、装卸站和船舶必须编制溢油污染应急计划,并配备相应的溢油污染应急设备和器材。

船舶及有关作业活动应当遵守有关法律法规和标准,采取有效措施,防止造成海洋环境污染。海事行政主管部门等有关部门应当加强对船舶及有关作业活动的监督管理。

船舶进行散装液体污染危害性货物的过驳作业,应当事先按照有关规定报经海事行政主管部门批准。

(4)海上污染事故的处理

船舶发生海难事故,造成或者可能造成海洋环境重大污染损害的,国家海事行政主管部门有权强制采取避免或者减少污染损害的措施。

对在公海上因发生海难事故,造成我国管辖海域重大污染损害后果或者具有污染威胁的船舶、海上设施,国家海事行政主管部门有权采取与实际的或者可能发生的损害相称的必要措施。

所有船舶均有监视海上污染的义务,在发现海上污染事故或者违反本法规定的行为时,必须立即向就近的依照本法规定行使海洋环境监督管理权的部门报告。民用航空器发现海上排污或者污染事件,必须及时向就近的民用航空空中交通管制单位报告。接到报告的单位,应当立即向依照本法规定行使海洋环境监督管理权的部门通报。

4.5.3 《环境影响评价法》的相关规定

为了实施可持续发展战略,预防因规划和建设项目实施后对环境造成不良影响,促进经济、社会和环境的协调发展,《中华人民共和国环境影响评价法》已由第九届全国人民代表大会常务委员会第三十次会议于 2002 年 10 月 28 日通过,2003 年 9 月 1 日起施行。2018 年 12 月 29 日,第十三届全国人民代表大会常务委员会第七次会议进行了第二次修订。

环境影响评价,是指对规划和建设项目实施后可能造成的环境影响进行分析、预测和评估,提出预防或者减轻不良环境影响的对策和措施,进行跟踪监测的方法与制度。在我国领域及其管辖的其他海域内建设对环境有影响的项目,应当进行环境影响评价。

1. 规划的环境影响评价

（1）总体规划

国务院有关部门、设区的市级以上地方人民政府及其有关部门,对其组织编制的土地利用的有关规划,区域、流域、海域的建设、开发利用规划,应当在规划编制过程中组织进行环境影响评价,编写该规划有关环境影响的篇章或者说明。

规划有关环境影响的篇章或者说明,应当对规划实施后可能造成的环境影响作出分析、预测和评估,提出预防或者减轻不良环境影响的对策和措施,作为规划草案的组成部分一并报送规划审批机关。未编写有关环境影响的篇章或者说明的规划草案,审批机关不予审批。

（2）专项规划

国务院有关部门、设区的市级以上地方人民政府及其有关部门,对其组织编制的工业、农业、畜牧业、林业、能源、水利、交通、城市建设、旅游、自然资源开发的有关专项规划（以下简称专项规划),应当在该专项规划草案上报审批前,组织进行环境影响评价,并向审批该专项规划的机关提出环境影响报告书。

专项规划的环境影响报告书应当包括下列内容：

①实施该规划对环境可能造成影响的分析、预测和评估。

②预防或者减轻不良环境影响的对策和措施。

③环境影响评价的结论。

专项规划的编制机关对可能造成不良环境影响并直接涉及公众环境权益的规划,应当在该规划草案报送审批前,举行论证会、听证会,或者采取其他形式,征求有关单位、专家和公众对环境影响报告书草案的意见。但是,国家规定需要保密的情形除外。

专项规划的编制机关在报批规划草案时,应当将环境影响报告书一并附送审批机关审查;未附送环境影响报告书的,审批机关不予审批。

对环境有重大影响的规划实施后,编制机关应当及时组织环境影响的跟踪评价,并将评价结果报告审批机关;发现有明显不良环境影响的,应当及时提出改进措施。

2. 建设项目的环境影响评价

（1）环境影响评价的分类

建设单位应当按照下列规定组织编制环境影响报告书、环境影响报告表或者填报环境影响登记表。

①可能造成重大环境影响的,应当编制环境影响报告书,对产生的环境影响进行全面评价。

②可能造成轻度环境影响的,应当编制环境影响报告表,对产生的环境影响进行分析或者专项评价。

③对环境影响很小、不需要进行环境影响评价的,应当填报环境影响登记表。

(2)环境影响报告书的内容
①建设项目概况。
②建设项目周围环境现状。
③建设项目对环境可能造成影响的分析、预测和评估。
④建设项目环境保护措施及其技术、经济论证。
⑤建设项目对环境影响的经济损益分析。
⑥对建设项目实施环境监测的建议。
⑦环境影响评价的结论。
环境影响报告表和环境影响登记表的内容和格式,由国务院生态环境主管部门制定。

(3)环境影响评价机构

建设单位可以委托技术单位对其建设项目开展环境影响评价,编制建设项目环境影响报告书、环境影响报告表;建设单位具备环境影响评价技术能力的,可以自行对其建设项目开展环境影响评价,编制建设项目环境影响报告书、环境影响报告表。

接受委托为建设单位编制建设项目环境影响报告书、环境影响报告表的技术单位,不得与负责审批建设项目环境影响报告书、环境影响报告表的生态环境主管部门或者其他有关审批部门存在任何利益关系。任何单位和个人不得为建设单位指定编制建设项目环境影响报告书、环境影响报告表的技术单位。

负责审批建设项目环境影响报告书、环境影响报告表的生态环境主管部门应当将编制单位、编制主持人和主要编制人员的相关违法信息记入社会诚信档案,并纳入全国信用信息共享平台和国家企业信用信息公示系统向社会公布。

(4)建设项目环境影响评价文件的审批管理

除国家规定需要保密的情形外,对环境可能造成重大影响、应当编制环境影响报告书的建设项目,建设单位应当在报批建设项目环境影响报告书前,举行论证会、听证会,或者采取其他形式,征求有关单位、专家和公众的意见。建设单位报批的环境影响报告书应当附具对有关单位、专家和公众的意见采纳或者不采纳的说明。

建设项目的环境影响报告书、报告表,由建设单位按照国务院的规定报有审批权的生态环境主管部门审批。

审批部门应当自收到环境影响报告书之日起六十日内,收到环境影响报告表之日起三十日内,分别作出审批决定并书面通知建设单位。国家对环境影响登记表实行备案管理。

审核、审批建设项目环境影响报告书、报告表以及备案环境影响登记表,不得收取任何费用。

建设项目的环境影响评价文件经批准后,建设项目的性质、规模、地点、采用的生产工艺或者防治污染、防止生态破坏的措施发生重大变动的,建设单位应当重新报批建设项目的环境影响评价文件。

建设项目的环境影响评价文件自批准之日起超过5年,方决定该项目开工建设的,其环境影响评价文件应当报原审批部门重新审核;原审批部门应当自收到建设项目环境影响评价文件之日起10日内,将审核意见书面通知建设单位。

建设项目的环境影响评价文件未依法经审批部门审查或者审查后未予批准的,建设单位不得开工建设。建设项目建设过程中,建设单位应当同时实施环境影响报告书、环境影响报告表以及环境影响评价文件审批部门审批意见中提出的环境保护对策措施。

(5) 环境影响的后评价和跟踪管理

在项目建设、运行过程中产生不符合经审批的环境影响评价文件的情形的,建设单位应当组织环境影响的后评价,采取改进措施,并报原环境影响评价文件审批部门和建设项目审批部门备案;原环境影响评价文件审批部门也可以责成建设单位进行环境影响的后评价,采取改进措施。

生态环境主管部门应当对建设项目投入生产或者使用后所产生的环境影响进行跟踪检查,对造成严重环境污染或者生态破坏的,应当查清原因、查明责任。对属于建设项目环境影响报告书、环境影响报告表存在基础资料明显不实,内容存在重大缺陷、遗漏或者虚假,环境影响评价结论不正确或者不合理等严重质量问题的,依法追究建设单位及其相关责任人员和接受委托编制建设项目环境影响报告书、环境影响报告表的技术单位及其相关人员的法律责任;属于审批部门工作人员失职、渎职,对依法不应批准的建设项目环境影响报告书、环境影响报告表予以批准的,依法追究其法律责任。

4.5.4 《建设项目环境保护管理条例》的相关规定

《建设项目环境保护管理条例》于1998年11月18日国务院第10次常务会议通过,1998年11月29日发布施行。2017年6月21日国务院第177次常务会议进行了修改,自2017年10月1日起施行。其目的是为了防止建设项目产生新的污染、破坏生态环境,建设项目需要配套建设的环境保护设施,必须与主体工程同时设计、同时施工、同时投产使用。这里重点介绍环境保护设施建设的相关规定。

1. 设计阶段

建设项目的初步设计,应当按照环境保护设计规范的要求,编制环境保护篇章,落实防治环境污染和生态破坏的措施以及环境保护设施投资概算。

建设单位应当将环境保护设施建设纳入施工合同,保证环境保护设施建设进度和资金,并在项目建设过程中同时组织实施环境影响报告书、环境影响报告表及其审批部门审批决定中提出的环境保护对策措施。

2. 竣工验收阶段

编制环境影响报告书、环境影响报告表的建设项目竣工后,建设单位应当按照国务院环境保护行政主管部门规定的标准和程序,对配套建设的环境保护设施进行验收,编制验收报告。分期建设、分期投入生产或者使用的建设项目,其相应的环境保护设施应当分期验收。

建设单位在环境保护设施验收过程中,应当如实查验、监测、记载建设项目环境保护设施的建设和调试情况,不得弄虚作假。除按照国家规定需要保密的情形外,建设单位应当依法向社会公开验收报告。

编制环境影响报告书、环境影响报告表的建设项目,其配套建设的环境保护设施经验收合格,方可投入生产或者使用;未经验收或者验收不合格的,不得投入生产或者使用。

4.5.5 《水土保持法》的相关规定

为了预防和治理水土流失,保护和合理利用水土资源,减轻水、旱、风沙灾害,改善生态环境,保障经济社会可持续发展,第十一届全国人民代表大会常务委员会第十八次会议于 2010 年 12 月 25 日修订通过《中华人民共和国水土保持法》,自 2011 年 3 月 1 日起施行。其中,涉及建设项目水土保持方面的规定。

1. 一般规定

生产建设项目选址、选线应当避让水土流失重点预防区和重点治理区;无法避让的,应当提高防治标准,优化施工工艺,减少地表扰动和植被损坏范围,有效控制可能造成的水土流失。

禁止在崩塌、滑坡危险区和泥石流易发区从事取土、挖砂、采石等可能造成水土流失的活动。崩塌、滑坡危险区和泥石流易发区的范围,由县级以上地方人民政府划定并公告。崩塌、滑坡危险区和泥石流易发区的划定,应当与地质灾害防治规划确定的地质灾害易发区、重点防治区相衔接。

水土流失严重、生态脆弱的地区,应当限制或者禁止可能造成水土流失的生产建设活动,严格保护植物、沙壳、结皮、地衣等。

2. 水土保持方案

在山区、丘陵区、风沙区以及水土保持规划确定的容易发生水土流失的其他区域开办可能造成水土流失的生产建设项目,生产建设单位应当编制水土保持方案,报县级以上人民政府水行政主管部门审批,并按照经批准的水土保持方案,采取水土流失预防和治理措施。没有能力编制水土保持方案的,应当委托具备相应技术条件的机构编制。水土保持方案应当包括水土流失预防和治理的范围、目标、措施和投资等内容。

水土保持方案经批准后,生产建设项目的地点、规模发生重大变化的,应当补充或者修改水土保持方案并报原审批机关批准。水土保持方案实施过程中,水土保持措施需要作出重大变更的,应当经原审批机关批准。

依法应当编制水土保持方案的生产建设项目,生产建设单位未编制水土保持方案或者水土保持方案未经水行政主管部门批准的,生产建设项目不得开工建设。

依法应当编制水土保持方案的生产建设项目中的水土保持设施,应当与主体工程同时设计、同时施工、同时投产使用;生产建设项目竣工验收,应当验收水土保持设施;水土保持设施未经验收或者验收不合格的,生产建设项目不得投产使用。

依法应当编制水土保持方案的生产建设项目,其生产建设活动中排弃的砂、石、土、矸石、尾矿、废渣等应当综合利用;不能综合利用,确需废弃的,应当堆放在水土保持方案确定的专门存放地,并采取措施保证不产生新的危害。

3. 治理

在山区、丘陵区、风沙区以及水土保持规划确定的容易发生水土流失的其他区域开办生产建设项目或者从事其他生产建设活动,损坏水土保持设施、地貌植被,不能恢复原有水土保持功能的,应当缴纳水土保持补偿费,专项用于水土流失预防和治理。专项水土流失预防和治理由水行政主管部门负责组织实施。

对生产建设活动所占用土地的地表土应当进行分层剥离、保存和利用,做到土石方挖填平衡,减少地表扰动范围;对废弃的砂、石、土、矸石、尾矿、废渣等存放地,应当采取拦挡、坡面防护、防洪排导等措施。生产建设活动结束后,应当及时在取土场、开挖面和存放地的裸露土地上植树种草、恢复植被,对闭库的尾矿库进行复垦。

在干旱缺水地区从事生产建设活动,应当采取防止风力侵蚀措施,设置降水蓄渗设施,充分利用降水资源。

对可能造成严重水土流失的大中型生产建设项目,生产建设单位应当自行或者委托具备水土保持监测资质的机构,对生产建设活动造成的水土流失进行监测,并将监测情况定期上报当地水行政主管部门。

4.5.6 《水污染防治法》的相关规定

为了防治水污染,保护和改善环境,保障饮用水安全,促进经济社会全面协调可持续发展,第十届全国人民代表大会常务委员会第三十二次会议于2008年2月28日修订通过《中华人民共和国水污染防治法》,自2008年6月1日起施行。其中,提出了水污染防治措施的一般规定。

(1)禁止向水体排放油类、酸液、碱液或者剧毒废液。禁止在水体清洗装贮过油类或者有毒污染物的车辆和容器。

(2)禁止向水体排放、倾倒放射性固体废物或者含有高放射性和中放射性物质的废水。向水体排放含低放射性物质的废水,应当符合国家有关放射性污染防治的规定和标准。

(3)向水体排放含热废水,应当采取措施,保证水体的水温符合水环境质量标准。

(4)含病原体的污水应当经过消毒处理;符合国家有关标准后,方可排放。

(5)禁止向水体排放、倾倒工业废渣、城镇垃圾和其他废弃物。禁止将含有汞、镉、砷、铬、铅、氰化物、黄磷等的可溶性剧毒废渣向水体排放、倾倒或者直接埋入地下。存放可溶性剧毒废渣的场所,应当采取防水、防渗漏、防流失的措施。

(6)禁止在江河、湖泊、运河、渠道、水库最高水位线以下的滩地和岸坡堆放、存贮固体废弃物和其他污染物。

(7)禁止利用渗井、渗坑、裂隙、溶洞,私设暗管,篡改、伪造监测数据,或者不正常运行水污染防治设施等逃避监管的方式排放水污染物。

(8)化学品生产企业以及工业集聚区、矿山开采区、尾矿库、危险废物处置场、垃圾填埋场等的运营、管理单位,应当采取防渗漏等措施,并建设地下水水质监测井进行监测,防止地下水污染。加油站等的地下油罐应当使用双层罐或者采取建造防渗池等其他有效措施,并进行防渗漏监测,防止地下水污染。

禁止利用无防渗漏措施的沟渠、坑塘等输送或者存贮含有毒污染物的废水、含病原体的污水和其他废弃物。

(9)多层地下水的含水层水质差异大的,应当分层开采;对已受污染的潜水和承压水,不得混合开采。

(10)兴建地下工程设施或者进行地下勘探、采矿等活动,应当采取防护性措施,防止地下水污染。报废矿井、钻井或者取水井等,应当实施封井或者回填。

(11)人工回灌补给地下水,不得恶化地下水质。

4.5.7 《固体废物污染环境防治法》的相关规定

为了防治固体废物污染环境,保障人体健康,维护生态安全,促进经济社会可持续发展,第十届全国人民代表大会常务委员会第十三次会议于 2004 年 12 月 29 日修订通过《中华人民共和国固体废物污染环境防治法》,自 2005 年 4 月 1 日起施行。2013 年 6 月 29 日、2015 年 4 月 24 日、2016 年 11 月 7 日、2020 年 4 月 29 日,全国人民代表大会常务委员会分别对其进行了修订。

关于固体废物污染环境的防治包括工业固体废物、生活垃圾、建筑垃圾、农业固体废物和危险废物等方面的内容,这里只重点介绍与建设项目相关的生活垃圾、建筑垃圾的规定。

1. 生活垃圾

(1)从事城市新区开发、旧区改建和住宅小区开发建设、村镇建设的单位,以及机场、码头、车站、公园、商场、体育场馆等公共设施、场所的经营管理单位,应当按照国家有关环境卫生的规定,配套建设生活垃圾收集设施。

(2)建设生活垃圾处理设施、场所,应当符合国务院生态环境主管部门和国务院住房城乡建设主管部门规定的环境保护和环境卫生标准。鼓励相邻地区统筹生活垃圾处理设施建设,促进生活垃圾处理设施跨行政区域共建共享。

2. 建筑垃圾

(1)国家鼓励采用先进技术、工艺、设备和管理措施,推进建筑垃圾源头减量,建立建筑垃圾回收利用体系。

(2)县级以上地方人民政府环境卫生主管部门负责建筑垃圾污染环境防治工作,建立建筑垃圾全过程管理制度,规范建筑垃圾产生、收集、贮存、运输、利用、处置行为,推进综合利用,加强建筑垃圾处置设施、场所建设,保障处置安全,防止污染环境。

(3)工程施工单位应当编制建筑垃圾处理方案,采取污染防治措施,并报县级以上地方人民政府环境卫生主管部门备案。工程施工单位应当及时清运工程施工过程中产生的建筑垃圾等固体废物,并按照环境卫生主管部门的规定进行利用或者处置。工程施工单位不得擅自倾倒、抛撒或者堆放工程施工过程中产生的建筑垃圾。

4.5.8 《环境噪声污染防治法》的相关规定

为防治环境噪声污染,保护和改善生活环境,保障人体健康,促进经济和社会发展,《中华人民共和国环境噪声污染防治法》由第八届全国人民代表大会常务委员会第二十二次会议于 1996 年 10 月 29 日通过,自 1997 年 3 月 1 日起施行。2018 年 12 月 29 日,第十三届全国人民代表大会常务委员会第七次会议做出了修改。这里只重点介绍建筑施工噪声污染防治和交通运输噪声污染防治的相关内容。

1. 建筑施工噪声污染防治

(1)在城市市区范围内向周围生活环境排放建筑施工噪声的,应当符合国家规定的建筑施工场界环境噪声排放标准。

(2) 在城市市区范围内,建筑施工过程中使用机械设备,可能产生环境噪声污染的,施工单位必须在工程开工 15 日以前向工程所在地县级以上地方人民政府生态环境主管部门申报该工程的项目名称、施工场所和期限、可能产生的环境噪声值以及所采取的环境噪声污染防治措施的情况。

(3) 在城市市区噪声敏感建筑物集中区域内,禁止夜间进行产生环境噪声污染的建筑施工作业,但抢修、抢险作业和因生产工艺上要求或者特殊需要必须连续作业的除外。因特殊需要必须连续作业的,必须有县级以上人民政府或者其有关主管部门的证明。

按规定进行夜间作业的,必须公告附近居民。

2. 交通运输噪声污染防治

(1) 建设经过已有的噪声敏感建筑物集中区域的高速公路和城市高架、轻轨道路,有可能造成环境噪声污染的,应当设置声屏障或者采取其他有效的控制环境噪声污染的措施。

(2) 在已有的城市交通干线的两侧建设噪声敏感建筑物的,建设单位应当按照国家规定间隔一定距离,并采取减轻、避免交通噪声影响的措施。

(3) 在车站、铁路编组站、港口、码头、航空港等地指挥作业时使用广播喇叭的,应当控制音量,减轻噪声对周围生活环境的影响。

4.6 工程建设典型案例

本教材选取了 3 个工程建设中的典型案例,详细内容可扫描二维码,下载阅读。

扫码下载

本 章 习 题

一、单项选择题

1. 两个以上的生产经营单位在同一作业区域内进行生产经营活动,可能危及对方安全的,应当( )。
   A. 请有关部门进行协调　　　　　　B. 签订安全生产管理协议
   C. 错开生产经营活动的时间　　　　D. 由其中的一个单位负责安全管理

2. 《公路法》规定,在大中型公路桥梁和渡口周围(　　)m 范围内,不得挖砂、采石、取土、倾倒废弃物,不得进行爆破作业。
   A. 100　　　　　　B. 200　　　　　　C. 300　　　　　　D. 500

3. 分包单位从事危险作业人员的意外伤害保险的保险费由( )支付。
   A. 建设单位   B. 分包单位
   C. 总承包单位   D. 分包单位和总承包单位按比例

4. 某工程项目发生基坑坍塌事故,造成3人死亡,5人重伤,直接经济损失800多万元。本次事故属于( )。
   A. 特别重大事故   B. 重大事故
   C. 较大事故   D. 一般事故

5. 某工程工地发生火灾事故,总承包单位上报事故后,伤亡人数发生了变化,总承包单位应在事故发生之日起( )内及时补报。
   A. 7日   B. 10日   C. 14日   D. 30日

6. 爆破作业单位持《爆破作业单位许可证》办理工商登记后3日内,向所在地( )备案。
   A. 安全监督管理部门   B. 建设单位
   C. 建设主管部门   D. 县级人民政府公安机关

7. 安全生产费用应当经( )审核签认,并经建设单位同意后,在项目建设成本中据实列支,严禁挪用。
   A. 监理工程师   B. 施工单位安全负责人
   C. 施工单位项目经理   D. 安全监督管理部门

8. 分项工程实施前,施工单位( )按规定对有关安全施工的技术要求向施工作业班组、作业人员详细说明,并由双方签字确认。
   A. 项目负责人   B. 安全生产管理人员
   C. 负责项目管理的技术人员   D. 监理工程师

9. 关于安全生产费用的提取,下列说法错误的是( )。
   A. 房屋建筑工程为2.0%
   B. 市政公用工程、港口与航道工程和公路工程为1.5%
   C. 竞标时安全生产费用不列入工程造价
   D. 总包单位应将安全费用按比例直接支付分包单位

10. 安全生产设施或者安全生产条件不符合国家规定,因而发生重大伤亡事故或者造成其他严重后果的,属于( )。
    A. 重大责任事故罪   B. 重大劳动安全事故罪
    C. 重大安全事故罪   D. 工程重大安全事故罪

11. 单位负责人接到事故报告后,向事故发生地县级以上人民政府安全生产监督管理部门和负有安全生产监督管理职责的有关部门报告的时间应当是( )。
    A. 1小时内   B. 2小时内
    C. 6小时内   D. 12小时内

12. 负责调查生产安全重大事故的机构是( )。
    A. 国务院   B. 事故单位所在地省级人民政府
    C. 国务院或国务院授权的有关部门 D. 事故发生地省级人民政府

13. 生产经营单位的主要负责人对重大、特别重大生产安全事故负有责任的,不得担任本行业生产经营单位主要负责人的期限是(   )。
    A. 1 年内   B. 3 年内   C. 5 年内   D. 终身

14. 翻模、滑(爬)模等自升式架设设施,以及自行设计、组装或者改装的施工挂(吊)篮、移动模架等设施在投入使用前,负责组织验收的单位是(   )。
    A. 建设单位   B. 监理机构
    C. 施工单位   D. 质量安全监督部门

15. 实行施工总承包的,关于支付意外伤害保险的规定,下列说法正确的(   )。
    A. 分包单位支付
    B. 总承包单位支付
    C. 总承包单位与分包单位各自承担一半
    D. 总承包单位与分包单位在分包合同中约定

16. 依据《公路水运工程安全生产监督管理办法》的规定,关于施工单位对相关人员安全教育的行为,下列选项中错误的是(   )。
    A. 施工单位应当将专业分包单位、劳务合作单位的作业人员及实习人员纳入本单位统一管理
    B. 新进人员和作业人员进入新的施工现场前,应对其进行安全生产培训考核
    C. 采用新技术、新工艺、新材料、新设备时,应对作业人员进行相应的安全生产教育培训
    D. 新进人员和作业人员转入新的岗位后,应对其进行安全生产培训考核

17. 下列施工单位的行为中,没有违反《建设工程安全生产管理条例》的是(   )。
    A. 未向作业人员提供安全防护用具和安全防护服装的
    B. 根据周围环境及气候的变化,在施工现场采取相应的安全施工措施
    C. 施工前未对有关安全施工的技术要求作出详细说明的
    D. 安全防护用具、机械设备、施工机具及配件在进入施工现场前未经查验即投入使用的

18. 专职安全生产管理人员发现安全事故隐患,应当及时向项目负责人和安全生产管理机构报告;对违章指挥、违章操作和违反劳动纪律的应当(   )。
    A. 立即上报   B. 处以罚款
    C. 立即制止   D. 责令限期改正

19. 下列选项中,属于建筑施工企业取得安全生产许可证应当具备的安全生产条件是(   )。
    A. 在城市规划区的建筑工程已经取得建设工程规划许可证
    B. 依法参加工伤保险,依法为施工现场从事危险作业人员办理意外伤害保险,为从业人员交纳保险费
    C. 施工场地已基本具备施工条件,需要拆迁的,其拆迁进度符合施工要求
    D. 有保证工程质量和安全的具体措施

20. 根据《建设工程安全生产管理条例》规定,除深基坑外,施工单位应当组织专家论证、审查的专项施工方案是(   )。

A. 拆除工程　　　　　　　　　B. 土方开挖工程
C. 脚手架工程　　　　　　　　D. 高大模板工程

21. 根据《建筑施工企业安全生产许可证管理规定》,(　　)不是施工企业取得安全生产许可证必须具备的条件。

　　A. 建立、健全安全生产责任制
　　B. 保证本单位安全生产条件所需资金的有效使用
　　C. 设置安全生产管理机构
　　D. 依法参加工伤保险

22. 根据建设工程安全生产管理条例,关于意外伤害保险的说法,正确的是(　　)。

　　A. 意外伤害保险属于非强制险
　　B. 保险由建设单位办理
　　C. 实行施工总承包的,由施工总承包企业支付保险费
　　D. 保险期限自保险合同订立之日起至竣工验收合格之日止

23. 工程监理企业在实施监理过程中,发现存在非常严重的安全事故隐患,而施工单位拒不整改的,应该(　　)。

　　A. 继续要求施工单位整改
　　B. 要求施工单位停工,及时报告建设单位
　　C. 及时向有关主管部门报告
　　D. 积极协助施工单位采取措施,消除隐患

24. 监理单位在实施监理过程中,发现工人不听劝阻,基坑开挖时盲目堆土,对基坑安全构成严重威胁,其应当(　　)。

　　A. 要求施工单位整改,并及时报告建设单位
　　B. 要求施工单位整改,并及时报告主管部门
　　C. 要求施工单位暂时停止施工,并及时报告建设单位
　　D. 要求施工单位暂时停止施工,并及时报告主管部门

25. 采用特殊结构的建设工程,(　　)提出保障施工作业人员安全和预防生产安全事故的措施建议。

　　A. 建设单位应当在招标文件中
　　B. 施工单位应当在投标文件中
　　C. 监理单位应当在监理大纲中
　　D. 设计单位应当在设计文件中

26. 施工单位升降机安装后,不属于安装单位义务的是(　　)。

　　A. 编制拆、装方案　　　　　　B. 出具自检合格证明
　　C. 办理验收手续并签字　　　　D. 定期检测

27. 根据建设工程质量管理条例对涉及(　　)的装修工程,建设单位应委托原设计单位或具有相应资质的设计单位提出涉及方案。

　　A. 增加工程内部装饰　　　　　B. 建筑主体和承重结构变动
　　C. 增加工程造价总额　　　　　D. 改变建筑工程

二、多项选择题

1. 生产经营单位新建、改建、扩建工程项目的安全设施,必须与主体工程同时(　　)。
   A. 决策　　　　　　　　　　　B. 设计
   C. 施工　　　　　　　　　　　D. 支付费用
   E. 投入生产和使用

2. 《安全生产法》中规定从业人员的权利包括(　　)。
   A. 知情权　　　　　　　　　　B. 拒绝权
   C. 紧急避险权　　　　　　　　D. 获得奖励的权利
   E. 获得安全生产教育和培训的权利

3. 《刑法》对重大责任事故罪规定了具体的刑罚条款。重大责任事故罪立案追诉的标准是(　　)。
   A. 死亡 1 人以上　　　　　　　B. 死亡 10 人以上
   C. 重伤 3 人以上　　　　　　　D. 重伤 10 人以上
   E. 直接经济损失 100 万元以上

4. 按照《建设工程安全生产管理条例》的规定,建设单位应当在拆除工程施工 15 日前,报送给建设工程所在地的县级以上地方人民政府建设行政主管部门或者其他有关部门备案的资料有(　　)。
   A. 施工单位资质等级证明
   B. 监理单位资质等级证明
   C. 拆除施工组织方案
   D. 堆放、清除废弃物的措施
   E. 拟拆除建筑物、构筑物及可能危及毗邻建筑的说明

5. 《生产安全事故报告和调查处理条例》规定的事故等级划分要素有(　　),并且可以单独适用。
   A. 环境要素　　　　　　　　　B. 人身要素
   C. 经济要素　　　　　　　　　D. 社会要素
   E. 区域要素

6. 工程施工中,安全生产费用应当用于(　　)。
   A. 缴纳职工的工伤保险
   B. 安全施工措施的落实
   C. 安全事故的赔偿
   D. 安全条件的改善
   E. 施工安全防护用具及设施的采购和更新

7. 关于安全生产三类人员考核证书的延期,下列说法正确的有(　　)。
   A. 考核证书有效期每次延期期限为 3 年
   B. 企业负责人延期期限最长不超过 65 周岁
   C. 应于考核证书有效期截止日前 1 个月内,提出延期申请

D. 证书有效期内,未参加交通运输主管部门组织的继续教育的,不予延期

E. 本人或为他人出具虚假证明的,不予延期

8. 依据《公路水运工程安全生产监督管理办法》的规定,施工单位采购、租赁的安全防护用具、机械设备、施工机具及配件,应当具有(　　)。

  A. 生产(制造)许可证   B. 产品合格证

  C. 安全合格证   D. 经营许可证

  E. 设备履历书

9. 《建设工程安全生产管理条例》规定,在施工现场(　　)等危险部位,应设置明显的、符合国家标准的安全警示标志。

  A. 出入通道口   B. 孔洞口

  C. 临时用电设施部位   D. 生活区

  E. 基坑边沿

10. 关于总承包、分包单位之间的安全生产责任,下列说法正确的是(　　)。

  A. 总承包单位对施工现场的安全生产负总责

  B. 总承包单位对分包工程的安全生产承担连带责任

  C. 总承包单位与分包单位对全部工程的安全生产承担连带责任

  D. 分包单位不服从管理导致安全生产事故的,由分包单位负全部责任

  E. 分包合同中应当明确各自的安全生产方面的权利、义务

11. 某省辖区某市市区内发现的古文化遗址被确定为全国重点文物保护单位,则其建设控制地带由(　　)来划定。

  A. 省文物行政主管部门   B. 市文物行政主管部门

  C. 省城乡规划行政主管部门   D. 市城乡规划行政主管部门

  E. 国家文物局

三、简答题

1. 公路水运施工时,施工单位项目负责人和专职安全生产管理人员的安全责任分别是什么?

2. 事故报告应包括哪些内容?

3. 根据《建设工程安全生产管理条例》中的规定,哪些危险性较大的工程应当编制专项施工方案?

4. 取得安全生产许可证需要什么条件?安全生产许可证如何办理延期?

5. 从业人员的权利和义务包括哪些内容?

6. 建设工程安全生产管理基本制度有哪些?

7. 事故发生后,施工单位没有在规定时间内上报事故,应如何处理?

8. 施工单位在使用特种设备时,应具备哪些条件?

9. 哪种情况下可以认定为工伤?

10. 建设项目在不同的实施阶段,关于环境保护设施的建设分别有哪些规定?

四、分析题

某隧道工程起止桩号为 K2+300~K2+650,采用单头掘进施工。为了抢进度和节约成

本，在隧道施工中未使用通风设备，在掘进至 250m 时，施工人员感觉缺氧头疼，呼吸困难，希望项目部提供通风设备。而项目部鼓励大家克服困难尽快贯通隧道，并许诺给予奖励，如果施工人员擅自停工或怠工将采取经济处罚。

当隧道继续施工掘进至 330m，接近隧道贯通时，有 6 名施工人员昏倒在施工现场，经抢救只有 2 人生还，4 人死亡。项目经理未及时向公司报告人员伤亡情况，以项目部名义与伤亡家属协商赔偿事宜。由于死者家属不满意赔偿金额，项目部才向公司报告只有 2 人死亡。公司主要负责人得知事故消息 2h 后，将 2 人死亡的事故上报到当地政府的相关安全监督部门。

（1）该生产安全事故为哪个等级的事故？施工单位和相关人员违反了哪些规定，应承担什么责任？

（2）为避免此类事故再次发生，应从哪些方面加强安全管理？

第5章
建设工程市场信用体系

5.1 概述

诚信是中国古老的道德规范。是儒家创始人孔孟首先倡导的。孔子多次谈到"信",认为"人而无信,不知其可也"。人要"言必信,行必果"(《论语·为政》)。强调人应当诚实,言行一致,如果不讲信用,难以在社会上立足,强调守信是安身立命、为人处世最重要最基本的道德规范。

孟子最早谈到"诚",他说,"诚者,天之道也;思诚者,人之道也"(《孟子·离娄上》)。汉代董仲舒、唐代孔颖达等都对诚信做了论述。

但从理论上对诚信做出最深刻分析的,把诚信纳入理学范畴,纳入完善人格,纳入治国安邦之策的是朱熹。朱熹的诚信思想是孔孟思想的继承、发展和完善。

信用有广义和狭义之分。广义的信用是指参与经济活动的当事人之间建立起来的以诚实守信为基础的践约能力,即我们通常所说的"讲信用""守信誉""一诺千金"。现代市场经济条件下所指的狭义信用,则是指受信方向授信方在特定时间内所做的付款或还款承诺的兑现能力(也包括对各类经济合同的履约能力)。因受信对象性质的不同,信用可分为公共信用、商业信用和消费者信用;在现代市场经济中的大部分交易都表现为信用交易,在我国向市场经济转轨的过程中,信用交易的规模不断扩大,信用就成为现代市场交易的一个必备要素。普遍的守信行为才使信用交易能够顺利进行?经济得以健康运转。同时,信用交易的特点又使其较之传统的现金交易具有较大的风险。为了控制这种风险,任何现代社会都需要一整套严格的信用管理体系。只有在这一体系的基础上建立起稳定可靠的信用关系,现代市场经济才有可能存在。经过30多年的改革开放,我国经济已基本上步入了社会主义市场经济的轨道,市场交易关系和交易行为更多地表现为信用关系。从一定意义上说,现代市场经济就是信用经济,市场化程度越高,对社会信用体系的发育程度的要求也越高。

社会诚信体系是一种以社会诚信制度为核心的维护经济活动、社会生活正常秩序和促进诚信的社会机制,是一项政府推动下全社会参与的社会系统工程。市场经济的发展,是以信用关系的日益透明和不断扩大为基础的,没有诚信就没有良好的社会经济秩序,诚信是现代市场经济的基石,是政府取信于民的基础,是企业发展的生命,是个人立身的根本。

社会诚信体系由以下四个方面组成:①社会诚信制度,主要包括建立完善的信用法律体系、行政规章和行业自律规则等。②信用管理和服务系统,是由各社会主体单位,包括行政机关、企业、事业单位内部的信用管理系统;以及社会专业机构承担的资信调查、联合征信、信用评级、信用担保、信用管理咨询和商账催收等社会专业服务系统所构成。③社会信用活动,主要包括消费者信用活动、企业信用活动、银行信用活动和政府信用活动等。④监督与惩戒机制,主要包括信用监管制度和失信惩戒制度,运用行政、经济、道德等多种手段,依法对信用活动行为进行监管和失信惩戒,将有严重失信行为的企业单位和个人从市场经济的主流中剔除出去,同时激励守信企业单位和个人。社会诚信体系有三种功能:①具有记忆功能,能够保存失信者的纪录。②具有揭示功能,能够扬善惩恶,提高经济效率。③具有预警功能,能对失信行为进行防范。

当前我国社会诚信体系建设存在的问题主要集中在以下几个方面:

(1) 社会失信频率高发化。借助于各种媒体尤其是网络和当前日益热门的微博的力量,越来越多的失信案例得以在第一时间暴露在广大群体面前,电视、广播、报纸、博客等媒体上每天都有各种各样失信的新案例在更新。例如:黄光裕内幕交易案、国足假球事件、药家鑫撞人杀人案、郭美美炫富事件等和诚信缺失相关的案件正在越来越多,所造成的恶劣影响也越来越大。

(2) 社会失信主体多元化。在20世纪八九十年代,失信案件主要集中在经济领域,其时的失信主体主要是商人,或者说主要集中在商业领域。发展到现在,非但经济领域的失信问题依然严重,政府失信于民的事情也不断出现,不乏地方出现政府勾结开发商骗取居民拆迁补助和征地补偿以及强拆的案例,成为官民矛盾日益严重的导火索。在文化领域,科研腐败已经不再是爆炸性新闻,西安交通大学六教授举报博导造假遭校方数次劝阻,年过八旬的中国农业大学教授、中国科学院资深院士李季伦在内的6名学者实名举报中国农业大学原校长、"三院院士"石元春学术腐败。就整个社会来说,失信的主体不仅仅局限于商人,政府、社会精英违背自己应当遵守的规范,失信于自己的角色和责任,结果失信于民。

(3) 社会失信手段多样化。同以往简单的失信手段不同,随着科技的发展和人们防范意识的提高,当前的失信手段越来越向科技化、隐蔽化的方向发展。不良商家制售假冒伪劣产品是最传统最普遍的欺骗手段。在金融领域,大量的非法集资、股市操纵、内幕交易就是借助常人不易接触到的手段来实现的。而电话诈骗、银行诈骗等层出不穷的诈骗方法更是现代科技社会的直接产物。碰瓷假摔、致伤不如致死、装病骗取假释机会等则是直接利用法律不健全这一漏洞来达到目的的。在文化领域,学阀称霸、打压新秀、抄袭模仿、借题炒作利用的是人们对文化精英的信任和盲从。而政治领域的失信,最惯用的就是威逼利诱,歪曲执行上级政策,利用百姓的诚实来获取非法利益。

(4) 社会失信后果严重化。同前些年经济领域的失信行为主要损失交易双方的利益不同,当前社会,政治领域的失信可能加剧官民对立,发生在文化领域的学术腐败和弄虚作假等失信行为也在不断侵蚀着人们对整个社会的信仰和支持。社会生活领域的违信行为越来越多,引发了人与人之间、人与社会之间严重的危机,甚至是对自身价值观、人生观的质疑和背弃。

随着我国工程建设规模到不断增大,工程建设领域中,不诚信等问题也非常突出,《中共中央办公厅国务院办公厅印发〈关于开展工程建设领域突出问题专项治理工作的意见〉的通知》(中办发〔2009〕27号)中指出:"我国工程建设领域依然存在许多突出问题。一是一些领导干部利用职权插手干预工程建设,索贿受贿;二是一些部门违法违规决策上马项目和审批规划,违法违规审批和出让土地,擅自改变土地用途、提高建筑容积率;三是一些招标人和投标人规避招标、虚假招标,围标串标,转包和违法分包;四是一些招标代理机构违规操作,有的专家评标不公正;五是一些单位在工程建设过程中违规征地拆迁、损害群众利益、破坏生态环境、质量和安全责任不落实;六是一些地方违背科学决策、民主决策的原则,乱上项目,存在劳民伤财的'形象工程'、脱离实际的'政绩工程'和威胁人民生命财产安全的'豆腐渣'工程。上述这些问题严重损害公共利益,影响党群干群关系,破坏社会主义市场经济秩序,妨碍科学发展和社会和谐稳定,人民群众反映强烈。"这些问题导致工程建设市场混乱、质量安全事故频发、环境破坏时有发生。

5.2 建设工程市场信用体系建设

下面以公路施工企业信用评价为例来看看建设工程市场信用体系是怎么建立的。

公路建设市场信用信息定义:交通运输主管部门、公路建设管理有关部门或单位、公路行业社团组织、司法机关履职过程中,以及从业单位和从业人员在工作过程中产生、记录、归集的能够反映公路建设从业单位和从业人员基本情况、市场表现等信用状况的各类信息。

5.2.1 基本概念及定义

1. 公路建设市场信用信息

包括公路建设从业单位及人员基本信息、表彰奖励类良好行为信息、不良行为信息、信用评价信息和建设项目信息及其他信息。

2. 从业单位基本信息

是区分从业单位身份、反映从业单位状况的信息,主要有:

(1)从业单位名称、法定代表人、注册登记基本情况及组织机构代码。

(2)基本财务指标、在金融机构开立基本账户情况。

(3)资质、资格情况。

(4)主要经济、管理和工程技术从业人员的职称及执业资格基本状况。

(5)自有设备基本状况。

(6) 近 5 年主要业绩及全部正在施工的公路项目情况等。

3. 从业人员基本信息

是区分从业人员身份、反映从业人员状况的信息,主要有:

(1) 姓名、身份证号码、学历、专业、技术职称。

(2) 执业资格证书编号、专业类别、登记注册单位。

(3) 相关培训考试合格证编号、有效期。

(4) 在工程项目所担任的职务(岗位)。

4. 从业单位及人员表彰奖励类良好行为信息

主要有:

(1) 模范履约、诚信经营、诚信从业,受到县级及以上交通运输主管部门、与公路建设有关的县级及以上政府监督部门或机构表彰和奖励的信息。

(2) 被省级及以上交通运输主管部门评价为最高信用等级(AA 级)的记录。

5. 从业单位及人员不良行为信息

主要有:

(1) 从业单位及人员在从事公路建设活动中违反有关法律、法规、标准等,以及在信用信息填报过程中弄虚作假,受到县级及以上交通运输主管部门、与公路建设有关的县级及以上政府监督部门或机构行政处罚及通报批评且在有效期内的信息。

(2) 司法机关、审计部门认定的违法违规信息。

(3) 被省级及以上交通运输主管部门评价为最低信用等级(D 级)的记录。

6. 信用评价信息

是指省级及以上交通运输主管部门或其委托机构按照交通运输部制定的公路勘察设计、施工、监理、试验检测等企业信用评价规则,对公路建设从业单位及人员从业行为状况的评价结果。

7. 建设项目信息

是指在建公路项目情况及从业单位承担项目情况、履约情况。

5.2.2 公路建设市场信用体系建设法规

交通运输部发布的《公路建设市场信用信息管理办法》(交公路发〔2009〕731 号)和《公路施工企业信用评价规则》(交公路发〔2009〕733 号)是公路建设市场有关企业信用管理办法的行业法规。

《公路建设市场信用信息管理办法》是规范公路建设市场信用信息管理的基础,适用于设计、施工、监理、试验检测等公路建设市场从业单位及从业人员信用信息的征集、更新、发布、管理,共六章三十二条。

第一章 总则,主要明确信用信息的定义和信用信息管理应遵循的原则。

第二章 管理职责,明确了信用信息分级管理的职责、内容,提出建立部省两级信用信息管理系统的要求。

第三章　信用信息内容,主要明确信用信息的组成内容,包括从业单位基本信息、表彰奖励类良好信息、不良行为信息和信用评价信息。

第四章　信用信息征集与更新,主要明确信用信息征集方式、信息真实性审核及信息更新要求。

第五章　信用信息发布与管理,主要明确信用信息发布期限、变更及管理要求。

第六章　附则,提出对从业人员信用信息管理的方式。《公路建设市场信用信息管理办法》的核心是建立部省两级信用信息管理平台,通过该平台发布信息,促进信息公开透明,构筑全覆盖的市场无缝隙监管体系。

《公路施工企业信用评价规则》共二十五条,主要包括了评价原则、管理职责、评价周期、评价内容、评价主体、评价程序、等级标准、结果应用、监督管理等内容,及两个附件《公路施工企业信用行为评价标准》和《公路施工企业信用行为评价计算公式》。《公路施工企业信用评价规则》包含了施工企业基本所有的建设行为,并首次提出施工企业的行为代码,管理者可依据行为代码按图索骥进行扣分处理,使管理线条更加清晰。该规则与已颁布实施的监理、试验检测企业信用评价办法,以及设计企业评价规则,共同构成公路建设市场主要从业单位的信用评价体系,基本涵盖了目前公路建设市场的主要从业单位。

《公路建设市场信用信息管理办法》(交公路发〔2009〕731号)和《公路施工企业信用评价规则》(交公路发〔2009〕733号)有以下特点和创新点如下:

(1)体现统一

一是统一的评价规则和标准,保证了评价结果能够在全国范围互认和通用;二是统一的信息发布平台,使设计、施工、监理和试验检测等市场从业单位,在部的同一平台上面向社会,保证信息共享,使市场监管对失信行为的约束落到实处。

(2)分级管理

在信用信息收集、发布、应用和管理,以及信用评价等方面,按照分级管理的原则,充分发挥各省级交通运输主管部门的作用,使得责任和权力明确,同时也具有灵活性。如,《公路施工企业信用评价规则》规定省级交通运输主管部门在应用企业信用评价结果时,可使用本省评定的信用等级,也可使用全国综合评价的信用等级,具体由省级交通运输主管部门决定。企业初次进入某省份时,其等级按照全国综合评价结果确定。该部分内容主要考虑目前尚处于信用评价的起步阶段,若直接应用全国评价结果,可能挫伤地方交通部门的积极性和能动性,因而根据地方要求,给予其选择的权利。

(3)突出服务

建立和维护诚实守信的公路建设市场,为公路建设行业的健康发展服务;强化监管手段,为各级交通运输主管部门服务;规范招标投标和履约行为,为项目法人服务;简化投标文件,节约投标成本,为从业企业服务。如《公路建设市场信用信息管理办法》规定,"企业参与公路工程招标资格审查和投标文件中可不再提交有关业绩、主要人员资历证明材料的复印件,招标人可参考全国公路建设市场信用信息管理系统中的相关信息。未在全国公路建设市场信用信息管理系统中的从业单位、业绩和主要工程技术人员,参与公路建设项目投标时可不予认定。"另外，信用信息平台还具备网上抽取评标专家功能，进一步增强了平台的实用性。

(4) 鼓励诚信

《公路建设市场信用信息管理办法》规定，各级交通运输主管部门应在市场准入和招标投标监管工作中充分利用公路建设市场信用信息管理系统，加强对从业单位的动态管理；建立激励机制，对信用好的从业单位在参与投标和中标数量、资格审查、履约担保金额、质量保证金额等方面给予优惠，对信用等级低和不良行为较多的从业单位要重点监管，根据不同情节可相应限制其市场行为。如重庆市交通委员会 2011 年 1 月 17 日发布实施的《重庆市公路施工企业信用评价实施细则（试行）》有关条款规定：

①信用等级确定为 AA 级的施工企业，在全市参与公路施工招标投标活动时：

a. 投标或信誉保证金可不缴纳，或少缴纳 50%。

b. 可给予一定加分，同等条件下比低等级的优先中标，加大中标机会。

c. 可增加投标合同段数量。

②信用等级确定为 A 级的施工企业，在全市参与公路施工招标投标活动时：

a. 投标或信誉保证金可少缴纳 AA 级少缴纳额度的 50%。

b. 可给予 AA 级加分额度的 50% 加分，同等条件下比低等级的优先中标，适当加大中标机会。

c. 可增加 AA 级投标合同段数量的 50%。

③信用等级确定为 B 级的施工企业，在全市参与公路施工招标投标活动时：

a. 投标或信誉保证金全额缴纳。

b. 不加分，同等条件下比低等级的优先中标。

c. 不增加投标合同段数量。

④信用等级确定为 C 级的施工企业，在全市参与公路施工招标投标活动时：

a. 投标或信用保证金可增大 50% 的额度。

b. 可给予 AA 级加分额度的 50% 扣分，同等条件下由较高等级的中标，适当减小中标机会。

c. 可限制投标合同段数量，同一次投标不得超过一个合同段。

⑤信用等级确定为 D 级的施工企业，在全市参与公路施工招标投标活动时，取消企业一年在重庆市公路建设市场的投标资格。

各建设业主在项目招标时应将以上内容在招标文件中列明。

(5) 动态监管

《公路建设市场信用信息管理办法》增加了一些行业监管手段。一是通过信用信息平台，可以杜绝或减少虚假投标、出借资质、挂靠、中标后非法转包等行为，同时能够核定企业生产能力，防止企业超规模承揽业务后转包、分包。二是结合信用信息系统对企业资质进行动态管理，当企业实际条件不符合资质标准时，对企业提出整改预警，整改仍不符合要求的，屏蔽其在信用信息系统的名单使其无法参与投标，以此建立市场清出机制。

5.2.3　公路施工企业信用评价规则

(1)信用评价管理工作实行统一管理、分级负责。

国务院交通运输主管部门负责全国公路施工企业信用评价的监督管理工作。主要职责是：

①制定全国公路施工企业信用行为评价标准。

②指导省级交通运输主管部门的信用评价管理工作。

③对国务院有关部门许可资质的公路施工企业进行全国综合评价。

省级交通运输主管部门负责本行政区域内公路施工企业的信用评价管理工作。主要职责是：

①制定本行政区域公路施工企业信用评价实施细则并组织实施。

②对在本行政区域内从业的公路施工企业进行省级综合评价。

(2)公路施工企业信用评价工作实行定期评价和动态评价相结合的方式。

定期评价工作每年开展一次，对公路施工企业上一年度(1月1日至12月31日期间)的信用行为进行评价。

省级交通运输主管部门应在2月底前组织完成对上年度本行政区域公路施工企业的综合评价，并于3月底前将由国务院交通运输主管部门评价的施工企业的评价结果上报。

国务院交通运输主管部门应当在4月底前完成由国务院有关部门许可资质的公路施工企业的全国综合评价。

(3)公路施工企业信用评价等级分为AA、A、B、C、D五个等级，各信用等级对应的企业评分X分别为：

AA级：$95\text{ 分} \leqslant X \leqslant 100\text{ 分}$，信用好。

A级：$85\text{ 分} \leqslant X < 95\text{ 分}$，信用较好。

B级：$75\text{ 分} \leqslant X < 85\text{ 分}$，信用一般。

C级：$60\text{ 分} \leqslant X < 75\text{ 分}$，信用较差。

D级：$X < 60\text{ 分}$，信用差。

评价内容由公路施工企业投标行为、履约行为和其他行为构成，投标行为以公路施工企业单次投标为评价单元，履约行为以单个施工合同段为评价单元。

投标行为和履约行为初始分值为100分，实行累计扣分制。若有其他行为的，从企业信用评价总得分中扣除。

(4)公路施工企业投标行为由招标人负责评价，履约行为由项目法人负责评价，其他行为由负责项目监管的相应地方人民政府交通运输主管部门负责评价。

招标人、项目法人、负责项目监管的相应地方人民政府交通运输主管部门等评价人对评价结果签认负责。

(5)公路施工企业信用评价的依据为：

①交通运输主管部门及其公路管理机构、质量监督机构、造价管理机构督查、检查结果或奖罚通报、决定。

②招标人、项目法人管理工作中的正式文件。

③举报、投诉或质量、安全事故调查处理结果。

④司法机关做出的司法认定及审计部门的审计意见。

⑤其他可以认定不良行为的有关资料。

(6)公路施工企业的信用评价程序为:

①投标行为评价。招标人完成每次招标工作后,仅对存在不良投标行为的公路施工企业进行投标行为评价。联合体有不良投标行为的,其各方均按相应标准扣分。

②履约行为评价。结合日常建设管理情况,项目法人对参与项目建设的公路施工企业当年度的履约行为实时记录并进行评价。对当年组织交工验收的工程项目,项目法人应在交工验收时完成有关公路施工企业本年度的履约行为评价。

联合体有不良履约行为的,其各方均按相应标准扣分。

③其他行为评价。负责项目监管的相应地方人民政府交通运输主管部门对公路施工企业其他行为进行评价。

④省级综合评价。省级交通运输主管部门或其委托机构对本行政区域公路施工企业信用行为进行评价,确定其得分及信用等级,并公示、公告信用评价结果。公示期不少于 10 个工作日。

⑤全国综合评价。国务院交通运输主管部门根据各省级交通运输主管部门上报的公路施工企业信用评价结果,在汇总分析的基础上,对施工企业的信用行为进行综合评价并公示、公告。

公路施工企业对信用评价结果有异议的,可在公示期限内向公示部门提出申诉。

(7)对信用行为直接定为 D 级的施工企业实行动态评价,自省级交通运输主管部门认定之日起,企业在该省一年内信用评价等级为 D 级。对实施行政处罚的施工企业,评价为 D 级的时间不低于行政处罚期限。

被 1 个省级交通运输主管部门直接认定为 D 级的企业,其全国综合评价直接定为 C 级;被 2 个及以上省级交通运输主管部门直接认定为 D 级以及被国务院交通运输主管部门行政处罚的公路施工企业,其全国综合评价直接定为 D 级。

(8)公路施工企业信用评价结果按以下原则应用:

①公路施工企业的省级综合评价结果应用于本行政区域。

②国务院有关部门许可资质的公路施工企业初次进入某省级行政区域时,其等级按照全国综合评价结果确定。尚无全国综合评价的企业,若无不良信用记录,可按 A 级对待。若有不良信用记录,视其严重程度按 B 级及以下对待。

③其他施工企业(国务院有关部门许可资质的除外)初次进入某省级行政区域时,其等级参照注册地省级综合评价结果确定。

④联合体参与投标的,其信用等级按照联合体中最低等级方认定。

(9)公路施工企业信用评价结果有效期 1 年,下一年度公路施工企业在该省份无信用评价结果的,其在该省份信用评价等级可延续 1 年。延续 1 年后仍无信用评价结果的,按照初次进入该省份确定,但不得高于其在该省份原评价等级的上一等级。

5.2.4 公路施工企业信用行为评定标准（表5-1）

公路施工企业信用行为评定标准　　　　表5-1

评定内容		行为代码	不良行为	行为等级和扣分标准	条文说明
投标行为（满分100，扣完为止。行为代码GLSG1）		GLSG1-1	超越资质等级承揽工程	直接定为D级	
		GLSG1-2	出借资质，允许其他单位或个人以本单位名义承揽工程	直接定为D级	
		GLSG1-3	借用他人资质证书承揽工程	直接定为D级	
		GLSG1-4	与招标人或与其他投标人串通投标	直接定为D级	
		GLSG1-5	投标中有行贿行为	直接定为D级	
		GLSG1-6	因违反法律、法规、规章被禁止投标后，在禁止期内仍参与投标	D级延期半年/次	
		GLSG1-7	资审材料或投标文件虚假骗取中标	40分/次	
		GLSG1-8	资审材料或投标文件虚假未中标	30分/次	
		GLSG1-9	虚假投诉举报	20分/次	
		GLSG1-10	中标后无正当理由放弃中标	20分/次	因评标时间过长，材料价格上涨过快造成成本价发生较大变化的除外
		GLSG1-11	对同一合同段递交多份资格预审申请文件或投标文件	5分/次	
		GLSG1-12	非招标人或招标文件原因放弃投标，未提前书面告知招标人	6分/次	
		GLSG1-13	未按时确认补遗书等招标人发出的通知	1分/次	
		GLSG1-14	不及时反馈评标澄清	1分/次	
		GLSG1-15	无正当理由拖延合同签订时间	2分/次	因合同谈判原因的除外
		GLSG1-16	其他被认为失信的投标行为	1~10分	由省级交通运输主管部门根据本地实际情况在实施细则中增加
履约行为（满分100，扣完为止。GLSG2）	严重不良行为（行为代码GLSG2-1）	GLSG2-1-1	将中标合同转让	直接定为D级	
		GLSG2-1-2	将合同段全部工作内容肢解后分别分包	直接定为D级	
		GLSG2-1-3	发生重大质量或重大及以上安全生产责任事故	直接定为D级	

续上表

评定内容	行为代码	不良行为	行为等级和扣分标准	条文说明
	GLSG2-1-4	经质监机构鉴定合同段工程质量不合格,或施工管理综合评价为差	直接定为D级	
	GLSG2-1-5	造成生态环境破坏或乱占土地,造成较大影响	20分/次	
	GLSG2-1-6	发生较大安全生产责任事故	20分/次	
	GLSG2-1-7	将承包工程违法分包	30分/次	
	GLSG2-1-8	承包人疏于管理,分包工程再次分包	20分/次	不含劳务分包
	GLSG2-1-9	违反公路工程建设强制性标准	30分/次	
人员、设备到位(满分10,扣完为止。行为代码GLSG2-2)	GLSG2-2-1	签订合同后无正当理由不按投标文件承诺时间进场	2分/延迟十日	
	GLSG2-2-2	项目经理未按投标承诺到位,或在施工期间所更换项目经理资格降低,或未经批准擅自更换	4分/人次	
	GLSG2-2-3	项目经理在施工期间不低于原资格更换	0.5分/人次	项目法人要求更换的除外
	GLSG2-2-4	技术负责人未按投标承诺到位,或在施工期间更换人员资格降低,或未经批准擅自更换	3分/人次	
	GLSG2-2-5	技术负责人在施工期间不低于原人员资格更换	0.3分/人次	项目法人要求更换的除外
	GLSG2-2-6	安全员或其他注册执业人员未按投标承诺到位,或无正当理由更换	0.5分/人次	项目法人要求更换的除外
	GLSG2-2-7	主要工程管理、技术人员未按投标承诺到位	0.2分/人次	
	GLSG2-2-8	主要施工机械、试验检测设备未按投标承诺或工程需要到位	0.5~1分/台套	
	GLSG2-2-9	有关人员未按要求持证上岗	1分/人次	按照有关管理文件、招标文件要求检查
	GLSG2-2-10	未按规定签订劳务用工合同	2分/次	
质量管理、进度管理(满分50,扣完为止。行为代码GLSG2-3)	GLSG2-3-1	拒绝或阻碍依法进行公路建设监督检查工作	8分/次	
	GLSG2-3-2	未对职工进行专项教育和培训	0.5分/人次	

续上表

评定内容	行为代码	不良行为	行为等级和扣分标准	条文说明
	GLSG2-3-3	质量保证体系或质量保证措施不健全	3分	
	GLSG2-3-4	特殊季节施工预防措施不健全	2分/次	对季节性施工有特殊预防要求的,如雨季、冬季施工,应有相应预防措施
	GLSG2-3-5	未建立工程质量责任登记制度	8分	
	GLSG2-3-6	使用不合格的建筑材料、建筑构配件和设备	10分/次	
	GLSG2-3-7	不按设计图纸施工	8分/次	
	GLSG2-3-8	不按施工技术标准、规范施工	5分/次	
	GLSG2-3-9	未经监理签认进入下道工序或分项工程	3分/次	
	GLSG2-3-10	未经监理签认将建筑材料、建筑构配件和设备在工程上使用或安装	3分/次	
	GLSG2-3-11	监理下达停工指令拒不执行	5分/次	
	GLSG2-3-12	未对建筑材料、建筑构配件、设备和商品混凝土进行检验,或者未对涉及结构安全的试块、试件以及有关材料取样检测直接使用	5分/次	
	GLSG2-3-13	施工过程中偷工减料	5分/次	
	GLSG2-3-14	原材料堆放混乱,对使用质量造成影响	3分/次	如砂石材料堆放未分界、场地未硬化、未采取防雨防潮措施等
	GLSG2-3-15	工程检查中抽测实体质量不合格	6分/次	指交通主管部门组织的督查或项目法人组织的正式检查
	GLSG2-3-16	因施工原因出现质量问题,对工程实体质量影响不大	2分/次	如水泥混凝土表面蜂窝麻面、砌筑砂浆不饱满、钢筋混凝土保护层不够等
	GLSG2-3-17	因施工原因发生一般质量责任事故	15分/次	
	GLSG2-3-18	出现质量问题经整改仍达不到要求的	5分/次	被项目法人或交通主管部门发现有质量问题并要求整改,整改不合格的
	GLSG2-3-19	施工现场管理混乱	2分/次	
	GLSG2-3-20	内业资料不全或不规范	1~2分	
	GLSG2-3-21	工地试验室不符合要求	1~3分	

续上表

评定内容	行为代码	不良行为	行为等级和扣分标准	条文说明
	GLSG2-3-22	试验检测数据或内业资料虚假	5分/次	
	GLSG2-3-23	因施工单位原因造成工程进度滞后计划工期或合同工期	1分/延迟十日	
	GLSG2-3-24	未达到合同约定的质量标准	10分	
	GLSG2-3-25	不配合业主进行交工验收	3分/次	
	GLSG2-3-26	不履行保修义务或者拖延履行保修义务	10分	
财务管理（满分10，扣完为止。行为代码GLSG2-4）	GLSG2-4-1	财务管理制度不健全	5分/次	
	GLSG2-4-2	财务管理混乱,管理台账不完备	5分/次	
	GLSG2-4-3	工程变更弄虚作假	6分/次	
	GLSG2-4-4	虚假计量	5分/次	
	GLSG2-4-5	流动资金不能满足工程建设	5分/次	
	GLSG2-4-6	挪用工程款,造成管理混乱、进度滞后等不良影响	10分/次	
	GLSG2-4-7	因施工企业原因拖欠工程款、农民工工资、材料款,尚未造成影响	0.5分/次	
安全生产（满分20，扣完为止。行为代码GLSG2-5）	GLSG2-5-1	因施工企业原因未签订安全生产合同	3分	
	GLSG2-5-2	未建立健全安全生产规章制度、操作规程或安全生产保证体系	1~3分	
	GLSG2-5-3	项目负责人、专职安全生产管理人员、作业人员或者特种作业人员,未经安全教育培训或考核不合格即从事相关工作	3分/次	
	GLSG2-5-4	未对职工进行安全生产教育和培训,或者未如实告知有关安全生产事项	2分/次	
	GLSG2-5-5	未在施工现场的危险部位设置明显的安全警示标志和安全防护,或者未按照国家有关规定在施工现场设置消防通道、消防水源、配备消防设施和灭火器材	2分/次	
	GLSG2-5-6	未向作业人员提供安全防护用具和安全防护服装	1分/次	

续上表

评定内容		行为代码	不良行为	行为等级和扣分标准	条文说明
		GLSG2-5-7	特种设备未经具有专业资质的机构检测、检验合格,取得安全使用证或者安全标志,投入使用。或使用未经验收或者验收不合格的施工起重机械和整体提升脚手架、模板等自升式架设设施	5分/次	
		GLSG2-5-8	使用国家明令淘汰、禁止使用的危及生产安全的工艺、设备	6分/次	
		GLSG2-5-9	储存、使用危险物品,未建立专门安全管理制度,未采取可靠的安全措施或者不接受有关主管部门依法实施的监督管理	4分/次	
		GLSG2-5-10	对重大危险源未登记建档,或者未进行评估、监控,或者未制定应急预案	4分/次	
		GLSG2-5-11	进行爆破、吊装等危险作业,未安排专门管理人员进行现场安全管理	3分/次	
		GLSG2-5-12	两个以上单位在同一作业区域内进行可能危及对方安全生产的生产经营活动,因自身原因未签订安全生产管理协议或者未指定专职安全生产管理人员进行安全检查与协调	3分/次	
		GLSG2-5-13	储存、使用危险物品的车间、仓库与员工宿舍在同一座建筑内,或者与员工宿舍的距离不符合安全要求;施工现场和员工宿舍未设有符合紧急疏散需要、标志明显、保持畅通的出口,或者封闭、堵塞施工现场或者员工宿舍出口	3分/次	
		GLSG2-5-14	从业人员不服从管理,违反安全生产规章制度或者操作规程	2分/次	
		GLSG2-5-15	未及时、如实报告生产安全事故	5分/次	
		GLSG2-5-16	主要负责人在本单位发生重大生产安全事故时,不立即组织抢救或者在事故调查处理期间擅离职守或者逃匿	15分/次	
		GLSG2-5-17	挪用列入建设工程概算的安全生产作业环境及安全施工措施所需费用	2分/次	

续上表

评定内容	行为代码	不良行为	行为等级和扣分标准	条文说明
	GLSG2-5-18	每项工程实施前,未进行安全生产技术交底	2分/次	
	GLSG2-5-19	未根据不同施工阶段和周围环境及季节、气候的变化,在施工现场采取相应的安全施工措施	1分/次	
	GLSG2-5-20	施工现场临时搭建的建筑物不符合安全使用要求	3分/次	
	GLSG2-5-21	对危险性较大的工程未编制专项施工方案并附安全验算结果	2分/次	
	GLSG2-5-22	未对因建设工程施工可能造成损害的毗邻建筑物、构筑物和地下管线等采取专项防护措施	2分/次	
	GLSG2-5-23	安全防护用具、机械设备、施工机具及配件在进入施工现场前未经查验或者查验不合格即投入使用	2分/次	
	GLSG2-5-24	委托不具有相应资质的单位承担施工现场安装、拆卸施工起重机械和整体提升脚手架、模板等自升式架设设施	10分/次	
	GLSG2-5-25	未取得安全生产许可证擅自进行生产,安全生产许可证有效期满未办理延期手续,继续进行生产;逾期仍不办理延期手续,继续进行生产	15分/次	
	GLSG2-5-26	使用伪造的安全生产许可证	15分/次	
	GLSG2-5-27	多次整改仍然存在安全问题;对存在重大安全事故隐患但拒绝整改或者整改效果不明显	10分/次	被项目法人或交通主管部门发现有安全生产问题并要求整改,整改不合格的
	GLSG2-5-28	在沿海水域进行水上水下施工以及划定相应的安全作业区,未报经主管机关核准公告;施工单位擅自扩大安全作业区范围	4分/次	
	GLSG2-5-29	施工现场防护不到位,存在安全隐患	1分/次	
	GLSG2-5-30	未编制安全生产应急预案并落实人员、器材,组织演练	2分	
	GLSG2-5-31	发生一般安全生产责任事故	10分/次	
	GLSG2-5-32	未办理施工现场人员人身意外伤害保险	5分/次	
社会责任(满分10,扣完为止。行为代码 GLSG2-6)	GLSG2-6-1	在崩塌滑坡危险区、泥石流易发区范围内取土、挖砂或者采石	8分/次	

续上表

评定内容	行为代码	不良行为	行为等级和扣分标准	条文说明
	GLSG2-6-2	施工产生的废渣随意堆放或丢弃,废水随意排放	2分/次	
	GLSG2-6-3	施工中破坏生态环境	3分/次	
	GLSG2-6-4	施工过程中造成水土流失,不进行治理	4分/次	
	GLSG2-6-5	生活区、办公区设置杂乱,卫生环境差	3分/次	
	GLSG2-6-6	建设项目出现突发事件,拒不执行应急或救援任务	10分/次	
	GLSG2-6-7	乱占土地、草场	3分/次	
	GLSG2-6-8	临时占用农田、林地等未及时复垦或恢复原状	5分/次	
	GLSG2-6-9	未按要求签订廉政合同	5分/次	
	GLSG2-6-10	违反廉政合同	5分/人次	
	GLSG2-7	其他被认为失信的履约行为	1~10分	由省级交通运输主管部门根据本地实际情况在实施细则中增加
其他行为(行为代码GLSG3)	GLSG3-1	被司法机关认定有行贿、受贿行为,并构成犯罪	直接定为D级	
	GLSG3-2	省级及以上交通运输主管部门要求企业填报向社会公布的信息,存在虚假的	3分/次(在企业总分中扣除)	
	GLSG3-3	信用评价弄虚作假或以不正当手段骗取较高信用等级	4分/次(在企业总分中扣除)	
	GLSG3-4	恶意拖欠工程款、农民工工资、材料款被司法机关强制执行,或因拖欠问题造成群体事件或不良社会影响	5分/次(在企业总分中扣除)	
	GLSG3-5	拒绝参与交通运输主管部门组织的应急抢险任务	2分/次(在企业总分中扣除)	
	GLSG3-6	被设区的市级交通运输主管部门通报批评	2分/次(在企业总分扣除)	
	GLSG3-7	被省级交通运输主管部门通报批评	3分/次(在企业总分扣除)	
	GLSG3-8	被国务院交通运输主管部门通报批评	5分/次(在企业总分扣除)	
	GLSG3-9	其他被认为失信的行为	1~10分	由省级交通运输主管部门根据本地实际情况在实施细则中增加

注:履约行为检查一般每半年开展一次,一种行为在同次检查中原则上不重复扣分。检查结果以正式书面文件为准。

5.2.5 公路施工企业信用行为评价计算公式

1. 单项评价

企业投标行为评价得分：

$$T = 100 - \sum_{i=1}^{n} A_i \tag{5-1}$$

式中，i 为不良投标行为数量；A_i 为不良投标行为对应的扣分标准。

企业履约行为信用评价得分：

$$L = 100 - \sum_{i=1}^{n} B_i \tag{5-2}$$

式中，i 为不良履约行为数量；B_i 为不良履约行为对应的扣分标准。

2. 省级综合评价

企业在某省份投标行为评价得分和履约行为评价得分计算公式（倒权重计分法）为：

投标行为评价得分：

$$T = \frac{\sum_{i=1}^{n} i T_i}{\sum_{i=1}^{n} i} \tag{5-3}$$

式中，i 为企业在不同合同段投标行为信用评价得分名次，$i = 1、2、\cdots n$；T_i 为施工企业在某合同段投标行为信用评价得分，且 $T_1 \geq T_2 \geq \cdots \geq T_n$。

算例：企业 6 次投标行为评价分为 90、90、95、85、98、99，则：企业投标行为分 $T = (1 \times 99 + 2 \times 98 + 3 \times 95 + 4 \times 90 + 5 \times 90 + 6 \times 85)/(1 + 2 + 3 + 4 + 5 + 6) = 90.5$。

履约行为评价得分：

$$L = \frac{\sum_{i=1}^{n} i L_i}{\sum_{i=1}^{n} i} \tag{5-4}$$

式中，L_i 为施工企业在某合同段履约行为信用评价得分值；i 为企业在不同合同段履约行为信用评价得分名次，$i = 1、2、\cdots n$，且 $L_1 \geq L_2 \geq \cdots \geq L_n$。

算例：企业共有 4 个合同项目，履约行为分分别为 100、90、100、80，则：企业履约评价分 $L = (1 \times 100 + 2 \times 100 + 3 \times 90 + 4 \times 80)/(1 + 2 + 3 + 4) = 89.00$。

施工企业在从业省份综合评分：

$$X = aT + bL - \sum_{i=1}^{n} Q_i \tag{5-5}$$

式中，企业投标行为评价得分为 T；企业履约行为评价得分为 L；Q_i 为其他行为对应扣分标准；$a、b$ 为评分系数，当评价周期内企业在某省只存在投标行为评价时，$a = 1, b = 0$；当企业在某省只存在履约行为评价时，$a=0,b=1$；当企业在某省同时存在投标行为评价和履约行为评价时，$a=0.2,b=0.8$。

3. 全国综合评价

$$X = \frac{a\sum_{i=1}^{m}T_i}{m} + \frac{b\sum_{j=1}^{n}L_jF_j}{\sum_{j=1}^{n}F_j} - \frac{\sum_{k=1}^{p}Q_k}{G} \tag{5-6}$$

式中，T_i 为施工企业在某省份投标行为评分；L_j 为施工企业在某省份履约行为评分，且 $L_1 \geqslant L_2 \geqslant \cdots \geqslant L_j$；$Q_k$ 为企业在某省其他行为评价的扣分分值；F_j 为企业在该省份参与履约行为评价的项目数量；i、j、k 分别为对企业进行投标信用评价、履约信用评价和其他行为评价的省份数量；G 为对企业进行信用评价的全部省份数量；a、b 为评分系数，当评价周期内企业只存在投标行为评价时，$a=1,b=0$；当企业只存在履约行为评价时，$a=0,b=1$；当企业同时存在投标行为评价和履约行为评价时，$a=0.2,b=0.8$。

各省级交通运输主管部门上报本区企业评价结果时，应同时上报 T_i、L_j、Q_k、F_j 等。

5.2.6　施工项目经理质量安全违法违规行为记分管理

为了进一步落实施工项目经理质量安全责任，确保工程质量安全，住房和城乡建设部及各省、自治区、直辖市人民政府制定了有关建筑施工项目经理质量安全违法违规行为记分管理规定和实施细则。《重庆市建筑施工项目经理质量安全违法违规行为记分管理实施细则》可扫描二维码下载查阅。

5.2.7　《公路水运工程监理信用评价办法》

交通运输部在2012年12月25日发布了《公路水运工程监理信用评价办法》（交质监发〔2012〕774号），共五章三十四条，详情可扫描二维码下载查阅。

5.3 其他建设行业诚信综合评价体系建设

针对各自的行业特点,不同的建设行业根据国家有关规定构建了自己的诚信综合评价体系。如重庆市根据国家及住建部有关规定构建了重庆市建筑施工企业诚信综合评价体系。

重庆市建筑施工企业诚信综合评价体系由"1+4"制度框架构成。

"1",即1个办法,指的是重庆市人民政府颁布的《重庆市建筑施工企业诚信综合评价暂行办法》(渝府发〔012〕65号)。

"4",即4个标准,指的是按照《暂行办法》的要求,由重庆市城乡建委负责制定的《企业通常行为评价标准》(渝建发〔2012〕85号)、《企业合同履约行为评价标准》(渝建发〔2012〕88号)、《企业质量行为评价标准》(渝建发〔2012〕86号)、《企业安全文明施工行为评价标准》(渝建发〔2012〕87号)。4个标准为诚信综合评价体系的实施提供了具体的评价依据和评分规则。

建筑施工企业诚信综合评价是市场行为和现场行为综合考察的评分体系,评价标准由企业市场行为评价和企业现场行为评价两部分组成,分别占总权重的60%和40%。

其中,企业市场行为评价包括企业通常行为评价和企业合同履约行为评价,分别占总权重的40%和20%。

现场行为评价包括企业质量行为评价和企业安全文明施工行为评价,各占总权重的20%。

5.4 《注册建造师信用档案管理办法》有关规定

注册建造师注册信息、继续教育信息、执业状态信息、行为评价信息共同构成注册建造师信用体系,是企业信用体系的组成部分。注册建造师信用体系是建筑市场信用体系及其他相关信用体系的征信子系统,是相关体系的组成部分。注册建造师信用档案信息包括注册、继续教育、执业状态和行为评价等信息。

(1)注册信息包括注册人姓名、性别、出生年月、民族、身份证明、毕业院校、所学专业、学历、学位,聘用企业情况,一级建造师资格证书专业类别、证书编号、考试合格专业类别、考试合格证明编号,注册专业、注册证书编号、注册有效期、执业印章编号(含校验码)、执业印章使用有效期等信息。个人情况信息由建造师申请初始注册、延续注册、变更注册、增项注册、注销注册、重新注册过程中提供。注册信息由注册机构通过注册管理系统在申请、审核、批准过程中同步采集。

注册建造师对本人信息真实性负责,注册建造师所在聘用企业对企业情况及聘用情况如实填报,省级建设主管部门负责对有关书面材料进行审核并存档。

(2)继续教育信息包括注册建造师接受继续教育培训单位、专业、时间、内容和学时等信息。

(3)执业状态信息包括注册建造师及其聘用企业的基本情况、执业项目基本情况和竣工项目评价的信息等。

担任大、中型项目施工项目负责人的注册建造师,自项目合同开始履行之日起5日内在执业信息平台(www.coc.gov.cn)上填写《注册建造师执业状态信息表》,进行网上登记。

项目竣工验收之后凭有关合同、任职证明及项目竣工验收证明,由聘用企业向项目所在地县级以上建设主管或同级有关专业部门进行竣工信息备案。

注册建造师对执业状态信息真实性负责,工程项目所在地建设主管部门或同级有关专业部门负责执业状态和竣工备案信息审查。

(4)行为评价信息包括注册建造师注册申请、继续教育和执业过程中的良好行为和不良行为信息记录。

良好行为记录指注册建造师在执业过程中严格遵守有关工程建设法律、法规、规章和强制性标准,行为规范,诚信经营,自觉维护建筑市场秩序,受到各级建设主管部门或相关专业部门的奖励和表彰。

不良行为记录是指注册建造师在注册申请和继续教育时提供虚假材料信息、在执业过程中违反工程建设有关法律、法规、规章或强制性标准等,经各级建设主管部门或相关专业部门或法律法规授权的机构查实并施以行政处罚。

良好行为评价信息可由受到奖励和表彰的注册建造师凭有关奖励、表彰的证明材料到注册所在地县级以上建设主管部门或同级有关专业部门进行良好行为信息网上登记,或由作出表彰决定的县级以上建设主管部门或同级有关专业部门直接在中国建造师网(www.coc.gov.cn)上填写《注册建造师行为评价信息表》,完成信息登记。

不良行为信息要由作出处罚决定的建设主管部门或相关专业部门,直接进行不良行为信息网上登记,或将处罚决定告知被处罚对象注册所在的省级建设主管部门,由省级建设主管部门统一进行网上登记。触犯法律构成犯罪的,其聘用企业应当及时将有关情况向企业注册所在地县级以上建设主管部门或同级有关专业部门反映,由其直接在中国建造师网(www.coc.gov.cn)上填写《注册建造师行为评价信息表》,完成信息登记。注册建造师行为评价信息向社会公布。

良好行为记录信息公布期限一般为3年;不良行为记录信息公布期限一般为6个月至3年;法律、法规另有规定的从其规定。

5.5 我国信用体系建设管理

我国目前信用体系建设管理可以从如下8个方面进行推进:

(1) 建立完善信用法律法规体系,这是我国建设社会信用体系的核心

为了加强社会诚信体系建设,我国在诚信建设立法方面近年来先后出台了《征信管理条例》《政府信用信息公开管理办法》《信用信息互联互通管理办法》《企业信用管理条例》《个人信用管理条例》等。同时抓紧修改《商业银行法》《商标法》《知识产权保护条例》和《储蓄存款管理条例》中的相关条款,国务院办公厅发布了《关于加快社会信用体系建设的若干意见》(国办发〔2007〕17号),有关部委和省市先后出台了有关诚信体系建设的法律法规:《注册建造师信用档案管理办法》、交通运输部《公路建设市场信用信息管理办法》(交公路发〔2009〕731号)和《公路施工企业信用评价规则》(交公路发〔2009〕733号)。《重庆市建筑施工企业诚信综合评价暂行办法》《企业通常行为评价标准》(渝建发〔2012〕85号)、《企业合同履约行为评价标准》(渝建发〔2012〕88号)、《企业质量行为评价标准》(渝建发〔2012〕86号)、《企业安全文明施工行为评价标准》(渝建发〔2012〕87号)等。

2011年10月19日,国务院总理温家宝主持召开了国务院常务会议,部署制订社会信用体系建设规划,将社会诚信建设上升到了制度建设的层面。强调要全面采集信用信息,加快诚信立法和制度建设;推进行业、部门和地方信用建设,有针对性地加强各领域的信用信息系统建设,建立健全信用档案;建设覆盖全国的诚信系统;加强监管,完善信用服务市场体系;加强政务诚信建设。政府及其部门要起示范带头作用,坚持依法行政,推进政务公开,不断提升公信力。

国务院总理李克强在2014年1月15日主持召开国务院常务会议,会议原则通过了《社会信用体系建设规划纲要(2014—2020年)》,并要求:全面推进包括政务诚信、商务诚信、社会诚信等在内的社会信用体系建设。政府要以身作则,带头推进政务公开。制定全国统一的信用信息采集和分类管理标准,推动地方、行业信用信息系统建设及互联互通,构建信息共享机制。发挥行业组织自律和市场机制作用,培育和规范信用服务市场。加快推动立法。把健全相关法律法规和标准体系作为重要基础性工作,列入立法规划尽快推进实施,使信用体系建设有法可依。

(2) 建立信用数据技术支撑体系

这是建立社会信用体系的重要基础设施。信用信息的完整性直接决定信用信息的有效性,信用信息的有效性数是信用产品质量的核心。据调查,我国信用信息80%左右分散在银行、工商、税务、海关、公安、司法、财政、审计、证券监管、质检、环保等政府部门手中。但目前大部分政府部门对信用信息严格屏蔽,信用服务机构或企业难以获得涉及企业的信用数据和资料,更无法得到消费者个人的信用信息,也就无法征集信用信息进行公正独立的商业化、市场化运作,提供高质量的信用调查、评级、报告等信用产品,导致信用信息资源割裂和浪费,开发利用不充分。

建立信用数据技术支撑体系,首先要从整合行政资源入手,把工商、税务、海关、贸易、交通、质检、药监、环保、劳动人事、公用事业、公安、法院、银行、证券、保险等有关方面掌握的有关企业和个人信用的数据资料,作为重要的信用信息资源,有序开放,充分利用。二是在建立各部门基础数据库的同时,建立国家级和省级信用信息数据库和信息交换平台。三是有序开放信用信息数据库。四是积极推进信用数据库建设的标准化。实现各部门、地区和企业的信用数据互联互通,促进资料交换和共享。五是鼓励信用服务企业建立自己的数据库。

(3) 培育现代信用服务体系

这是我国建设社会信用体系的关键。信用服务业具有智力密集、技术密集、专业化程度高、市场集中度高的特点,承担着信用信息收集、加工、处理和传递的功能,在防范信用风险、促进信用交易方面发挥着重要作用。

(4) 培育信用产品市场体系

这是建立现代信用体系的市场基础。目前我国信用市场发育滞后,供求矛盾十分突出,一方面社会和企业信用意识不强,对信用产品的市场需求不足,制约了信用服务行业的发展壮大;另一方面信用服务企业总体水平偏低,资质参差不齐,信用评估方法不规范,信用产品质量不高。

(5) 建立健全企业信用管理体系

这是扩大社会信用交易规模和提高信用交易程度的前提。信用是企业生存之本和竞争力之源,是企业最宝贵的无形资产。加强企业信用管理,可以大幅度减少因授信不当导致合约不能履行,增强信用风险的防范能力;可以加强受信企业自我信用控制能力,加强履约计划管理,防范出现偿债能力不足,无法按时履约等情况;可以形成对失信企业和机构的市场约束机制,使其失去扩大参与市场经济活动和交易的机会。

(6) 建立政府信用市场管理体系

这是建设社会信用体系的组织保证。建设中最为密切的:工商、税务、海关、外汇、质量技术监督、人事、社会保障等行政执法和管理部门,公用事业部门(通讯、供水、气、热),公安、法院等司法部门,银行、保险等金融部门。

(7) 建立社会诚信教育体系

这是建立社会信用体系的一项长期的基础性工作。全体社会成员的诚信意识提高了,市场主体的守法意识增强了,现代信用知识增加了,自我约束和自我保护能力增强了,社会信用体系的建立和完善就有了坚实的基础。

(8) 建立失信惩戒机制

这是社会信用体系正常发挥作用的保障。对失信者和失信行为不能给予及时有力的惩戒,就是对失信者的鼓励,对守信者的惩罚。应综合运用法律、行政、经济道德等多种手段,使失信者付出与其失信行为相应的经济和名誉代价,直至被市场淘汰;使守信者得到各种方便和利益,获得更多的市场机会,不断发展壮大。失信惩戒机制主要有五类:

一是由政府综合管理部门做出的行政性惩戒。如有关政府部门公布"黑名单""不良记录"等。

二是由政府专业监管部门做出的监管性惩戒。这两类惩戒都是由政府综合管理或专业监管部门采取记录、警告、处罚、取消市场准入、依法追究责任等行政管理手段,惩罚或制止违法违规或失信行为。

三是由金融、商业和社会服务机构做出的市场性惩戒。主要是对信用记录好的企业和个人,给予优惠和便利,对信用记录不好的企业和个人,给予严格限制。

四是通过信用信息广泛传播形成的社会性惩戒。主要是使失信者对交易对方的失信转化为对全社会的失信,让失信者一处失信,处处受制约。

五是由司法部门做出的司法性惩戒。主要是依法追究严重失信者的民事或刑事责任。

特别要强调建立对信用服务企业的惩戒机制。要明确信用服务行业规则,提高其行业自律能力和自我管理能力。对那些不遵守行业规则、自身就不讲信用的信用服务企业,出现失信行为造成严重损失的,不仅要承担无限责任,还要令其永远不得再从事这个行业。

本章习题

简答题

1. 公路建设市场信用信息包括哪些基本信息?
2. 公路施工企业信用行为评定标准目前有多少个指标?信用等级分为哪几个等级?
3. 注册建造师信用档案信息包括哪些方面的信息?

参考文献

[1] 黄显贵,王学军,何安荣.建设工程法律法规[M].重庆:重庆交通大学出版社,2009.

[2] 交通运输部工程质量监督局.公路水运工程施工企业安全生产管理人员考核培训教材(公路分册)[M].北京:人民交通出版社,2011.

[3] 石少华.安全生产法及相关法律法规[M].北京:中国大百科全书出版社,2013.

[4] 孙仓龙,徐伟.土木工程相关法规[M].上海:同济大学出版社,2008.

[5] 交通运输部工程质量监督局.公路桥梁和隧道工程施工安全风险评估制度及指南解析[M].北京:人民交通出版社,2011.

[6] 交通运输部安全与质量监督管理司.高速公路路堑高边坡工程施工安全风险评估指南(试行)[M].北京:人民交通出版社股份有限公司,2014.

[7] 中国法制出版社.中华人民共和国民法典(含新旧与关联对照)[M].北京:中国法制出版社,2020.